플랫폼 제국의 거인들

THE PLATFORM DELUSION

PLATFORM DELUSION

어떤 위기에도 살아남는
테크 타이탄의 제1원칙을 찾아서

플랫폼 제국의 거인들

조너선 A. 니 지음 | 박선령 옮김

청림출판

일러두기

◦ 2021년에 페이스북이 사명을 메타로 변경했으나, 널리 통용되는 표현인 'FAANG'에 따라 이 책에서는 본 회사를 페이스북으로 적는다.

◦ 이 책의 핵심 단어인 '플랫폼 망상(Platform Delusion)'은 '플랫폼에 관한 잘못된 통념'을 뜻한다. 저자는 신기술에 대한 근거 없는 찬양이 우리로 하여금 기술 뒤에 숨겨진 진정한 성공의 비밀과 멀어지게 하는 부정적 결과를 초래한다고 주장한다.

한 그루의 나무가 모여 푸른 숲을 이루듯이
청림의 책들은 삶을 풍요롭게 합니다.

좋은 기업과 나쁜 기업의 본질적이고 미묘한 차이

《플랫폼 제국의 거인들》은 훌륭한 기업을 구성하는 요소와, 그에 상응하는 취약 기업의 대표적인 특징을 긴급히 일깨워주기 위해 쓴 책이다. 미국에서 이 책이 처음 출간된 2021년에는 그런 경종이 절실히 필요했다. 당시 IT 분야에서 촉발된 시장의 장밋빛 환상이 대중들의 마음을 온통 사로잡고 있었기 때문이다.

당시 사람들의 통념에는 서로 모순되는 광범위한 개념이 포함되어 있었다. 규모가 가장 큰 기술 플랫폼이 틀림없이 세상을 장악할 테고, 한때 위태로웠던 신생 기업들이 이제 확실히 자리를 잡았으며, 최신 기술 주식이 앞으로도 계속 유망할 것이라는 생각 말이다. 이들의 공통점은 누구나 비교적 쉽게 돈을 벌 수 있다는 생각, 혹은 희망이다.

물론 별다른 노력 없이 꾸준히 시장을 상회하는 좋은 실적을 올리고자 하는 욕망은 새로운 게 아니다. 하지만 2021년에는 이 근본적으로 잘못된 믿음에 티끌만 한 진실 이상의 뭔가가 깃들어 있는 듯했다. 2021년까지 몇 년간은 아무 기술 주식이나 무작위로 구입하기만 하면 시장 실적을 능가할 수 있었다. 크고 작은 기술 기업들 대부분이 상장되어 있는 나스닥 Nasdaq은 2016년부터 매년 S&P500을 넘어섰다.[1]

이 시기 시장의 열광적인 분위기는 음악이 멈출 경우 중대한 재정적 결과에 직면하게 될 기술 기업 경영진, 벤처 투자자, 사모펀드, 펀드 투자자들에 의해 촉발되었다. 어떻게든 성장만 추구하려고 하는 이들의 태도는 기본적인 경제 원칙에 위배된다. 성장은 이를 달성하는 데 필요한 투자 수익이 자본 비용을 초과할 때만 가치를 창출할 수 있다.

2021년의 시장은 이런 중요한 뉘앙스를 무시했다. 당시 주식시장에서 기술주의 가치를 평가할 때 사용된 최고의 예측 변수는, 매출액의 멀티플 PER로 표시되는 예상 성장률이었는데 이는 수익성을 고려하지 않은 것이었다. 사실 이 조합에 수익성과 관련된 고려 사항을 더하면 분석의 예측력이 감소했다.

그 이전 몇 년 동안 학계와 컨설턴트가 발표한 수많은 책과 논문을 통해 2021년 버블에 대한 지적 기반이 마련되었다. 이들은《플랫폼 레볼루션Platform Revolution》같은 자극적인 제목을 단 책을 통해, 근본적으로 달라진 디지털 생태계의 출현이 전략과 가치 평가, 심지어 경제에 대한 완전히 새로운 접근 방식을 정당화한다고 주장했다.[2] 플랫폼, 네트워크 효과 network effect, 인공지능Artificial Intelligence, AI, 디지털 파괴digital disruption, 빅데이터big data 같은 개념을 들먹인 이런 책과 논문은 종종 양심적이지 않은 사람들이 추구하는 비합리적인 가치 평가에 정당성을 부여했다.

그러던 중 2021년에 내가 이 모든 상황이 좋지 않은 결말을 맞을 것이라는 명확한 메시지를 담은 책을 펴냈다. 이 책은 대체로 정중한 평가를 받았고[3] 〈뉴욕 타임스New York Times〉, 〈파이낸셜 타임스Financial Times〉, 〈패스트 컴퍼니Fast Company〉 등에도 발췌 소개되었으며 〈하버드 비즈니스 리뷰Harvard Business Review〉에서도 소개되었다.[4] 그럼에도 불구하고 당시에 이 책은 호응을 얻지 못했다. 자기가 속았다는 말을 듣고 좋아할 사람은 아무도 없기 때문이다. 특히 그 착각이 수익성 있는 착각이라면 더욱 그렇다.

2022년의 기술 시장 붕괴는 극적인 금리 인상 같은 몇몇 주요 경제 지표 변화가 반영된 결과이기도 하다.[5] 하지만 한편으로 이는 해당 시장에 합리성이라는 보다 중요한 척도가 다시 도입되었음을 나타낸다. 이제 매출 측면의 성장 하나만으로는 가치 평가의 훌륭한 예측 변수가 되지 못한다. 실제로 시장 붕괴 이후 수익성 높은 기술 기업의 주식 실적은 수익성 낮은 기업의 실적을 크게 상회하는데 이는 성장 여부와는 무관하다.

이로 인해 《플랫폼 제국의 거인들》에 대한 관심이 눈에 띄게 증가했다. 몇 조 달러의 손실이 발생하자 다들 이 책에 관심을 보였고, 예상치 못한 여러 분야에서도 이를 재고하게 되었다. 《플랫폼 제국의 거인들》에 쏟아진 새로운 관심의 정당성을 강화하는 요소로는 생성형 AI가 등장해 새로운 유비쿼터스 기술 애플리케이션으로 자리 잡고, 틱톡TikTok이 급부상해서 구글을 능가하는 세계에서 가장 인기 있는 웹 도메인이 되고, 메타Meta(구 페이스북Facebook)에서 스레드Thread를 출시한 것 등이 있다. 이 모든 상황 때문에 기존의 IT 리더들은 본질적으로 난공불락이라는 가정에 의문을 품게 되었다.

덕분에 책이 출간된 지 1년 이상이나 지난 지금, 갑자기 기술 기업을 전문으로 하는 사모펀드 회사의 전략 수련회, 국제 전자상거래 협회, 심지어

의료 전문가들의 연례 모임 등 다양한 청중을 상대로 기조연설을 해달라는 초청을 받고 있다. 좋은 기업과 나쁜 기업의 차이를 규정하는 본질적이고 미묘한 차이가 다시금 중요해졌다고 생각하는 것 같다.

한국어판 서문을 쓰는 2023년 가을 무렵, 시장은 2022년에 겪은 피해를 상당 부분 극복하고 많이 회복된 상태다. 1년 넘게 사실상 폐쇄되었던 부채시장과 주식시장이 살아날 조짐을 보이고 있다. 2023년 9월 15일에는 인스타카트Instacart라는 기업이 2021년 12월 이후 처음으로 상당한 벤처 지원을 받아 IPO를 진행했다.

하지만 부디 이런 시장 반등이 2022년에 어렵게 배운 교훈을 잊기 위한 핑계가 되지 않기를 바란다. 인스타카트의 '성공적인' 상장 과정을 자세히 살펴보면 그래서는 안 된다는 걸 알 수 있다. 가치 평가 과정에서 이 회사에 거의 10억 달러의 자본을 투자한 3라운드 투자자들은 모두 손실을 입었다.[6]

《플랫폼 제국의 거인들》은 기업이 지속적으로 높은 수익을 올릴 수 있는 유일한 방법은 다른 기업에 대한 진입 장벽을 구축하는 것이라는, 시대를 초월한 필수적인 명제를 상기시키는 역할을 하고자 한다. 그것이 경쟁 우위의 본질이다. 이런 통찰은 오늘날 모든 기업의 운영 기반인 변화된 디지털 생태계의 중요성이나 거대 기술 기업이 우리에게 드리우는 그림자의 영향력을 폄하하려는 게 아니다.

산업 구조는 진입 장벽을 구축할 수 있는지, 언제 구축할 수 있는지, 얼마나 강력한지에 영향을 미친다. 이 책의 초점은 돌이킬 수 없을 정도로 달라진 디지털 환경이 경쟁우위의 원천을 어떻게 바꿔놓았고 이 요소들이 어떤 식으로 상호작용해서 오늘날 가장 탄력적인 프랜차이즈를 만드

느지에 맞춰져 있다. 강력한 기업을 구축하거나 현명한 투자를 하려면 산업 구조를 면밀히 분석해야 한다.

　네트워크 효과나 신경망이 경제의 기본 법칙을 바꾸지는 않는다. 처음에는 혁명처럼 보이는 것도 사실 영속적인 진리를 새로운 조건에 적용하는 것일 뿐이다.《플랫폼 제국의 거인들》이 출간되고 2년 동안 시장 변동을 유발한 채찍질은 이런 단순한 통찰을 강화한다. 이 책에서 배우게 될 여러 가지 방법은 테크 타이탄들이 지배하는 시대에 가치를 식별하고 창출하고 보호하는 데 도움이 될 것이다.

플랫폼이 세상을 지배한다는 망상

플랫폼이 세계를 장악하고 있다. 아이들을 숨겨라. 들고 갈 수 있는 것만 챙겨서 떠나야 한다.

그들의 지배는 불가피하다. 저항은 무의미하다. 굴복하지 않는 사람들은 점점 더 계층화된 경제의 최하층으로 밀려날 것이다.

이 새로운 글로벌 질서의 지배자는 초기 플랫폼 투자자와 그들이 후원하는 비전 있는 기업가들이다. 이들과 함께하는 사람은 생존할 가능성이 있다. 나머지는 발전 과정에서 부수적인 피해를 보게 될 것이다.

이 이야기에는 인정할 부분이 많다.

여러 산업계에서 이른바 플랫폼 기업이라고 하는 이 새로운 종류의 기업들이 실제로 일을 하는 기업들로부터 모든 가치와 수익, 성장을 빨아들이고 있다.

2015년에 IBM이 기업가들을 위해 연 행사에서 발표한 슬라이드는 이런 시대정신을 완벽하게 포착하고 있었기 때문에 업계에서 즉시 입소문을 탔다. IBM 경영진은 '디지털 격변은 이미 발생했다'라는 제목으로 플랫폼이 지배하게 된 경제계의 여덟 개 부문의 목록을 스타트업들과 공유했다.[1] 이 슬라이드 사진은 오늘날 온라인에서 널리 유포되고 있으며, 기술 금융가와 컨설턴트들은 잠재 고객에게 충격을 주어 참여를 유도하기 위해 이를 약간 수정한 버전을 다양하게 활용하고 있다.

디지털 격변은 이미 발생했다

- 세계 최대의 택시회사에는 택시가 없다(우버Uber).

- 가장 큰 숙박 업체는 부동산을 소유하지 않는다(에어비앤비Airbnb).

- 가장 큰 전화회사에는 통신 인프라가 없다(스카이프Skype, 위챗WeChat).

- 세계에서 가장 가치가 큰 소매 업체는 제품 재고를 쌓아두지 않는다(알리바바Alibaba).

- 가장 인기 있는 미디어의 소유자는 콘텐츠를 제작하지 않는다(페이스북).

- 가장 빠르게 성장 중인 은행에는 진짜 돈이 없다(소사이어티원SocietyOne).

- 세계 최대의 영화관에는 극장용 스크린이 없다(넷플릭스Netflix).

- 가장 큰 소프트웨어 공급 업체는 앱을 개발하지 않는다(애플Apple, 구글Google).

출처: http://vrworld.com/2015/11/09/ibm-disruption-has-already-happened

이 악마 같은 기업들이 성장에 굶주린 기존 경쟁자들을 협업으로 유인해서 그들의 몰락을 가속하는 예가 많다. 디지털 현상금을 나눠 주고 기업의 매력을 되찾게 해주겠다는 약속에 넘어간 기성 기업들은 너무 많은 정보를 공개하고, 정체성을 잃어버리며 이전의 모습을 알아볼 수도 없는 그림자 같은 존재로 전락한다.

2000년에는 서킷시티Circuit City, 보더스Borders, 토이저러스Toys 'R' Us 모두 디지털 주문을 아마존Amazon 플랫폼에 아웃소싱하는 것이 좋은 아이디어라고 생각했다. 서킷시티와 보더스는 각각 2008년과 2011년에 파산 신청을 했다.[2] 토이저러스는 2004년에 운영권을 되찾으려고 했으나 너무 늦었다. 소송을 제기해봤지만, 2005년에 당시 자금이 가장 넉넉했던 사모펀드에 인수되었다.[3] 법원에서 5년 동안 싸운 뒤, 아마존은 결국 토이저러스에 '기밀' 합의금으로 5100만 달러를 지급하기로 합의했다.[4] 토이저러스는 2017년에 파산 신청을 했다.[5]

넷플릭스가 2007년에 스트리밍 서비스를 시작했을 때, 엔터테인먼트 대기업들은 영화사와 텔레비전 스튜디오에서 제작한 콘텐츠의 디지털 권리를 열심히 팔아넘기면서 이를 예기치 않은 수익으로 여겼다. 2008년에 불경기가 닥치자 이 회사들은 스트리밍 권리를 판매함으로써 단기적인 수익 요구를 충족하는 한편 그로 인한 장기적인 영향은 무시했다.

2010년에 독자 운영되던 타임 워너Time Warner의 마지막 CEO였던 제프리 뷰커스Jeffrey Bewkes는 기성 스튜디오들의 추가적인 고수익원 그 이상의 존재가 되려는 넷플릭스의 열망을 여전히 무시했다. 그는 "알바니아 군대가 세계를 장악할 수 있을 것 같은가? 난 그렇게 생각하지 않는다"라며 비웃었다.[6]

그로부터 몇 년 뒤인 2014년에 타임 워너는 21세기 폭스21st Century Fox에 대한 루퍼트 머독Rupert Murdoch의 적대적인 인수 제안을 거부한 것을 정당화하기 위해, 넷플릭스와 경쟁할 자체적인 HBO 스트리밍 서비스에 대한 계획을 발표했다.[7] 사내에 온라인 역량을 구축하기 위해 수억 달러를 쓰고도 결국 실패한 이 회사는 공식적으로 발표한 출시일에 맞추기 위해 메이저리그 야구의 디지털 사업 부문을 서둘러 아웃소싱했다.

2018년에 타임 워너가 AT&T에 회사를 매각할 당시의 가치는 넷플릭스 주식 시장가치의 절반에도 미치지 못했다.[8] AT&T는 3년도 안 되어 이 자산을 포기했다. 전통적인 엔터테인먼트 산업의 전망이 점점 암울해지자, 2019년에는 루퍼트 머독도 21세기 폭스를 매각했다.

가차없이 행진하는 테크 타이탄(기술 대기업)들에 짓밟힌 불쌍한 아날로그 사업에 대한 디지털 플랫폼의 승리를 설명하는 서사가 등장했다. 이 세계관에서 디지털 플랫폼은 일종의 막을 수 없는 바이러스다. 실제로 2020년에 발생한 팬데믹은 디지털 플랫폼의 확산을 가속했다. 이 플랫폼의 고향인 나스닥은 뉴욕증권거래소가 침체한 동안 번창했다.[9] 그러나 이 스토리라인을 뒷받침하는 것처럼 보이는 설득력 있는 일화에도 불구하고, 이를 면밀히 조사해보면 허점이 드러날 것이다. 그리고 이 허구를 유지하려는 확실한 재정적 동기를 가진 자들은 이런 면밀한 조사를 피하려고 한다. 그러니 디지털 노다지에 대한 약속에 넘어간 사람들도 이를 자세히 살펴보는 것을 단념하게 되었다.

쉽게 돈을 벌 수 있다는 얘기는 도저히 거부할 수 없다. 그 유혹적인 압박 때문에 우리는 진실이라고 알고 있는 것을, 진실이기를 바라는 것으로 대체하게 된다. 디지털 혁신의 시대에는, 수익이 거의 없는 스타트업이 하루아침에 수십억 달러의 가치를 평가받는 유니콘으로 변신하는 사례가 급증하거나, 테크 타이탄이 매출 1조 달러의 영역으로 거침없이 올라서는 모습만 우리의 관심을 사로잡는 것이 아니다. 정말 관심이 가는 것은 누구

나 디지털 베팅만으로 시장 실적을 앞지를 수 있는 것처럼 보이는 명백한 단순성이다.[10]

인터넷에서 부를 추구하는 과정에서 흔히 잊히는 진실은, 아날로그 기회를 추구할 때와 동일한 기본적인 투자 원칙이 디지털 분야에도 적용된다는 것이다. 사업에 존재하는 구조적인 경쟁 우위에 대한 이해는 자금 조달의 가치와 가격을 평가하는 데 필수적이다. 현재 IT 부문에서 활동하는 기획자들은 기본적인 원칙에서 벗어나 마술적인 사고를 선호하는데, 이렇게 행동한 것은 이들이 처음이 아니다. 과거의 미디어 거물들은 주가가 계속 저조한 상황에서도 인재를 관리하고 히트작을 골라내는 자신들의 신비로운 기술을 내세워 한 세대 동안 투자자들을 설득했다.

이 책의 목표는 최면을 거는 디지털 음악을 잠시 끄고 심호흡을 한 뒤 회복력이 강한 것과 약한 것, 독점적 사업권과 사기를 구별할 수 있는 첫 번째 원칙으로 돌아가는 것이다. 경쟁 우위의 기초가 되는 경제적인 개념은 변하지 않지만, 그런 이점이 디지털 환경에서 나타나는 방식은 눈에 띄게 다르다. 그것이 이 책에서 중점적으로 다룰 내용이다.

내가 '플랫폼 망상Platform Delusion'이라고 부르는 것에는 이중적인 의미가 있는데, 하나는 매우 구체적이고 다른 하나는 좀 더 일반적이다. 1장에서는 광범위한 디지털 비즈니스의 잠재력과 회복력을 과대평가하는 특정한 오류들을 정확하게 정의한다. 그러나 폭넓게 보면, 플랫폼 망상은 설명한 사업 부문에서 나타나는 초자연적인 힘을 암시하기 위해 느슨하게 연결된 단어와 구절을 뜻한다. '플랫폼'뿐 아니라 '인공지능', '승자 독식winner-take-all', '네트워크 효과', '빅데이터' 같은 유행어가 일종의 '방아쇠trigger'로 자주 사용되어, 승자가 확실히 존재하며 더 이상의 면밀한 검토는 필요 없다는 믿음을 강화한다.[11] 이런 용어는 경쟁 우위에 대해 재미없는 숙고를 할 필요가 없게 하기 위해 쓰인다.

괜찮은 망상이 모두 그렇듯, 이 생각에도 어느 정도 진실이 섞여 있다. 언급된 속성 중 한 가지 이상과 관련된 사업을 지원해서 실제로 부자가 된 이들이 많다. 문제는 이런 개념이 일관성 없게 정의되고 적용된다는 것이다. 그리고 이런 특성을 체계적으로 검토해보면, 대개는 성공과 상관관계가 거의 없다.[12]

게다가 근본적인 아이디어가 마치 인터넷에서 유래한 초월적인 힘들로 가득 채워진, 완전히 새로운 것인 양 오해를 불러일으키기도 한다. 그러나 플랫폼과 AI, 그리고 이와 관련된 핵심 개념과 기술은 대부분 인터넷보다 먼저 등장했다. 디지털 생태계가 그 성격과 이용 가능성을 변화시키기는 했지만, 항상 좋은 방향으로 변한 것은 아니다. 투자자, 기업가, 기업 모두에게 불행한 일이지만, 인터넷 때문에 생긴 구조적 변화는 대개 기업이 강력한 진입 장벽을 구축하고 유지하는 데 도움이 되기보다 오히려 방해가 되었다.

〈월 스트리트 저널Wall Street Journal〉은 플랫폼이 "지난 10년간 발생한 [기술] 산업의 호황을 가장 잘 규정하는 단어"이며, 인터넷이 어떻게 "엄청난 성장과 부를 위한 발판이 되었는지 설명한다"라고 썼다.[13] 플랫폼 비즈니스는 매우 다양한 방법으로 돈을 벌지만, 플랫폼의 결정적인 특징은 그것이 촉진하는 연결을 통해 핵심적인 가치가 나온다는 것이다. 소프트웨어 개발자와 사용자를 연결하는 운영체제(마이크로소프트Microsoft와 애플), 구매자와 판매자를 연결하는 마켓플레이스(아마존), 커뮤니티를 연결하는 소셜 네트워크(페이스북), 광고주와 디지털 퍼블리셔를 연결하는 검색 엔진

(구글) 등 상징적이고 가치 있는 디지털 사업 중 상당수가 이 정의에 들어 맞는다.

플랫폼이라는 용어는 비교적 최근에 일상어가 되었지만, 이런 정의상의 특징을 지닌 기업들은 인터넷이 발명되기 수십 년 전부터 존재했다. 게다가 앞으로 보게 되겠지만 이들 중 상당수는 실제로 같은 기업의 인터넷 버전보다 더 괜찮은 사업이다. 인터넷 때문에 고정비용 요건이 낮아지고 전환이 쉬워지자, 플랫폼끼리 경쟁이 심해져서 소유주가 피해를 보게 되었다. 한 지역을 독점하고 있는 신문을 플랫폼이라고 부르는 사람은 아무도 없다. 하지만 사실 이것도 광고주와 독자를 연결하고, 광고란을 통해 구매자와 판매자를 연결하는 플랫폼이다. 대부분 중간 규모의 도시는 이런 신문사를 두 개 이상 유지할 수 없다. 그래서 독자와 발행 부수가 계속 감소하기 시작한 뒤에도 신문사 한 곳이 여전히 40퍼센트 이상의 마진을 올리는 승자 독식 기업이 된다. 그러나 인터넷상에서는 서로 경쟁하는 뉴스 콘텐츠와 광고 사이트가 급증하고 있기 때문에, 디지털 플랫폼에서 그 정도 수준의 수익을 올린다는 것은 거의 불가능하다.

스티브 잡스Steve Jobs, 제프 베조스Jeff Bezos, 리드 헤이스팅스Reed Hastings 등 플랫폼 비즈니스를 이끄는 카리스마 넘치고 상징적인 CEO들도 플랫폼 망상이 확산되는 것을 간접적으로 뒷받침했다. 이 인물들은 각 기업의 정체성과 매우 긴밀하게 얽혀 있기 때문에, 이들의 탁월한 경영 성과를 관련된 구조적 이점의 영향이나 특성과 구분하기가 힘들다. 리더십, 실행, 기업 문화도 모두 사업 성공에 기여하지만 경쟁 우위와는 근본적으로 다르다. 기업의 장기적 전망과 경쟁 우위의 지속성은 구조적 이점의 구체적인 원천을 면밀히 검토해야만 적절하게 평가할 수 있다.

요컨대, 최고의 디지털 기업 가운데 상당수가 플랫폼이라고 해서 대부분의 플랫폼 사업이 막대한 수익을 내는 것도 아니고, 훌륭한 성과를 얻은 이유가 플랫폼 때문인 것도 아니라는 말이다. 사실 일관되게 뛰어난 수익률은 구조적인 경쟁 우위를 통해서만 달성할 수 있으며, 최고의 플랫폼 비즈니스가 가진 회복력은 특정한 각 사례의 공통점보다 차이점에서 더 두드러지는 여러 가지 상호 강화 이점들의 결과물이다. 그렇지 않다고 말하는 것, 즉 그들의 성공은 모든 것을 포괄하도록 통합된 단일 플랫폼 중심의 기반 덕분이라고 말하는 것은 미디어 거물들이 선호하는 특별한 술책을 연상시킨다. 히트작 수만 계산하면 본질적으로 위험한 사업이 갑자기 아무도 꺾을 수 없는 무적의 존재처럼 보이는 것이다.

모든 망상이 반드시 나쁜 것만은 아니다. 해럴드 힐Harold Hill 교수는 아이들에게 실제로는 음악 교습을 하지 않았지만, 자신감을 심어줌으로써 악기를 조금 연주할 수 있게 해주었다. 우수한 성과의 가능성에 대한 믿음이 실제로 성취를 촉진한다는 사실이 경험적으로 검증된 사례가 많다. 시험을 잘 볼 수 있다는 말을 들은 학생은 그와 반대되는 말을 들은 학생보다 시험을 잘 볼 가능성이 더 크다.[14]

플랫폼 망상의 문제는 체계적으로 우수한 성과를 내지 못한다는 데 있다. 오히려 강력한 비즈니스 모델과 취약한 비즈니스 모델을 구별하는 능력을 심하게 약화한다. 최고의 플랫폼 비즈니스가 번창할 수 있는 구조적 이점을 제공하는 속성이 무엇인지 제대로 밝히지 못하고, 실패한 많은 플랫폼 기업의 운명에서 적절한 교훈을 얻지 못한다면, 이런 오해 때문에 아주 큰 대가를 치르게 될 것이다.

플랫폼 망상이 대중의 상상 속에서뿐만 아니라 기관 투자자들 사이에서도 끈질기게 자리잡고 있는 것은, 어느 정도는 그 지속적인 생명력을 통해 이득을 얻는 이들의 꾸준한 노력을 반영한다. IT 임원, 벤처 투자가, 사모펀드 파트너, 포트폴리오 매니저에게는 플랫폼 사업의 가치가 계속 증가하기를 바라는 이유가 수백만 가지나 있다. 나는 이들과 개인적으로 소통하면서 이런 기업에 내재된 불굴성에 대한 믿음을 공개적으로 재확인하는 한편, 그 기업들의 실제 강점과 약점에 대한 훨씬 미묘한 관점도 알게 되었다.

이런 이기적인 지지층의 위태로운 동맹을 통해 최초의 인터넷 붐의 기저에 깔려 있던 역학 관계를 어렴풋이 알 수 있다. 당시 나는 골드만삭스Goldman Sachs와 모건스탠리Morgan Stanley에서 선임 투자은행가Investment Banker, IB로 일했는데, 모건스탠리에서는 미디어 그룹의 공동 대표도 맡았다. 나는 한때 신망 높던 프라이빗 뱅킹 파트너십이 상장한 뒤에 지속적인 성장과 시장점유율 상승을 요구하는 주주들 때문에 재정적 압박을 겪는 모습을 가까이에서 지켜보았다. 그들이 인수한 기업 중에는 이익에 대한 현실적 전망이 없거나 더러는 의미 있는 매출이 거의 없는 기업도 많았지만, 오랫동안 확립되어온 기업의 제도적 기준을 명백히 위반하면서도 공공시장에서 일상적으로 이런 은행들의 후원을 받았다. 연구분석가들은 전략적으로 일관성이 없고, 재정도 흔들리고 있는 기성 업체들의 회사 인수를 응원했다.

이번에는 위험이 훨씬 더 크고, 숨겨진 속임수 또는 심지어 노골적인 속임수에 대한 경제적 인센티브도 크다. 거품이 붕괴된 이후 20년 동안 이동성과 컴퓨팅 성능, 대역폭이 폭발적으로 증가하면서 완전히 새롭거나 급진적으로 향상된 사업과 실질적인 규모와 내실을 갖춘 비즈니스 모델을 구축할 수 있게 되었다. 이 기업들 중 규모가 가장 큰 몇몇이 현재 전체 주식시장 가치에서 전례 없이 높은 비중을 차지하고 있다. 이러한 높은 가치 평가에 의존하는 벤처 캐피털과 사모펀드 부문은 현재 2000년보다 거의 10배나 많은 자본을 운용하고 있다.[15] 그리고 규제 때문에 그 시대의 전문 투자은행들이 보였던 최악의 행동이 완화되기는 했지만, 오늘날 운용 중인 자금은 그때보다 훨씬 더 많다.

첫 IT 거품이 붕괴된 뒤, 나는《승격한 투자은행가The Accidental Investment Banker》라는 책을 써서 투자은행들이 어떻게 IT 거품경제에 기름을 부었고, 어떻게 그 과정에서 자신들의 문화까지 망가뜨렸는지 밝혔다.[16] 그 후에도 나는 업계에 남아서 기업들에 전략적 거래에 관해 계속 조언하다가 점차 학계로 진출했다. 컬럼비아경영대학원에서 미디어 및 기술 프로그램 공동 책임자이자 미디어 및 기술 전문 실무를 가르치는 교수로 재직하면서, 내 관심이 은행의 의사결정에서 그들이 조언하고 자금을 지원하는 업계 구조와 최적의 사업 전략으로 옮겨갔다. 내 후속 저서인《거물의 저주The Curse of the Mogul》와《계급의 광대Class Clowns》에서는 사업 전략과 산업 구조, 가치 평가 사이의 본질적인 연관성을 무시한 투자자들이 큰 잘못을 저지른 부분이 어디인지를 살폈다. 이 책에서는 페이스북, 애플, 아마존, 넷플릭스, 구글/알파벳Alphabet 등 우리 시대의 가장 중요하고 가치 있는 이른바 FAANG 기업들에 똑같은 렌즈를 적용한다.

이 책의 요점은 디지털 시대에 나타난 소수의 거대 기업들의 회복력에 대한 자신감을 꺾으려는 것이 아니다. 내 목표는 기업마다 서로 상당히 다른 장점의 원천을 설명하는 것이다. 그러나 그러려면 플랫폼의 특성뿐 아니라 일반적인 디지털 경쟁 우위에 관한 통념에도 도전장을 던져야 한다.

디지털 시대의 가장 유명한 기업들 중 일부가 지닌 특정한 이점에 의문이 제기되고 있다.

내 의도가 성공한다면 이 책을 다 읽을 즈음 여러분은 다음과 같은 반직관적 명제를 받아들이게 될 것이다.

- 네트워크 효과는 디지털 시대에 경쟁 우위를 발휘하는 지배적인 원천으로 강조되어왔다. 이 현상은 새로운 사용자가 추가될 때마다 제품이 본질적으로 더 좋아지는 것이다. 그러나 네트워크 효과를 발휘하는 기업은 대부분 특정한 산업 구조나 다른 부분을 강화할 수 있는 이점이 없기 때문에 남다른 결과를 제공하지 못한다. 게다가 흔히 생각하는 것과 달리, 모든 플랫폼 사업에서 강력한 네트워크 효과가 나타나는 것은 아니다. FAANG으로 불리는 디지털 골리앗 그룹 가운데 네트워크 효과를 기반으로 하는 기업은 페이스북뿐이다.

- FAANG 기업의 전례 없이 높은 가치 평가에 박차를 가하는 여러 가지 새로운 성장 요소는 핵심 기업이 의존하는 경쟁 우위를 통해 제한적인 지원을 받고 있다. 특히 음악과 텔레비전 분야로 진출한 애플의 엔터테인먼트 사업과 전 세계 시장이나 식료품에 대한 투자를 가속하고 있는 아마존의 경우, 해당 분야에서 불리한 경쟁 조건에 처해 있고 그 분야들이 애초에 매력적이지 않다고 말할 수 있다.

- 넷플릭스는 의미 있는 네트워크 효과를 누리지 못한다. 또 AI가 체계적으로 '히트작'을 제공해줄 것이라고 예상하며 오리지널 콘텐츠 분야에 진출했지만, 이 결정도 잘못된 것이다. 이 분야의 경쟁이 극도로 치열해졌다는 사실 때문에 정당화되고 있기는 하지만, 과거에 명확

하게 표명했던 창조적 위험을 피하겠다는 전략을 포기한 넷플릭스는 더 좋은 기업이 되기는커녕 오히려 상황이 악화하고 있다.

- FAANG의 대대적인 기업 인수는 이들이 쓰고 있는 갑옷의 취약점과 장점의 한계를 드러낸다. 독립된 전자상거래 업체들이 기저귀, 신발, 직물, 반려동물 용품, 가구 등의 분야에서 오랫동안 아마존을 능가하는 입지를 굳히고 있다. 그리고 인스타그램Instagram, 왓츠앱WhatsApp, 틱톡 등이 페이스북과는 별개의 글로벌 온라인 커뮤니티를 구축할 수 있는 능력은 이런 구조적 제약을 반영한다. 위에 언급한 기업들은 대부분 인수되었지만, 규제 환경은 향후 인수를 제한하고(심지어 기존 인수를 취소할 수도 있다) FAANG이 앞으로 겪게 될 경쟁 과제를 심화할 것이다.

- 어떤 분야에서 네트워크 효과가 발휘하는 힘은 제공하는 제품이나 서비스의 복잡성과 특정 시장의 손익분기점 경제에 많은 영향을 받는다. 이것은 에어비앤비가 우버보다 훨씬 괜찮은 사업인 이유와 부킹Booking과 익스피디아Expedia가 호텔 객실 판매를 통해 대부분의 수익을 올리고 항공편 판매로는 돈을 벌지 못하는 이유를 설명해준다. 여행이나 결제 같은 분야에서 가장 탄력적인 네트워크 효과 기반 플랫폼은 대부분 인터넷보다 수십 년 먼저 등장했다.

- 디지털 플랫폼의 견고함과 필연적인 글로벌 지배를 주도하는 AI도 네트워크 효과만큼이나 활발하게 홍보되어왔다. 종적으로 집중된 수십억 달러 규모의 새로운 소프트웨어 기업들의 확산은 AI가 "전통적인 전문화의 점진적인 종말"[17]을 야기하고 갈수록 승자 독식의 세상을 만들 것이라는 예측을 약화한다.

2020년 말, FAANG 기업들의 시가총액을 합치면 6조 달러가 넘는다. 2015년에는 이 기업들의 총가치가 2조 달러 미만이었는데, 이후의 상승폭이 S&P500 지수의 전체 성장률보다 3배 이상 컸다. 팬데믹 기간 동안 이 기업들이 보여준 극적인 성과는 이들이 모두 본질적으로 무적의 존재라는 인식을 강화했다. 이런 놀라운 기업들의 강점과 약점을 이해하는 것은 그들과 직접적으로 관련된 결정을 현명하게 내리는 데 필수적이며, 그들과 실제적 또는 잠재적 경쟁에 직면한 모든 기업(사실상 대부분의 기업)과 관련해서도 마찬가지다.

디지털 플랫폼에 관한 통념의 부적절성은, 겉보기에 유사한 비즈니스 모델에서 근본적으로 다른 결과가 나오는 이유를 설명할 수 없다는 데서 가장 잘 드러난다. 수많은 온라인 및 오프라인 소매 업체가 아마존의 영향력 앞에서 무너진 것은 유명한 사실이다. 그러나 아마존은 웨이페어Wayfair나 엣시Etsy 같은 독립 사업자가 확실한 리더의 자리를 굳히고 있는 수십 개의 전문 마켓플레이스를 무너뜨리지는 못했다. 수백 개의 새로운 수직 소프트웨어 플랫폼이 성공을 거둔 것과 달리, 광고로 돈을 벌거나 애드테크를 이용하는 플랫폼은 광범위한 수용에도 불구하고 실패했다. 이 책에서는 세 부분으로 구성된 본문을 통해 이러한 현상과 다른 명백한 변칙성에 관해 설명할 것이다.

1부에서는 디지털 환경에서의 경쟁 우위에 관해 명확하게 생각하는 데 필요한 맥락을 제공한다. 1장에서는 플랫폼 망상을 떠받치는 원리를 면밀히 검토한다. 이 원리는 놀랍도록 폭넓게 받아들여졌고, 이 때문에 가장 중요한 오해는 명백한 거짓임에도 불구하고 오래 이어지고 있다. 2장에서는 네트워크 효과를 통해 디지털 환경에서 흔히 나타나는 규모의 개념을 살펴본다. 네트워크 효과의 이점은 주로 고정비용 분산으로 파생되는 전통적인 규모의 이익과는 매우 다르다. 또 네트워크 효과의 잠재력과, 네트워크 효과를 가진 기업과 전통적인 규모의 이점 사이의 지속적인 관련성을 결정짓는 중요한 산업 특성을 파악한다. 3장에서는 디지털 환경에서의 경쟁 우위를 고려할 수 있는 광범위한 프레임워크를 설명한다. 추가로 강화된 경쟁 우위가 없는 모든 종류의 규모는 경쟁자의 침범에 취약하다. 플랫폼과 네트워크 효과의 존재(또는 부재)는 이 분석과 관련이 있을 수도 있지만, 그 자체로는 방향을 결정하지 못한다.

2부에서는 이 프레임워크를 FAANG에 적용해 각 기업의 역사와 성과를 개괄적으로 설명한다. 이들이 지닌 경쟁 우위의 다양한 원천과 강도를 자세히 살펴보고, 이 회사들의 구체적인 취약점과 앞으로 나아갈 길도 살펴본다.

3부에서는 FAANG의 그늘에서 사업을 운영 중인 다양한 부문과 비즈니스 모델을 살펴본다. 특히 여행, 애드테크, 빅데이터, 전자상거래, 서비스형 소프트웨어Software as a Service, SaaS, 공유 경제 분야를 중점적으로 살펴본다. 이들이 디지털 생태계에서 어떻게 등장하고 변모해왔는지 그 역사를 탐구한다. 가장 주목할 만한 투자 성공 및 실패 사례를 설명하는 구조적 특징이 부각된다.

마지막으로, 에필로그에서는 단순히 거액의 돈을 잃는 것 외에도 플랫폼 망상이 불러오는 몇 가지 위험을 지적한다. 공공 정책 영역, 그리고 우리 문화에서 디지털 산업 구조나 부에 이르는 길을 너무 단순하게 가정하는 것 때문에 근시안적이고 대체로 자멸적인 의사결정이 나오고는 했다.

이 책은 경쟁 우위의 근본적인 중요성을 일깨우는 동시에 디지털 환경의 경쟁 우위는 아날로그 환경과 어떻게 다른지 알려주는 가이드 역할도 한다. 나는 20년 넘게 투자은행과 학계 양쪽에서 일해온 경험 덕에, 폭넓은 청중에게 이 일을 시급히 알려야 한다는 확신을 품게 되었다. 수준 높은 이사회, 노련한 경영진, 전문 투자자들조차 단기적인 결과를 잘못 추정해 잘못된 디지털 거래에 말려드는 예가 너무나 많다. 이런 잘못된 거래와 실패한 투자를 뒷받침하는 산업 구조에 대한 오해 때문에 너무나 많은 경영대학원 졸업생들이 곧 사라지게 될 젊고 야심찬 IT 기업에 취직하게 되었고, 이렇게 낭비된 잠재력 때문에 우리 사회는 더 가난해졌다.

세계경제기 펜데믹 이후 대규모 긴축을 통해 재편되고 정부의 모든 부처가 기술 기업과의 관계를 전반적으로 면밀히 검토할 준비가 되어 있는 것처럼 보이는 지금은 이른바 플랫폼 경제의 구조적 강점과 약점을 살펴보기에 절호의 기회다. 오늘날의 경쟁 우위의 진정한 원천을 파악해야만 투자자, 관리자, 기업가들이 전례 없는 기술 및 시장 변화에 맞서 지속적으로 가치를 창출할 수 있다. 그러나 사업과 투자 전략과는 별개로, 시민과 정책 입안자들도 현재 진행 중인 국가적 논쟁에 긍정적으로 기여하기 위해 이런 구조적 특성을 알아야 한다. 현대 경제의 위험을 피하면서 그 약속을 실현할 수 있는 우리의 집단적 능력은 시장과 산업 구조에 대한 명확한 시각을 받아들이고 플랫폼 망상을 극복하려는 의지에 달려 있다.

CONTENTS

PLATFORM DELUSION

1부. 플랫폼 제국에 관한 이해

1장. 플랫폼 망상을 떠받치는 4개의 기둥   30

2장. 디지털 시대의 규모와 네트워크 효과   54

3장. 새로운 경쟁 우위의 원천   66

2부. 테크 타이탄의 제1원칙

3부. 살아남는 기업의 조건

1부.

플랫폼 제국에
관한 이해

플랫폼 망상을 떠받치는 4개의 기둥

플랫폼에 관한 망상은 미묘하게 드러나는 경우가 많다. 이런 오해는 대개 경제가 움직이는 방향이나 특정 기업이 지닌 무적의 힘에 대한 확고한 주장 아래에 깔린 무언의 가정을 통해 드러난다. '플랫폼 경제', '플랫폼 혁명', '플랫폼 효과' 같은 용어가 널리 통용되고 있지만, 몇몇 초거대 플랫폼이 세상을 지배한다는 일관된 믿음과 예상 때문에 중대한 오류가 발생한다. 이 통념은 네 가지 믿음에 지나치게 의존하고 있다.

하지만 이는 전부 명백하게 잘못된 믿음이다.

플랫폼 망상을 떠받치는 4개의 기둥

1. 플랫폼은 혁신적이고 새로운 비즈니스 모델이다.
2. 디지털 플랫폼은 구조적으로 아날로그 플랫폼보다 우수하다.

3. 모든 플랫폼은 강력한 네트워크 효과를 발휘한다.

4. 네트워크 효과는 곧 승자 독식 시장으로 이어진다.

플랫폼은 혁신적이고 새로운 비즈니스 모델이다

경영대학원 교수들이 플랫폼 비즈니스 모델에 관한 글을 본격적으로 쓰기 시작한 것은 2000년 이후부터다. 하지만 어떤 사회적·경제적 현상이 학자들이 주목하기로 한 순간부터 시작되었다고 생각하는 것은 끔찍한 실수다. 일반 소비자들은 인터넷이 상용화되기는커녕 인터넷이라는 개념이 존재하지도 않았을 때부터 매일 플랫폼 사업을 이용했다.

플랫폼 사업의 정의는 간단하다. 플랫폼은 형태가 매우 다양하지만, 그 핵심적인 가치는 플랫폼이 활성화하고 강화하는 관계 안에 존재한다는 공통점이 있다. 플랫폼 사업에 관한 최근 리뷰와 연구 내용을 요약하면, "플랫폼 사업은 개인과 조직을 연결해서 다른 곳에서는 불가능한 방법으로 혁신을 이루거나 상호작용할 수 있게 한다"는 것이다.[1]

이렇게 비교적 단순한 정의에도 불구하고 플랫폼 사업을 구성하는 요소가 무엇이냐를 놓고 계속 혼선이 빚어지는 것은 쓸모없는 시장 인센티브market incentive 때문이다. 흔히 있는 일이지만, 최고의 가치를 안겨주는 어떤 단어가 등장하면 다들 그 용어를 어떻게든 자기 회사에 끼워 맞춰서 둘 사이에 명확한 관련성이 있다고 주장하고 싶어 한다. 그러니 패스트푸드 샐러드 체인이 자신들을 '식품 플랫폼'으로 홍보하는 것은 별로 놀랄 일도 아니다. 스위트그린Sweetgreen이라는 회사는 심지어 저명한 하버드 경영

대학원 교수를 이사회에 영입해서 거창한 홍보 문구에 정통성까지 부여했다.[2]

어쨌든 인터넷 덕에 다양한 연결이 가능해지자 매우 다채로운 비즈니스 모델을 가진 합법적인 플랫폼 기업이 놀랍도록 많이 등장했다. 때로는 시장에서 구매자와 판매자를 이어주는 금융 거래에서 플랫폼 가치가 생성되기도 하고, 때로는 게임 플랫폼 같은 공유 환경에 기능과 콘텐츠를 추가해서 혁신을 촉진하기도 했다. 또 소셜 네트워크처럼 상호작용 그 자체에서 가치가 발생하는 경우도 있다. 이렇게 새로운 플랫폼이 폭발적으로 늘어나자, 이상하게도 디지털 시대가 시작되기 훨씬 전부터 수많은 플랫폼 사업이 존재했다는 사실을 잊어버리게 되었다.

인터넷이 등장하기 전의 플랫폼 사업 중 일부는 신용카드처럼 전자적인 형태로 이루어졌다. 1950년에 다이너스 클럽Diners Club이라는 신용카드가 첫선을 보이고, 1970년대에 아메리칸익스프레스·비자·마스터카드 등이 나오면서 널리 사용된 신용카드는 상인과 고객이 거래할 수 있는 플랫폼 역할을 한다.[3] 2020년 말 당시 비자카드의 가치는 거의 5조 달러에 이르렀고, 마스터카드가 그 뒤를 바짝 쫓고 있다.

전국 곳곳에서 소매 업체와 쇼핑객을 연결하는 쇼핑몰처럼 오래전부터 자리를 잡은 플랫폼 사업 중에는 인터넷 같은 가상 공간이 아니라 물리적인 공간에서 운영되는 것도 있다. 미네소타주 이다이나Edina에 있는 사우스데일센터Southdale Center는 최초의 현대식 쇼핑몰로 알려져 있는데, 1956년[4]에 문을 열어 지금까지 계속 운영 중이다. 영화관도 플랫폼 사업이다. 영화관 사장은 스튜디오와 협상해서 최고의 영화를 최고의 조건으로 구입한 다음, 지역 영화 팬들에게 영화 관람 경험을 판매한다. 극장이 최고의 영화를 확보할 수 있는 것은 누구보다 많은 관객을 끌어모을 수 있다는 주장을 스튜디오가 믿었기 때문이겠지만, 실제로 극장 좌석을 채운 것은 그들이 확보한 영화 덕분일 가능성이 크다.

플랫폼 사업에 내재되어 있는, 닭이 먼저냐 달걀이 먼저냐 식의 이런 역학 관계는 인터넷 시대로 넘어온 뒤에도 별로 달라지지 않았다. 성공적이고 다면적인 플랫폼을 구축해서 유지하고자 하는 운영자들은 예전과 똑같은 비즈니스 문제(요금을 부과할 대상과 방법, 플랫폼 충성도를 높이는 방법, '트래픽' 수익화 전략 등)에 직면해 있다.

놀라운 사실은 누군가 플랫폼 사업의 구조와 경제성을 연구해봐야겠다는 생각을 하기까지 아주 오랜 시간이 걸렸다는 것이다. 노벨상을 받은 경제학자 장 티롤Jean Tirole이 2003년에 공동 집필한 논문은 플랫폼과 관련된 현상을 처음 연구한 것은 아니었지만, 가장 널리 인용되고 또 이후에 많은 연구와 출판물이 쏟아져 나오는 데 기폭제 역할을 했다.[5] 흥미로운 사실은 플랫폼 '발견'과 인터넷 이용 사이에는 높은 연관성이 존재하지만, 이 중요한 논문이 발표된 저널은 규모가 가장 크고 눈에 띄는 디지털 플랫폼이 개발된 미국 저널이 아니었다는 점이다.

이 획기적인 논문을 쓴 저자들은 네트워크 경제와, 닭과 달걀 문제에 초점을 맞춘 수십 년간의 연구에도 불구하고, 과거에는 이 주제가 '미미한 관심'밖에 못 끌었다는 사실에 약간 당황한 듯하다.[6] 게다가 논문에 몇 가지 인터넷 사업 얘기가 나오기는 하지만, 분석에 사용된 사례 대부분이 비디오 게임, 신용카드, 운영체제처럼 인터넷보다 훨씬 먼저 등장한 것들이다. 또 대부분 기술 활용 수준도 매우 낮다(할인 쿠폰북, 쇼핑몰, 부동산 중개업자 등).[7] 하지만 언론이나 학자들은 티롤의 지적 공헌이 '인터넷 시대 기업'

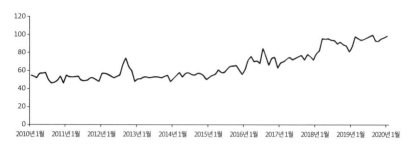

구글 트렌드: 시간 경과에 따른 '플랫폼'에 대한 관심 변화

에 독특하게 혹은 색다르게 적용된다는 주장을 포기하지 않고 있다.[8]

플랫폼은 뭔가 새롭고 남다른 것이라는 확신이 최근 들어 더 강해진 것 같다. 지난 10년간의 검색어 순위를 살펴봐도 알 수 있다. '플랫폼'이라는 말은 매우 빠르게 일상용어로 자리잡았다. 하지만 플랫폼 사업의 독특한 특성에 대한 이해도 그만큼 빠르게 확산되었는지는 의문이다.

디지털 플랫폼은 구조적으로 아날로그 플랫폼보다 우수하다

플랫폼은 물론 새로운 개념이 아니지만, 인터넷은 잠재적인 플랫폼 사업의 범위와 규모를 크게 확대했다. 이런 새로운 디지털 모델은 오래된 독과점 기업에 파괴적인 영향을 미치는 경우가 많다. 그러나 규모가 크다고 해서 반드시 좋은 것은 아니며, 상황을 뒤집는 능력이 반드시 지속적인 가치 창출 역량을 보장하는 것도 아니다.

최근 수십 년 사이에 등장한 플랫폼 가운데 규모가 가장 큰 몇몇 디지털 플랫폼(특히 구글과 페이스북)은 부인할 수 없고 때로 충격적이기까지 한 강점을 지니고 있다. 그래서 다들 디지털 플랫폼이 아날로그 플랫폼보다 확실히 수익성 높은 사업이라고 여기게 된 것이다. 하지만 이것은 꼼꼼한 검토를 거치지 않은 섣부른 가정이다. 그리고 많은 투자자는 이 가정만 믿고 뛰어들었다가 쓰디쓴 대가를 치렀다.

친숙한 아날로그 플랫폼과 디지털 플랫폼의 중요한 비즈니스 특성을 비교해보면 이 오류의 심각성을 알 수 있다. 쇼핑몰과 그것의 디지털 상대인 전자상거래 웹사이트는 판매자와 구매자를 연결하는 가장 단순한 양면 플랫폼이다.

전통적인 쇼핑몰은 두 가지 큰 이점을 누렸다. 판매 업체들은 장기 임대 계약을 체결했고, 쇼핑객들이 차선책으로 찾아갈 다른 쇼핑몰은 몇 킬로미터나 떨어진 곳에 있다. 쇼핑몰 개발업자들은 건물을 짓기도 전에 쇼핑몰에 입점할 유명 점포를 몇 군데 확보해서 이들과 장기 계약을 맺고, 해당 쇼핑몰에서 일정한 거리 안에는 다른 매장을 열지 않겠다는 약속까지 받는다. 원래 부지를 선정할 때는 인구통계, 쇼핑 대안, 토지 비용, 효용성 등을 모두 고려한다. 여기에서 가장 핵심적인 분석 과제는 훗날 근처에 경쟁 쇼핑몰이 생길 가능성이 낮은지 확인하는 것이다. 쇼핑몰 운영자는 이런 특징을 통해 투자자들에게 높은 수익을 보장할 수 있다.

인터넷에서는 플랫폼과 구매자 및 판매자의 관계가 일반적으로 이렇게 오래 지속되지 않는다. 구매자는 클릭 한 번으로 다른 대안을 찾을 수 있고, 똑똑한 판매자는 경쟁 플랫폼을 두루 활용하거나 직접적인 방법으로 고객에게 다가가는 능력을 최적화한다. 하지만 디지털 커머스 플랫폼은 이런 구조적 현실에 맞서 싸울 수단이 거의 없다. 그래서 전자상거래

분야는 실패율 추정치가 97퍼센트에 달한다.[9]

아마존은 문제가 매우 복잡해서 별개의 장에서 따로 다뤄야 한다. 그러나 쇼핑센터 분야에서 가장 성공한 운영자들은 아마존의 전자상거래 사업보다 훨씬 많은 이익을 낸다는 점에 주목할 필요가 있다.[10] 팬데믹 기간에 아마존보다 쇼핑몰 사업자에게 투자하라는 얘기가 아니다. 중요한 것은 오프라인 사업 모델이 놀라운 상대적 복원력을 지녔다는 점이다. 추세 변동에도 불구하고, 코로나19 위기가 닥치기 직전까지 오프라인 쇼핑몰을 열어서 구조적인 문제를 해결하려고 했던 온라인 소매 업체들이 늘어났던 것은 우연이 아니다![11]

펫츠닷컴Pets.com, 코즈모Kozmo, 부닷컴Boo.com, 웹밴Webvan 등 초반에 대실패를 겪은 닷컴 기업 중 상당수가 전자상거래 회사였다. 최초의 인터넷 붐을 경험한 이들에게는 향수를 불러일으키는 이름이지만, 실제로 그들을 지원했던 벤처 캐피털 업계의 몇몇 거물에게는 그때의 악몽이 되살아날 가능성이 있다.

최근 이 분야에 진입한 기업들의 회복탄력성이 기존 기업보다 크다는 사실이 입증되지는 않았지만, 이 때문에 공공 투자자와 개인 투자자의 공격적인 자금 조달 의지가 크게 약화되지는 않았다. '반짝 세일' 열풍은 몇 년 동안 지속되었고, 한동안 이들의 시그니처 유니콘 역할을 한 길트 그룹 Gilt Groupe이 탄생했다.[12] 온라인 마켓플레이스인 그루폰Groupon의 2011년 기업공개Initial Public Offering, IPO는 2004년 구글의 IPO 이후 최대 규모였으며, 당시 회사 가치는 100억 달러를 훌쩍 넘어섰다.[13] 하지만 현재 이 회사 주식은 투자자들에게 거의 잊힌 초소형주다.[14] 2019년에 전자상거래 분야 IPO에서 세간의 이목을 끈 주미아Jumia, 리볼브Revolve, 츄이Chewy(각각 아프리카, 의류, 애완동물 용품을 겨냥한 상거래 업체다)는 거래 첫날 주가가 급등했지만, 그해 연말에는 초기의 도취 상태에 비하면 아주 낮은 가격으로 거래가 마감되었다.

2020년에는 코로나19 때문에 전자상거래 분야의 많은 기업이 계획했던 IPO의 꿈이 좌절됐다(패션 소매 업체 포시마크^{Poshmark}도 IPO를 미리 연기했다[15]). 하지만 투자자들이 앞으로는 소비자들의 구매 행태가 완전히 온라인 구매로 전환될 것이라고 믿게 되면서 이 부문이 극적인 회복세를 보였다. 팬데믹이 맹위를 떨치기 직전에 공개시장 문을 두드린 침구류 전문 회사 캐스퍼^{Casper}는 상장 후 한 달 사이에 주가가 75퍼센트나 떨어졌지만, 연말까지는 IPO 가격의 일부를 회복했다.[16] 더욱 극적인 사례는, 오늘날의 펫츠닷컴이라고 불리면서 별로 사랑을 받지 못했던[17] 츄이의 시가총액이 폭발적으로 증가해 400억 달러 이상이 된 것이다. 그리고 2020년 9월 IPO 서류를 제출한 포시마크는 결국 2021년 초반에 가장 뜨거운 공모주 중 하나가 되었다.[18] 그러나 시장의 이런 심리 변화는 전자상거래의 기본적인 자본 환경을 오랫동안 가려버릴 뿐이다.

디지털 소매 환경은 가격과 제품 옵션에 관한 풍부한 정보를 소비자에게 제공한다. 그러나 일반적으로 구매자의 친구는 판매자의 적이다. 권력이 생산자로부터 소비자로 이동함에 따라 예외적으로 높은 수익을 올릴 기회는 드물어진다. 전자상거래는 월드와이드웹의 첫 번째 '킬러 앱' 중 하나로 확인되었을지 모르지만, 이 사업에 투자한 이들 중에는 손해를 본 이들이 압도적으로 많다.

물론 모든 전자상거래 사업이 동일한 것은 아니며, 이 중요한 차이점들은 나중에 더 자세히 살펴볼 예정이다. 이베이^{eBay}처럼 단순히 구매자와 판매자를 연결해주는 순수한 플랫폼도 있다. 캐스퍼 같은 기업은 사실 본인들이 판매자이고 때로는 제조사이기도 하다. 그리고 아마존 같은 다른 회사들은 일종의 하이브리드 모델을 운영하고 있다. 그리고 온라인 여행 사업처럼 물건이 아닌 서비스를 판매하는 대규모 전자상거래 분야도 있다. 비즈니스 모델과 제품이 매우 다양한데도 불구하고, 전체적으로 보면 적어도 한 가지 측면에서는 놀라울 정도의 일관성을 보여준다. 즉 시간이 지남에 따라 재무 성과가 점점 실망스러워진다는 것이다.

상업 인터넷이 탄생한 이후 사반세기 동안, 수십 개의 전자상거래 회사

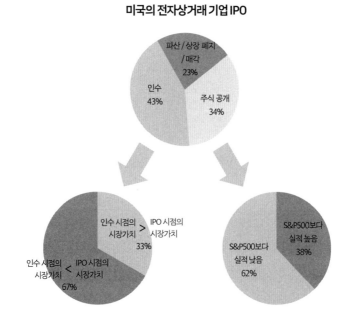

미국의 전자상거래 기업 IPO

파산 / 상장 폐지 / 매각 23%
인수 43%
주식 공개 34%

인수 시점의 시장가치 > IPO 시점의 시장가치 33%
인수 시점의 시장가치 < IPO 시점의 시장가치 67%

S&P500보다 실적 높음 38%
S&P500보다 실적 낮음 62%

출처: S&P Capital IQ. Company filings, press releases
참고: 1995~2020년에 IPO를 실시한 미국의 인터넷/다이렉트 소매 마케팅 기업 표시

가 상장되었는데 그중 거의 4분의 1이 파산하거나 상장 폐지되었다. 그런 불쾌한 상황에 직면하기 전에 가까스로 인수된 회사들 가운데 3분의 2 이상은 원래 공모 가격보다 낮은 가격으로 매각되었다. 남은 상장 기업 3분의 1 가운데 60퍼센트 이상은 신규 상장 이후 전체 시장보다 실적이 뒤처져 있다.[19]

모든 플랫폼은 강력한 네트워크 효과를 발휘한다

흔히 플랫폼 비즈니스 모델에 내재되어 있다고 생각하는 신비로운 특성은 '네트워크 효과'라는 중요한 경제 현상의 고유한 가용성 때문에 생긴 것이다. '플라이휠 효과flywheel effect'라고도 하는 이것은 신규 사용자가 늘어날수록 기존 사용자에 대한 네트워크 가치가 높아진다는 뜻이다.

네트워크 효과에서 특히 매력적인 부분은 자신의 힘으로 스스로 더 강해질 수 있다는 가능성이다. 네트워크 효과를 기반으로 구축된 가장 성공적인 사업은 그 장점이 꾸준히 증가하는 선순환이 발생하므로 주목하지 않을 수 없다. 이론상 모든 신규 사용자는 사업의 상대적 매력을 높이는 동시에 더 많은 신규 사용자를 유치하므로, 경쟁자의 공세가 성공할 가능성이 훨씬 희박해진다.

플랫폼 사업과 네트워크 효과 사이의 논리적 연관성은 이해하기 쉽다. 결국 플랫폼은 네트워크 참여자들 사이의 상호작용을 관리하고 촉진하는 일과 관련이 있다. 그러나 모든 플랫폼이 강력한 네트워크 효과를 이용할 수 있다고 결론짓는 것은 실수다.[20] 실제로 네트워크 효과의 도움을 거의 받지 못하는 플랫폼 사업이 많다.

예를 들어보자. 텔레비전 방송국부터 인터넷 콘텐츠 공급자에 이르기까지 광고로 운영되는 모든 미디어 사업은 광고주와 소비자를 연결하는 플랫폼 역할을 한다. 워터 쿨러 효과water cooler effect(직원들이 음료수 마시는 곳에서 격의 없는 대화를 나누면서 생기는 효과-옮긴이)를 통해 다른 사람이 여러분과 같은 관심사를 갖고 있고, 광고주도 시청자가 많은 쪽에 매력을 느낀다는 사실을 알면 심적으로는 약간 도움이 될 것이다. 하지만 이런 사업의 경제성은 주로 전통적인 고정비용 규모에 좌우된다. 이 사업에 힘을 실어주는 것은 시청자와 광고주 사이의 네트워크 효과가 아니라 인기 프로그램과 매력적인 웹 콘텐츠를 제작하는 일이다. 콘텐츠가 성공하면 많은 시청자를 유치하고 광고료도 높아지므로, 이렇게 강화된 수익 기반 전체에 고정 인프라 비용을 분산할 수 있다.

영화관도 앞서 말한 것처럼 영화 관람객과 제작 스튜디오를 연결하는 플랫폼에 속한다. 그러나 영화관의 경제성은 네트워크 효과와는 거의 관련이 없다. 이들의 상대적 수익성은 해당 극장이 소수의 극장만 지원 가능한 소규모 시장에 모여 있는지, 아니면 경쟁이 치열한 전국 대도시 지역에 퍼져 있는지에 따라 달라진다.[21]

팬데믹 시대의 가장 상징적인 성공 사례라고 할 수 있는 화상 커뮤니케이션 플랫폼인 줌Zoom도 강력한 네트워크 효과를 발휘하는 사업은 아니다. 2020년 말에 이 회사의 가치는 1000억 달러가 넘었고, 주식은 2019년 공모가보다 10배 정도 비싼 가격으로 거래되었다. 줌은 멋진 제품이지만 도입 시의 마찰이나 복잡성을 너무 성공적으로 제거한 탓에 강력한 네트워크 효과를 발휘하지 못한다. 현재 다른 경쟁 제품들도 브라우저 링크를 클릭하기만 해도 대화에 참여할 수 있으므로, 가장 광범위한 잠재적 네트워크 참가자 풀에 접근하는 것 정도로는 차별화 요소가 될 수 없다. 전환비용이 많이 든다거나 사용자 조정에 실질적인 어려움이 있는 것이 아니라면, 네트워크 효과의 가치는 제한될 수밖에 없다.[22]

플랫폼 기업은 대부분 네트워크 효과를 발휘하는 것이 사실이다. 그러나 이 기업들의 매력에 미치는 네트워크 효과의 성격이나 범위, 영향은 매우 다양하다. 페이스북처럼 강력한 네트워크 효과가 위력적인 디지털 플랫폼의 중요한 특징인 사례에는 항상 더 많은 이야기가 숨겨져 있기 마련이다. 그러므로 플랫폼 사업에 투자해야 하는지 여부와 그 이유를 이해하려면 네트워크 효과의 존재 여부 외에도 다양한 요소를 살펴보아야 한다.

네트워크 효과는 곧 승자 독식 시장으로 이어진다

플랫폼 망상의 핵심은 네트워크 효과를 이용한 비즈니스 모델에 관해 사람들이 인식하는 힘과 이 모델을 전에는 상상하지 못했던 규모로 무기화하는 디지털 플랫폼의 고유한 능력이다. 플랫폼이 가진 네트워크 효과는 아날로그 세계에도 존재했다. 예를 하나 들자면, 자금이 풍부한 새로운 글로벌 대학들이 등장해도 세계 최고의 연구 대학이 수십 년간 높은 순위를 유지할 수 있는 이유는 학생과 교수진, 자금 제공자, 동문 등으로 구성된 네트워크가 확고하게 자리잡고 있기 때문이다.

그러나 인터넷은 네트워크의 네트워크다. 인터넷이 상업과 통신의 필수 불가결한 도구로 등장한 것이 현대 경제의 결정적인 특징일 것이다. 인터넷의 유동성과 편재성 덕에 이전에 적용되었던 네트워크 효과가 강화되고 잠재적인 새 애플리케이션을 광범위하게 확대할 수 있다.

여기에서 상상할 수 있는 결과는, 갈수록 많은 분야에서 디지털 방식으로 강화된 네트워크 효과의 승자 독식(혹은 조금 겸손하게, 승자 다식)으로 덕을 본 거대 기업들이 경제계를 지배하는 것이다.

이 이야기의 문제점은 상황을 대충만 살펴봐도 이를 뒷받침하는 증거가 없다는 것이다. 페이스북이나 마이크로소프트를 꿈꾸는 기업들은 말그대로 수백 개의 네트워크 효과 기업이 밀집된 부문, 혹은 누군가 이익을 낼 가능성이 있는지조차 확실치 않은 부문에서 일한다. 네트워크 효과가 "시장의 승자 독식 경향을 강화하는 것 같다"라는 자주 반복되는 주장에 대한 실제적인 증거는 없는 셈이다.[23]

네트워크 효과가 존재한다고 해서 반드시 승자 독식 결과가 생기는 것은 아니다. 이를 확인하기 위해 네트워크 효과가 가장 직관적으로 드러나는 전자상거래 사업의 하위 집합을 살펴보자. 이른바 마켓플레이스 사업은 구매자와 판매자의 중개인 역할을 한다. 그들은 자체적으로 제품을 생산하지 않으며, 대개 재고도 보유하지 않는다. 그들의 성공은 거래가 가능한 매력적인 온라인 커뮤니티를 만드는 능력에 기초한다. 이것이 전형적인 간접 네트워크 효과를 이용한 비즈니스 모델인데, 구매자가 많을수록 판매자도 늘어나고 그 반대의 경우도 마찬가지다. 25년 전에 설립된 이베이는 처음으로 성공을 거둔 디지털 마켓플레이스 기업 중 하나이지만, 뒤이어 등장한 수백 개의 다른 기업들도 다양한 접근법을 사용해 다양한 시장을 겨냥하고 있다.

이처럼 안정된 분야에서도 판매하는 품목이나 서비스를 제공하는 지리적 위치 같은 여러 요인에 따라 산업 구조나 결과 범위가 크게 달라진다. 예를 들어 미국 자동차 시장에는 이베이, 아마존, 크레이그리스트Craigslist 같은 확실한 일반 마켓플레이스와 오토트레이더Autotrader, 카스닷컴Cars.com, 카스다이렉트CarsDirect, 에드먼즈닷컴Edmunds.com 같은 대규모 전문 서비스 업체뿐 아니라 다양한 대리점과 협회가 운영하는 매력적인 사이트와 수십 개의 소규모 업체가 있다. 또 카구루스CarGurus, 트루카TrueCar, 카바나Carvana 같은 신생 기업들도 계속 등장한다. 그러나 이런 산업 구조의 다양성으로 생긴 균형 잡힌 결과라고 할 수 있는 '승자 독식'이나 '승자 다식'은 찾아보기 힘들다.

더 넓게 보자면, 《플랫폼 비즈니스의 모든 것The Business of Platforms》[24]이라는 책을 쓴 저자들은 1995년부터 2015년까지 20년 동안 플랫폼 사업이 거둔 성과를 살펴본 결과 살아남은 기업이 적다는 사실에 주목했다. "2015년까지 독립 상장 기업으로 남은 회사는 17퍼센트(252개 중 43개)뿐이었다."[25] 이 책은 실패한 것으로 분류된 209개 플랫폼 기업의 다양한 실패 요인을 검토하면서 교훈을 얻는 쪽에 집중한다. 우리 목적과 관련해 가장 흥미로운 부분은 실패 가능성이 가장 낮은 요인이었다. "플랫폼 분야에서 경쟁 업체가 진정한 승자 독식 또는 승자 다식의 경지에 이르는 바람에 실패한 기업은 비교적 적었다."[26]

다양한 비즈니스 모델과 최종적인 재무 성과는 네트워크 효과 파악이 분석의 마지막이 아니라 시작점이어야 한다는 것을 시사한다. 유망한 네트워크 효과 기업들은 주로 사업 계획이나 네트워크 구축 초기의 견인력을 바탕으로 벤처 투자자나 사모펀드 투자자에게서 자본을 끌어모았다. 이런 초기 자금원은 네트워크가 계속 성장하면서 보상을 받았고, 회사는 더 큰 기업에 매각되거나 IPO를 통해 일반에 공개되었다. 그러나 시간이 지나면서 네트워크 효과 기업이 다 동등하지는 않고 네트워크 효과의 존재만으로는 세계 지배는 고사하고 유망한 미래를 보장하지도 못한다는 사실이 재무 성과에 드러나면서, 지배 주주들이 실망하는 경우가 매우 많다.

2018년 8월, 애플은 사상 최초로 시총 1조 달러 규모의 IT 기업이 되었다.[27] 곧 아마존과 마이크로소프트가 그 뒤를 이었고,[28] 구글의 모기업인 알파벳도 예전에는 상상도 하지 못했던 평가 기준을 달성했다.[29] 2020년 상반기 6개월 동안 FAANG 주식의 가치 상승분만 따져도 1조 달러가 넘었다. 그리고 2020년 8월, 애플은 최초로 시총 2조 달러 규모의 IT 기업이 되었다![30] 그러나 더 긴 안목으로 보면, 소비자들이 월드와이드웹을 폭넓게 이용할 수 있게 된 이후 사반세기 동안 규모와 실질을 갖춘 내구성 있는 독립 인터넷 기업이 입지를 굳힌 적이 별로 없다는 사실이 더 놀라운 일일 수도 있다.

비록 1995년에 넷스케이프[Netscpae]가 주식을 상장한 이후 20년 동안 200건의 인터넷 IPO가 진행되었지만,[31] FAANG 외에는 성과가 입증된 대형 상장 기업으로 성장한 기업이 몇 되지 않는다.[32] 그중 많은 기업이 폐업하거나, 기존의 평가 가격보다 훨씬 낮은 가격으로 다른 회사에 인수되거나, 뚜렷한 목표 없이 되는 대로 운영 중인 영세 사업체가 되었다.

2015년 이후로 새로운 대형 인터넷 기업 수가 빠르게 늘었다. 그중에는 자신들을 '플랫폼'이라고 칭하는 기업이 많지만, 지금까지는 대부분 일관된 수익성을 달성하지 못했다. 또 '유니콘'의 지위를 획득한 민간 플랫폼 기업이 늘고 있지만, 생존을 위한 추가 자본을 확보하려면 평가 가치를 낮춰서 민간 시장으로 돌아갈 수밖에 없다. 위워크[WeWork]는 많은 기업이 포함된 이 부문에서 가장 유명한 회사다. 때로는 IPO 자체가 다운 라운드 down round(후속 투자를 유치할 때 이전 투자 때의 가치보다 낮게 평가받는 것-옮긴이) 역할을 하기도 하는데, 스퀘어Square나 핀터레스트Pinterest의 예처럼 때로는 초기 시장가치가 최종 프라이빗 라운드private round보다 수십억 달러나 적을 때도 있다.[33]

최근 몇 년 사이에 새로운 대형 인터넷 기업 수가 증가한 데는 IPO 시장을 공략하기까지 더 오래 기다려야 한다는 구조적 이유도 있다.[34] 대중의 시선이 미치지 않는 곳에서 전례 없이 많은 민간 자본이 유동성을 높이고 헤드라인 평가액을 계속 증가시켰다(때로는 의심스러운 구조와 회계 도구까지 이용해서[35]). 이런 상황에서 우버의 전 CEO인 트래비스 캘러닉Travis Kalanick은 회사를 "최대한 늦게" 상장할 것이라는 말로 많은 동료의 심정을 대변했다.[36]

세기가 바뀔 무렵 최초의 닷컴 붐 속에서 탄생한 기업들은 상장 후 평균 3년 동안 명맥을 유지했다. 더 근래에 생긴 기업들은 공공 투자자를 찾기 전까지 평균 10년 이상 주식 비공개 상태를 유지했다.[37] 상장하기 전에 더 오랫동안 민간 자금을 추가로 유치하는 이런 경향은 유니콘 수가 점점 빠르게 증가하는 현상에도 그대로 반영되어 있다. 그러나 활발하게 운영 중인 유니콘이 늘어나면서 전체 유니콘 가운데 성공적으로 투자금을 회수한 기업 수는 상대적으로 급격히 감소했다.

2013년 말에는 활동 중인 유니콘 기업이 32개에 불과했으며, 매년 우수한 기업의 약 4분의 1 정도는 IPO나 다른 방법을 통해 투자자들이 투자금을 회수할 수 있다.[38] 그러나 유니콘 기업 수가 처음으로 100개를 넘은 2015년부터 222개로 늘어난 2010년대 말까지는 투자금 회수 비율이

10퍼센트 정도로 유지되었다.[39] 이런 상황은 공개시장의 문을 두드릴 전례 없는 기회(1999년의 닷컴 붐 당시에 세웠던 이전 기록을 훨씬 상회하는 기회)가 찾아온 2020년에도 마찬가지였다.[40]

이 데이터를 보면, "들어간 발자국만 보이고 나온 발자국은 없다"면서 동굴 안에 병들어 누워 있다는 사자를 찾아가는 것을 거부한 여우의 우화가 떠오른다. 로마 시인 호라티우스는 이 이야기를 빌려, 빨리 부자가 되는 로마 은행가들의 문화를 공격했다.[41] 이런 결과는 디지털 환경에서는 돈을 벌기가 쉽기는커녕 오히려 더 어렵다는 것을 시사한다.

물론 성공적인 새 회사를 설립하거나 전체 시장을 앞지르는 것은 언제나 힘든 일이었다. 승자보다 패자가 월등히 많은 것 자체는 놀랍거나 걱정스러운 일이 아니다. 그러나 플랫폼 망상에서 촉발된 행복감 때문에, 투자자들이 디지털이든 아날로그든 모든 기업은 결국 경쟁 우위가 있어야만 지속적으로 높은 수익을 올릴 수 있는 원동력이 생긴다는 사실을 잊은 것은 우려스러운 일이다.

경쟁 우위의 기본 개념은 훨씬 불필요한 혼란을 야기하는 주제다. 이는 해당 주제와 관련된 연구 결과가 너무 많아서 생긴 결과이기도 하다. 하지만 40년 전에 하버드 경영대학원의 마이클 포터Michael Porter 교수가 경쟁 평가를 위해 개발한 '다섯 가지 세력'이라는 고전적인 프레임워크를 적용하면서 발생한 실제적인 어려움 때문이기도 하다.[42] 내가 여기에서 말하는 경쟁 우위의 의미는 매우 간단하다. 즉 경쟁자들이 하지 못하는 일을 회사가 할 수 있게 해주는 구조적 특성을 뜻한다.[43] 그러나 이렇게 단순하다고 해서 핵심적인 중요성이 손상되지는 않는다.

경쟁 우위에 관한 이해가 중요한 이유

아날로그와 디지털 세계에서 기업을 장기적으로 성공시키거나 투자 전략을 추구하려면 반드시 경쟁 우위를 이해해야 한다. 기업은 두 가지 방법을 통해 뛰어난 성과를 올릴 것이라고 기대할 수 있다. 리더가 더 훌륭한 운영자가 되는 방법도 있고, 효과적인 경쟁 공격을 방해하는 구조적 속성을 통해 이익을 얻을 수도 있다. 이런 구조적 속성을 경쟁 우위라고 한다. 이런 성과를 반복적으로 올리고자 하는 리더와 투자자에게는 두 가지 경로 중 어느 쪽이 특정한 성과의 기반이 되는지 파악하는 것이 매우 중요하다.

운영 방식과 구조적 속성에서 파생되는 가치 창출의 근본적인 차이는 각각의 내구성이다. 그리고 개별 자산의 가치를 제대로 이해하지 않고 무비판적으로 접근해도 재정적인 성공을 거둘 수 있는 시장 호황기에는 내구성에 대한 평가가 특히 중요하다. 음악이 멈추면(음악은 언제든 멈추기 마련이다) 이런 결정적인 구별을 할 수 있는 이들만 살아남을 것이다. 효율적인 운영 방식은 결국 남들이 따라 할 수 있고, 훌륭한 리더는 다른 회사가 가로채 갈 수 있다. 작업 과정과 기업 문화에는 구조적 우위 같은 회복탄력성이 없다. 자연스러운 독점, 특허 받은 중요한 원천 기술, 그리고 정부에서 허락하는 장기적인 독점 사업권 등은 지속적인 성공을 뒷받침하는 구조적 이점의 극단적인 예다

'경쟁 우위'와 '진입 장벽'이라는 용어의 호환성에 관해 잠시 생각해보자. 기업이 다른 경쟁사를 방어할 수 있는 유리한 특성을 지니고 있다면, 신규 진입 업체를 억제하고 뛰어난 수익을 올릴 것이다. 시장 진입을 가로막는 것이 없는 상태에서 높은 수익을 올리면, 기업가와 기회만 엿보는 기

성 기업들이 해당 시장에 진출한다. 그리고 그 이점이 더 이상 진정한 이점이 되지 못하고 경쟁이 치열한 업계에서 내기에 거는 판돈 수준이 될 때까지 경쟁 기업들의 진출이 계속된다. 경쟁 우위는 신규 진입자가 상대적인 구조적 핸디캡을 겪을 거라는 사실을 깨닫고 진입을 단념하게 하는 기존 기업의 특징이다.

이제 최고의 기업 문화와 완벽한 내부 프로세스를 갖춘 효율적인 운영자를 생각해보자. 이는 시장에 참여하기 위해 전열을 가다듬는 예비 경쟁자들에게 높은 기준을 제시할 것이다. 하지만 만약 운동장이 평평하다면 더 많은 기업이 진입을 시도할까? 의미 있는 구조적 이점이 없는 회사가 경쟁이 치열한 분야에서 계속 최고의 성과를 올리는 예도 많지만, 이는 계속해서 성과를 높여야만 가능한 일이다. 그리고 이처럼 인상적인 성과는 필연적으로 경영 방식이나 소유권, 경쟁 구도 변화로 막을 내리게 된다.

경영자들은 효율성과 경쟁 우위가 회사의 성공에 어느 정도 영향을 미쳤는지 파악하고, 기본적으로 이를 기준으로 자원을 배분해야 한다. 전략이란 장기적으로 다른 기업보다 뛰어난 성과를 올릴 수 있게 해주는 행동이다. 이에 따라 경쟁 우위를 확립하거나 강화하는 데 초점을 맞춰야 한다. 또 내부에 투자하는 방법과 광범위한 생태계에서 다른 구성 요소들과 상호작용하는 방법도 잘 고려해야 한다. 반면 효율성은 그 전망이 비교적 단기적이고, 내부적인 운영 성과를 최적화하는 데만 집중한다.

장벽을 잘 보호하고 이용할 효과적인 전략을 세우려면 경쟁 우위의 근원을 정확하게 알아야 한다. 어떤 이점은 공급 측면에 나타나서 거의 동일한 제품을 경쟁사보다 저렴한 비용으로 제공할 수 있게 해준다(아니면 동일한 비용으로 더 좋은 제품을 만들거나). 운 좋은 기성 기업들이 누리는 또 다른 진입 장벽은 수요 부분에서 나타나는 현상이다. 이는 고객들이 똑같이 매력적이거나 심지어 더 질 좋고 저렴한 대안이 생겨도 이탈하지 않도록 계속 잡아둔다.

특정한 수요와 공급 우위에는 다양한 형태의 강화가 필요하다. 예를 들어 수요상의 우위인 습관은 반복적인 사용을 장려해서 강화해야 하고, 공급 우위인 독점 기술은 꾸준한 투자를 통해 보호해야 한다. 가장 강력한 독점 기업들은 보통 공급과 수요의 이점을 결합하여 이익을 얻는데, 이런 이점이 서로에게 힘을 실어주는 경우가 많다.

진입 장벽이 없는 상황이라면 관리자는 운영 효율성에만 집중해야 한다. 그러나 두 가지 이유 때문에 효율성 문화는 경쟁 우위를 가진 기업들에게 여전히 중요하다. 첫째, 상대적인 효율성은 투자자의 수익에 큰 차이를 만든다. 다른 영역과 마찬가지로 기술 분야에서도 최고의 운영자와 최악의 운영자가 보여주는 핵심적인 성과 지표 편차가 상당하다. 둘째, '지속 가능한' 경쟁 우위도 영원하지는 않다. 기술, 소비자 수요, 정부 정책, 그 밖의 많은 요소가 바뀌면 경쟁 우위의 범위나 존재까지 달라질 수 있다. 운영 역량이 부족하면 산업 구조 변화를 효과적으로 관리할 수 있는 능력이 크게 저하된다.

안타깝게도 경쟁 우위가 강하면 운영 효율성이 떨어지는 경향이 있다. 땀 흘리지 않고도 좋은 결과를 얻을 수 있다면 왜 군이 땀을 흘리겠는가? 게다가 훌륭한 성과가 단순히 산업 구조 때문이 아니라 자신의 전략적 탁월함이나 운영 능력의 결과라고 여기는 것이 편리할 것이다. 신문 업계는 심각한 경영 악화로 어려움을 겪었지만, 그래도 시장을 능가하는 성과를 거두면서 수십 년간 40퍼센트 이상의 영업이익을 달성했다. 그러나 운영 능력을 키우거나 이 부문이 엄청난 성과를 거둔 진짜 이유를 이해하지 못한 탓에, 인터넷이 야기한 신문 경제의 중대한 변화가 필요 이상으로 고통스러워졌다. 이는 활기찬 독립 뉴스 분야에 의존하는 주주, 직원, 독자, 민주 사회에 좋지 않은 영향을 미쳤다.

투자자가 보기에는 모든 이익이 동등하게 창출되는 것이 아니다. 기업의 가치를 올바르게 평가하려면 전체 사업의 가치를 계산할 때 이익에 배수를 얼마나 높게 적용할지 결정해야 한다.[44] 그러나 이 계산을 정확하게 하려면 경쟁 우위가 존재하는지, 그 우위가 어느 정도인지 알아야 한다. 이는 두 가지 이유 때문인데, 한 가지 이유는 명백하지만 다른 하나는 별로 그렇지 않다.

명확한 이유부터 살펴보면, 구조적인 진입 장벽 때문이 아니라 경영진의 우수한 운영 능력 덕에 높은 수익을 올리고 있다면 투자자는 이런 결과가 오래 지속될지 의심하게 될 것이다. 평가 배수는 현재 평가절하되어 있는 기업이 창출할 것으로 예상되는 미래 현금 흐름의 현재 가치를 수학적으로 계산한 것이다. 여기에는 향후 몇 년간의 결과에 대한 예측(해가 갈수록 점점 더 추측에 근거하게 된다)과 예측의 최종 연도에 적용되는 영구 성장률에 대한 가정이 포함된다. 아마 진입 장벽이 없는 곳에서는 최종 연도 수익과 영구 성장률에 대한 예측이 더 낮아지고, 결과적으로 배수도 낮아질 것이다.

이유가 명확하지 않은 부분에서는, 경쟁 우위의 존재가 성장에 가치를 둘 것인지 판가름하는 중요한 요소다. 성장을 이루려면 기업은 투자를 해야 한다. 이런 투자는 투자에 사용된 돈보다 더 큰 수익을 올리는 경우에만 가치를 창출한다. 다시 말해, 성장을 이루기 위해 자본을 사용할 때 기회비용이 발생하는데, 경제학자들은 이를 '가중평균자본비용Weighted Average Cost of Capital, WACC'이라고 부른다. 사업에 진입 장벽이 없다면, 제안된 성장 투자는 수익이 WACC로 줄어들 때까지 경쟁자를 끌어들일 것이다. 결과적으로 경쟁 우위가 없는 상황에서의 성장은 가치가 없다.[45]

플랫폼 망상에 넘어가거나 인터넷 투자 문화에 빠져 있는 이들은, 성장을 해도 가치가 부족할 수 있다는 개념이 충격적으로 느껴질 것이다. 디지털 투자 업계에서는 약간의 혼란과 많은 성장은 반드시 큰 기회로 이어진다고 굳게 믿기 때문이다.

실제로 총이윤이 마이너스인 디지털 비즈니스 모델이 유행하는 것을 보면 이런 믿음이 얼마나 강한지 알 수 있다. 이는 간접 비용을 무시하더라도 제품을 하나 판매할 때마다 손실이 커진다는 얘기다. 그래도 제품을 원가 이하로 판매해서 많은 소비자의 관심을 끌고 이를 통해 성장하는 것은 확실히 파괴적인 혁신이다. 그러나 수익성 없는 단위 경제의 경우에는 단순히 물량만으로 부족한 부분을 메우는 것이 불가능하다.

어떤 면에서는 이런 비판이 부당해 보일 수 있다. '경쟁 우위'의 개념은 정의상 신규 진입자가 아닌 기성 기업에만 적용된다. 신규 진입자가 어떻게 진입 장벽에서 이익을 얻을 수 있단 말인가? 실제로 이렇게 매출 총이익이 마이너스인 기업은 대부분 스타트업이다. 그리고 어쩌면 그들의 계획은 지속 가능한 경쟁 우위를 지닌 기업으로 성장하는 것일지도 모른다. 이들의 규모가 충분히 커지면 더 큰 구매 영향력을 바탕으로 단가를 낮출 수 있고, 매상 총이익이 플러스가 되도록 가격을 올릴 수도 있다. 그 과정에서 발생하는 손실은 결국 확실하게 자리를 잡은 대규모 사업의 특성을 통해 정당화할 수 있다.

이는 그럴듯한 얘기처럼 들리겠지만, 실제로는 그렇지 않다. 유니언 스퀘어 벤처스Union Square Ventures의 벤처 캐피털리스트 프레드 윌슨Fred Wilson은 2015년 블로그에 올린 글에서 "올해 자금을 조달한 고성장 기업 중에는 총마진이 마이너스인 기업이 엄청나게 많다"라고 쓴소리를 했고, 많은 사람이 이 글을 읽었다.[46] 특히 윌슨은 규모를 확장해야만 자본 환경을 바꿀 수 있는 능력에 기초한 계획에 매우 회의적이다. 특히 "당신과 경쟁하면서 비슷한 서비스를 제공하는 다른 스타트업이 있다면, 여러분의 서비스가 시장을 완벽하게 '장악'하지 않는 이상 가격을 올리자마자 비슷한 경쟁 업체에게 고객을 빼앗기게 될 것"이라고 주장했다. 윌슨은 "요새 시장에 존재하는 엄청난 규모의 스타트업 자본과 서로 비슷한 사업을 시작하려는 기업인이 무수히 많은 것을 생각하면" 규모를 키워서 수익 상황을 뒤집는 것은 거의 불가능하다고 주장한다.

이 문제의 중심에는 '규모는 언제 중요한 역할을 하는가?'라는, 오랫동안 인류를 당혹스럽게 한 의문이 놓여 있다. 규모는 거의 모든 강력한 사업에 항상 존재하는 단일한 경쟁 우위다. 중요한 것은 규모는 단순한 크기와 다르다는 사실이다. 인터넷 때문에 규모의 가용성과 유용성, 규모가 실현될 가능성 등이 바뀌었는데, 이는 플랫폼 망상을 제대로 관리하려면 디지털 규모의 미묘한 차이를 이해해야 한다는 뜻이다.

우리가 이 장에서 배울 수 있는 것들

1. 플랫폼 사업의 본질적인 특징은 이 사업의 핵심적인 가치가 개인과 조직의 연결을 활성화하고 강화하는 데 있다는 것이다. 플랫폼 사업이 인터넷 특유의 것인 양 자주 얘기하지만, 사실 플랫폼 사업 모델은 오래전부터 어디에나 존재했다. 게다가 많은 경우, 이 모델의 디지털 버전은 기존의 아날로그 모델보다 회복력이 떨어지는 것으로 나타났다.

2. 많은 플랫폼 사업이 꽤 강력한 네트워크 효과를 발휘하지만, 그렇지 않은 사업도 많다. 네트워크 효과가 존재할 때에도 그 효과가 기업의 매력도에 미치는 성격이나 범위, 영향은 매우 다양하다.

3. 인터넷이 등장하면서 이전에 적용되던 네트워크 효과를 강화하고 잠재적으로 새로운 응용 범위를 대폭 확대할 수 있게 되었다. 그러나 네트워크 효과를 디지털 방식으로 강화해도 바로 승자 독식 시장이나 승자 다식 시장이 발생하지는 않는다. 사실 디지털화는 진입 장벽을 낮출 뿐, 높이지는 않는다.

4. 내구성이 뛰어난 디지털 사업은 아날로그 사업과 마찬가지로 플랫폼이나 네트워크 효과만으로 성공을 거둔 것이 아니라 지속 가능한 경쟁 우위를 구축한 덕에 성공했다. 이런 구조적인 진입 장벽이나 이를 달성할 수 있는 확실한 전망이 없다면, 꾸준하게 높은 수익을 올릴 것으로 기대할 수 없다. 뛰어난 관리와 효율적인 운영은 엄청난 이점을 제공하지만, 이를 중시하는 것은 본질적으로 일시적인 특성을 반영한다. 경쟁 우위가 없는 상태에서의 성장은 일반적으로 주주 가치를 생성하지 못한다.

디지털 시대의 규모와
네트워크 효과

규모의 가치, 큰 것이 정말 좋을 때

규모는 매우 직관적인 개념이지만, 그 직관은 투자자를 잘못된 방향으로 이끄는 불행한 경향이 있다. 규모와 관련된 직관은 절대 크기의 개념과 자주 결부된다. 그러나 규모의 장점은 언제나 상대적이다. 규모가 비슷한 대기업을 많이 지원할 수 있는 초대형 시장의 초대형 기업들은 서로에 대해 규모상의 이점이 없는 반면, 단 하나의 수익성 있는 사업자만 지원할 수 있는 소규모 시장에서 활동하는 훨씬 작은 기업들은 규모에 따르는 이점을 얻는다.

규모의 직관적인 가치는 더 거대한 사용자 기반에 비용을 분산할 수 있는 기회를 제공한다는 것이다. 그 결과 규모가 작은 경쟁사보다 평균 비용은 낮아지고 단위당 수익 잠재력은 높아진다. 그리고 이 직관은 정확하다.

그러나 미묘하게도 이런 관찰 결과는 특정한 종류의 비용, 즉 고정비용에만 적용된다. 고정비용은 매출에 따라 달라지지 않으며, 슈퍼볼 광고비·연구개발비·시설비 등은 돈을 지급하는 회사의 규모에 관계없이 모두 동일하다. 반면 판매 수수료나 원자재 값 같은 변동비는 판매량에 따라 오르락내리락한다. 원래 고정비용은 분산할 수 있지만 변동비는 분산되지 않는다. 앞장에서 얘기한 것처럼, 구매 영향력이 확대되어 총이익이 늘면 규모가 변동비 쪽에도 이득을 안겨줄 수 있지만, 공급 측면에서 보면 규모는 고정비용에 가장 큰 차이를 만든다.

어떤 부문에서든 규모의 본질적 가치는 해당 산업의 비용 구조가 얼마나 고정되어 있는지 혹은 가변적인지와 관련이 있다. 고정비용의 상대적 우세는 규모와 관련된 가장 중요한 이점을 만든다. 비용이 대부분 가변적인 경우에는 규모가 아무리 커도 도움이 되는 부분이 거의 없고 커뮤니케이션, 관리, 조정이 복잡해져서 오히려 방해가 될 수도 있다.[1] 그리고 물론 고정비용과 관련된 요건이 별로 중요하지 않을수록 새로운 경쟁 업체가 진입하기가 더 쉬워진다.

규모에서 파생된 고정비용 분산의 이점은 주로 유명하고 오래된 기업들을 뒷받침한다. 이런 이점을 통해 득을 보는 주요 분야는 대규모의 고정 마케팅 및 유통 인프라를 갖춘 소비자 제품(코카콜라와 P&G 등) 분야와 막대한 고정 연구개발비가 들어가는 기술 기업(인텔[Intel]과 오라클[Oracle] 등)이다.

디지털 세상 속 규모의 경제

인터넷이 재정 부문에 미친 즉각적인 영향은 마케팅이나 유통과 관련된 많은 고정비용을 낮춰준 것이다. 할인은 누구나 좋아하므로, 주주 수익 창출을 위해 오랫동안 규모의 이점에 의지해온 많은 기성 기업도 고정비용을 절감할 기회를 반겼다. 특히 제품의 완전한 전자적 유통이 가능한 미디어와 정보 사업 부문에서 그런 모습이 두드러졌다. 인쇄기, 신문 가판대, 배달 트럭이 사라진 미래의 전망을 "멋지다"[2]고 극찬한 것은 〈뉴욕 타임스〉 발행인인 아서 설즈버거Arthur Sulzberger만이 아니었다.

　문제는 바로 그런 고정비용이 규모가 작은 기업들은 감당할 수 없는 중요한 진입 장벽으로 작용했다는 것이다. 고정비용 감소에 대한 흥분이 가라앉자, 기존 기업들은 주위를 둘러보다가 새로운 경쟁자라는 예상치 못한 손님을 발견했다. 경쟁으로 말미암은 수익 압박은 언제나 고정비용 절감의 이점을 압도한다. 설상가상으로 특정한 고정비용은 감소하지만 신규 진입자가 업계 급여와 주요 공급품 가격을 올려놓기 때문에 다른 고정비용과 변동비가 증가할 가능성이 크다. 공정하게 말하자면 이런 경향은 다른 유리한 추세를 통해 완화될 수 있다. 14장에서 살펴볼 SaaS 부문의 경우, 절대적 고정비용은 기존 소프트웨어보다는 낮지만 전체 비용에서 차지하는 비중은 더 크다.

　좋은 소식은 인터넷 덕분에 높은 고정비용과 별개인 완전히 다른 규모의 우위를 확립하기가 쉬워졌다는 것이다. 앞서 얘기한 것처럼 네트워크 효과는 디지털 시대의 확실한 구조적 경쟁 우위이며, 플랫폼 망상의 핵심에 자리잡고 있다는 사실이 여러 차례 확인되었다.

디지털 플랫폼이 항상 네트워크 효과를 발휘하는 것은 아니지만, 인터넷은 그런 효과가 나타날 수 있는 잠재적인 상업 환경의 범위를 확대했다. 네트워크 효과는 공급 우위를 나타내기보다는 수요 측면의 이점을 제공한다. 즉 규모가 클수록 새로운 고객을 유치하고 수익을 늘리기가 쉽다.

인터넷 때문에 공급 측면에서의 규모 확보는 어려워졌지만 수요 측면의 규모 개발은 더 쉬워졌다면, '규모의 이점이 미치는 최종적인 영향은 무엇인가?'라는 질문을 던져보아야 한다. 때로 이 질문은 '전통적인' 고정비용 중심의 규모와 새롭게 부상한 디지털 네트워크 효과 사이에 경쟁을 붙이기도 한다. 어느 쪽이 더 나은가?

최근 플랫폼 사업과 관련된 통념에 따르면, 이 사업은 공급이 아닌 수요 측면에 구축된 기반 덕에 본질적인 우위를 차지한다. 실제로 이 믿음을 바탕으로 설립된 NfX라는 벤처기업이 있는데, 이들은 "인터넷이 사물이 된 이후 기술 기업이 창출한 가치의 70퍼센트를 네트워크 효과가 차지한다"는 사실이 입증되었다고 주장한다.[3]

디지털 사업의 네트워크 효과와 전통 사업의 고정비용 중심 규모의 경제 사이의 근본적인 차이를 논한 하버드대학교 전략 교수 바라트 아난드Bharat Anand의 관점이 대표적이다. 그는 《콘텐츠의 미래The Content Trap》에서 쉽게 모방할 수 있는 공급 측의 규모와 달리 네트워크 효과 시장에서는 "여러분이 모든 것을 얻을 가능성이 있다"고 주장한다.[4] 그러나 아이러니하게도, 아난드 교수가 공격한 바로 그 시장(신문)에서 예상과 반대되는 결과가 나왔다. 온라인 광고 시장은 네트워크 효과로 이익을 얻으면서도 여러 경쟁자를 지원하는 반면, 지역 신문 업계는 필요한 고정비용 때문에 단 하나의 신문사만 살아남을 수 있는 구조로 승자 독식 시장이었다.

상대적 고정비용의 전략적 중요성

원천	공급	수요
이익	비용	매출
주요 동인	고정비용 우세	네트워크 효과의 강도

그러나 중요한 문제는 공급 측 규모 또는 수요 측 규모 가운데 어느 쪽이 추상적으로 '더 나은지'가 아니다. 더욱 흥미로운 문제는 두 가지 형태의 규모가 서로 상호작용하는 방식이다. 실제로 네트워크 효과 사업의 회복성은 운영 모델에 상당한 고정비용이 존재하기 때문에 더욱 강화된다.

디지털 비즈니스 모델에서는 절대적인 고정비용 요건이 대폭 낮아지고 완전히 다른 고정비용 범주에서 유입될 수 있는 것이 사실이다. 그렇다고 해서 성공적인 수요 측 규모의 비즈니스 모델에서 공급 측 경제학이 지속적으로 차지하는 중요성이 감소하지는 않는다. 이는 단순한 경제학에서도 명백하다. 특정 산업에서 요구하는 기업의 최소 고정비용과 총이익 프로필이 손익분기점 판매량과 수익성 달성을 위해 필요한 최소 시장점유율을 결정한다.

상업적 생존에 필요한 시장점유율을 알고 있으면, 모든 영역에서 예상되는 실제 경쟁 강도와 잠재적 경쟁 강도의 심오한 의미와 함께 두 가지 중요한 통찰을 얻을 수 있다.

첫째, 수익을 올릴 수 있는 경쟁사가 최대 몇 개나 되는지 파악할 수 있다. 특정 부문의 기회 때문에 모든 경쟁사가 5퍼센트의 시장점유율을 유지할 수 있다면, 20개의 시장 참가자는 무한히 번창하게 된다. 반대로 높은 고정비용 때문에 시장점유율이 35퍼센트는 되어야 손익분기점에 도달할 수 있다면, 독점이나 복점(두 업체의 시장 독점)만이 유일하게 지속 가능한 시장 구조일 것이다.

이런 역학 관계는 왜 진정한 글로벌 시장이 이전에 주류를 이뤘던 순수 지역 시장보다 사업자에게 수익성이 훨씬 떨어지는지 설명해준다. 일반적으로 시장 기회가 급격히 증가하면 생존을 위해 필요한 새로운 글로벌 시장(지역 시장이 아니라) 점유율은 감소한다. 자동차든 전자제품이든 제조사 두세 곳이 국내시장을 장악할 경우, 보통 한 자릿수 시장점유율만 달성하면 어느 정도 수익을 올릴 수 있는 해외시장에 비해 주주 수익률이 월등히 높았다.

둘째, 신규 진입자가 손익분기점을 달성하기까지 걸리는 시간을 추정할 수 있다. 특정 부문의 진입 장벽이 높을수록 해당 연도의 시장점유율 변동은 줄어든다. 2~3년 동안 해당 부문 내에서 이루어진 정상적인 점유율 변화가 5퍼센트 미만이라면 이는 진입 장벽이 높다는 뜻이다. 시장에 새로 진입한 기업이 손익분기점에 도달하려면 15퍼센트의 점유율이 필요한데 해당 시장의 점유율이 1년 사이에 3퍼센트 이상 바뀐 적이 없다면, 그 기업은 5년 안에 수익을 올릴 것으로 기대할 수 없다.

이론적으로는 가치가 있지만, 그런 데이터는 폭발적으로 늘어나고 있는 새로운 혁신 시장과 디지털 비즈니스 모델에서는 사용할 수 없다. 누가 검색과 소셜 네트워크 시장의 규모와 특성을 미리 예상할 수 있었을까? 아무리 사소한 '혁신'을 외치는 벤처 캐피털 투자 홍보에도 항상 수십억 달러 '시장 규모Total Addressable Market, TAM'의 잠재력에 대한 설명이 들어가 있다.[5] 이것은 이런 식의 시장 정의가 얼마나 독단적인지, 또 의미 있는 손익분기점과 시장점유율을 식별하기가 얼마나 어려운지를 보여준다.

그러나 안정적인 업계의 손익분기점과 시장점유율에 초점을 맞추는 것은, 꾸준히 네트워크 효과를 발휘하는 사업을 키울 때 공급 측 규모와 경제성이 전략적으로 중요하다는 사실을 강조한다. TAM이 무엇인지 딱 꼬집어 설명하기는 어렵지만, 매상 총수익과 고정비용 요건은 그렇지 않다. 의미 있는 고정비용 요건 없이 독자 생존이 가능한 업계에서는 많은 경쟁사가 매우 낮은 손익분기점과 시장점유율로도 회사를 운영할 수 있다. 또 비용이 대부분 고정되어 있지만 전체적인 시장 기회에 비해 비용이 매우 저렴한 업계도 많은 경쟁자를 지원할 수 있다. 두 가지 상황 모두 비교적 짧은 시간에 지속 가능한 수준의 매출을 달성할 수 있고, 시장 진입을 비교적 매력적으로 만든다. 또 애초에 상대적인 규모를 구축할 가능성을 낮추고, 그런 상황에서 가까스로 규모를 확보한 선점자의 취약성을 증폭시킨다.

손익분기점 경제라는 개념은 업계에서 규모로 승부할 수 있는 기업의 최대 수를 정의한다. 이는 사업에서 이용할 수 있는 수요 측 우위나 공급 측 우위를 평가하는 것과 관련이 있다. 그러나 특정 상황에서 이들의 잠재적 가치를 제한하는 네트워크 효과와 관련된 다른 특성도 있다. 그 가운데

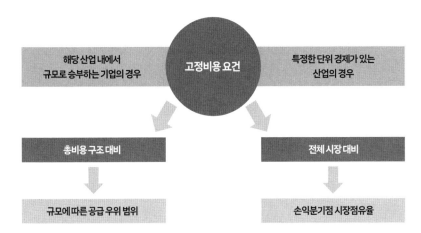

상대적 고정비용의 전략적 중요성

고정비용 요건

해당 산업 내에서 규모로 승부하는 기업의 경우

특정한 단위 경제가 있는 산업의 경우

총비용 구조 대비

전체 시장 대비

규모에 따른 공급 우위 범위

손익분기점 시장점유율

두 가지는 강조할 만한 가치가 있는데, 하나는 네트워크 가치 제안의 성격과 관련된 것이고, 다른 하나는 네트워크 참여자들의 구조와 관련된 것이다.

첫째, 제품이 존속하기 위해 필요한 네트워크 크기(그리고 크기 증가에 따른 점진적인 제품 개선 범위와 기간)는 주로 제공되는 제품이나 서비스가 얼마나 복잡한지에 따라 달라진다.[6] 마켓플레이스 사업의 경우, 광범위한 선택의 중요성은 무시해도 되는 수준이고 관련 제품의 특성도 적기 때문에 네트워크 크기의 가치에 상한선이 생기는 경향이 있다. 그러므로 3~5분 안에 차량을 제공할 수 있는 능력이 고객의 다른 고려 사항을 모두 압도하는 승차 공유 사업에서는 네트워크에 그 이상의 운전자를 추가해도 가치가 별로 늘어나지 않는다. 중요한 고려 사항이 더 많은 레스토랑 리뷰 분야에서도 최근 리뷰 수가 특정 범위를 넘으면 그에 따른 증분 가치가 빠르게 사라진다. 반면, 관련된 인간 속성의 폭과 다양성이 무궁무진한 데이트 애플리케이션의 경우에는 추가되는 네트워크 참여자의 지속적인 가치가 더 오래 유지된다.

둘째, 단일 사용자나 상대적으로 규모가 작은 사용자 그룹이 네트워크에서 불균형하게 활동할 때는 규모를 통해 생겨난 가치를 유지하는 네트워크 사업자의 능력이 저해된다. 이때 사용자들은 가격 책정, 직접 지불, 자체 네트워크 구축 등을 통해 가치를 포착할 수 있는 영향력을 가지게 된다. 이때는 독립 사업자가 네트워크 효과의 이익을 스스로 확보할 수 있는 강력한 플랫폼을 구축하기 어렵다.

실제로 대규모 사용자들이 서로 협력해서 성공적인 플랫폼을 직접 구축한 사례가 많다. 예를 들어 대형 보험사와 은행은 중요한 위험 데이터에 대한 공동 소유권을 바탕으로 매우 수익성 높은 네트워크 효과 기반의 사업을 구축했다. 보험업계는 50년 전에 손해·상해보험 가입자 데이터를 수집해서 종합적인 위험 평가를 개선하기 위해 보험 요율 산정국Insurance Services Office, ISO이라는 비영리 단체를 만들었다. 이 단체는 1996년에 영리 기업이 되었으며, 현재는 300억 달러 규모의 상장 기업인 베리스크 애널리틱스Verisk Analytics의 핵심 자산이다.[7] 또 1990년대에 대형 은행들은 데이터를 공유하면 예금 손실을 줄일 수 있다는 사실을 깨달았다. 그들은 이를 위해 자기들이 지분을 모두 소유한 얼리 워닝Early Warning이라는 회사를 설립해 2500개 이상의 금융기관에 광범위한 사기 방지 기능을 제공하고 있다.[8] 대규모 사용자가 가치를 포착하거나 자체 플랫폼을 구축할 수 있는 이런 능력 때문에, 현명한 개인 투자자들은 고객의 탈중개 금융화 위험이 제한되는 다대다 시장을 탐색하는 능력이 제한을 받는다고 생각한다.[9]

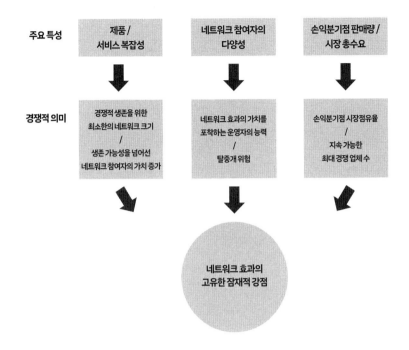

업계의 사용 사례에 따른 네트워크 효과의 잠재적 영향

주요 특성	제품 / 서비스 복잡성	네트워크 참여자의 다양성	손익분기점 판매량 / 시장 총수요

| 경쟁적 의미 | 경쟁적 생존을 위한
최소한의 네트워크 크기
/
생존 가능성을 넘어선
네트워크 참여자의 가치 증가 | 네트워크 효과의 가치를
포착하는 운영자의 능력
/
탈중개 위험 | 손익분기점 시장점유율
/
지속 가능한
최대 경쟁 업체 수 |

네트워크 효과의
고유한 잠재적 강점

상대적인 산업 규모를 통해 생길 수 있는 잠재적 수요와 공급 이점은 경쟁으로 여기지 말고 잠재적인 상호 강화로 여겨야 한다. 세계 최대의 족보 서비스 업체인 앤세스트리닷컴Ancestry.com을 예로 들어보자.[10] 이 회사는 플랫폼 개발 및 유지 보수와 관련된 고정비용 외에도, 80개 나라에서 270억 건의 가족력 기록 데이터베이스를 구축하기 위해 데이터를 구입하거나 돈을 내고 사용 허가를 받았다. 독자적인 데이터 자산은 초기에 가입자를 모으는 데 효과적일 수 있다. 그러나 다른 업체들은 같은 기록의 라이선스를 얻거나 앤세스트리닷컴보다 높은 입찰가를 제시하여 새로운 데이터를 사도 소용이 없다. 그 이유는 사용자가 앤세스트리닷컴에서 만들어낸 고유 콘텐츠와 오랫동안 잃어버렸던 가족과 다시 연결될 가능성이 커지면서 생기는 네트워크 효과 때문이다. 그리고 네트워크 효과 덕분에 가입자가 늘어날수록 콘텐츠와 기술력 향상을 위해 더 많은 투자를 할 수 있으므로, 잠재적인 신규 경쟁사의 전망은 더욱 암울해진다. 그러나 기성 기업이 고정비용 공급 이점에만 의존하거나 사용자의 네트워크 효과에만 의존한다면, 대체 플랫폼의 경쟁 공격에 훨씬 더 취약해질 것이다.

추상적으로 어떤 규모의 이점이 더 바람직한지 논쟁하는 것은 의미가 없다. 다양한 부문은 저마다의 규모에 따라 수요 측 이점 또는 공급 측 이점이 더 강하거나 약하다. 또 상대적 규모 차이가 없을 때는 네트워크 효과나 고정비용 중심 비용 구조가 전략적으로 가치가 없다. 그리고 잠시 뒤에 자세히 논의하겠지만, 규모가 큰 네트워크 효과 사업이 공급 측면이나 다른 측면에서 상호 보완적인 이점 없이 지속적으로 뛰어난 수익을 올리는 것은 불가능하지는 않지만 훨씬 어렵다.

우리가 이 장에서 배울 수 있는 것들

1. 규모의 이점은 강력한 독점 기업 대부분에서 핵심적인 역할을 한다. 인터넷 덕분에 고정비용 요건이 감소하면서 기성 기업이 이용할 수 있는 공급 측 규모 편익의 범위가 약화되었다. 반대로 인터넷을 통한 네트워크 효과 덕분에 수요 측 규모 편익의 잠재적 가용성은 향상되었다.

2. 모든 네트워크 효과가 다 동일한 것은 아니다. 특정한 상황에서 규모에 따른 잠재적 가치는 제공되는 제품이나 서비스의 복잡성, 네트워크 참여자의 다양성, 그리고 시장 규모와 산업 비용 구조를 감안할 때 필요한 손익분기점 시장점유율 등에 의해서 결정된다.

3. 강력한 디지털 독점 기업들은 수요 측면과 공급 측면의 규모적 이점이 서로 경쟁하는 것이 아니라 서로를 보완한다. 한 부문 내에 존재하는 경쟁 압력의 정도를 판단하는 데 손익분기점 시장점유율이 중요하다는 것은 네트워크 효과 사업의 매력을 평가할 때도 공급 측의 고려 사항이 계속 관련이 있음을 강조한다.

3짱

새로운
경쟁 우위의 원천

선발주자의 강점은 오래가지 않는다

수요 측과 공급 측의 규모의 이점은 둘 다 자체적인 내구성이 매우 부족하다는 한 가지 핵심적인 특징을 가지고 있다.

단 하나의 경쟁자만 지원할 수 있는 시장(이른바 자연적 독점이라고 할 수 있는 시장)은 비교적 적다. 여러 참여자를 떠받칠 수 있는 분야를 규모가 큰 기성 기업 하나가 지배한다면, 한동안은 틀림없이 엄청난 수익을 올릴 것이다. 그러나 공급 측면의 규모가 이 회사의 유일한 장점이라면, 자금 사정이 넉넉하고 전리품을 나누는 데 관심이 있는 모든 경쟁자에게 취약하다. 고객의 손쉬운 이동을 방해하는 요소가 달리 없다면, 매력적인 사업 계획을 세워서 비슷한 규모의 경쟁 업체를 만드는 데 투자할 수도 있다. 이를테면 소규모 경쟁 업체를 합치거나 유기적인 방법으로 새로운 대기

업을 만드는 방법이 있다. 그리고 시장 특성에 따라서는, 이 두 대기업이 시장을 양분한 뒤에도 세 번째 경쟁자나 다른 경쟁자에게 공격을 당할 수 있다.

그러나 시장을 손쉽게 복제·분할할 수 있는 현금을 보유한 경쟁사의 능력을 저해하는 다른 경쟁 우위를 통해 이런 공급 측면의 규모 우위를 보완한다면, 위와 같은 운명을 피할 수도 있다. 과거에도 아날로그 분야에서 강력한 힘을 발휘했던 공급 중심의 대규모 독점 기업들은 수요 측면의 다양한 이점을 받아들였다. 강화 이점의 공통점은 신규 진입자가 기성 기업과 동일하거나 심지어 더 나은 제품을 제공하더라도 기존 고객이 그대로 머무르도록 독려한다는 것이다. 고정비용이 뒷받침하는 규모와 고정 고객 기반에서 나오는 영향력이 결합되면, 기성 기업은 자금이 풍부한 반란군의 모든 제의에 적극적으로 대응하여 시장이 분할되는 것을 피할 수 있다. 이 경기 전략을 분명히 밝히면 잠재적인 경쟁자들의 자금이 고갈될 가능성이 크고, 위협적인 반란이 애초에 실현되지 않을 수도 있다.

상대적 규모에 의해 잠재적으로 실현될 수 있는 핵심적인 수요 측면의 이점인 네트워크 효과 자체도 비슷하게 취약할 수 있다. 더욱이 디지털 환경에서는 '고객을 붙잡아둘 수 있는' 보완적인 이점을 확보하는 능력이 자주 손상된다. 단순한 습관 외에 가장 일반적인 형태의 고객 구속력은 전환 비용과 검색 비용이다. 인터넷이 소비자를 위한 혁명적인 매체가 된 이유는 편리한 전환과 검색 기능이다. 소비자를 위한 이런 장점이 일반적으로 생산자에게는 그다지 좋지 않다.

간단한 역사적 사례가 그 요점을 보여준다. 미국 증권거래위원회 Securities and Exchange Commission, SEC는 1990년대에 시장 참여자들이 기존 거래소 밖에서 저렴하게 주식을 거래할 수 있도록 대체 거래 시스템 등장을 허용하는 규정을 도입했다. 그 결과 생겨난 전자 증권 거래 네트워크 Electronic Communication Network, ECN는 고전적인 네트워크 효과 사업이었다. 구매자가 판매자를 끌어들였고, 시장 유동성이 더 큰 시장 유동성을 불러왔다. 또 과거에 대부분의 활동이 진행되었던, 비용이 많이 드는 기성 플랫폼에서 거래량을 빼앗아오기 위한 기술 플랫폼이 새롭게 등장하면서 이 부문이 크게 성장했다.

그러나 이 네트워크에 참여한 헤지 펀드와 전문 트레이더들이 ECN에 보인 충성도는 그들이 빠르게 포기했던 이전 거래소에 대한 충성도보다 높지 않았다. 새로운 ECN이 등장할 때마다 항상 더 낮은 거래 수수료를 제시할 것이다. 부과하는 요금이 단 1센트만 줄어도 ECN 사이의 유동성 풀이 그 즉시 대규모로 이동하는 경우가 많다. 트레이더들은 '최적 집행 best execution(수수료를 제외한 유가증권의 순가격)'에만 관심을 두었고, 따라서 새로운 저가 경쟁 업체들 사이의 시장점유율이 급격히 변하고 수수료율이 바닥으로 떨어졌다. 네트워크 효과와 관련해서는 선순환이 금세 악순환으로 바뀔 수 있다.

네트워크 효과는 분석의 끝이 아닌 시작

그러나 이 소식이 수요 측 규모에 항상 나쁜 것만은 아니다. 아날로그 환경에 비해 디지털 환경에서 일하는 생산자가 이용할 수 있는 고유한 이점이 몇 가지 있다. 특히 사용자들과 디지털 방식으로 상호작용하는 기업은 아날로그로서는 도저히 불가능한 방식으로 고객에 관해 더 많이 배우고 직접적인 관계를 발전시킬 수 있다. 디지털 고객과의 이런 긴밀한 연결은 여러 가지 다양한 경쟁적 우위로 해석될 수 있다. 지속적인 상호작용은 지속적인 제품 개선을 촉진하고, 학습곡선이 더 눈에 띄게 기울도록 할 수 있다. 기존의 디지털 고객은 더 손쉽게 새로운 고객을 추천할 수 있으므로 잠재적으로 고객 획득 비용이 절감된다.

좀 더 일반적으로는, 시간이 지나면서 디지털 고객의 사용 사례를 바탕으로 수집한 '빅데이터'를 이용하면 예측 분석이나 인공지능을 활용한 애플리케이션을 얼마든지 만들 수 있다. 지속 가능한 경쟁 우위를 만드는 기초적인 독점 기술은 매우 드물지만(퀄컴Qualcomm의 무선 기술 특허를 생각해보라), 첨단 기술과 고유한 데이터 세트를 결합하면 현실적인 운영상의 이점을 제공하는 탁월한 통찰을 얻을 수 있다. 구글 검색이 마이크로소프트 빙Bing에 비해 내세울 수 있는 가장 큰 이점은 비밀 검색 알고리즘의 우수성이 아니라 동일한 사용자가 이미 수행한 이전 검색 횟수다.

따라서 고정비용 덕분에 규모를 키운 강력한 아날로그 기업의 이점이 고객 유지 능력과 자주 연결된다면, 디지털 네트워크 효과를 가진 기업은 학습, 데이터와 인공지능, 고정비용 규모 자체, 비용 우위와의 조합 등 공급 측면의 이점을 강화하는 데 주력하고 있다. 물론 네트워크 효과를 이런 식으로만 뒷받침할 수 있다는 얘기는 아니다. 예를 들어 제품 경험을 개인화할 수 있는 능력이 있으면, 인터넷 애플리케이션이 고객의 관심을 약화하는 경향을 완화할 수 있다. 요컨대 이런 각 이점 범주에 속하는 기본적인 산업 조직의 구조적 공통성 때문에 경쟁 우위를 안겨줄 가능성이 있는 원천이 방향을 바꿀 수도 있다는 것이다.

강력한 디지털 독점 기업과 아날로그 독점 기업에 경쟁 우위를 안겨주는 가능성 있는 원천

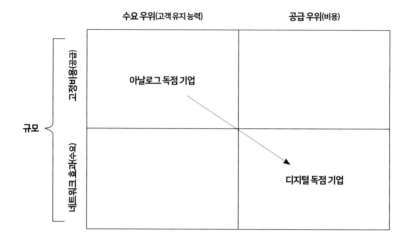

더 근본적인 요점은 플랫폼 망상을 뒷받침하는 핵심적인 내러티브가 잘못되었다는 점이다. 플랫폼이 네트워크 효과를 발휘하더라도, 그것 자체로는 투자자들에게 설득력을 발휘할 수 없고 승자 독식 또는 승자 다식 시장을 확실하게 지배할 것으로 기대해서도 안 된다. 네트워크 효과의 존재는 분석의 끝이 아니라 시작을 나타내야 한다.[1]

회복력이 뛰어난 독점 기업은 일반적으로 서로를 강화하는 다양한 경쟁 우위의 원천에 의존해야 한다. 이를테면 앞서 빅데이터를 주로 공급상의 이점이라고 설명하기는 했지만, 데이터는 네트워크 효과의 플라이휠에 의해 생성될 수 있으며 수요 측면의 향상된 고객 유지 능력을 통해 그 이점이 드러날 수도 있다. 그리고 2장에서 언급한 앤세스트리닷컴의 사례에서 알 수 있듯이, 데이터는 공급 측면의 규모의 이점도 뒷받침할 수 있다. 그러나 디지털 환경의 구조 때문에 네트워크 효과를 누리는 기업이 고객 유지 능력이나 높은 고정비용에서 비롯한 규모상의 이익 같은 여러 가지 잠재적 보완 이점을 확보하기가 쉬워지는 것이 아니라 오히려 어려워진다. 이것은 실패한 인터넷 기업과 단순히 살아남은 수준을 넘어 지속 가능한 방식으로 번창하는 기업들의 비대칭적인 기록을 어느 정도 설명해 준다.

높은 손익분기점 시장점유율, 견고한 고객 관계를 구축하는 능력, 네트워크 효과와 결합하여 대량의 거래 데이터를 활용할 수 있는 사용 사례use case 등을 조합하면 실로 매우 강력한 독점 사업체를 만들 수 있다. 그러나 무엇보다 주목할 것은 그런 사업이 얼마나 특이한지가 아니라 대부분의 대형 인터넷 기업이 네트워크 효과에 거의 의지하지 않는다는 점이다.

플랫폼 망상을 지지하는 이들 사이에서는 디지털 혁명 때문에 사업 전략에 대한 완전히 새로운 접근 방식이 필요하다는 주장이 유행하고 있다.[2] 이는 사실과 완전히 동떨어진 얘기다. 우리의 전략은 항상 진입 장벽을 구축해서 강화하는 것이었고, 이는 앞으로도 그럴 것이다. 심지어 경쟁 우위의 핵심 범주인 규모, 수요, 공급도 바뀌지 않았다. 우리가 다른 곳에서 언급하는 다른 범주의 장점(가장 자주 얘기하는 것은 선점자의 이점과 브랜드화)도 있다. 지금은 이것이 확인된 경쟁 우위를 확립하거나 강화하는 데 때로 도움이 될 수도 있지만, 그것이 사실인지를 판가름하는 것은 산업 구조이며 그렇지 않은 경우가 더 많다고만 말해두겠다.

디지털 환경은 이런 진입 장벽이 일반적으로 취하는 형태, 달성 가능한 조합, 훌륭한 회사 설립의 난도를 변화시켰으며, 투자자 입장에서도 좋아진 점은 별로 없다. 투자자들은 근본적으로 새로운 전략적 패러다임을 찾

디지털 경쟁 우위의 원천							
규모		고객 유지 / 수요			비용 / 공급		
고정비용/공급	네트워크 효과/수요	검색	전환	습관	학습곡선	빅데이터	독점 기술
고정비용의 요건이 체계적으로 감소한다.	시장점유율이 매우 낮을 때도 수익성 있는 규모를 달성할 수 있다.	검색이 더 쉬워진다.	전환 비용이 덜 든다.	기술이 변하고 있을 때는 습관이 생길 가능성이 적다.	다른 경쟁자들이 빨리 따라잡을 수 있다.	상황을 눈에 띄게 바꾸는 애플리케이션이 거의 없다.	대체품 발명 속도가 빨라진다.
낮은 고정비용도 네트워크 효과와 결합되면 의미 있는 장벽이 될 수 있다.	디지털 플랫폼이 네트워크 효과를 촉진한다.	개인화 때문에 동일한 대안 찾기가 더 어려워진다.	개인화가 전환 의자를 감소시킨다.	디지털 애플리케이션은 사용 빈도를 높일 수 있다.	학습곡선의 기울기가 커진다.	디지털은 데이터의 양을 기하급수적으로 증가시킨다.	진정한 독점 기술은 아날로그 세계에서도 드물고, 디지털 세계에서는 데이터가 강화될 수 있다.

거나 플랫폼 망상의 희생양이 되지 말고, 인터넷 시대에 기회를 찾을 때 필요한 기본 원칙을 기억해야 한다. 이를 위해서는 디지털 환경에서 사업을 운영할 때의 장점뿐 아니라 단점에 대해서도 명확한 안목이 필요하다.

디지털화에 적합한 모든 뉴스

앞서 나는 〈뉴욕 타임스〉 발행인인 아서 설즈버거가 디지털 미래의 전망에 환호하는 모습을 비웃었다. 〈뉴욕 타임스〉의 사례는 디지털 유통과 기술의 가용성이 미치는 순수한 영향을 평가하는 데에서 흥미로운 사례다.

이 신문사는 뉴스 업계에서는 보기 드문 인터넷 성공 사례로 평가받고 있다. 그러나 성공은 규모만큼이나 상대적인 개념이다.

　주로 유통되는 지역 밖에서는 콘텐츠의 가치가 거의 없고 인터넷 때문에 재정적으로 파국을 맞은 지역 신문사들과 달리, 인쇄 매체의 절정기에도 1일 발행부수가 100만 부를 넘지 않았던 〈뉴욕 타임스〉는 인터넷 시대에 들어와서 오히려 구독자 기반을 상당히 확대할 수 있었다. 현재 이 회사의 인쇄물 구독자 수는 과거의 절반 정도로 줄었지만, 총구독자 수는 700만 명이 넘는다. 2020년 당시, 거의 500만 명의 구독자가 핵심 디지털 뉴스 상품을 이용 중이었고, 십자말풀이나 요리 정보를 따로 구독하는 이들도 100만 명이 넘었다. 매일 200만 명의 청취자를 끌어들이면서 호황을 누리고 있는 팟캐스트 사업은 구독료를 받지 않고 오직 광고료로만 운영하지만, 여기 모이는 젊은 시청자층이 장차 디지털 구독자가 될 수도 있다. 디지털 가입자 중 50만 명 이상은 미국 이외의 지역에 사는 사람들이다. 이 신문사는 2025년까지 200만 명의 해외 독자를 포함해 총 1000만 명의 유료 독자를 확보한다는 목표를 세웠다.[3]

　그러나 설즈버거의 행복한 예측이 나오고 20여 년이 지났지만, 〈뉴욕 타임스〉의 주가는 여전히 그때 이후로 최고치에 도달하지 못했다.[4] 구독자 수는 몇 배로 늘었지만 평균 구독료는 크게 하락했고, 한때 수익의 대부분을 차지했던 광고 매출은 완전히 무너졌다. 팟캐스트와 와이어커터 Wirecutter 제품 리뷰 사이트 같은 새로운 시도가 성공했음에도 불구하고, "디스플레이 광고 외에 광고 상품을 다양화하려는 노력은 여전히 초기 수익화 단계에 머물러 있다."[5] 이 회사의 연간 디지털 총수익인 8억 80만 달러는 유료화 시대 이전에 인쇄 광고만으로 얻은 수익보다 훨씬 적다. 또

2019년도 총매출인 18억 달러(광고료와 구독료 대부분이 여전히 종래의 인쇄 사업에서 창출된 수익이다)는 2000년에 인쇄 사업이 단독으로 올린 매출에 훨씬 못 미친다.[6]

디지털의 등장이 〈뉴욕 타임스〉의 핵심적인 경쟁 우위에 미친 영향을 규모부터 시작해 카테고리별로 따져 보자. 〈뉴욕 타임스〉는 각기 고유한 구조와 역학 관계를 가진 지역·국내·국제 시장에서 오랫동안 사업을 운영해왔다.

지역 시장에서 〈뉴욕 타임스〉는 역사적으로 규모가 큰 여러 지역 신문 중 하나였다. 발행 부수가 가장 많지는 않지만, 뉴욕 시장의 광대한 규모와 인구통계에서 상위 그룹에 속하는 사람들이 이 신문을 많이 읽은 덕분에 수익성이 매우 높았다. 이 시장에서 얻을 수 있는 총수익이 구독과 광고 쪽에서 모두 급감했음에도 불구하고, 인쇄와 디지털 영역에서 활동하는 지역 경쟁자가 증가했다. 예전부터 주요 경쟁자였던 〈뉴욕 포스트New York Post〉와 〈데일리 뉴스Daily News〉는 광고료로 운영하는 무료 신문사를 여러 개 인수한 상태였기 때문에, 결국 기존의 업계 리더들 가운데 실제로 돈을 버는 회사는 하나도 없었다. 〈뉴욕 타임스〉는 중요한 두 경쟁자에 비해 규모가 약간 커지기는 했지만, 빠르게 축소되고 있는 이 시장에서의 전체적인 점유율은 사실상 하락했다. 규모가 가장 큰 무료 신문의 발행 부수는 유료 신문의 2배다.[7]

해외의 영자 신문 시장에서 〈뉴욕 타임스〉는 오랫동안 〈인터내셔널 헤럴드 트리뷴International Herald Tribune〉을 통해 운영되면서 〈월 스트리트 저널〉, 〈파이낸셜 타임스〉, 〈USA 투데이USA Today〉 국제판과 주로 경쟁을 벌였다. 1960년대부터는 〈워싱턴 포스트Washington Post〉와 50대 50으로 합작 투자하여 설립한 회사가 1887년 파리에서 창간된 〈뉴욕 타임스〉 국제판의 후신을 맡아서 운영했다.

해외의 영자 신문 업계는 결코 큰 시장이 아니었고, 사업을 뒷받침하는 데 필요한 고정비용 때문에 누가 뛰어들어도 수익을 올리지 못했다. 대부분의 국가에서 〈헤럴드 트리뷴〉 판매 부수가 가장 많았지만, 광고도 거의 붙지 않았고 최전성기일 때에도 전 세계 판매 부수를 다 합쳐봐야 25만 부가 약간 넘는 수준이었다. 이렇게 심각한 경제 상황에도 불구하고, 2003년에 〈뉴욕 타임스〉는 35년간 함께 일한 파트너와 경쟁을 벌일 새로운 제품을 시장에 선보였다.[8] 〈워싱턴 포스트〉는 계속 적자만 나는 지분 50퍼센트를 7000만 달러에 넘기는 데 기꺼이 동의했다. 지분을 인수하고 10년 뒤, 〈뉴욕 타임스〉는 마침내 새로운 디지털 전략의 일환으로 이 신문 브랜드를 〈인터내셔널 뉴욕 타임스〉로 변경했다.[9] 2020년에는 해외 가입자 수가 전체 디지털 가입자의 10퍼센트에 불과했지만, 2025년에는 20퍼센트에 이를 것으로 예상된다. 이들이 파트너 지분을 매입한 원래 이유에는 허영심과 자부심이 뒤섞여 있어서 경제적으로는 말도 안 되는 결정이었지만, 어쩌면 그것이 행운이었을지도 모른다. 상대적으로 적은 증분 비용을 들여서 2025년에 결국 1억 달러 이상의 구독 수익을 올릴 수 있게 해주는 인터넷의 힘은 이 좁은 시장에서 지분을 100퍼센트 소유한 통합 브랜드의 가치를 입증한다.

주요 사건은 미국 뉴스 시장에서 발생한다. 〈뉴욕 타임스〉의 가장 큰 경쟁자는 〈월 스트리트 저널〉이고, 그다음은 미국 전역에서 발행되지만 의미 있는 유료 구독자 기반은 없는 〈USA 투데이〉와 〈파이낸셜 타임스〉 미국판이다. 엄청나게 부담스러운 고정 유통 비용이 사라진 디지털 환경에서는 뉴스 업계 경쟁자가 크게 늘어났다. 최고의 온라인 뉴스 제공원에는 이런 전통적인 인쇄 매체 경쟁자들뿐 아니라 〈워싱턴 포스트〉 같은 다른 지역 신문들도 포함된다. 〈워싱턴 포스트〉는 한때 재정 문제 때문에 미국 국내시장에서 거의 발을 뺐지만, 제프 베조스에게 소유권이 넘어가면서 다시 새로운 열정을 안고 시장에 재진입했다.[10] 게다가 다른 매체에서 예전부터 활동하던 뉴스 제작자(방송국, 케이블 방송국, 잡지, 라디오)들도 비교적 저렴한 비용으로 디지털 콘텐츠를 추가할 수 있고, 다양한 디지털 전용 매체들은 독자적인 콘텐츠와 여기저기서 수집한 콘텐츠를 조합하여 상위 사이트들의 정보를 보충한다. 심지어 다른 경로로는 미국 시장에 참여할 기회가 없었을 영국 기반의 뉴스 기업들(특히 BBC, 메일 온라인Mail

2000년 미국 내 신문 발행 부수 (단위: 100만 부)		2020년 가장 인기 있는 뉴스 사이트 (월간 순방문자 수, 단위: 100만 명)	
〈월 스트리트 저널〉	1.8	야후! 뉴스	175
〈USA 투데이〉	1.7	구글 뉴스	150
〈뉴욕 타임스〉	1.1	허프포스트	110
기타	<0.2	CNN	95
		〈뉴욕 타임스〉	70
		폭스 뉴스	65
		NBC 뉴스	63
		메일 온라인	53
		〈워싱턴 포스트〉	47
		〈가디언〉	42
		〈월 스트리트 저널〉	40
		ABC 뉴스	36
		BBC 뉴스	35
		〈USA 투데이〉	34
		〈로스앤젤레스 타임스〉	33

출처: Newspaper Association of America, eBizMBA rank derived from Quantcast, Alexa, and SimilarWeb

Online, 〈가디언Guardian〉)도 현재 미국 뉴스 사이트 중 상위를 차지하고 있다.

　실제 뉴스 구독자들 사이에서 〈뉴욕 타임스〉의 상대적인 규모가 다소 커진 것으로 나타났다. 애플 뉴스 서비스Apple News Service는 월간 활성 사용자[11] 수가 1억 명이나 되어서 〈뉴욕 타임스〉를 훨씬 능가하지만, 지금까지의 모든 증거에 따르면 이 회사의 뉴스+ 서비스는 2019년 3월에 서비스를 개시하고 48시간 만에 20만 명의 사용자를 끌어모은 뒤 성장이 정체되었다.[12] 하지만 미국 내 신문 시장에서 몇 안 되는 확실한 선두 주자 중 하나였던 〈뉴욕 타임스〉가 매체와 지리적 경계가 모호하고 경쟁자가 훨씬 많은 글로벌 영어 뉴스 시장으로 이동하는 과정에서 상대적인 규모가 전반적으로 감소하지 않았다고 주장하기는 어렵다.

　그러나 점차 디지털화되는 환경에서는 전보다 영향력이 감소하기는 했지만 그래도 여전히 상당한 힘을 발휘하는 규모의 이점이 어떻게 나타날 수 있을까? 흥미롭게도, 수요 측면에서는 규모의 이점이 전혀 없다. 넷

2020년 미국/해외 디지털 뉴스 구독자 수

〈뉴욕 타임스〉	489만 6000명
〈월 스트리트 저널〉	200만 명
〈워싱턴 포스트〉	170만 명
〈파이낸셜 타임스〉	100만 명
〈배런스Barron's〉	61만 5000명
애플	20만 명
〈비즈니스 인사이더〉	20만 명
〈가디언〉	19만 명
〈로스앤젤레스 타임스〉	17만 명
〈시카고 트리뷴〉	10만 명

출처: Public filings and statements, news reports

플릭스를 주제로 하는 6장에서 더 자세히 살펴보겠지만, 디지털이든 아날로그든 콘텐츠 제작 사업은 일반적으로 네트워크 효과에 적합하지 않다. 실제로 인쇄 형태의 〈뉴욕 타임스〉에는 지면을 많이 차지하지는 않지만 수익성이 매우 높은 안내 광고면이 있었고, 이것은 확실히 네트워크 효과의 혜택을 받았다. 그에 반해, 디지털판 〈뉴욕 타임스〉는 중요한 광고 사업을 하지 않기 때문에 네트워크 효과를 덜 발휘하는 것이 틀림없다.

공급 측면에서는 고정적인 비용 구조의 비율이 증가했기 때문에 〈뉴욕 타임스〉가 가진 규모의 이점이 디지털 형태로 강화된다. 신문 제작비에서 중요한 자리를 차지하던 원자재와 그 밖의 가변적 요소들이 제거된 디지털 뉴스 상품은 거의 고정비용으로 구성된다. 반면, 77쪽의 도표에서 알 수 있듯이 필요한 총비용이 대폭 감소하자 경쟁자 수가 극적으로 늘었고, 이는 결국 상대적으로 더 큰 이점이 적용되는 상대적 규모 감소를 해명한다. 그러나 순영향을 평가하려면 디지털 모델이 경쟁 우위의 다른 원천에 미치는 영향도 고려해야 한다.

고객 유지력과 관련해서는, 광고주와 독자에게 미치는 영향은 상당히 다르지만 방향은 비슷하다. 광고주들은 원하는 인구통계 집단에 도달할 기회가 그 어느 때보다 많으며, 구독자들에게 메시지를 전달할 수 있는 뛰어난 능력을 지녔다고 주장하던 〈뉴욕 타임스〉의 이전 능력은 더 이상 믿을 수가 없다. 13장에서 더 자세히 얘기하겠지만, 더욱 충격적인 사실은 프로그래매틱 광고programmatic advertising(이용자에게 필요할 것 같은 광고를 프로그램이 띄워 주는 광고 기법-옮긴이)를 이용하면 마케터가 다른 웹사이트에 있는 〈뉴욕 타임스〉 독자들에게도 접근할 수 있다는 것이다. 이런 현실 때문에 인쇄와 디지털 제품 양쪽 모두에서 광고를 통한 절대 매출이 감소하고

CPM(광고 매체를 이용해 1000명 또는 1000가구에 광고 메시지를 전달하는 데 소요되는 비용-옮긴이) 또는 웹 페이지 광고 노출률도 지속적으로 감소한다.

구독자로서는 고유한 가치 제안이 잠재적으로 더 매력적이지만, 무료로 이용할 수 있는 대안이 매우 많기 때문에 CPM 감소만큼 급격하지는 않지만 인쇄 환경에서도 평균 구독료가 하락했다. 게다가 디지털 영역에서의 회원 가입과 해지가 어느 때보다 간편해짐에 따라 고객 이탈 가능성이 극적으로 증가했다. 고객들은 이제 끝도 없이 이어지는 통화 보류 음악이나 별로 친절하지도 않은 고객 서비스 상담원을 접할 필요가 없게, 온라인상에서 구독을 취소할 수 있게 해달라고 요구한다. 〈뉴욕 타임스〉는 2020년이 되어서야 겨우 온라인 구독 취소가 가능해졌다.

예전에는 〈뉴욕 타임스〉 구독자들이 이탈하는 이유가 주로 이사(바라건대 일시적인 이탈이기를)나 사망(대부분 영구적이다)이었다. 이는 〈월 스트리트 저널〉의 사례와 상당히 비슷한데, 한때 이 신문의 구독 해지 사유 중 가장 많은 것은 고인의 신용카드에서 구독료가 계속 빠져나가고 있다는 사실을 뒤늦게 발견한 것이었다. 2015년까지만 해도 〈뉴욕 타임스〉에는 고객 유지를 담당하는 직원이 채 10명도 되지 않았다.[13] 그러나 지금은 이 담당자 수가 크게 늘었으며, 회사의 전체적인 기풍 자체가 독자를 끌어들이고 유지하는 쪽으로 바뀌었다. 이는 구독료가 수익의 대부분을 차지하게 되면서 경쟁 우위의 잠재적 원천이 이쪽으로 이동했다는 사실을 〈뉴욕 타임스〉 경영진이 깨달았다는 증거다. 놀랍게도 이 회사는 디지털 시대의 이탈률을 아날로그 시대와 크게 달라지지 않은 수준으로 유지할 수 있었다.

그러나 〈뉴욕 타임스〉 같은 업계 최고 수준의 소비자 구독 서비스도 온라인상에서 큰 이탈을 겪게 될 것이며, 고객 기반이 충성도가 가장 높은 얼리어답터 너머로 이동함에 따라 이를 관리하기가 점점 더 어려워진다. 고객 참여와 유지 분야의 선두 주자로 널리 알려진 넷플릭스도 매달 3퍼센트 즉 연간 36퍼센트의 이탈률을 기록하고 있다. 〈뉴욕 타임스〉가 이 작업을 더 잘 해낼 수도 있겠지만, 구조적인 한계가 있다.[14] 이 회사가 해당 분야에서 인상적인 업적을 이루기는 했지만, 구독자들은 〈뉴욕 타임스〉 인쇄판을 통해서만 이 신문사의 희귀한 애독자층에 접근할 수 있었던 광고주들과 달리 거기에 별로 얽매이지 않는다.

플랫폼 비즈니스 업계에서는 여러 플랫폼 사이에서 쉽게 전환하거나 여러 개를 동시에 사용할 수 있도록 지원하는 이런 기능에 멀티호밍multi-homing이라는 멋진 디지털 별명을 붙여주었다. 이 용어에 이의를 제기할 만한 부분은 없지만, 이는 단순히 수요 측의 진입 장벽이 약하다는 것을 나타낸다기보다는 완전히 새로운 범주의 현상으로 취급되기도 한다.[15] 디지털 환경은 고객 구속력을 효과적으로 유지하는 데 더 큰 어려움을 야기하지만(광고주와 독자 양쪽 모두에게), 사업의 전반적인 강점을 평가할 때는 이용 가능한 진입 장벽의 전체적인 포트폴리오 맥락에서 분석해야 한다.

수요 측의 이점이 이렇게 구조적으로 감소하는 현상은 새로운 공급 측면의 이점과 함께 고려해야 한다. 〈뉴욕 타임스〉는 이제 구독자들이 무엇을 읽으면서 시간을 보내는지뿐만 아니라 이탈할 위험이 높다는 사실을 암시하는 행동을 보이는 때가 언제인지도 알게 되었다. 이를 통해 시기 적절한 개입이 가능해지고, 개별 독자에게 좀 더 만족스러운 방식으로 제품을 제시하고 추천할 수 있는 도구도 다양하게 제공한다. 언론인들은 편집자의 선택이 실제로 독자들의 관심사와 결부될 수도 있다는 생각에 반발하지만, 적어도 주어진 비용으로 가장 매력적인 제품을 설계할 때 이런 부분을 고려하지 않는 것은 전략적 실수일 것이다.[16] 이러한 디지털 속성 덕분에 〈뉴욕 타임스〉는 구독자 기반이 작은 회사들보다 고객 이탈을 방지할 무기가 많아졌지만, 그렇다고 디지털 환경에서 고객 유지의 어려움이 완전히 사라지는 것은 아니며 다소 완화되는 정도임을 알 수 있다.

사용자 데이터는 직관적으로 독자보다는 광고주를 유지하고자 할 때 더 가치가 높아 보인다. 사이트에서 독자들의 행동을 추적하는 〈뉴욕 타임스〉는 메시지 전달 대상을 겨냥하려는 광고주들에게 새로운 수준의 정확성을 제공할 수 있다. 또 발행인이 단순히 소비자가 받은 인상뿐 아니라 정량적인 참여율까지 알려주는 매력적인 P4P 광고(소비자가 광고를 클릭했을 때만 비용을 치르는 방식)의 경우에는 특정한 영업 기회에 대한 응답률이 지속적으로 개선된다. 그러나 〈뉴욕 타임스〉가 유료화의 벽 때문에 관리 구독 환경에서는 규모의 이점을 누리고 있지만, 보유하고 있는 개인 데이터의 양은 광고 대기업인 구글, 페이스북, 아마존은 말할 것도 없고 다른 무료 뉴스 사이트들보다도 유의미하게 적다.

데이터를 통해 얻을 수 있는 마지막 이점은, 이론적으로 참여도를 관찰해서 수요곡선을 채울 수 있다는 것이다. 어떤 가입자는 접속 비용을 많이 내고 어떤 가입자는 적게 내는데, 확실한 데이터가 있으면 각 가입자의 결제 가격을 정확하게 파악할 수 있다. 신문 발행인들은 기교가 부족해서인지 아니면 자기가 남들보다 많은 돈을 내고 있다는 사실을 깨달은 고객이 화를 낼까봐 불안해서인지는 잘 모르겠지만, 이런 데이터 중심의 수익 극대화 전략을 추구하는 속도가 느렸다. 이러한 최적화 전략이 가격이 극도로 투명한 디지털 환경에 얼마나 많은 가치를 추가할 수 있는지는 분명하지 않다.

코로나 팬데믹과 도널드 트럼프Donald Trump 대통령 때문에 증가한 구독 자 수를 고려하면, 〈뉴욕 타임스〉가 2025년에 1000만 구독자 달성이라는 높은 목표를 이루거나 초과 달성하리라는 것이 점점 더 확실해지고 있다. 그렇게 되면 25년 전인 2000년에 인쇄 매체가 달성한 수익을 드디어 초과 할 수도 있다. 그러나 이 회사 주주들은 여전히 별로 대단치 않은 결산서

〈뉴욕 타임스〉의 성과(2000~2025E)

(단위: 100만 달러)	2000A	2020E	2025E
수익			
디지털	-	589	1223
인쇄	477	597	524
총구독료	477	1186	1747
디지털	-	216	292
인쇄	1306	165	117
총광고료	1306	381	410
기타	145	193	206
총매출	**1927**	**1761**	**2363**
비용 및 수익성			
원자재		(73)	(63)
기타 생산		(675)	(848)
총생산비		(747)	(912)
주문 처리 및 유통		(145)	(127)
기타 SG&A		(671)	(832)
총SG&A		(817)	(958)
D&A		(62)	(72)
총운영비		**(1626)**	**(1942)**
부가 비용(D&A,연금,기타)		75	75
Adj. EBITDA	**514**	**210**	**495**

출처: Company filings, Evercore ISI author estimates
참고: 2000A 재무 자료에는 2000년에 6700만 달러의 매출과 3700만 달러의 EBITDA를 기록한
〈뉴욕 타임스〉 디지털 부문이 제외됨

를 받아들게 될 것이다. 〈뉴욕 타임스〉는 앞으로도 당연히 세계에서 가장 규모가 큰 영어 뉴스 제공 업체 중 하나가 될 것이고 또 돈을 가장 잘 버는 유료 구독 기반을 자랑할 수도 있겠지만, 디지털 세계에서 뉴스 콘텐츠 제작자가 이용할 수 있는 경쟁 우위 수준에 대한 구조적 한계 때문에 잠재적 규모와 수익에 제약이 생긴다.

일부에서는 이 성과가 기존 인쇄 작업의 부담 때문에 인위적으로 왜곡되었다고 주장하기도 한다. 이런 관점에서 볼 때, 잉크와 종이의 유산이라

〈뉴욕 타임스〉의 디지털 자본 환경

(단위: 100만 달러)	2025E	조정	설명	2025E 디지털
매출				
디지털	1223	67	인쇄판 구독자의 80퍼센트가 디지털로 전환	1290
인쇄	524	(524)		-
총구독료	1747			1290
디지털	292	23	인쇄판 광고 매출의 20퍼센트가 디지털로 이동	316
인쇄	117	(117)		-
총광고료	410			316
기타	206	(20)	상업 인쇄 손실	186
총매출	**2363**			**1791**
비용 및 수익성				
원자재	(63)	63	자재비 및 인쇄 작업 손실	-
기타 생산	(848)	100		(748)
총생산비	(912)			(748)
주문 처리 및 유통	(127)	127	유통 비용 및 간접비 20퍼센트 손실	-
기타 SG&A	(832)	166		(665)
총SG&A	(958)			(665)
D&A	(72)			(72)
총운영비	(1942)			(1486)
부가 비용(D&A, 연금, 기타)	75			75
Adj.EBITDA	**495**			**381**
마진 비율	21.0%			21.2%

출처: Company filings, Evercore ISI, author estimates

는 족쇄에서 해방된 순수한 디지털 〈뉴욕 타임스〉는 훨씬 빠르고 높이 날아오를 것이다. 그러나 2025년에 온라인 운영으로 완전히 전환되면 어떤 모습일지 모델링해보면 훨씬 재미없는 모습이 드러난다. 2025년의 디지털 〈뉴욕 타임스〉는 인쇄와 유통 작업의 비용이 없어진다는 점을 차치하더라도 지금보다 더 작고 수익성 낮은 사업이 될 것이다. 온라인에 접속한 적이 있는 인쇄 매체 구독자의 80퍼센트가 디지털 구독을 할 것이라는 후한 가정에도 불구하고, 가격은 훨씬 낮아지고 광고 손실은 너무 커진 탓에 수억 달러의 인쇄 관련 비용이 없어져도 전체 이윤은 그대로 유지된다. 새로운 디지털 구독자는 매상 총이익이 더 높기 때문에 이들의 수가 늘어나면 전체 이윤 폭도 커지겠지만, 그 출발점이 전보다 훨씬 낮아졌다.[17]

〈뉴욕 타임스〉 사례는 특정한 디지털 시장이 실제로 작동하는 방식과 플랫폼 망상의 기본 개념 사이의 불일치를 강조한다. 좀 더 광범위하게 이야기하자면, 디지털 생태계에 적합한 구조적 경향을 바탕으로 너무 쉽게 일반화하는 것을 어느 정도 자제해야 한다. 네트워크 효과가 디지털 사업에서 더 보편적으로 나타나고, 아날로그 사업자는 이용할 수 없는 공급 측면의 장점과 자주 짝을 이룬다는 것은 모두 사실이다. 그러나 규모가 큰 디지털 사업에서는 네트워크 효과가 나타나지 않을 수도 있으며, 그 이점의 범위와 특성, 그리고 함께 작동하는 방식과 관련해서는 항상 시장과 산업 구조를 신중하게 고려해야 한다.

빅테크 시대, 정부의 역할과 책임

또 다른 중요한 형태의 경쟁 우위인 정부의 효용성은 인터넷 때문에 기본적인 측면에 변화가 생기거나 하지 않았다. 기업들은 정부가 부여하거나 강화하는 구조적 이익을 거의 강조하지 않으며, 오히려 정부를 주주를 위해 봉사하는 자본주의의 자유로운 기능을 방해하는 장애물로 치부하는 경향이 있다.[18] 경영진이나 기업에 내재한 강점을 지속적으로 뛰어난 성과를 올리는 데 대한 책임으로 받아들이고, 거기에 덧붙여 정부의 잘못된 개입을 극복한 것에 대한 추가적인 공로를 주장할 수도 있다. 그러나 인터넷 대기업들이 로비에 대한 투자를 꾸준히 늘리는 것은 그들의 독점 사업에 정부의 선심이 중요하다는 사실을 암시적으로 나타낸다.[19]

정부가 부여하는 구조적 이점은 그 범위가 매우 넓고 명백한 이점과 미묘한 이점이 모두 포함되어 있다. 이는 특히 인터넷에서 그러하며, 민간 부문에서 경쟁적으로 추진한 혁신이라기보다는 납세자의 세금과 정부 기관의 노력의 결과로 유명하다.[20]

명백한 이점으로는 정부가 제공하는 독점 또는 과점 지위가 있는데, 이것은 다양한 형태로 나타날 수 있다. 미국 항공사들은 정부와의 쌍방 협상을 통해 해외의 특정 목적지까지 비행할 수 있는 권리를 무료로 부여받는다(때로는 외국 항공사 한 곳만 제외하고 독점 권리를 받기도 하는데, 이때는 승객 수가 엄격하게 제한된다). 텔레비전과 라디오 방송국은 방송용으로 사용할 수 있는 한정된 주파수를 무료로 영구 임대해서 몇 년에 한 번씩 형식적으로 계약을 갱신하기만 하면 된다. 이와 비슷하게, 지방정부에서도 공무원들이 케이블 시스템부터 공공 간판에 이르기까지 모든 것에 대한 독점 사업권을 제공한다.

별로 명백하지 않은 이점을 살펴보면, 정부 규제 때문에 규모가 가장 큰 기성 기업에 이익이 되는 상당한 고정비용이 발생한다는 사실이다(이런 규제는 대개 '공정한' 경쟁과 신규 진입을 장려하기 위해 개발된 지침이기 때문에 매우 아이러니한 일이다). 의회가 2008년 시장 붕괴의 서곡이 된 신용평가사들의 실수를 처벌했을 때, 그 결과는 사실 이 회사들에 이익이 되었다. 의회가 모든 신용평가사에 부담스러운 요건을 새로 부과하는 바람에 기존 업체들 가운데 가장 큰 업체들만 규정을 준수할 수 있게 된 것이다. 새로운 규정 준수를 담당할 인원을 대거 채용하면서 수익성이 한동안 떨어지기는 했지만, 이 기관들은 곧 이전의 최고 수익률을 넘어섰다. 이 기관의 경영진은 자기들이 가격을 아무리 많이 올려도 신규 진입자들은 새로 강화된 규제 제도를 준수하는 데 드는 막대한 비용을 절대 감당할 수 없다는 사실을 알고 있기에 마음 놓고 푹 잘 수 있다.

워런 버핏Warren Buffett은 규제 때문에 혼란이 빚어졌을 때 무디스Moody's에서 자기 입지를 크게 줄이는 보기 드문 판단 실수를 저질렀다.[21] 금융 위기가 최고조에 달했을 때 버크셔 해서웨이Berkshire Hathaway는 무디스 지분을 20퍼센트나 보유하고 있었다. 그러나 2009년과 2010년에 무디스 주식을 연이어 매각하면서 지분율이 15퍼센트 이하로 떨어졌고, 2013년 추가로 매각한 뒤에는 10퍼센트 선에 가까워졌다. 2009년 이후로 무디스의 주가는 시장과 버크셔를 크게 앞질렀다.

디지털 분야에서는 유럽연합이 엄격한 일반 데이터 보호 규칙General Data Protection Regulation, GDPR을 부과하는 경우에 이와 매우 유사한 역학 관계가 작용한다는 증거가 있다. 이 규칙은 2018년에 발효되었다. 구글과 페이스북은 신속하고 효과적으로 규제를 준수할 수 있는 능력 덕분에 광고주 쟁탈전에서 추가적인 우위를 확보한 것으로 보인다. 세계 최대 광고대행사인 WPP의 CEO에 따르면, GDPR은 "데이터를 수집하고 처리할 수 있는 능력을 가진 대형 플랫폼에 권력을 넘겨줌으로써" 기성 기업들의 이익을 확고히 했다.[22]

정부가 안겨주는 이점은 상당한 고정비용을 부과하는 규제 제도의 경우처럼 공급/비용 측면일 수도 있고, 공공 기업이 독점적인 장기 계약을 체결하거나 '인가된' 공급 업체를 지정하는 경우처럼 수요/수입 측면일 수도 있다. 앞서 설명한 ECN(전자 증권 거래 네트워크) 시장의 출현 사례에서, 혼란에 빠진 기존 거래소는 수요와 공급 측면의 이점을 모두 누렸다. 예전에는 트레이더들이 자신들의 시설을 사용해야 했는데(수요), 새로운 개방형 체제는 고정적인 운영 비용과 손익분기점에 도달하는 데 필요한 물량을 줄였다(공급).

ECN 확산을 초래한 일회성 보호 기능을 제거한 사례에서 알 수 있듯이, 이런 이점들 대부분의 공통점은 일시적일 수 있다. 정치적 바람의 향방에 따라 변할 수 있는 구조적 보호에만 의존하는 것은 위험한 게임이다. 이런 취약한 장벽 뒤에 숨을 수 있는 필연적으로 한정된 시간을 이용해 대안적인 경쟁 요새를 여러 개 구축해두는 편이 좋다.

그렇게 하지 못했을 때 생기는 위험은 기록을 통해 충분히 입증되었다. 오늘날 영리를 목적으로 하는 고등교육 산업이 광범위하게 나타난 것은 학생을 위한 교육과정의 적합성이나 학생이 받고자 하는 교육이 대출금을 갚는 데 필요한 취업 기회로 이어질 가능성이 있는지 여부에 관계없이 신청자에게 정부 대출을 받을 수 있는 자격을 부여하는 허술한 규제 제도 때문이다. 그 결과 이 부문은 장기간 시장을 능가하는 실적을 거두었으며, 그동안 목표로 하는 학문 분야나 인구통계 집단, 지역 내에서 규모를 늘리고 유지 능력을 키운 교육 기관은 거의 없다. 나머지는 그저 상황이 악화되기 전에 정부가 조달해주는 자금을 최대한 많이 확보하고, 보통 부적합한 학생들에게까지 점점 더 공격적인 직접 마케팅 전략을 구사했다. 버락 오바마Barack Obama 행정부가 이런 관행을 단속하자, 가치가 90퍼센트나 하락하거나 파산한 기관이 많다.[23] 트럼프 행정부는 자유방임적인 방식으로 돌아갔지만, 지난번에 입은 타격에서 영속적인 교훈을 얻은 투자자나 운영자가 얼마나 되는지는 확실하지 않다. 조 바이든Joe Biden 행정부가 이 규정을 다시 바꿀지도 알 수 없다.

아마존은 규제 우위를 지키기 위해 노력하는 동시에 궁극적인 손실에 대비한 기업의 대표적인 사례다. 아마존은 회사 설립 후 첫 20여 년간의 성장기에 아날로그 경쟁 업체들과 달리 판매세를 내지 않아도 되는 혜택을 받았다.[24] 이 회사는 해당 주에서 사업을 운영하는 회사들에게만 판매세를 부과한다는 요건의 허점을 악용했다. 아마존은 이런 이점을 극대화하기 위해 매출이 적은 소수의 주에서만 사업을 운영했다. 이들은 이처럼 시대착오적인 혜택을 보전하기 위해 애쓰는 동시에 핵심 카테고리의 규모를 키웠고, 물류망을 최적화해 절감한 비용으로 판매세 부과 요구를 완화하기 위해 판매와 유통 인프라를 획기적으로 확충할 준비를 했다.

기술 산업에 대한 정부의 전반적인 태도는 상전벽해 같은 변화를 겪었다. 최근까지 미국 기술의 세계적인 지배력(적어도 중국 밖에서는)은 미국인들의 자부심의 원천이자 혁신 정신의 상징이었다. 그 결과 몇몇 예외를 제외하면 최근까지도 이 부문 전체에 대해 놀라울 정도로 간섭하지 않았다.

실제로 1996년에 제정된 통신법은 인터넷이 대부분의 규제를 받지 않도록 명시적으로 면제해주었고, 현재 논란이 되고 있는 230조의 면책 내용까지 포함시켰다. 이런 관점은 독점 금지법을 집행하는 부분에서 특히 극명하게 드러났다.

법무부는 극히 어려운 상황에 처해 생존을 위해 운영을 합리화하려는 아날로그 기업들의 거래는 면밀히 조사하거나 심지어 가로막으면서, 디지털 대기업들이 진행한 수백 건의 인수는 큰 동요 없이 완료되도록 내버려 두었다. 컬럼비아대학교 법과대학 교수인 팀 우Tim Wu의 주장에 따르면 페이스북과 아마존, 구글이 연속적으로 진행한 기업 인수는 아무런 문제없이 완료되는 놀라운 기록을 세웠다고 한다. 이 기업들이 제각기 진행한 67건, 91건, 214건의 거래는 대부분 규제 없이 순조롭게 마무리되었다.[25]

이렇게 사태를 간과한 것은 단순히 문화적인 이유 때문만이 아니라 구조적인 문제로 말미암은 것도 있다. 주요 기술 기업 대부분은 자산과 수익이 거의 없기 때문에, 경쟁 측면에서 의심스러운 거래 중 상당수가 하트-스콧-로디노Hart-Scott-Rodino, HSR 반독점 증진법에 따라 기업 인수 전에 정부에 사전 통지를 해야 하는 재정 기준에 미달했다.[26] 구글은 심지어 웨이즈Waze라는 회사를 10억 달러에 인수할 때, 규제 당국에 이러한 사실을 미리 알리지 않아도 되는 법의 허점을 찾아냈다.[27] 정부가 거래 내역을 사후에 검토하는 데는 제한이 없지만, 실제로는 이미 통합된 기업 인수를 취소하는 데 따르는 복잡성을 감안해서 사후 검토는 거의 하지 않는 편이며 이를 행동으로 옮기는 일은 더더욱 없다. 미국 연방통상위원회Federal Trade Commissio, FTC는 2019년에 발표된 빅테크 기업에 대한 정부의 전면 조사와 관련해 기존의 누락 사항을 바로잡기 위해 10년간의 거래 자료를 뒤늦게

요청했다.[28]

규제 당국이 빅테크의 잠재적 위험을 깨달은 것은 반가운 소식이다. 그러나 문제를 식별하는 것과 그중에서도 특히 심각한 문제와 가장 효과적인 해결책을 찾아내는 것에는 차이가 있다. 반독점 당국이 AT&T의 타임워너 인수(너무 앞뒤가 안 맞는 거래여서 AT&T는 3년도 되지 않아 이 거래를 취소했다)를 막은 것이 대중을 보호하기 위한 광범위한(그리고 실패한) 소송 가운데 가장 가치 있는 부분이라는 사실은, 정부가 빅테크 문제를 바로잡을 가능성이 적다는 것을 보여준다.

원칙을 지키지 않아도 된다는 허가증을 받았던 빅테크가 이제 원칙에 따라 엄격한 조사를 받는 쪽으로 상황이 바뀐 것은 한 가지 일관된 사실을 반영한다. 즉 이 기업들은 공통적으로 법 시행과 관련해 자기들은 남다른 혜택을 받을 자격이 있다는 잘못된 생각을 갖고 있었던 것이다.[29] 이런 생각은 규제 부문에서 나타난 플랫폼 망상이다. 두 사례 모두 이들은 규모와 힘이 비슷할 뿐 아니라 동일한 원천에서 비롯된다고 가정한다. 투자자와 규제 당국이 품고 있는 이런 심각하게 잘못된 가정을 바로잡는 가장 좋은 방법은 규모가 가장 큰 디지털 리더들이 누리고 있는 이점을 철저하게 분석하는 것이다.

인터넷이 등장했다고 해서 경쟁 우위의 주요 범주나 회복력이 뛰어난 독점 사업을 구축하려면 강화된 이점이 여러 개 필요하다는 사실이 근본적으로 달라지는 않았다. 가장 강력한 비즈니스 모델을 살펴보면 항상 수요 측면과 공급 측면의 이점을 조합해 규모를 보완한다. 물론 아날로그 이점과 달리 디지털 이점은 가장 가능성이 큰 조합을 변화시키는 구조적 경향이 있다. 그러나 네트워크 효과가 유의미한 역할을 전혀 하지 못하는 많은 경우를 포함해 여러 성공적인 디지털 사업에서도 다양한 조합이 계속 나타나고 있다. 게다가 디지털 환경은 과거에는 존재할 수 없었던 새로운 이점을 위한 기회를 창출하지만, 낮은 손익분기점 시장점유율과 고객 유지력 약화의 중대한 영향은 디지털 독점 사업은 대부분 그들이 대체한 아날로그 사업만큼 강하지 않다는 것을 시사한다.

그러나 인터넷의 출현과 더불어 그전에 존재했던 어떤 회사보다 크고 경쟁사의 공격에 영향을 받지 않는 완전히 새로운 범주의 회사가 등장한 것으로 보인다. 이런 관찰 결과는 모든 독점 사업은 다양한 경쟁 우위를 통해 힘을 얻는다는 생각보다는 플랫폼 망상과 더 부합하는 듯하다. 그리고 이러한 디지털 대기업들의 규모는 디지털 독점 기업이 전반적으로 그들이 대체한 아날로그 독점 기업만큼 강하지 않다는 의견을 약화한다.

어떤 관점이 진실을 파악하는 쪽에 더 가까운지 평가하는 유일한 방법

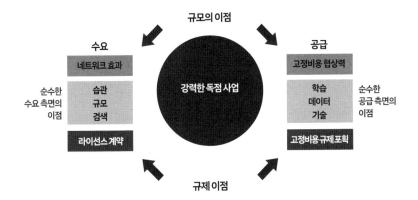

수요 및 공급 측면의 경쟁 우위 요약

은 이런 거대 기업들을 뒷받침하는 이점의 원천을 면밀히 살펴보는 것이다. 우리가 어떤 결론을 내리든 이 거대 기업들의 존재 자체가 다른 모든 기업이 활동하는 시장 구조에 영향을 미치므로 이 부분 또한 반드시 검토해보아야 한다.

이 책의 균형점은 이 쌍둥이 사업과 관련이 있다. 2부에서는 규모가 가장 큰 기술 기업들이 이룩한 놀라운 성공의 근간과 성격을 검토하고, 3부에서는 그 그늘에서 성공적인 사업을 구축하기 위해 노력한 이들의 운명을 살펴본다. 성공과 실패, 강점과 약점을 분류할 때는 아날로그든 디지털이든 상관없이 오랫동안 유지되어온 모든 독점 사업을 뒷받침하는 동일한 잠재적 경쟁 우위에 초점을 맞춘다.

우리가 이 장에서 배울 수 있는 것들

1. 규모의 이점 자체는 그것이 수요 측면의 이점을 통해 나타나든 공급 측면의 이점을 통해 나타나든 상관없이, 진입 장벽을 강화하지 않을 경우 매우 취약하다. 디지털 환경에서 가장 강력한 독점 사업은 일반적으로 수요와 공급 이점이 다양하게 조합된 포트폴리오를 통해 이익을 얻는다.

2. 경쟁 우위의 주요 범주는 변하지 않았지만, 디지털 운영 환경 구조 때문에 경쟁 우위가 나타날 가능성이 가장 높은 위치와 방식이 달라졌다. 디지털 모델은 특정한 진입 장벽을 유지하는 능력을 약화하지만 잠재적으로 다른 진입 장벽을 세우는 것이 용이해진다. 그러나 이러한 구조적 변화 때문에 이들이 직면하는 경쟁 강도의 수준이 전반적으로 상승했다.

3. 디지털 환경에서 활동하는 강력한 네트워크 효과 기업은 데이터와 기술, 학습의 조합을 통해 공급 이점을 드러내지만 상당한 규모의 고정비용으로도 공급상의 이점을 얻을 수 있다. 회복력이 뛰어난 디지털 사업을 뒷받침하는 특정한 이점들의 조합은 매우 다양하다. 많은 사례에서, 특히 <뉴욕 타임스> 같은 콘텐츠 사업에서는 네트워크 효과를 통해 이익을 보기 힘들다.

4. 정부 규제 자체는 수요 측면이나 공급 측면 또는 양쪽 모두에서 경쟁 우위의 원천이 될 수 있다. 그러나 지방 정치나 국가 정치 체제에 내재된 변동성을 고려하면, 이런 이점에 전적으로 의존하는 것은 위험한 전략이다. 더 현명한 전략은 그 이점이 일시적이라고 가정하고, 그 시간을 이용해서 구조적인 내구성이 있는 진입 장벽을 다양하게 만드는 것이다.

2부.

테크 타이탄의
제1원칙

FAANG을 구성하는 다섯 개의 거대 기업(페이스북, 아마존, 애플, 넷플릭스, 구글)은 TV 유명 인사인 제임스 크레이머James Cramer 덕분에 자주 쓰이는 이 약어에 포함되었다. 크레이머는 2013년 2월에 그가 CNBC에서 진행하는 〈매드 머니Mad Money〉라는 프로그램에 출연한 동료 밥 랭Bob Lang이 "미래를 대표하는 디지털 기업"이자 "곰도 물리칠 만한 잠재력"을 지닌 몇몇 회사를 위한 별명을 짓자고 제안했을 때 이 용어를 처음 소개했다.[1]

경제계에서 불균형한 가치 점유율을 흡수할 태세를 취한 주요 플랫폼을 설명하기 위한 이 약칭(원래 FANG이었는데 얼마 뒤 애플을 포함시키기 위해 두 번째 A를 집어넣었다)은 놀라운 회복탄력성을 지닌 것으로 확인되었다. 이 약어가 처음 소개된 후 여러 해 동안, 새로운 플랫폼이 등장하고 시장이 선회할 때마다 수많은 투자자와 애널리스트가 대안이 될 만한 여러 가지 다른 공식을 만들었다. 내가 개인적으로 좋아하는 것은 알리바바와 익스피디아, 링크트인LinkedIn을 추가하고 애플과 페이스북, 넷플릭스[2]를 제외한 BAGEL이다.

골드만삭스는 당시 700억 달러 안팎에 불과했던 넷플릭스의 시가총액이 S&P 지수에 "큰 영향을 미칠 만큼 크지 않았다"는 이유로 넷플릭스 대신 마이크로소프트(이 회사에 대해서는 14장에서 따로 논의할 예정이다)를 집어넣어 그룹 구성을 바꾸려고 했다.[3] 영향력 있는 골드만삭스가 2017년에 FAAMG를 자신들이 선호하는 대안으로 지정하려고 애쓰는 바람에 오히려 원래 구성원들에 대한 상대적인 관심만 높아진 듯하다.

심지어 크레이머 본인도 2016년에 이 두문자어를 FAAA로 바꾸려고 시도했다가 실패했는데, 이는 넷플릭스의 일관성 없는 실적과 2015년에 알파벳Alphabet이 다양한 구글 법인을 대표하는 기업명으로 쓰이게 된 것

FAANG과 FAAMG의 상대적인 검색 관심도

골드만삭스 보고서 발행 시기

—— FAANG —— FAAMG

출처: Google Trends

에 대한 그의 불만을 반영한다.[4]

이 개념을 비판하려는 노력에도 불구하고, FAANG이라는 공식 명칭이 생긴 이후 5년 동안 이 기업들의 주식 포트폴리오를 보유한 이들은 상당한 보상을 받았다. 이 기간에 실적이 가장 좋지 않았던 (2017년이 되어서야 이 약어에 포함된) 애플도 전체 시장 평균보다 70퍼센트나 높은 실적을 올렸다.

2018년에 잠시 주춤했던 이 회사들은 곧 추진력을 회복했고, 2020년부터 코로나19가 대유행하면서 성장에 가속도가 붙었다. 좀 더 광범위하게

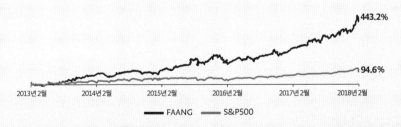

FAANG 실적 vs. S&P500(2013~2018년)

443.2%

94.6%

—— FAANG —— S&P500

FAANG 실적 vs. S&P500(2019~2020년)

127.9%

55.7%

2019년 1월　　2019년 5월　　2019년 9월　　2019년 12월　　2020년 5월　　2020년 8월　　2020년 12월

FAANG　　　 S&P500

보자면, 주로 FAANG과 그 기술 동료들이 주도하는 성장주는 10년 넘게 시장보다 좋은 실적을 올린 반면, 같은 기간 가치주는 매우 저조한 성과를 보였다. 가치 투자의 '죽음'에 대한 정기적인 선언과 더불어 저금리 지속부터 시장 효율 증가에 이르기까지, 이 현상을 설명하기 위한 이론이 다양하게 제시되었다.[5]

　가치 투자 정신과 이 책에서 소개하는 전반적인 기업들 사이에는 밀접한 연관성이 있다. 가치 투자의 아이콘인 워런 버핏[6]이 대중화한 '경제적 해자economic moats'는 '경쟁 우위'와 '진입 장벽'의 또 다른 용어일 뿐이다. 최근의 시장 실적으로 말미암아 가치 투자가 정말 치명타를 입었다면, 디지털 환경에서 투자 결정을 내리기 위해 경쟁 우위 원칙을 적용하는 것이 과연 현명한 일일지 의문이 들 수 있다. 그러나 고공 행진하는 주식이나 자산 경량화 비즈니스 모델의 가치를 평가할 때 가치 투자자가 의존하는 필수적인 재무 지표인 장부 가격의 타당성에 여전히 회의적이더라도, 성장 지향적인 디지털 기업들은 경쟁 공격에 대한 취약성을 바탕으로 구분

하는 것이 좋다.

FAANG의 정확한 구성이나 실적 등락에 집착하다 보면 훨씬 근본적인 질문을 놓치게 된다. 투자자들이 관심을 가져야 하는 이 기업들의 공통점은 무엇일까?

투자자들에게 중요한 여러 가지 운영 및 재무 지표에서, FAANG 5대 기업은 표준에서 크게 벗어난 모습을 보이는데 그 방식은 기업마다 크게 다르다. 수익성 같은 기본적인 기준을 예로 들어 보자. 기업의 이윤 폭은 손익계산서의 최상단(매출)이 최하단(수익)으로 전환되는 정도를 보여준다. 동일한 업계에 속한 기업들은 대개 유사한 마진을 보이고, 비슷한 운영 및 경쟁 구조를 가진 산업은 수익성도 비슷해야 한다. 어떤 기업 또는 부문 전체가 지속적으로 뛰어난 수익률을 입증할 수 있는 능력이 있는 것은 구조적 경쟁 우위의 지표다.

크레이머가 극구 칭찬한 원래의 FANG 주식 네 개는 모두 S&P500에 속한 다른 기업들의 평균 수익률과는 다른 특이한 값을 보인다. 하지만 두 개는 높은 쪽에 있고, 두 개는 낮은 쪽에 있다. FAANG에 마지막으로 포함된 애플은 높은 쪽에서 두각을 나타내는 그룹에 더 가까운 결과를 얻었다.

수익성에 관한 여러 가지 다른 척도도 있다. 다음 쪽의 도표에서는 관련 마진을 비교하기 위해 기업들이 선호하는 지나치게 관대한 지표인 EBITDAS를 사용했다. EBITDAS는 주주들에게 돌아가는 실제 경제적 비용을 나타내는 주식 기반 보상 같은 여러 가지 비현금 항목을 영업이익에 다시 추가한다. 그러나 실제 영업이익이나 경영상 현금 흐름 같은 좀 더 엄격한 재무적 기준을 사용하더라도, FAANG의 영업 실적은 시장의 다른 기업들과 비교해 동일한 양면적 차이를 드러낸다.

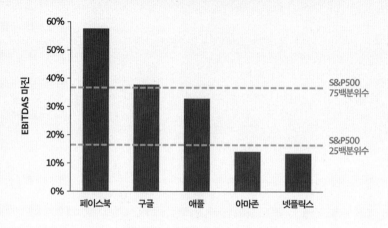

FAANG 수익성 벤치마킹 vs. S&P500(2017~2019년)

S&P500
75백분위수

S&P500
25백분위수

EBITDAS 마진

페이스북   구글   애플   아마존   넷플릭스

출처: S&P Capital IQ, company filings

FAANG 기업들이 극적으로 다른 또 다른 부분은 핵심적인 독점 사업 부문을 벗어나 사업을 다각화하려는 노력의 범위와 성공률이다. 지금도 여전히 구독 기반의 스트리밍 서비스 기업으로 남아 있는 넷플릭스와 광범위한 분야에서 사업을 벌여 이제는 규모가 훨씬 큰 전자상거래 사업부보다 회사 수익에 더 크게 기여하는 아마존 웹 서비스Amazon Web Services, AWS 사업부까지 두고 있는 아마존은 서로 성격이 극과 극으로 다른 기업이다. 페이스북의 경우, 이 회사가 인수한 3대 기업 가운데 두 곳(인스타그램과 왓츠앱)이 원래의 플랫폼과 거의 동일한 '소셜' 영역에 속해 있지만, 이들은 계속해서 독립적으로 운영되고 있다. 구글은 검색 관련 활동을 다른 노력이나 투자와 분리하기 위해 알파벳이라는 지주회사를 설립했고, 그 덕분에 이제 자회사들 대부분이 각 개별 사업 부문의 가치를 계산해서

더하는 사업별 가치 합산 기준에 따라 평가받고 있다.7 우리는 이 기업들을 전체적으로 살펴보면서 다각화 노력에 대해서도 간단히 언급하지만, 그래도 주된 초점은 여전히 그들이 이룬 역사적인 성취 각각을 뒷받침하는 핵심 엔진이다.

이 각 기업들의 근본적인 성공 원인은 매우 다양하다. 이 다섯 개의 플랫폼 중 페이스북만이 플랫폼 망상에 관한 설명과 대체로 일치하는 특징을 보인다. 그러나 페이스북이 네트워크 효과에 많이 의지하고 세계 시장 점유율이 매우 높기는 하지만, 이것만으로는 회사의 입지를 강화하는 데 중요한 역할을 한 상호 보완적인 경쟁 우위나 지속적인 취약성과 관련된 전체적인 내용을 알 수 없다. 이어지는 다섯 개 장에서는 FAANG이 누리는 이점의 근원과 그 범위를 자세히 살펴볼 것이다.

이 다섯 개 기업의 괄목할 만한 성과의 토대를 더 깊이 파고드는 것은 두 가지 목적에 도움이 된다. 첫째, 이 독점 기업들이 기반으로 삼은 다양한 조합의 구조적 이점과 운영 방식에 내재된 다양성과 복잡성이 플랫폼 망상의 가정이나 디지털 시대에 실제로 가치가 창출되는 방식과 단절되어 있음을 보여준다. 둘째, 이런 거대 디지털 기업들의 강점과 약점의 진정한 근원을 강조하면 각 기업과 그 그늘에서 경쟁하는 이들의 전망을 명확하게 확인할 수 있다. 다음 페이지의 도표는 4~8장의 분석에서 도출된 결론을 요약한 것이다.

만약 플랫폼 망상의 핵심적인 신조가 FAANG에 적용되지 않는다면, 그것이 다른 곳에서 설득력을 발휘할 가능성은 낮다. 사실, 플랫폼 망상은 FAANG에 대한 부러움의 징후다. 그리고 이 약어에 추가될 다음 기업이 되기 위한 경쟁에서 유리한 고지를 차지하는 데 도움이 될 간단한 로

드맵에 대한 열망을 반영한다. 꿈을 꾸려면 큰 꿈을 꾸는 편이 낫다. 그들의 희망과 반대되는 증거가 압도적으로 많은데도 불구하고 플랫폼 망상에 광범위하게 집착하는 것은 이런 욕망의 강도를 반영한다. 지그문트 프로이트Sigmund Freud가 소원 실현에 기반한 믿음을 주제로 한 자신의 고전 저작에서 말한 것처럼, "그들이 지닌 힘의 비밀은 이런 소원의 힘"이다.8

FAANG에 대한 부러움은 대부분 FAANG 자체의 리더십에 크게 좌우된다는 것을 느끼지 않을 수 없다. 플랫폼 망상과 관련된 근본적인 가정의 오류는 리더들도 잘 알고 있지만, 그들은 여전히 자신들이 불굴의 존재라는 인상을 주는 것이 중요하다고 생각한다. 높은 가치 평가를 보장하는 투자자와 핵심 사업을 위협할 수 있는 잠재적 반란군 모두에게, 자신들이 글

FAANG 경쟁 우위의 다양성

		페이스북	아마존	애플	넷플릭스	구글
규모	고정비용					
	네트워크 효과					
수요	고객 유지					
공급	비용					
	종합					

로벌 패권을 잡은 것은 필연적인 일이었다는 생각을 주입하면 매우 유용할 것이다. 과거의 미디어 거물들이 히트작을 만들고 인재를 관리하는 마법 같은 능력을 외부 세계에 확신시키기 위해 부단히 노력했던 것처럼, 기술 엘리트들은(경영진뿐 아니라 이들을 지원하는 개인 투자자와 공공 투자자도) 우리가 자기들에게 난공불락의 독점 사업을 만들 수 있는 재능이 있다고 믿어주기를 바란다.[9]

물론 이런 주장을 공공연하게 하는 것은 너무 유치하고, 반독점 규제 당국에서도 위험한 적신호로 받아들일 것이다. 그래서 이런 감정을 표현하는 좀 더 미묘한 방법이 있다. 남을 잘 믿는 조사분석가나 언론인, '사상적 리더'들에게 비공식적으로 전달하는 방법도 있고, 아니면 플랫폼 망상을 재확인하는 이들의 말에 반박하지 않고 가만히 있는 것도 한 가지 방법이다. 그리고 기업 임원들이 공개적으로 하는 말은 그들의 사적인 대화에서 드러나는 취약성에 대한 정신없고 두려운 인정과는 거리가 멀다. 최근 의회가 FAANG 고위 경영진에게서 입수한 사적인 이메일 내용은 우주를 지배하는 자들의 용감한 선언이라기보다는 필사적으로 매달려 있는 겁에 질린 아이들의 간청에 가깝다.

> "그들은 아직 초기 단계에 있지만……우리 사업에 심한 지장을 줄 수 있다."
>
> "그들은 주문 처리 비용이 우리보다 낮은 것이 분명하다."
>
> "그들은 가장 크고 빠르게 성장하는 경쟁 업체다."
>
> "'급증하는 수직 플랫폼' 문제에는 어떻게 대처해야 하지?"
>
> "우리가 이 분야를 차지했어야 하는데, 이미 상당히 지고 있는 상황이다."[10]

FAANG의 한 CFO가 이런 끔찍한 두려움에 대한 해결책을 제시했다. "우리에게는 더 단순한 '플랫폼' 스토리가 필요하다."

FAANG 기업 각각을 좀 더 자세히 분석하기 전에, 그룹을 전체적으로 관찰해보는 것도 좋을 듯하다. 각 기업이 지닌 경쟁 우위의 강점과 폭을 바탕으로 평가할 때, 이들 중 가장 강력한 기업을 두 개 꼽자면 페이스북과 구글이다. 이 두 기업은 다른 세 기업과 다르게, 인터넷 덕분에 존재하게 된 기본적으로 새로운 부문에서 사업을 운영하고 있다는 사실에 주목해야 한다. 둘 다 '최초 진입자'는 아니지만, 이 기업들이 설립되기 전까지 소셜 네트워크와 검색은 소비자 사업 부문이 아니었다. 그리고 이들은 '기존 기업'을 리더의 자리에서 쫓아냈지만, 업계 자체가 처음 생긴 터라 초기 기업들은 규모도 작고 고객 유지율도 제한적이었다.

이와 대조적으로 아마존과 애플, 넷플릭스가 공격한 소매업과 스마트폰, 유료 텔레비전 부문에는 이미 수십억 달러 규모의 거대 산업이 자리잡고 있었다. 또 이 세 곳은 전체 비용 구조에서 R&D가 차지하는 비중이 매우 작다는 점도 주목할 만하다. 막대한 R&D 투자는 IBM부터 인텔, 마이크로소프트에 이르기까지 역사적인 기술 독점 기업들의 성공에 중추적인 역할을 했으며, 지금도 일반적으로 기술 부문과 가장 관련성이 높은 단일 고정비용 범주다. 그러나 이 세 회사는 모두 R&D 지출이 전체의 10퍼센트 미만으로 비슷하게 비중이 낮다. 기술 부문 기업뿐 아니라 S&P500 기업 전체 가운데 R&D 지출 내역을 별도로 공시한 기업의 경우, R&D 지출이 평균적으로 비용의 10퍼센트를 차지한다.

다음 쪽의 도표에서는 아마존이 전체 비용의 10퍼센트 이상을 R&D에 할애하는 것처럼 보이지만, 이 회사의 불균형하게 많은 R&D 지출액은 다른 기업에 기술 솔루션을 제공하기 위해 2006년에 새로 설립해서 완전히 분리 운영 중인 아마존 웹 서비스 사업부로 들어가는 돈이다.[11] 이 요소를 조정하고 핵심 부문인 소비자 사업 쪽에 초점을 맞추면, 아마존의 R&D 지출도 다른 두 회사와 정확히 일치한다. 아마존이 세상의 다른 어떤 회사보다 R&D에 많은 돈을 쓴다는 언론 보도가 자주 나오고 있다.[12] 그러나 전체 비용의 백분율로 따지면 여전히 놀랍도록 낮은 수치다. 그리고 이런 기사들 가운데 아마존은 다른 기업들처럼 R&D 비용을 보고하는 것이 아니라 '기술과 콘텐츠' 비용을 보고하기 때문에 다른 기업과 비교할 때 지출의 절대적·상대적 수준이 확실히 과장된다는 사실을 감안한 기사는 하나도 없다.[13]

절대치로 비교했을 때, 페이스북은 넷플릭스를 제외한 다른 FAANG 회사들보다 R&D에 훨씬 적은 돈을 쓴다. 그러나 페이스북과 구글은 상대적인 R&D 지출에서 분명히 특이한 회사다. 두 회사 모두 꾸준히 전체 비용의 20퍼센트 이상(페이스북은 30퍼센트에 근접하거나 때로는 그 이상을 쓰기도 했다)을 R&D에 할애하고 있다. 결국 이 두 기업이 가장 강력한 FAANG 독점 기업이라고 확신한다면, 이들의 이런 추가적인 특징은 보완적인 네트

FAANG R&D 지출액

	페이스북	아마존	애플	넷플릭스	구글(알파벳)
전체 비용 중 R&D 비율	29.1%	13.5%	8.3%	9.5%	20.4%
R&D 순지출액	136억 달러	359억 달러	162억 달러	17억 달러	260억 달러

출처: Company filings
참고: 2019 회계연도 재무 자료 반영

워크 효과의 존재와 관계없이 디지털 환경에서도 공급자 측의 규모가 전략적으로 꾸준히 중요하다는 것을 강하게 암시한다.

특히 이 다섯 기업은 모두 글로벌 기업이지만, 진정한 승자 독식 결과를 얻을 가능성은 전혀 없는 것으로 보인다. 예를 들어 구글도 중국에서는 바이두Baidu에 훨씬 뒤처져 있을 뿐 아니라(중국에서는 구글이 한참 차이 나는 4, 5위 정도다) 러시아의 얀덱스Yandex에도 뒤처지고, 한국(네이버)과 일본(야후)에도 의미 있는 경쟁자들이 있다. 실제로 시장 구조의 중요한 차이(수요 측면에서든 공급 측면에서든, 유기적인 경제 상황 때문이든 정부의 명령 때문이든) 때문에 광범위한 글로벌 지배는 일반적으로 불가능하다.

전문화의 힘이란 좁은 전문 분야 내에서는 상대적인 규모를 달성하고 유지하기가 더 쉽다는 것이다. 목표 시장의 규모가 작고 서비스 제공과 관련된 고정비용이 있으면, 손익분기점 시장점유율이 높아지고 그에 따라 경쟁률은 낮아진다. 전문화에는 지리적 특성이 있을 수도 있지만, 지리적 차이가 별로 상관이 없더라도 제품 시장을 전문화하면 남들과 동등하거나 더 강력한 힘을 발휘할 수 있다. 구글은 실제로 미국과 대부분의 다른 나라에서 검색 분야를 지배하고 있지만, 제품 검색의 1인자는 아마존이다. 제품 검색은 전체 검색 가운데 작은 일부분이지만, 이 검색 하위 집합이 돈을 쓰는 문제와 심리적으로 근접해 있다는 사실을 감안하면 가장 가치 있는 검색 중 하나다.

페이스북의 경우도 마찬가지다. 페이스북은 대부분의 나라에서 1위 소셜 네트워크가 아니고, 1위의 뒤를 바짝 쫓는 2위가 아닌 경우도 많다. 페이스북 접속을 아예 차단한 중국 같은 나라도 있을뿐더러 러시아나 일본 등지에서도 각국의 다른 경쟁 업체보다 훨씬 뒤처져 있다.[14] 그리고 세계

각지에는 페이스북이 효과적으로 경쟁을 벌일 수 없는 전문화된 소셜 애플리케이션이 많다. 링크트인은 직업 네트워크를 지배하고 있는데, 페이스북이 뒤늦게 개발한 구직 기능은 판도를 변화시키지 못할 것으로 보인다.[15] 소비자 부문에서도 많은 신흥 소셜 네트워크가 특정한 대상, 주제, 상호작용 방식을 바탕으로 빠르게 사용자층을 끌어모았다. 핀터레스트와 트위터, 그리고 가장 근래에 등장한 틱톡은 그중 일부 사례에 불과하다. 많은 사람이 접근하는 인기 있는 사용 사례를 기반으로 하는 유튜브 YouTube를 소셜 네트워크로 간주한다면, 그 규모가 실제로 페이스북과 비슷하다.[16]

페이스북을 무너뜨리려는 이들이 가장 크게 비난하는 부분은 이 회사가 독점적인 지위를 불법적으로 유지하기 위해 인스타그램이나 왓츠앱 같은 경쟁사들을 계속해서 인수했다는 것이다.[17] 그러나 이런 인수에도 불구하고 새로 등장한 네트워크의 최종적인 영향 때문에 페이스북의 전체 시장점유율은 꾸준히 감소했다(여전히 인상적인 수준이기는 하지만).[18]

FAANG이 우연한 탄생이나 거대한 규모와 성공했다는 사실 외에는 공통점이 매우 적은데도 불구하고 10년이 지난 지금까지도 관련성을 유지하고 있다는 점은 매우 놀랍다. 각 기업이 주목할 만한 성과를 거둔 다양한 경로를 조사해보면 플랫폼 망상이 현실과 얼마나 동떨어져 있는지 확인하고 디지털 격변의 시대에 가치를 찾기 위한 좀 더 체계적이고 합리적인 도구를 제공할 수 있다.

4장

페이스북,
지속적인 투자로 선두를 지켜라

세계 최대의 소셜 네트워크인 페이스북이 축적한 힘은 플랫폼 망상을 뒷받침하는 증거물 제1호다. 페이스북은 세계시장을 빠르게 장악한 최고의 네트워크 효과 기반 플랫폼이다. 페이스북은 아날로그 세계가 실제로 대응할 수 없는 순수한 디지털 창조물이다. 물론 니얼 퍼거슨$^{Niall Ferguson}$ 교수가 《광장과 타워$^{The Square and the Tower}$》[1]라는 책에서 자세히 설명했듯이, 소셜 네트워크는 꽤 오래전부터 존재해왔다. 그러나 지금까지는 그 어떤 기관도 세상 어디에나 존재하면서 공유·의사소통·거래를 위한 포괄적인 플랫폼 역할을 하지 못했고, 하물며 세계를 더 가깝게 연결한다는 중요한 사명을 정면으로 제시할 수 있는 기업은 더더욱 없었다.[2] 어느 시점이 되면, 정도의 차이가 종류의 차이로 변한다.

그리고 아무도 이 플랫폼이 네트워크 효과를 내지 않는다고 진지하게 주장할 수 없었다. 모든 새로운 사용자는 기존 사용자에게 잠재적인 새로운 연결점이므로, 회사의 추가적인 노력 없이도 즉각적으로 제품이 개선된다. 페이스북은 미국 성인 열 명 중 일곱 명을 비롯해 전 세계에 20억 명 이상의 사용자를 보유하고 있다. 그래서 새로운 사용자를 끌어들이는 것도 매우 쉬워 보이고, 이곳에서 사람들과 교류하는 것이 매우 매력적으로 느껴지는 것이다.[3]

이런 상황 때문에 페이스북은 본질적으로 승자 독식 시장의 수혜자라는, 플랫폼 망상이 예견한 필연적인 결과로 이어진다. 페이스북은 최고의 플라이휠이다. 그리고 데이터도 대부분 이런 관점을 뒷받침한다. '온라인 소셜 네트워크' 시장을 정의하는 방법과 점유율을 계산할 때 사용하는 측정 기준에 따라 다르기는 하지만, 페이스북은 확실히 과반 이상의 시장점유율을 차지하고 있으며 어쩌면 90퍼센트에 육박할지도 모른다.[4] 이는 세계 최대 기업들의 적극적인 공격을 받으면서 이룬 성과이며(2011년에 요란하게 팡파르를 울리며 대대적으로 서비스를 시작한 직접 경쟁 업체 구글+는 2019년에 공식적으로 서비스를 중단했다[5]), 최근에는 정부 규제 기관도 이 회사에 문제를 제기하고 있다.[6]

첫 번째는 아니지만, 마지막은 될 수 있을까?

자세히 살펴보면, 플랫폼 망상은 페이스북이 처음에 거둔 성공의 원인이나 놀라운 회복력에 대한 통찰력의 부족으로 이어진다. 우선 페이스북은 초기에 등장한 여러 소셜 네트워크를 대체했는데, 그 네트워크들도 모두 한때는 세계를 지배하게 될 거라는 기대를 받았다. 2006년에 잠시 구글을 제치고 미국에서 가장 많은 방문자 수를 기록한 마이스페이스MySpace7의 흥망성쇠에 대해서는 관련 증거가 많이 남아 있지만, 그보다 몇 년 전에는 식스디그리스닷컴SixDegrees.com이라는 사이트가 있었다. 그리고 마이스페이스와 페이스북보다 먼저 등장해서 한동안 브라질의 소셜 네트워크 시장을 장악했던 구글의 오르컷Orkut을 기억하는 사람이 있는가? 이 기업들도 모두 페이스북과 동일한 네트워크 효과를 발휘했다. 플랫폼 망상의 공허한 점은 죽은 기업과 세상을 점령한 기업, 그리고 그 사이 어디쯤에서 종말을 맞은 기업을 구분하지 못한다는 것이다.

그렇다면 다른 소셜 미디어는 몰락하거나 사용자 수가 현저히 줄어드는 상황에서 페이스북만 그렇게 큰 성공을 거둔 이유는 무엇일까? 엉뚱한 얘기처럼 들릴지도 모르지만, 페이스북뿐 아니라 성공한 모든 기술 제품

일부 소셜 미디어의 서비스 개시 날짜 및 최대 이용량			
이름	출시 연도	최대 이용량	최고 기록 연도
식스디그리스	1996	350만	1999
프렌스터	2002	2490만	2008
마이스페이스	2003	7400만	2006
링크트인	2003	2억 6000만	2020
hi5	2004	5000만	2006
오르컷	2004	~1억	2011
페이스북	2004	27억	2020
비보	2005	1500만	2008
큐존	2005	6억 5000만	2014
트위터	2006	3억 3600만	2018

출처: Nick Routley, "The Rise and Fall of Social Media," Visual Capitalist, October 9, 2019; https://www.visualcapitalist.com/rise-and-fall-of-social-media-platforms/; Matthew Jones, "The Complete History of Social Media: A Timeline of the Invention of Online Networking," History Cooperative, June 16, 2015

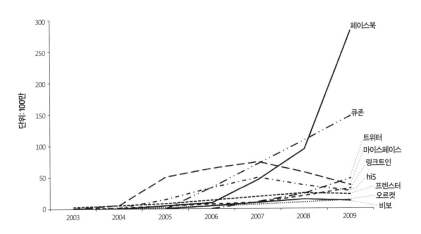

일부 소셜 미디어의 월간 활성 사용자 수(2003~2009년)

출처: Nick Routley, "The Rise and Fall of Social Media," Visual Capitalist, October 9, 2019;
https://www.visualcapitalist.com/rise-and-fall-of-social-media-platforms/

과 깊은 관련이 있는 한 가지 이유는 타이밍이다.

자금을 구하는 기업가와 불굴의 의지를 내세우는 경영진은 자기들 생각이 틀렸다는 사실이 계속 밝혀지는데도 불구하고 본인들 상상 속에만 존재하는 선점자의 우위를 꾸준히 들먹인다. 문제는 소비자의 사용 사례나 사업의 근간이 되는 기술이 여전히 유동적인 경우, 선점자가 추구하는 실질적인 이익인 규모의 우위를 확보할 수 없다는 것이다. 일반적으로 이 두 가지 요소가 안정되어 상당한 액수의 투자를 할 수 있기 전에 선점자들이 잇따라 시장에 진입해야 한다. 기본적으로 계속 진화하는 소비자 선호도에 따라 정의되는 시장에서 의미 있는 규모를 확보하는 것은 불가능한 일이다. 그리고 기술이 여전히 변화하고 있다면, 소비자들은 상당한 재정적 또는 감정적 투자가 필요한 제품이나 플랫폼에 너무 집착하는 것을 꺼리게 될 것이다.

그리고 페이스북이 적절한 타이밍의 수혜자라는 좋은 증거도 있다. 확장 가능한 소셜 네트워크의 사용 사례를 식별하는 것과 관련해, 페이스북은 전임자들이 겪은 성공과 실패뿐 아니라 하버드대학교나 .edu 도메인 커뮤니티 같은 자체적인 시험 무대를 통해 많은 교훈을 얻었다. 인증된 이메일 주소가 필요한 공인 커뮤니티를 추가하는(일부 대학, 모든 대학, 고등학교, 기업 등의 순서로) 방법으로 네트워크를 체계적으로 성장시킨 페이스북은 초기 경쟁 업체들의 취약한 기반을 노출시킨 무법지대 같은 분위기는 피할 수 있었다. 사실 페이스북이 최근 겪는 문제를 고려하면,[8] 이런 초반의 신뢰가 독점 사업을 구축하는 데 중요한 차별화 요소였다는 것이 꽤나 아이러니하다.

이 네트워크는 관심사가 같은 새로운 친구를 찾기보다 확실하게 구축된 기존 관계를 바탕으로 하므로, 불가피한 문제가 발생해도 더 뛰어난 회복력을 보일 수 있는 플랫폼이 되었다.[9] 2008년에 채팅 서비스를 시작할 때는 채팅 기능이 소셜 네트워크에 특별한 반향을 일으킬 거라는 사실을 알고, 이전에 발생했던 '채팅 전쟁'[10] 교훈에 의지했다. 페이스북은 이 기능을 통합할 때 사용자가 네트워크 안에 있는 사람들하고만 채팅을 할 수 있게 함으로써 다른 메시지 도구에서 발생한 보안 문제를 해결했고, 이 추가 기능으로 기존 회원 유지율도 높였다.

소셜 네트워크 플랫폼은 첨단 기술은 아니지만, 여러 가지 기술 개발 덕에 초기의 다른 기업들에 비하면 페이스북의 기능성과 확장성이 많이 발전했다. 이전 네트워크의 아킬레스건이었던 인터넷 연결성과 플랫폼 확장성을 개선한 것이 상당한 이득이 되었다. 그리고 페이스북은 2007년에 애플리케이션 개발자 플랫폼[11]을 만들어서 팜빌FarmVille 열풍의 토대를 마련했다. 팜빌은 결국 페이스북 성장을 견인하면서 사용자의 20퍼센트 이상을 사로잡았다.[12] 페이스북은 마이스페이스처럼 플랫폼에서 타사 개발자들을 몰아내기보다 이런 애플리케이션과 공존하면서 새로운 사용자를 끌어모을 방법을 찾아냈다. 중요한 사실은 이것이 간접 효과를 발휘하면서 페이스북의 직접적인 네트워크 효과가 더욱 강화되었다는 것이다. 단순한 소셜 네트워크가 타사 소프트웨어와 콘텐츠를 공유하고 경험할 수 있는 넓은 통로로 바뀌었다.

타이밍은 규모를 달성하는 데 중요하지만, 그것만으로는 페이스북의 놀라운 유지력을 설명할 수 없다. 금융 거래의 경우, 네트워크 규모와 고객 밀착도가 결합되지 않으면 규모만으로 승부하는 것은 매우 위험하다. 신규 진입자가 페이스북이 누린 것과 같은 타이밍의 이점을 누리지 못하도록 막을 방법이 없다. 금융 거래의 경우, 신규 진입자가 수수료를 인하하면 매수자와 매도자가 이용하던 네트워크를 금세 바꾸는 모습을 볼 수 있다. 확실히 최고의 조건으로 거래를 체결하는 데만 관심이 있는 익명의 매수자와 매도자는 신원이 확인된 개인과 관계를 맺었을 때보다 구조적으로 이동하기가 더 쉬울 수 있다. 하지만 누군가가 무료 이동 티켓이나 아이튠즈iTunes처럼 눈에 띄게 좋은 거래 조건을 제시한다면, 중요한 사용자 그룹이 새로운 플랫폼에 합류하도록 설득하는 것이 과연 얼마나 어려울까?

창업자인 마크 저커버그Mark Zuckerberg는 회사 설립 첫날부터 전환, 습관, 검색 등 모든 형태의 고객 유지력을 강화하는 데 투자해야 할 필요성을 절실히 느꼈다. 저커버그는 회사가 주력할 부분을 종합하면서, "페이스북의 전략은 공동체가 우리가 어떤 일을 하기를 원하는지 최대한 빨리 알아내는 것"이라고 말했다.[13] 여기에는 다른 곳에서 다시 만들기에는 너무 귀찮을 만큼 세세한 정보와 사진으로 가득 찬 포괄적인 사용자 프로필을 만드는 것과 같은 명백한 작업부터 친구들의 상태 변화와 관련된 중독성 있는 알림을 도입해 플랫폼과의 규칙적인 상호작용이 일상적인 습관이 되도록 하는 미묘한 작업까지 다양한 내용이 포함되었다. 페이스북이 제품 로드맵을 진행하는 것을 보면 규모라는 성채 주위에 고객을 가둬 둘 해자를 끈질기게 파고 있는 모습이 떠오른다.

고객 유지에 관해서라면, 페이스북은 궁극의 '호텔 캘리포니아'(이글스 Eagles의 동명의 노래 가사 마지막에 '당신은 이곳을 절대 떠날 수 없다'라는 구절이 나온다-옮긴이) 같은 곳이다. 저커버그와 그의 부하들은 페이스북을 아름답게 꾸며놓기만 한 것이 아니라 정말 떠나기 힘들게 만들어놓았다. 몇 년 전, 투자은행에서 일하면서 행복한 결혼 생활을 하던 동료가 과거에 사귀던 수많은 애인과 얽혀 있는 이 플랫폼을 떠나는 것이 분별 있는 조치라고 판단했다. 그는 결국 페이스북에서 벗어나는 데 성공하기는 했지만, 그 과정에 대한 고통스러운 설명을 들어보니 끈기가 부족한 사람이라면 중도에 포기할 가능성이 높을 것 같았다.[14]

내 동료가 그런 경험을 한 뒤에 페이스북은 계정 삭제를 훨씬 원활하게 진행할 수 있도록 조치했다. 그러나 페이스북에서 자신의 모든 흔적을 제거하려면 여전히 많은 단계를 거쳐야 하며, 예상했던 것보다 훨씬 더 고통스러울 수 있다.[15] (계정 삭제와 나중에 마음이 바뀔 경우를 대비한 계정 비활성화를 혼동해서는 안 된다. 계정이 비활성화된 동안에도 여러분이 인터넷에서 하는 모든

페이스북의 일부 기능 추가 사항			
기능	추가한 연도	관련된 기업 인수	참고
페이스북 사진	2005	디비샷DivvyShot(2010)	
페이스북 그룹	2005	셰어그로브ShareGrove(2010)	
페이스북 뉴스피드	2006	프렌드피드FriendFeed(2009)	
페이스북 플랫폼	2007		타사 개발자 API
페이스북 게임	2007		
페이스북 채팅	2008		
좋아요 버튼	2009		
페이스북 커뮤니티 페이지	2010		위키피디아Wikipedia 통합
페이스북 메신저	2011	젠베Zenbe(2010), 벨루가Beluga(2011)	페이스북 채팅 대체
페이스북 이모티콘	2013		
페이스북 인스턴트 아티클 Instant Articles	2015		공개된 기사를 간략하게 표시
페이스북 마켓플레이스	2016		
페이스북 라이브	2016	파이텍 AGFayteq AG(2017)	
페이스북 워크플레이스	2016	레드킥스Redkix(2018)	부진한 경쟁자
페이스북 페이	2019		메신저를 통한 결제
칼리브라Calibra (나중에 노비Novi로 브랜드명 변경)	2019(발표)	서비스프렌드ServiceFriend(2019)	비트코인 지갑 서비스
페이스북 게이밍	2020		게임 라이브 스트리밍

활동을 추적한다.) 우선 평소 페이스북이나 메신저를 통해 연락을 주고받던 모든 이에게 여러분이 선호하는 새로운 연락 방식을 알려야 한다. 그런 다음에 페이스북 앱이 깔려 있는 모든 장비에서 앱을 삭제해야 하고, 무엇보다 중요한 것은 페이스북 데이터 복사본을 전부 내려받아야 한다는 점이다. 가장 문제가 되는 것은 현재 페이스북 계정으로 로그인하고 있는 타사 앱들이다. 이때는 각 앱마다 일일이 로그인해서 해당 기능과의 연결을 끊어야 하지만, 스포티파이Spotify 같은 일부 앱은 완전히 새로운 계정을 설정

해야 한다.[16] 다른 앱 중에는 실제로 활성화된 페이스북 계정을 강요하는 것도 있다. 그리고 물론 인스타그램과 왓츠앱은 따로 삭제해야 한다. 페이스북은 여러분이 마음을 바꿀 수 있도록 30일의 유예 기간을 주는데, 만약 그동안 페이스북과 연결을 끊는 것을 잊어버린 앱을 통해 실수로 로그인하면 이 과정을 처음부터 다시 시작해야 한다.[17]

페이스북의 네트워크 효과에 힘을 실어주는 이런 수요의 이점 외에도, 이 회사는 엄청난 공급의 이점까지 누리고 있다. 페이스북은 사용자들이 플랫폼과 상호작용하는 방식을 꾸준히 학습할 수 있기 때문에 새롭고 가치 있는 제품 기능을 적극적으로 도입하는 능력이 향상되었다. 물론 가장 성공적인 새 기능은 누구나 복제할 수 있다. 그러나 페이스북은 항상 한발 앞서 나갈 수 있다.

게다가 페이스북은 남들보다 많은 데이터를 가지고 있을 뿐 아니라 이들의 데이터는 구매 행동을 예측하는 데 매우 유용하다.[18] 결과적으로 특정 광고를 겨냥해서 클릭률을 높이고 관련성 높은 광고를 노출하는 방법에서 더 똑똑해질 수 있다. 페이스북은 회원과 광고주 모두를 대상으로 데이터 이점을 활용하기 위해 열심히 노력하고 있다. 이들의 방대한 사용자 기반은 제공하는 기능의 매력도와 광고 효과를 조사하기에 이상적인 페트리 접시(세균 배양에 쓰는 실험 도구-옮긴이)다.

페이스북은 독점 기업들이 의존하는 중요한 네트워크 효과와 더불어 수요와 공급 측면 양쪽에서도 큰 이점을 누린다. 게다가 페이스북의 엄청난 규모 덕분에 네트워크 효과로 인한 수요 측 규모뿐 아니라 큰 고정비용에서 파생되는 공급 측 규모까지 커진다. 연간 R&D 비용이 100억 달러 이상인 아마존, 구글, 애플에 비하면 페이스북의 R&D 비용은 매우 적은 편이지만, 신규 진입자들에게는 여전히 엄청난 장벽이 되고 있으며 몇 년 동안에는 페이스북의 투자액이 다른 경쟁사들보다 빠르게 증가하고 있다.[19] 또한 전체 비용에서 R&D가 차지하는 비중은 다른 FAANG 회사들보다 높다.

이렇게 인상적인 구조적 이점 외에도 페이스북은 서로 관련성이 있으면서도 뚜렷하게 구분되는 두 가지 가치 있는 특성을 드러내는데, 바로 집중과 운영 효율성을 중시하는 문화다. 다른 FAANG 기업들은 대부분 처음 사업을 시작했던 분야와는 전혀 다른 완전히 새로운 영역으로 진출하면서 복합 기업으로 성장했다. 몇 가지 예외가 있기는 하지만(저커버그가 오큘러스 VR^{Oculus VR}을 인수한 것은 용납할 수 있는 범위의 일이다) 페이스북의 중요한 유기적·비유기적 투자는 대부분 핵심적인 소셜 네트워크 사업을 강화하거나 보호하기 위한 것이었다. 곧 얘기하겠지만, 때로 그런 보호는 완전히 다른 기반에서 진행되는 회원들 간의 상호작용에 의존하는 새로운 경쟁 네트워크를 제거하는 형태로 이루어졌다.

집중은 효과적인 운영을 용이하게 하지만 성공을 보장해주지는 않는다. 차라리 핵심 활동에 전념할 최고의 인재를 유치하거나, 사업상의 우선순위가 확실할 때 인수 대상이 최고 한도액보다 적게 받도록 유도하는 것이 더 쉽다. 또 기업의 핵심 자산인 최고경영진의 시간과 관심은 불가피하게 관심과 자원을 놓고 경쟁하는 내부 파벌을 관리하는 쪽보다 중요한 임무를 최적화하는 데 집중할 수 있다. 하지만 집중과 효율에 대한 페이스북의 강조는 규모를 뒷받침하기 위해 필요한 수요와 공급의 이점을 보호하고 완전히 활용할 수 있는 추가적인 도구임이 입증되었다.

고객 유지력(수요 우위)에 생길 수 있는 주요 위험은 충성도 높은 고객을 실망시키거나 놀라게 하는 것이다. 고객을 잃는 방법은 여러 가지가 있으며, 운영 원칙은 대부분의 고객을 보호하는 중요한 수단이다. 제품 결함이나 언행 불일치는 습관을 바꾸거나 전환할 핑계가 될 수 있다. 약속된 이익이나 개선 사항을 제공하지 못했을 때도 비슷한 결과가 생긴다. 마지막으로, 새로운 제품 강화 기능을 꾸준히 추가하는 것은(페이스북은 예전부터 지속적인 개선을 꾀하는 공격적인 문화로 유명했다[20]) 고객 만족도를 높이고 습관을 고착화하는 동시에 유사한 대안을 찾는 것을 더욱 어렵게 만든다.

반면 독점 기술이나 데이터(공급 이점)는 효율적인 운영자가 만들었을 때만 가치가 있다. 오늘날 기업이 자신을 매물로 내놓을 때, 시간이 지나면서 축적된 데이터의 '미개발 잠재력'을 광고하는 것은 당연한 일이다. 사실 데이터는 가치가 거의 없는 경우가 많다. 그러나 실제로 유용한 경우도 있기 때문에, 이를 제대로 활용하지 못한 것은 비효율적인 경영 태도를 드러낼 뿐이다(그런데 경영진이 이런 사실을 광고하고 있으니 이상한 일이다). 기업이 학습곡선을 따라 내려가는 속도는 경영진이 정보와 기술 자원을 활용해서 경험을 학습하는 능력이 얼마나 뛰어난지에 달려 있다. 그리고 이것 역시 페이스북이 지속적으로 탁월한 능력을 발휘했던 분야다.

결국 페이스북은 우리가 상상할 수 있는 거의 모든 구조적 경쟁 우위를 누리고 있는 듯하다. 그리고 각각의 이점은 서로를 강화하고 회사의 광적인 집중력과 운영 규율에 의해 전체적으로 다시 강화된다. 이런 상황에서 무엇이 잘못될 수 있겠는가?

네트워크에 존재하는 2가지 취약점

모든 경쟁 우위에는 아킬레스건이 존재한다. 성공적인 네트워크 효과 사업에는 두 가지 중요한 위협 요소가 있다.

첫째, 규모에 따른 수확 체감이 있다는 사실은 잘 알려져 있다. 주로 고정비용 규모 사업에서 볼 수 있지만, 네트워크 효과 사업에서도 그 이상은 아닐지라도 사실인 경우가 많다. 네트워크가 사업 목적에 필요한 만큼 충분히 커지면 참여자가 늘어도 가치가 별로 증가하지 않는 시기가 온다.[21] 프렌스터Friendster의 쇠락 과정을 검토해본 결과, 소셜 네트워크가 생긴 뒤 어느 정도 시일이 지나면 증가하는 사용자들이 실제로 네트워크의 가치를 크게 떨어뜨릴 수 있는 것으로 나타났다. 특히 그들이 트롤(인터넷에 부정적이거나 선동적인 글을 올리는 사람-옮긴이)이나 소아성애자, 신분 사칭자, 사기꾼, 적대적인 정부인 경우에 그러하다.

규모는 상대적이기 때문에 대기업은 항상 자신이 거둔 성공의 희생자가 된다. 수확 체감이 없더라도 대수(大數)의 법칙은 항상 가장 민첩한 저항 세력이 초기의 작은 기반에서 상대적인 규모를 확보할 수 있도록 해준다. 페이스북처럼 500억 달러가 넘는 매출을 올리는 기업이 매년 2배씩 성장하는 것은 5000만 달러 혹은 5억 달러 규모의 기업보다 훨씬 어려울 수밖에 없다. 게다가 규모가 지배적으로 크면 특정한 지역이나 인구통계, 이익 그룹 내에서 상대적인 규모의 취약성을 숨겨준다.

이런 틈새시장은 혁신적인 전문 제품의 기능과 창의적인 마케팅을 통한 효과적인 맞춤화를 이용해 목표 시장 내에서 상대적인 규모를 빠르게 구축할 수 있기 때문에 신규 진입자들에게 비옥한 토대가 된다. 틈새시장의 규모는 절대적인 크기보다 고유한 광고주나 목표로 하는 사용자와 더 관련이 있다. 그리고 한때 업계를 지배했던 오프라인과 온라인 미디어 대기업들이 쓰라린 경험을 통해 배웠듯이, 자기 부문에 규모를 갖춘 틈새 기업들이 충분히 존재하면 실제로 대규모 기업들이 위축되거나 심지어 거꾸러질 수도 있다. 한때 수익성이 매우 높은 광범위한 기술 무역 박람회였던 컴덱스Comdex는 갈수록 세분화된 하위 부문에 초점을 맞춘 전문적인 전시회와 경쟁을 벌이다가 몰락했다. 야후와 AOL은 한동안 인터넷 업계에서 없어서는 안 될 진입 차선 역할을 했지만, 사용자들이 점점 자신의 특정한 요구와 이익에 맞는 서비스에 눈을 돌리게 됨에 따라 이제는 옛 명성의 그림자 속에서 살아가고 있다.

이렇게 내재된 위험을 언제나 잘 아는 페이스북은 꾸준히 제품을 개발하고 사람들의 관심을 끄는 신규 진입자들의 기능을 재빨리 모방하면서 적극적으로 앞서나가려고 노력해왔다. 앞서 얘기한 엄청난 구조적 이점에도 불구하고 차별화된 여러 소셜 네트워크가 견인력을 얻고 있었기 때문에 이런 노력만으로는 충분하지 않았다. 적어도 최근까지 페이스북은 자사의 상대적인 지위를 지속적으로 위협하는 이들과 맞서기 위한 또 하나의 중요한 도구인 인수합병M&A이라는 무기를 추가로 보유하고 있었다.

기업의 인수는 잠재적인 취약성에 대한 경영진의 인식과 관련해 중요한 '정보'를 전달한다. 엄청나게 성공적인 인수 목록보다 비참한 거래 목록이 훨씬 길다. 인수 거래가 실패로 인식되는 이유는 잘못된 전략이나 잘못된 실행, 과도한 지불에 이르기까지 다양하다. 이 요인들이 조합되어 나타날 때도 많다. 특히 규모가 크고 세간의 이목을 끄는 M&A에 따르는 명백한 위험을 감안하면, 거래가 체결되지 않았을 때 지각되는 위험이 훨씬 크다고 가정해도 무방할 것이다. 따라서 독립된 유기적 사업 계획의 위험성과 내부 개발 능력의 한계를 기업이 자체적으로 평가할 수 있는 통찰력이 중요하다.

페이스북이 2012년 인스타그램을 10억 달러에, 2014년 왓츠앱을 190억 달러에 인수한 것은(2020년 12월에는 두 건의 인수 모두 새롭게 구성된 주와 연방의 공격적인 독점 금지 당국에 소급 공격을 받았다[22]) 이 회사가 지닌 엄청난 이점에도 불구하고 의미 있는 규모를 구축하는 데 성공한 경쟁 소셜 미디어와 커뮤니케이션 도구를 인수한 여러 사례 중에서 가장 주목할 만한 사례일 뿐이다. 인스타그램은 페이스북이 가장 약했던 십 대 사용자와 모바일 분야에 강했고, 왓츠앱은 역사상 어떤 회사보다 빠르게 사용자가 늘고 있었다.[23] 저커버그는 이메일에서 "발명 가능한 소셜 메카닉의 수는 유한하지만" 이런 대안적인 "소셜 제품"도 자체적인 네트워크 효과를 발휘할 것이라는 그의 믿음을 강조한다. 페이스북의 세력권 밖에서 운영되는 이런 잠재적 위험을 최대한 많이 사들이는 것이 핵심 전략이었다. 다른 프레임워크 안에 존재하는 소셜 메카닉과 직접 경쟁을 벌일 수 있는 쉽고 명확한 방법이 없기 때문이다. 그러나 결국 수가 유한하다고 해도 그것이 아주 큰 숫자일 수도 있으므로, 규제 당국이 알아차릴 만큼 많이 살 수밖에 없다. 저커버그는 CFO에게 보낸 이메일에서 시인했다. "우리가 실제로 사는 것은 시간이다."[24]

컬럼비아대학교에서 함께 일하는 동료인 팀 우 교수는 유감스러운 듯한 어조로, "페이스북은 아무런 이의 제기도 받지 않은 채 67건의 기업 인수를 진행했다"라고 언급했다.[25] 그러나 기업 인수를 통해 상대적인 규모를 유지하는 전략은 이제 시한이 다 된 듯하다. 〈뉴욕 타임스〉의 보도에 따르면, 이 회사는 법무부가 2019년에 페이스북과 다른 거대 기술 기업을 광범위하게 검토하겠다고 발표하기 전부터[26] "반독점 논란을 부추길까 두려워서" 동영상 중심의 소셜 네트워크인 하우스파티Houseparty 인수를 포기하기로 했다.[27] 저커버그가 2020년에 정치적 영향력을 이용해 틱톡을 방해하려고 애쓴 것은 단순히 시민적 책임감 때문일 수도 있지만, 정부가 자신들과 경쟁 관계에 있는 최신 "소셜 메카닉"을 인수하려는 모든 시도를 막을 것임을 깨달았기 때문일 수도 있다.[28]

정부가 페이스북을 해체하기 위해 오랫동안 기다려온 소송을 실제로 제기한 것이 이 회사에 의미 있는 영향을 미칠 것 같지는 않다. 분명한 사실은, 불만 사항을 해결하기까지는 몇 년씩 걸릴 텐데 그것을 입증하기도 어렵고,[29] 실행하기는 더 어려우리라는[30] 것이다. 그러나 이 사건의 핵심에 있는 저커버그의 매우 불리한 연락 내용은 사실 훨씬 더 근본적인 문제를 드러낸다.[31] 다양한 소셜 메카닉을 바탕으로 서로 경쟁하는 소셜 네트워크는 사용자의 시간과 관심을 얻기 위해 경쟁하지만, 한 메카닉이 차지하고 있는 리더로서의 위치가 다른 메카닉을 지배할 수 있는 명확한 통로를 제공한다는 증거는 거의 없다.[32] 예컨대 왓츠앱이 독자적인 회사로 살아남았다면, 페이스북과 직접 경쟁할 수 있는 전통적인 소셜 네트워크를 출시하는 데 성공했을 것이라는 생각은 공상에 불과한 것처럼 보인다. 사실 저커버그가 190억 달러를 주고 인수한 뒤 7년 동안 왓츠앱이 수익을 거의 올리지 못했다는 점을 감안하면(페이스북이 메시지 서비스 기능과 사용자 기반 구축을 위해 아낌없이 투자했는데도 불구하고), 페이스북의 개선 덕에 소비자들이 훨씬 편해졌다는 얘기가 더 신빙성 있게 들린다. 저커버그의 이메일 내용은 요람에서 막 나온 경쟁자를 질식시키려고 애쓰는 차원을 넘어선다. 변화하는 환경 속에서 회사의 위치를 지키기 위해 최대한 많은 대안적 소셜 메카닉을 소유하고 최적화하려고 안간힘을 쓰는, 겁에 질린 페이스북 CEO의 모습까지 보인다.

제국을 건설한 CEO가 온라인상에서 부하 직원들에게 고함을 질러대는 모습이 매력적이지는 않지만, 그렇다고 정부의 개입이 필요한지는 분명치 않다. 언젠가 페이스북이 인수한 두 회사를 억지로 매각해야 하는 상황이 된다면, 이는 저커버그가 실리콘밸리에서 차지하고 있는 사회적 지위에 대한 "실존적 위협"[33]이 되겠지만 주주들은 잘 버텨낼 것이다. 이것은 규제 당국이 목표로 삼은 훨씬 값비싼 인수 대상인 왓츠앱의 경우에 특히 명백하다. 페이스북의 수익을 크게 훼손하고, 광고를 팔지 않으며, 여전히 독립적인 암호화 플랫폼에서 실행되기 때문이다.[34] 왓츠앱이 분사되면 페이스북 수익은 증가하고, 주주들은 독립된 왓츠앱 주식을 따로 소유하게 된다. 이 주식의 공개 가격은 몇몇 비영리 기반의 측정 기준이나 다른 부유한 구매자에 대한 추측을 바탕으로 한다.[35]

네트워크 효과 비즈니스에 대한 두 번째 주요 위협은 디지털 영역에서의 고객 유지라는 고유한 과제에서 비롯된다. 인터넷은 과거의 사용 데이터를 통합하고, 제품을 개인화해서 검색 비용을 증가시키며, 습관이 될 만큼 꾸준한 사용을 촉진해서 전환 비용을 증가시키는 새로운 기회를 제공한다. 그러나 결국에는 클릭 한 번으로도 얼마든지 대안을 찾을 수 있다. 기업의 경우, 인터넷이 지닌 모든 놀라운 속성과 관련된 문제는 다른 기업들도 다 인터넷을 사용할 수 있다는 것이다. 경쟁 업체가 여러분이 만든 가장 좋은 새 기능을 복제하거나 여러분의 고객을 유인할 수 있을 만큼 충분한 데이터를 수집하는 속도에 놀랄 수도 있다.

실수로 고객에게 다른 것을 시도할 핑계를 주는 것은 정말 좋지 않은 일이다. 일반 사용자를 유지하려면 제품과 기술, 고객 서비스에 대한 끊임없는 주의가 필요하다. 그리고 소셜 네트워크 사업을 한다면 신뢰도 필요하다. 페이스북은 연이은 기업 스캔들 때문에 사용자들의 신뢰가 흔들렸다. 이는 앞서 얘기한 험난한 장애물에도 불구하고 페이스북을 탈퇴할 방법을 알아낸 수백만 명의 회원[36]뿐 아니라 광고주들의 경우에도 마찬가지다.[37]

케임브리지 애널리티카(페이스북 가입자 수백만 명의 개인 데이터를 본인들의 동의 없이 수집해서 정치적 선전을 위해 사용한 사건-옮긴이), 러시아(및 이란과 기타 국가)의 미국 대선 개입, 사생활 침해, 증오와 가짜 뉴스 확산 및 집단 학살 촉진을 위한 플랫폼 이용, 비밀 데이터 공유 협정, 보안 버그, 음습하게 정쟁 상대의 약점 정보를 수집하는 활동, 부풀려진 사용자 지표 등. 2018년 한 해 동안 벌어진 일들만 살펴봐도 이 정도다.[38] 이런 불상사가 연이어 발생하자, 저커버그는 그전부터 발생하고 있던 플랫폼 오용 문제 "해결"에 주력하는 것을 자신의 "개인적 과제"로 삼겠다는 새해 공약을 내놓았다.[39] 그 후 익명의 페이스북 직원들이 블로그에 올린 글에 따르면, 기존 전선과 새로운 전선 곳곳에서 "상황이 악화되고 있다"고 한다. 제도적 인종 차별에 대해 점점 커지는 비난의 목소리[40]부터 심하게 선동적인 정치적 발언을 단속하는 것을 계속 거부하는 회사 정책에 항의하는 직원의 "가상 파업"이나 간헐적인 광고주 보이콧에 이르기까지 형태는 다양하다.[41]

페이스북의 어떤 부분이 잘못됐는지 따져본 전문가 중에는 페이스북의 문화를 지적하는 이들이 압도적으로 많다. 특히 1990년대에 제너럴 일렉트릭General Electric, GE의 잭 웰치Jack Welch가 처음 도입한 '스택 랭킹stack ranking' 성과 지표(직원들의 성과를 수치로 환산해서 서열화하는 인사 평가 제도-옮긴이)를 사용하고 동료 평가를 통해 인위적으로 협력을 장려하면서 반대 의견은 묵살하는 "광신적인 종교 집단 같은" 기업 문화가 "이 회사의 각종 유명 스캔들에 기여"했다.[42]

앞서 고객 유지력을 지키려면 탁월한 운영 문화가 중요하다고 강조했고, 페이스북에는 예전부터 그런 문화가 있었다는 얘기도 했다. 그리고 아이러니하게도 최근까지는 이런 강력한 문화가 페이스북을 "기술 분야에서 가장 훌륭하게 운영되는 기업"으로 만든 핵심 요소라고 (심지어 오늘날 이를 문제의 근원으로 지적하는 사람들조차[43]) 자주 언급했다.[44] 또 강력한 미션 중심의 성과 문화는 2018년에 페이스북이 3년 연속으로 미국에서 가장 일하기 좋은 직장으로 선정된 주요 동인으로 꼽히기도 했다.[45] 2018년에 스캔들이 발생한 이후 이 회사의 순위는 7위로 떨어졌지만, 9년 연속 순위권에 들었고 여전히 다른 FAANG 회사들보다 높은 순위였다.[46] 그 이듬해에는 순위가 16계단 더 하락해서 23위가 되었는데, 이는 구글과 마이크로소프트보다도 낮은 순위였다.[47]

페이스북에는 분명히 문제가 있다. 그러나 지속적인 개선을 위한 열성적인 의지가 문제인지는 확실하지 않다. 그보다는 그런 개선이 적용된 범위가 좁다는 점과 상대적인 우선순위에 문제가 있어 보인다. 가장 큰 소셜 네트워크의 구조적 취약성 때문에 신뢰를 지키려면 고객 참여와 단기적인 수익 창출을 최적화하는 것보다 훨씬 광범위하고 세심한 기업 목표가 필요하다.

페이스북을 위협하는 다양한 문제는 운영 규율을 완화하는 것이 아니라 더 강화해야 할 필요성을 강조한다. 나도 사용자나 광고주 입장에서 보면 적대적인 정부, 사기 광고, 가짜 프로필 같은 문제로부터 네트워크의 무결성을 보호하기 위해 노력하는 광신적 집단이라는 개념이 마음에 든다. 그러나 문제는 페이스북이 그런 광신적인 집단이라는 데 있는 것이 아니다. 그 집단이 헌신해온 목표에 문제가 있다.

신뢰는 한번 깨지면 쉽게 회복되지 않는다. 페이스북의 현 경영진이 그 과제에 전념하고 있는지는 아직 미지수다. 앞에서 페이스북이 그 이전에 존재했던 수많은 소셜 네트워크를 영구적으로 추월할 수 있었던 원인이 신뢰였다는 아이러니한 사실을 지적했다. 널리 알려지지 않은 또 하나의 아이러니는, 페이스북은 그 엄청난 규모 때문에 다른 소규모 회사들보다 인터넷상의 '가짜 뉴스'나 다른 체제 전복적인 세력과 훨씬 효과적으로 싸울 수 있다는 강력한 증거가 존재한다는 것이다. 2016년 선거 이후로 페이스북은 수천 명의 엔지니어와 콘텐츠 심사 전문가를 고용해 큰 효과를 거두었다. 한 조사 결과에 따르면, 트위터 같은 다른 네트워크에서는 문제가 계속 증가하고 있지만 페이스북은 이 방법을 통해 문제가 절반 이상 감소했다.[48] 지난 선거 기간에 소셜 네트워크의 오보 문제가 전반적으로 증가했다는 사실은[49] 이 골칫거리와 효과적으로 싸우는 데 내재된 과제를 강조한다. 그러나 대중과 규제 당국은 몇 가지 타당한 이유 때문에 페이스북을 이 문제의 가장 심각한 부분으로 여기고 있지만, 해결책 면에서도 이 회사가 가장 중요한 위치를 차지하게 될 가능성이 있다.

그렇다고 해서 페이스북을 불쌍히 여겨야 한다거나 잘못이 없다는 뜻은 아니다. 슈퍼히어로 영화의 대사를 빌리자면, 큰 힘에는 큰 책임이 따르므로[50] 페이스북에 대한 기준은 훨씬 높아야 한다. 그러나 가장 적합한 규제 솔루션을 설계할 때는 규모의 이점과 위험을 모두 고려해야 한다. 사용자와 광고주들은 페이스북이 이를 위해 얼마나 많은 투자를 했든 상관 없이, 이 회사가 인터넷의 악의적인 사용 문제에 중요하면서도 필연적으로 불완전한 기여를 했다는 사실을 인정할 생각이 없는 듯하다. 페이스북은 앞으로도 계속 대처하기 힘든 홍보 문제를 겪게 되겠지만, 저커버그는 자신의 숭배 집단을 동원해서 이 문제를 해결하기 위해 할 수 있는 모든 일을 다 해야 한다.

페이스북에 다행스러운 소식은 어떤 '소셜 메카닉'이 이들의 뒤를 잇든 간에, 플랫폼 망상의 단순한 자만심과 달리 이 회사는 네트워크 효과의 플라이휠에만 의존하지 않는다는 것이다. 만약 그랬다면 최근의 사건들 때문에 사용자들이 경쟁 관계에 있는 소셜 플랫폼으로 신속하게 빠져나갔을 것이다. 그 대신 경쟁 우위를 상호 강화하는 복잡한 그물망이 네트워크 효과까지 높여준 덕분에, 페이스북은 무자비한 경쟁이 판치는 디지털 정글에서 값을 매길 수 없을 만큼 소중한 것을 얻었다. 바로 잘못을 바로잡을 시간이 생긴 것이다.

우리가 이 장에서 배울 수 있는 것들

1. 선도적인 소셜 플랫폼인 페이스북은 (시장 정의에 따라 다르지만) 승자 독식까지는 아니더라도 승자 다식 시장을 대표하는 듯 보이는 네트워크 효과 중심의 독점 기업이며, 플랫폼 망상의 가정과 광범위하게 일치한다.

2. 그러나 일시적으로 시장을 지배했던 이전의 소셜 플랫폼들이 결국 실패로 끝 난 것은 네트워크 효과 이외의 다른 요소가 페이스북의 회복력을 뒷받침한다 는 것을 암시한다.

3. 페이스북이 성장한 시기는 대중이 소셜 네트워크를 광범위하게 받아들여서 확실한 사용 사례가 구축되고 만족스러운 사용자 경험을 지원하는 기술과 연 결성을 이용할 수 있었기 때문에 타이밍이 매우 적절했다. 또 페이스북 개발자 플랫폼의 성공도 간접적인 효과를 발휘해서 페이스북의 직접적인 네트워크 효과를 강화했다. 페이스북은 초창기에 이미 구축된 네트워크에 서비스를 제 공하고 플랫폼의 가치를 입증하는 도구에 계속 투자하는 데 주력했기 때문에, 일정한 규모에 도달하자 훨씬 강력한 수준의 고객 유지력을 발휘할 수 있었다.

4. 공급 측면에서는, 다른 FAANG 기업보다 전체 비용에서 높은 비율을 차지하는 R&D 투자 덕분에 중요한 진입 장벽이 하나 더 생겼다. 이러한 규모의 이점은 페이스북이 유달리 효과적인 광고 기회를 제공할 수 있게 해주는 학습 이점을 통해 더욱 강화된다. 이렇게 공급과 수요의 이점이 단단히 결합되면서 페이스 북의 핵심적인 네트워크 효과를 통해 형성된 장벽이 견고해진다.

5. 페이스북의 핵심 시장에 새로운 주요 업체가 출현하고 다른 시장에서는 기존 기업을 대체하지 못하는 것에서 알 수 있듯이, 네트워크 효과가 아무리 견고하 더라도 아예 뚫을 수 없는 것은 아니다. 기존 네트워크를 중심으로 체계적으로 성장하면서 얻은 초반의 신뢰 덕분에 중요한 고객 유지력이 생긴 것처럼, 페이 스북을 개인이 사회적인 상호작용을 할 수 있는 안전한 장소로 재건하지 못한 다면 정말 심각한 장기적 위험을 겪게 될 것이다.

5장

아마존,
장점을 엮어 환경을 극복하라

플랫폼 망상과 관련해 대중이 상상하는 두려움과 희망, 가정을 가장 잘 나타내는 회사가 바로 아마존이다. 그 이유 중 하나는 아마존이 광범위한 글로벌 지배를 명확한 기업 목표로 삼은 유일한 회사이기 때문이다. 이론적으로는 그 어떤 것도 "세상의 모든 것을 판매하는 상점"의 범위에서 벗어날 수 없으며, 아마존이 새로운 영역을 정복하겠다는 계획을 발표하지 않고 지나가는 달이 거의 없는 것 같다. 그리고 이 회사의 눈부신 주가 실적을 보면, 이런 선언의 오만함도 충분히 정당화될 듯하다. 2015년 말부터 2020년 말 사이에 아마존 주가는 놀랍도록 상승해서 5년 사이에 거의 5배나 올랐다.

아마존의 초라한 시작과 짧은 역사

아마존이 현재 차지하고 있는 상징적인 지위 때문에 이 회사의 초라한 시작을 잊기 쉽다. 페이스북이 플랫폼 망상(네트워크 효과가 성장을 촉진해 승자가 독식하는 결과가 생긴다)에 가장 근접한 FAANG 기업이라면, 아마존은 정반대다. 아마존은 뛰어난 제품과 서비스, 가격을 가치 제안으로 내세운 온라인 서점으로 시작되었다. 설립자이자 오랫동안 CEO를 맡고 있는 제프 베조스가 세운 전략과 기업 좌우명은 제품을 공급해주는 주요 도매 서적 유통 업체들과 관계를 개선하기 위해 이 분야에서 "빨리 덩치를 키우는 것"이었다.[1] 이 회사가 초창기에 찾은 다음 성장 방향은 논리적으로 연결되어 있고(오프라인 서점에서도 판매하는), 책과 함께 배송하기 쉬운 다른 미디어 제품이나 음악, 비디오 등을 파는 것이었다.

1997년에 주식을 상장하고 서적과 거리가 먼 다른 제품 카테고리로 사업을 확장하는 동안에도, 아마존은 여전히 전통적인 소매 업체의 디지털 버전일 뿐이었다. 소매 업계는 예전부터 수익이 낮고 경쟁이 치열하기로 악명이 높았는데, 온라인상에서는 더 심했다. 네트워크 효과도 보이지 않았다.

아마존이 네트워크 효과를 통해 진정한 혜택을 얻을 수 있는 '마켓플레이스' 사업을 시작한 것은 1994년 아마존을 처음 설립한 뒤 거의 10년이 지나서였다. 아마존 마켓플레이스는 실제 소매 업체가 아니라 이런 거래에서 독립된 공급 업체와 구매자를 연결하는 플랫폼 역할을 한다. 그 이후로 아마존은 자신들의 제품을 직접 판매할 때보다 훨씬 빠른 속도로 꾸준히 성장했다.[2] 아마존은 자사 플랫폼에서 직접 판매하는 제품보다 타사 제품 거래량이 더 많다(약 2배). 그러나 타사 판매를 통해 얻을 수 있는 수익은 (구매 가격 전체가 매출로 계산되는 직접 판매와 달리) 매출액의 15퍼센트에 불과하기 때문에,[3] 회계상으로는 여전히 회사 전체 사업에서 아주 작은 부분을 차지하고 있다.

마켓플레이스에는 네트워크 효과와 빠른 성장 외에도 다른 이점들이 있었다. 가장 눈에 띄는 것은 아마존의 원래 비즈니스 모델과 달리 수익성이 매우 높다는 점이다. 게다가 마켓플레이스 공급 업체와의 관계를 바탕으로 주문 처리 및 기타 지원을 제공하는 광범위한 제3자 서비스 비즈니스를 구축할 수 있었다. 그 덕분에 아마존은 손실이 발생할 것이 거의 확실한(오늘날에도) 직접 판매 사업의 값비싼 인프라를 활용할 수 있게 되었다. 그러나 마켓플레이스 제품을 아마존 디지털 스토어에 통합하면 고객 경험을 통제할 수 없게 된다는 단점도 있었다. 원활하고 일관된 고객 만족을 제공하는 데 성공 여부가 달려 있는 기업은 그런 경험을 독립 판매자(개중에는 배후를 알 수 없는 이들도 있다)의 손에 맡길 때 심각하고 피할 수 없는 위험이 발생할 수 있다.[4] 결국 마켓플레이스 사업이 전자상거래 운영 전체의 경제적 생존성에 얼마나 중요한지를 생각하면, 그런 위험은 관리할 필요가 있다.

아마존 마켓플레이스가 서비스를 개시한 직후, 재무 담당 부사장은 다양한 고객층 사이에서 가격을 차별하기 위해 마치 항공사들이 토요일 밤에 경유편을 이용하는 승객들에게 가격을 할인해주는 것처럼 제품 배송을 며칠 더 기다릴 용의가 있는 고객에게는 무료 배송을 해주겠다고 제안했다.[5] 그 결과 생긴 '초알뜰 배송Super Saver Shipping' 정책은 2005년에 시작된 좀 더 혁명적인 혁신을 위한 토대를 마련했는데, 바로 아마존 프라임

Amazon Prime이라는 구독 멤버십 프로그램이다.

1970년대에 항공사들이 도입한 단골 고객을 위한 '멤버십' 프로그램처럼, 아마존 프라임의 목적은 가격 경쟁이 치열한 소매 분야에 고객 포획 기능을 도입하는 것이었다. 당시 아마존의 주문 시스템을 담당한 임원에 따르면, "사실상 사람들의 마음을 바꿔서 다른 곳에서는 물건을 사지 못하게 하는 것"이 목표였다고 한다.[6] 그러나 항공사의 상용 고객 우대 프로그램과는 달리 아마존은 회원 가입비를 청구했는데, 처음에는 연 79달러였다. 그 대가로 아마존은 크기에 상관없이 모든 주문 물품을 무료로 신속하게 배송해주는 즉각적이고 가치 있는 혜택을 제공했다.

아마존은 프라임이 회사의 차후 성장에 미치는 중요성을 감안해 프라임의 탄생에 관한 신화까지 만들어냈다. 이 회사의 임원이었던 콜린 브라이어Colin Bryar와 빌 카Bill Carr('아마존인'이라는 존재의 비밀에 관한 일종의 준공식 논문인《순서 파괴Working Backwards》를 쓴)의 말에 따르면, 프라임 서비스 구축은 "아마존인들의 가장 기본적인 추진력인 고객 집착"에서 자연스럽게 나온 근본적으로 독창적인 아이디어였다.[7] 이 이야기는 아마존의 첫 번째 리더십 원칙(지금은 원칙이 14개인데, 원래 10개였다)에 배어 있는 정신을 강화한다. "리더는 경쟁자에게 관심을 기울이지만, 고객에게는 집착한다."[8]

그러나 소매 업계의 멤버십 모델 아이디어는 창고형 매장을 운영하는 코스트코Costco가 오래전부터 오프라인 세계에서 개척해온 것이다.[9] 그리고 좀 더 직접적인 연관성이 있는 소규모 온라인 경쟁 업체인 오버스톡닷컴Overstock.com이 아마존보다 7개월 먼저 배송 혜택이 있는 멤버십 프로그램을 시작했다.[10] 베조스는 2004년 10월에 몇 주 안에 새로운 배송 멤버십 프로그램을 만들라고 지시하는 깜짝 이메일을 팀원들에게 보냈다.[11] 2004년에 오버스톡의 주가는 폭등한 반면 아마존 주가는 정체 상태였다. 언론들은 이 소매 업체를 "새로운 아마존"이라고 칭송했다.[12]

아마존 프라임이 출범한 뒤로 15년 동안 이 회사는 여러 가지 새로운 사업에 뛰어들었는데, 그 대부분이 해당 분야에 집중하는 하나 이상의 기성 기업이 이미 리더의 지위를 확립한 사업이었다. 킨들Kindle, 킨들 파이어Kindle Fire, 파이어 TVFire TV, 파이어 폰Fire Phone, 링 비디오 도어벨Ring Video Doorbell, 에코Echo 같은 가전제품과 아마존 북스Amazon Books, 아마존 4스타Amazon 4-Star, 프레젠티드 바이 아마존Presented by Amazon, 아마존 고Amazon Go 등의 오프라인 매장, 홀 푸드Whole Foods 인수, 그리고 프라임 인스턴트 비디오Prime Instant Video를 통한 비디오 스트리밍, 수십억 달러를 주고 인수한 트위치Twitch와 아마존 게임 스튜디오Amazon Game Studios의 비디오 게임, 프라임과 독립적인 아마존 뮤직 언리미티드Amazon Music Unlimited 서비스를 통해 제공하는 음악 서비스 등 다양한 엔터테인먼트 콘텐츠 분야까지 진출했다. 이 제품이나 기업 가운데, 2020년에 거의 4000억 달러에 이르는 아마존의 수익 바늘을 눈에 띄게 움직인 것은 하나도 없다(가능성 있는 예외는 한때 스마트 스피커 분야의 선두 주자였지만 구글과 애플에 시장점유율을 빼앗긴 에코[13]와 적당한 크기의 제품 카테고리에서 선두 주자는 아니지만 가장 규모가 커진 킨들이다[14]). 그러나 이 모든 것이 판매를 촉진하거나 프라임 오퍼링을 강화하기 때문에 아마존의 핵심인 상거래 사업과 어떤 식으로든 연결되어 있는 것이 분명하다.

2005년에 프라임이 출시된 이후 아마존의 바늘을 확실하게 움직인 새로운 사업 하나는 이들의 핵심 사업과 근본적으로 아무런 관련도 없다.

2006년에 시작한 B2B 클라우드 컴퓨팅 인프라 사업인 AWS[15]는 2014년 이후로 아마존의 수익 대부분을 차지했으며, 앞으로도 계속 그럴 것으로 예상된다.[16]

　AWS의 역사와 관련해서는, 이 사업이 아마존에서 사용하지 않는 클라우드 컴퓨팅 용량을 수익화하려는 노력을 통해 발전하게 되었다는 또 다른 이야기도 있다.[17] 그렇다면 이것은 아마존이 직접 판매 물류 인프라와 관련된 비용을 상각하기 위해 마켓플레이스 판매자들을 상대로 개시한 다양한 제3자 서비스와 비슷해질 것이다.[18] 하지만 그런 일은 일어나지 않았다. AWS 아이디어는 개발자가 사용할 수 있는 잠재적인 서비스에 관한 브레인스토밍 과정에서 나왔다. 이 회사의 IT 인프라 책임자인 크리스 핑컴Chris Pinkham이 회사를 그만두고 고향인 남아프리카공화국으로 돌아가 겠다고 하자, 그를 회사 업무에 계속 묶어두기 위해 이 프로젝트를 맡겼다. 핑컴은 남아프리카공화국에서 거의 혼자 힘으로 제품의 핵심 엔진이 된 AWS 기능을 개발했다.[19]

　AWS가 아마존의 다른 사업과 거의 관련이 없다는 사실이 이 프로젝트를 지원하고 자금을 조달한 베조스의 대담한 선견지명에 해를 입히지는 않는다. 마이크로소프트, 구글, IBM, 오라클, 알리바바 등은 AWS가 출범하고 몇 년이 지나도록 이 시장에 진입하지 않았다.[20] 최근 들어 경쟁사들의 맹공격이 시작되면서 상당한 가격 압박이 발생했다. 그러나 이 업계의 특징인 고정비용 규모와 고객 고정성(네트워크 효과보다는)이 결합된 덕분에 아마존은 유리한 위치를 고수하면서 훨씬 앞서 나갈 수 있었다. 게다가 대기업과 정부에서 기본적인 클라우드 인프라를 아웃소싱하고 고부가가치 서비스의 '상위' 버전을 채택하는 일이 늘어남에 따라 당분간 상당한 주주 가치를 창출할 수 있는 기회가 생겼다.

하지만 모든 곳에 있는 모든 사람에게 모든 것을 판매하는 것을 목표로 하는 분열 기계인 아마존의 나머지 부분은 어떨까? 그들이 지닌 경쟁 우위의 원천은 무엇이고, 그 깊이는 어느 정도인가?

아마존만의 독보적 이점

아마존에서 진행되는 거래의 대부분을 차지하지만 수익에 기여하는 바는 적은 마켓플레이스에 네트워크 효과가 존재한다는 사실은 앞에서도 얘기했다. 하지만 이들이 어떤 경쟁 우위에 돈을 걸었는지 알아내려면 회사의 현금 흐름표만 살펴보면 되는데, 바로 구식 고정비용 규모다. 앞서 105쪽의 도표에서 언급했듯이, 절대 액수로 따졌을 때 아마존은 미국의 다른 어떤 회사보다 R&D에 많은 돈을 쓰고 있으며,[21] 그 대규모 지출은 일반적인 자본 지출로 확대된다. 이 지출액 대부분은 마켓플레이스와 별로 상관이 없는 AWS 구축에 사용되고 있지만, 아마존은 주문 처리와 유통에 거는 판돈을 늘리려고 이쪽에도 계속 투자하고 있다.

트럭과 항공기, 그리고 이제 드론으로 연결되어 어디에나 존재하는 이 신비롭고 초현대적인 하이테크 창고 네트워크를 활용할 수 있는 능력 덕분에 아마존은 소매 업계의 보그(영화 〈스타 트렉Star Trek〉에 나오는 매우 강력한 외계 종족-옮긴이)가 되었다. 저항은 무의미하다. 어떤 면에서 보면 아마존은 자기들이 만든 특별한 버전의 플랫폼 망상을 공개적으로 홍보하는 가장 공격적인 FAANG 기업이다. 다시 말해, 모든 것을 판매하는 일에서는 어느 누구보다 잘할 수 있다는 이야기다.

하지만 이런 규모의 이점이 실제로는 얼마나 극복하기 어려운 것일까? 모든 곳에서 모든 것을 가장 저렴하게 판매하는 방법이 은하계 전체에 제품을 배송할 수 있는 하나의 거대한 데스 스타(영화 〈스타 워즈Star Wars〉에 나오는 궁극의 무기-옮긴이) 같은 기술 지원 물류 센터를 만드는 것이라면, 고정비용 규모가 만만치 않은 장벽이 될 것이다. 그러나 사실 가장 효율적인 창고는 각 지역별로 위치해 있어야 하므로, 해당 장소에서 출하 가능한 제품 재고 수가 제한된다. 이런 지역별 시설이 효율적으로 운영되려면 규모가 절대적으로 중요하지만, 규모의 가치가 더 이상 올라가지 않고 보합세를 나타내는 지점이 있는데 그 지점에는 여러 경쟁 업체가 도달할 수 있다.

물론 중앙에서 기술 투자를 하면 그것이 지역 센터로 확산되지만, 이 부분은 아마존도 기술력을 제대로 발휘하지 못하는 분야다.[22] 흔히 그러는 것처럼, "서비스 제공과 관련해 가장 중요한 경로에서 인간의 거의 모든 상호작용을 제거하는"[23] 기업의 전형으로 아마존을 거론하는 것은, 100만 명이 넘는 이 회사 직원 수를 생각하면 과장된 이야기다.[24] "거의 자동화된 창고에서 물건 고르는 일을 돕는 근로자들만이 유일한 예외일 수 있다"고 인정하는 것은 이런 직원들 수십만 명이 창고에서 일하고 있고, 아마존도 완전한 자동화가 이루어지려면 적어도 10년 이상은 걸린다고 한 것을 고려하면 상황을 더 악화시킬 뿐이다.[25] 경제를 이끄는 데 압도적인 힘을 발휘하는 것은 전체적인 운영 규모가 아니라 지역 밀도다.

이틀 무료 배송 서비스를 제공하기 위해 아마존은 막대한 투자를 해야 했다. 이 회사는 2019년에 배송 서비스에만 거의 400억 달러를 썼다.[26] 경쟁 업체들이 이 위협의 규모를 깨닫기까지 시간이 걸리는 바람에, 아마존은 신속한 무료 배송을 통해 사용량과 시장점유율을 높였다. 그러나 오늘날에는 비록 따라잡는 데 10년 이상 걸리기는 했지만[27] 월마트Walmart와 타깃Target, 코스트코 같은 광범위한 오프라인 업체부터 애플, 베스트바이 Best Buy, 홈디포Home Depot 같은 전문적인 소매 업체와 제조 업체에 이르기까지 수십 개의 온라인 소매 업체가 이틀 무료 배송을 제공한다.[28]

아마존은 2019년에 단 한 분기 만에 8억 달러의 비용을 들여서 프라임 회원을 위한 당일 배송 서비스로 전환할 것이라고 발표했다.[29] 월마트와 타깃도 몇 주 뒤에 자체적인 익일 배송 프로그램을 발표했다. 아마존이 온라인 소매 분야에서 고정비용 투자를 계속 늘리는 것은 규모의 이점을 보호하기 위한 합리적인 전략이다. 그러나 이 방법은 지속적으로 추진해야 하고 그 결과 얻게 되는 경쟁적 차별화 기간은 점점 짧아지는 듯한데, 이것은 근본적인 규모의 이점이 처음부터 그렇게 강력하지 않았다는 것을 시사한다.

특정 시장 안에서는 규모라는 개념 자체가 상대적이다. "모든 곳에서 모든 것을 판매하는 시장"은 수요나 공급 측면에서 유의미한 시장이 아니다. 몇몇 제품 카테고리와 지역(특히 영어권 국가의 서적 부문) 안에서는 아마존이 확실히 지배적 업체이지만, 대부분의 제품 카테고리와 지역에서는 여러 개의 대형 소매 업체 중 하나일 뿐이며 규모가 매우 작거나 아예 존재하지 않는 분야도 많다. 2020년에 팬데믹 때문에 판매량이 거의 40퍼센트나 증가했는데도 아마존의 핵심 시장인 북미 지역에서 수익률이 하락했다는 사실은(2019년에도 하락했다) 소매 업계에서 아마존이 발휘하는 규모의 이점이 그리 크지 않다는 것을 암시한다.

앞서 규모 자체는 취약한 이점인 이유를 설명했다. 나약한 규모는 분명히 훨씬 더 취약하다. 규모의 힘을 키우려면 고객 유지력이 강화되어야 한다. 소매 업계에서는 고객 보상 프로그램, 쇼핑 상담사, 부수적 서비스, 추천 프로그램, 대회와 챌린지, 공동체 의식 조성 등 고객 유지를 위해 다양한 방법을 시도해왔는데, 성공 정도는 저마다 다르다. 아마존은 전자상거래 분야에서 저렴한 가격뿐 아니라 간편한 반품 정책이나 원클릭 주문 등 쇼핑 경험 개선을 위한 지속적 혁신을 통해 소비자들의 온라인 쇼핑 수용도를 높였다. 이런 개선 사항은 확실히 아마존에 도움이 되었지만, 전자상거래 업계의 다른 만만찮은 경쟁사들도 곧 따라 했기 때문에 고객 충성도가 제한되는 듯하다.[30]

이런 맥락에서 보면, 아마존 임원이 인정했듯이 "모든 재무 지표를 분석해본 결과 이틀 배송을 무료로 제공하는 것은 완전히 미친 짓이라는 결론이 나왔지만" 결국 프라임 서비스를 구축한 것은 전략적으로 합리적인 선택이었다.[31] 오히려 이 회사는 무료 배송의 심리적인 힘을 과소평가한 편이었다. 증거에 따르면, 프라임 회원은 비회원보다 2배나 많은 금액을 지출한다. 하지만 주문이 이렇게 늘어나도 수익성은 없을 수 있다. 예를 들어 아마존은 새로운 소액 주문을 대량 배송하기 위해 추가 비용을 지급할 수도 있다. 결과적으로 프라임의 순경제성은 외부에서는 평가할 수 없으며, 갈수록 복잡해지기만 할 뿐이다.

그러나 가격 경쟁력이 높은 대부분의 상품 소매 분야에서 시도하는 고객 유지 계획에는 두 가지 문제가 있다. 비용이 매우 많이 들고, 경쟁사들이 온라인과 오프라인 양쪽 모두에서 곧 그 방법을 모방한다는 것이다.[32] 즉 화려한 할인 프로그램에 불과한 상황이 된다. 이는 소비자들에게는 이득이 되지만, 그것을 제공하는 기업으로서는 별로 이득이 아니다. 사랑스러운 자녀를 위해 고양이를 사줄 때처럼, 처음에는 모든 관계자가 만족하지만 나중에 상황이 불편해지면 거기서 빠져나오기가 힘들다. 고양이를 없애는 것은 까다로운 문제가 될 수 있다. 첫 번째 고양이를 계속 키우려면 두 번째 고양이를 사야 한다고 확신하게 될 가능성이 크다.

그래서 익일 배송으로 경쟁력을 높이기 전에, 아마존은 지난 10년 동안 프라임 상품 바구니에 갈수록 비싸지는 새로운 장신구를 가득 채워 넣었다.[33] 이 장신구는 갈수록 공세가 심해지는 경쟁사들의 대응 앞에서 프라임을 성장시키기 위해 필요했지만, 프라임 회원의 상대적 구매 성향에 점진적인 영향을 끼친 것으로 보이지는 않는다.[34] 프라임은 그동안 가입비를 올리는 데 성공했지만, 인상분에는 서비스가 제공하는 점진적인 가치가 모두 반영된 것이 아니라 겨우 인플레이션 수준 정도만 반영되었다.[35]

CEO인 베조스는 2015 회계연도가 끝난 뒤에 주주들에게 보낸 편지에서, "프라임이 그렇게 뛰어난 가치를 제공하는데 회원 가입을 하지 않는다면 이는 무책임한 행동이다"라는 말을 한 것으로 유명하다.[36] 하지만 소비자들이 이에 동참하지 않는 것이 무책임한 행동이라면, 주주를 위한 제안에는 어느 정도의 가치가 있을까?

가장 혼란스러우면서 갈수록 돈이 많이 드는 프라임 혜택은 가난한 사람을 위한 넷플릭스라고도 부르는 프라임 비디오Prime Video다. 프라임 가입자들은 무료로 이용할 수 있지만, 아마존은 이를 위해 막대한 비용을 치러야 하기 때문이다. 아마존은 프라임 회원을 위한 엔터테인먼트 콘텐츠를 제공하려고 2020년에는 그전 해보다 41퍼센트 증가한 110억 달러를 썼다고 밝혔다.[37] 게다가 2021년에는 남들이 부르는 값보다 40퍼센트나 비싼 금액(85억 달러)을 주고 MGM을 인수했다.[38] 코스트코도 아마 회원들을 만족시키기 위해 제공하는 4.99달러짜리 회전구이 치킨 때문에 손해를 보긴 하겠지만, 이 정도 규모의 손해는 아니다.[39] 《순서 파괴》를 쓴 저자들 중 한 명이 아마존 프라임 비디오와 스튜디오 출시를 주도했는데, 그는 아마존이 현재 "고급스럽고 특색 있는 콘텐츠 생산자로 널리 알려졌다"는 사실로 이것의 성공을 판단한다.[40] 그러나 이를 통해 재정적 손해를 정당화하지는 못한다. 이 책의 7장에서는 요금을 별도로 부과하더라도 스트리밍 콘텐츠 사업을 운영하기 힘든 이유를 살펴볼 예정이다. 아마존이 비용이 많이 들 뿐 아니라 고객 이탈률도 매우 높은 서비스를 계속 제공할 필요가 있다고 느낀다는 것은 아마존의 모든 노력에도 불구하고 고객 유지력이 얼마나 약한지를 드러낸다.

아마존이 비용 대비 효과에 관계없이 고객 만족도를 높이는 데 미친 듯이 집중하는 것을 보면, 연방정부의 거대 기술 기업의 독점 금지 조사에 이 회사의 상거래 내역이 포함되는 것은 다소 이례적으로 보인다.[41] 수십 년 동안 독점 금지법 시행은 오로지 소비자들을 더 높은 가격으로부터 보호하는 데만 초점을 맞춰왔다. 아마존의 미미한 이윤 폭(조사 대상에 포함된 다른 업체들이 달성한 수익에 비하면 극히 일부에 불과하다)과 더 적은 비용으로 고객에게 더 많은 서비스를 제공하려고 끊임없이 노력하는 것을 생각하면, 이 회사가 이런 소송 절차의 대상이 된 것이 이상할 정도다. 아마존의 고객 데이터 이용 방식이나 사업 파트너에 대한 처우는 규제 감시 대상이 되기에 적합하지만, 적어도 현재 우리가 알고 있는 독점 금지 기준에서 보면 이를 독점 문제로 보기는 어렵다.[42] 원래 체인점이 자신들의 영향력을 이용해 소규모 소매 업체에 제약을 가하거나 공급 업체나 제조 업체와 차별적인 계약을 맺지 못하도록 하기 위해 고안된 모호한 독점 금지법은 아마존에 적용될 가능성이 가장 큰 것처럼 보인다. 그러나 1936년에 제정된 로빈슨-패트먼Robinson-Patman 법은 법원에서 무효화되었고, 규제 당국도 적용하지 않게 되었다.[43]

마지막 잠재적 이점은 독점 기술에 대한 아마존의 투자, 대규모 전자상거래 유통망을 운영하면서 얻은 타의 추종을 불허하는 교훈, 오랜 구매 이력에서 얻은 귀중한 소비자 데이터 등이 조합된 공급 측면에 있다. 이 각각의 이점은 실제로 존재하지만, 발 빠른 추격자들에게 필요한 사이클 타임이 줄어들면서 점진적인 이점을 누릴 수 있는 시간도 점점 더 짧아지는 듯하다. 가장 근래에 '빅데이터'의 가치가 드러난 부분이 있다면 아마존의 광고 사업이 폭발적으로 성장한 것인데, 비록 페이스북이나 구글 광고에 비하면 아직 미약하지만 아마존 내에서 마진율이 가장 높은 수익원 중 하나이자 세 번째로 큰 광고 플랫폼이 되었다.[44] 하지만 여기에서도 이제 자체적인 광고 기회를 포착하려고 하는 온라인 소매 경쟁 업체에 비해 이런 상대적 이점이 얼마나 지속될 수 있을지는 불분명하다.[45]

베조스 본인도 이례적으로 솔직한 순간에, 온라인이든 오프라인이든 소매 업계에서는 경쟁 우위를 제한적으로만 이용할 수 있다는 사실을 인정했다. "우리에게는 하나의 커다란 이점이 없다. 그러니 수많은 작은 이점을 모아서 밧줄을 엮어야 한다."[46] 역사적으로 중요한 기업 인수를 다시 살펴보면 회사의 두려움과 약점에 대한 단서를 얻을 수 있다. 광범위한 플랫폼의 이점이 생각하는 것만큼 강하다면 아마존은 왜 다이퍼스닷컴Diapers.com을 사서 겨우 6년 뒤에 문을 닫은 걸까?[47] 그리고 다이퍼스 설립자는 월마트가 경쟁이 치열한 전자상거래 사업의 엔진으로 사용하려고

30억 달러를 제안할 만큼 매력적인 대체 '플랫폼'을 어떻게 단 1년 만에 구축할 수 있었을까?**48**

리더의 위치를 굳히는 데 성공한 다이퍼스와 자포스Zappos 같은 기업을 모두 사들이거나 고객이 대안을 선택하는 것이 '무책임한' 행동이 될 정도까지 내부 투자를 해야 하는 사업을 하고 있다면, 인생이 끝없는 두더지 잡기 게임이 된다. 아마존 주주들에게 좋은 소식은 그런 기업에 베조스만큼 적합한 경영자도 없다는 것이다. 그가 처음에 선호했던 회사의 이름은 리렌틀리스닷컴Relentless.com(끈질기다는 뜻-옮긴이)이었는데, 여기에는 그의 성격과 그가 설립한 기업의 요구 사항이 완벽하게 녹아 있다. 베조스가 가구와 애완동물 분야의 온라인 소매 업계 선두 주자인 웨이페어와 츄이를 사지 못하는 유일한 이유가 페이스북의 저커버그가 하우스파티나 틱톡을 사지 못하는 것과 같은 이유, 즉 정부 개입에 대한 두려움 때문인지 의문이 든다.

아마존의 첫 20년 동안의 역사를 기록한 브래드 스톤Brad Stone은 이 회사의 문화를 정의하는 핵심적인 특징으로 "가차없는 무자비함"을 꼽았다. 스톤은 그의 2013년도 베스트셀러가 2018년에 개정판이 나오면서 다시 쓴 서문에서, "치명적인 조합을 정확하게 맞추는 것이 베조스의 엄청난 재능이자 아마 아마존의 가장 큰 자산이었을 것"이라고 결론지었다.**49** 그는 이것이 "대부분의 성공한 기업에서 익숙한 가치관"이라는 견해를 밝혔다.

베조스가 주입한 기업 문화에 대한 좀 더 관대한 해석이자 특이한 측면은 한쪽에서는 창의성과 혁신을 육성하고 다른 한쪽에서는 절약 정신과 효율성을 동시에 육성했다는 것이다. 기술 회사들 가운데 검소함을 기업의 5대 핵심 가치 중 하나로 포함하는 회사가 몇이나 될까?[50] 아마존이 지배하고자 하는 소매 부문에 내재되어 있는 극심한 경쟁을 감안할 때, 두 가지를 모두 가차없이 추구하지 않고서는 이 정도 위치까지 도달했을 가능성이 거의 없다.

사람들이 아마존의 문화를 불길하다고 생각하든 환상적이라고 생각하든, 이는 회사가 성공하는 데 중요한 역할을 했고 특이한 리더의 성격과 분리할 수도 없는 것처럼 보인다. 이것이 중요한 이유는 사람이나 문화가 구조적인 경쟁 우위를 대변할 수는 없으며, 베조스가 2021년 2월에 발표하기를 그해 여름에 CEO 자리에서 물러나겠다고 했기 때문이다. 《순서 파괴》에서는 아마존의 문화가 "거대한 경쟁 우위"를 구성한다고 주장했지만, 저자는 그것이 "가르칠 수 있는 운영 관행" 모음이라고 정의함으로써 무심코 그 말이 얼토당토않은 얘기임을 분명히 했다.[51] 《순서 파괴》는 아마존의 원칙을 효과적으로 적용하기 위해 "제프가 필요하지는 않다"[52]고 반복해서 강조하지만, 그들이 관행의 효과를 극구 칭찬하는 이유가 사실은 그것이 아마존 리더의 정신을 완벽하게 반영하기 때문이라는 인상을 강하게 준다. 저자들은 때때로 "제프의 정신"이라는 말과 "아마존의 정신"이라는 말을 동의어처럼 번갈아 가면서 사용하기도 한다.[53]

베조스는 이사장직으로 자리를 옮기겠다고 발표하기 전부터, 경쟁 위협이 더 치열해진 와중에도 신경 쓰는 일(신문사 경영 호전, 우주 탐사, 새로운 인간관계 등)이 많아진 것처럼 보였다.[54] 그가 선택한 후계자인 앤디 재시 Andy Jassy는 엄청난 성공을 거둔 AWS 사업부를 오랫동안 이끌면서 능력을 증명했다. 하지만 앞서 지적했듯이, 이 사업은 규모가 훨씬 큰 소비자 대면 사업이나 경쟁이 치열한 상거래 사업과 공통점이 거의 없다.[55] 다양한 사업을 벌이고는 있지만 핵심 영역에서 경쟁 우위가 약하고 뛰어난 실행 능력과 리더십에 크게 의존하는 아마존이 세계에서 가장 가치 있는 회사 중 하나가 될 가능성이 얼마나 될까?

확실히 소수의 관점이기는 하겠지만, 가능성이 그리 크지는 않다. 최근 몇 년간 아마존은 적어도 투자 회의론자들과 관련해서는 반대 의견을 대부분 근절해왔다. 그리고 2020년에 코로나 팬데믹으로 매출과 시장가치가 빠르게 늘면서 그 소수 의견은 더더욱 하찮아졌다. 흔히들 성공이 최고의 복수라고 말한다. 이 회사는 지난 10년 동안 개별 연도 3년을 제외한 모든 기간에 시장 실적을 크게 앞섰고, 2020년에는 주가가 76퍼센트나 올랐다. 글로벌 온라인 상거래 분야에서 계속 점유율을 늘리면서 수익성 높은 AWS와 광고 사업도 키웠다.

2005년까지만 해도 매도 부문 리서치 분석가들 중 겨우 10퍼센트만 아마존 주식을 매수했는데, 당시에는 주가가 고집스럽게 주당 50달러를 밑돌았다. 2010년에 주가가 주당 100달러를 돌파하자 분석가의 절반 이상이 매수 의견으로 전환했지만, 상당수는 보류 또는 심지어 매도 등급을 유지했다. 2018년에 주가가 2000달러를 돌파하자, 이 회사를 담당하는 50명 가까운 리서치 분석가 전원이 아마존 주식을 매수했다. 그리고 그것은 코로나19 때문에 모든 사람이 거의 모든 형태의 상거래를 가정용 컴퓨터에 의존해야만 하는 상황이 되기 전의 일이었다. 이런 상황에서 잘못될 일이 뭐가 있겠는가?

리서치 분석가들이 보인 집단적 열의의 원천은 지속적인 성장 잠재력이다. 그들은 아마존이 무적의 존재임을 입증하기 위해 온라인 판매 점유율을 가리키는 동시에, 이 회사가 모든 판매에서 상대적으로 작은 부분(미국에서는 5퍼센트 미만, 전 세계적으로는 1퍼센트 미만)을 차지하고 있다는 사실에도 집중한다. 이것은 아마존이 마법 같은 교란의 힘을 활용할 수 있는 상당한 '여백'이 존재함을 보여준다. 그들은 대수의 법칙에도 불구하고 아마존이 과거처럼 계속 성장할 수는 없다고 주장한다. 이제 아마존이 기존에 만들어놓은 막대한 고정비용 인프라와 기술 투자를 완전히 활용해야 한다.

현재 수준보다 50퍼센트 이상 높은 목표 가격에 도달하기 위해 다양한 방법을 동원하고 있지만, 일부에서는 이 회사가 과거에 거래되었던 평균 매출 배수를 지적하면서 이것이 미래의 합리적인 벤치마크라고 주장하기도 한다. 수학적으로 보자면 주가가 대략적으로 수익에 따라 증가해야 한다는 얘기다. 그리고 분석가들은 향후 3년 동안 아마존의 매출 성장률이 주식시장에서 평가한 것보다 훨씬 높은 20퍼센트에 육박할 것으로 예상하고 있기 때문에, 아마존이 계속해서 더 뛰어난 실적을 달성할 준비가 되어 있을 거라고 여기는 것은 당연한 일이다.

모든 플랫폼이 동일한 것은 아니며, 모든 성장도 마찬가지다. 1장에서 설명한 것처럼, 모든 성장이 가치를 창출하지는 않는다. 여기에서 중요한 질문은 성장했는지 여부가 아니라 어떻게 성장했는지다. 《거물의 저주》에서 나와 공저자들은 거의 25년 동안 가장 큰 미디어 재벌들의 매출 성장과 가치 창출 사이에 중요한 상관관계가 있다는 것을 증명했다.[56] 불행하게도 그것은 확실히 음의 상관관계였다. 대기업들은 주로 너무 값비싼 기업 인수와 바보 같은 내부 프로젝트를 통해 성장을 이루었다.

따라서 리서치 분석가들의 낙관론이 타당한지 평가하려면, 그들이 이런 성장이 정확히 어디에서 유래했다고 생각하는지를 알아야 한다. 즉 우리는 아마존이 '여백'의 어느 부분을 채울 것인지 고려하고, 이것이 뛰어난 수익률에 대한 기대를 정당화하는지 분석할 필요가 있다. 온라인 상거래 사업에서는 분석가들이 신제품 카테고리와 새로운 해외 진출 지역을 성장의 두 가지 주요 영역으로 거론한다.

이들 각각을 차례로 검토하기 전에, 명백하면서도 매우 적절한 관찰부터 시작해보자. 아마존도 다른 기업들처럼 가장 큰 기회가 있는 제품과 지역부터 먼저 성장 역사에 추가한 다음 좀 더 불확실한 기회들의 목록을 따라갔다. 그래서 제품 분야에서는 책 다음으로 영화와 음악이 논리적인 인접 항목으로 추가되었다. 소비자들은 오프라인 환경에서도 책과 DVD, CD를 함께 구입하는 데 익숙했고, 이 제품들은 물류 면에서도 같이 포장하고 배송하기가 쉬웠다. 해외시장에서는 언어적·구조적·경제적으로 미국과 가장 가까운 유럽의 2대 시장에서 선도적인 온라인 서점을 사들이는 것부터 시작했다.[57]

25년간의 끊임없는 사업 확장 이후 또다시 '여백'을 선택하는 것은 절대적인 측면에서는 여전히 많은 기회를 제공하겠지만, 상대적인 측면에서는 매력이 상당히 떨어지는 것도 당연한 일이다. 이는 아마존이 가장 근래에 세운 계획과 애널리스트들이 강조하는 새롭고 구체적인 잠재적 카테고리를 통해서도 입증된다.

최근 몇 년 사이에 가장 관심을 끌었던 제품 카테고리는 식료품이다.[58] 식료품은 아마존이 역사적으로 의미 있는 점유율을 차지하지 못한 가장 큰 카테고리이자 소매 업계 전체에서도 자동차와 부품 다음으로 규모가 큰 카테고리라는 것은 성장을 추구하는 이들에게 희소식이다.[59] 가치를 추구하는 이들에게 나쁜 소식은 마진율이 가장 낮은 데다가 온라인에서 세간의 주목을 받으며 실패한 사례가 이례적으로 많다는 것이다. 웹밴은 파산하기 전에 거의 10억 달러를 모았다. 다른 한물간 업체로는 코즈모, 홈그로서HomeGrocer, 숍링크ShopLink 등이 있다.

가장 많은 자본과 관심을 끈 온라인 식료품점은 영국의 오카도Ocado인데, 이 회사는 영국의 유명한 온라인 조달업자(2019년 점유율 14퍼센트)이자 전 세계의 식료품 업계 파트너에게 소프트웨어와 하드웨어 솔루션을 제공하는 업체이기도 하다.[60] 미국에서 오카도는 크로거Kroger와 제휴했다. 미국의 다른 많은 식료품 체인은 온라인 배송 서비스를 제공하기 위해 인스타카트와 제휴했다. 그런데 인스타카트는 IPO 계획을 가속하기 위해 팬데믹과 관련된 업무량 급증을 이용했다.[61] 투자자들은 팬데믹을 통해 "식료품 쇼핑 방식이 완전히 달라졌다"[62]는 확신을 얻었지만, 오카도는 매력적인 하이브리드 사업 모델과 매우 높은 가치 평가에도 불구하고 앞으로 오랫동안 손익분기점에 도달하지 못할 것으로 예상된다.[63]

회사 설립 후 30년이 지난 피파드Peapod처럼 1990년대부터 살아남은 온라인 식료품점은 거의 없는데, 이들이 살아남은 이유는 실제로 돈을 벌었기 때문이 아니라 오프라인에서 활동하는 부유한 모기업이 매입했기 때문이다.[64] 2020년에 피파드는 스톱&숍Stop & Shop이나 푸드 라이언Food Lion 같은 모기업의 오프라인 매장을 위한 기술 제공 업체로 역할이 축소되면서 많은 시장에서 배송을 중단했다.[65] 심지어 해외에서 "가정 배송 성공 신화"로 선전하면서 수억 달러를 번 프레시다이렉트FreshDirect[66]도 뉴욕 시장 바깥에서 성장하는 데는 어려움을 겪고 있으며, 운영상의 문제들이 나타나고 경쟁도 심해지고 있다.[67]

게다가 미국에서는 이미 월마트 때문에 식료품 사업에 차질이 생기고 있었다. 오늘날 월마트는 가장 큰 식료품 매장으로, 다음 순위의 경쟁 업체 네 개를 합친 것과 거의 같은 양을 팔고 있다.**68** 월마트가 미국 내 어느 지역에나 있다는 것을 감안하면, 오늘날 '클릭 앤드 컬렉트click and collect(인터넷에서 구입한 제품을 오프라인 매장에서 수령하는 것-옮긴이)'가 온라인 식료품 쇼핑에서 차지하는 비중이 증가하는(요새는 거의 절반 가까이 된다) 것은 순수 디지털 식료품점에 비해 내재된 이점이 있음을 보여준다. 미국인의 약 90퍼센트가 월마트 매장에서 16킬로미터 이내에 살고 있다.

아마존은 적어도 2007년부터 아마존 프레시Amazon Fresh를 테스트해왔지만, 10년 뒤에 홀푸드 인수를 발표할 때까지도 해당 카테고리에서 거의 진전을 이루지 못했다. 미국 시장점유율이 3퍼센트 이하인 홀푸드는 다른 수많은 오프라인 체인점에 비해 규모가 작으며 주로 "고급 교외 지역 또는 대도시 지역"에 초점을 맞추고 있다.**69** 홀푸드를 인수한 뒤, 아마존은 인수한 매장에서 멀리 떨어진 전국의 많은 교외 지역에서 아마존 프레시 식료품 배달 서비스를 중단하겠다고 발표했다. 최근 아마존 프레시 오프라인 매장을 개점하면서 보인 이런 움직임은, 온라인 식료품 사업을 성공시키려면 오프라인 매장이 필요하다는 인식이 생겼다는 것을 나타낸다.**70** 그러나 아마존의 수익 배수는 3~4배나 되는 데 비해 오프라인 식료품 사업은 (온라인 쇼핑을 포함하더라도) 10분의 1도 안 된다는 점을 생각하면, 이 성장 경로의 가치가 늘어날 것이라는 생각은 공상에 불과한 듯하다. 심지어 아마존의 기록적인 홀푸드 거래도 한때 수익 배수가 1이 되지 않았다.

아마존이 지난 사반세기 동안 공격을 소홀히 했던 다른 많은 대형 제품 카테고리의 공통점은, 사실상 공격할 가치가 없다는 것이다. 이는 해당 제품들이 디지털 상거래에 적합하지 않거나(예컨대 의료 서비스 등), 이미 다른 이들이 디지털 방식으로 너무 교란해놓아서 점진적인 가치 창출 기회가 한정적이거나(예컨대 행사나 영화 티켓 판매 등), 제품의 성격이 아마존의 유통 인프라나 비즈니스 모델에 적합하지 않거나(예컨대 자동차나 주택), 이런 요소들이 다양하게 조합되어 있기 때문이다. 하지만 이런 내재된 한계도 이를 미래 성장의 유망한 매개체로 홍보하려는 분석가들의 열망을 꺾지는 못했다.

가정에서 구입하는 가장 값비싼 품목인 집과 자동차를 예로 들어보자. 인터넷이 등장하기 전에는 지역 신문 광고와 TV 광고가 이 분야의 마케팅을 지배했고, 중고차를 직접 판매하는 몇몇 경우를 제외하면 부동산 중개업자와 자동차 대리점에서 실제 거래를 진행했다.

온라인 주택 거래 분야의 리더 기업인 질로Zillow는 몇 년 전에 아마존이 부동산 소개 분야로 사업 확장을 암시하는 웹페이지를 추가하자 주가에 큰 타격을 입었다.[71] 하지만 이 페이지는 곧 사라졌고,[72] 질로의 주가는 계속 치솟고 있으며, 아마존의 부동산 업무는 소형 조립식 주택을 온라인으로 판매(및 무료 배송)하는 데만 국한되어 있다.[73] 질로도 자산 데이터를 활용하여 고객을 위해 주택을 사고파는 일을 하며, 아마존이 경쟁에 뛰어들 만하지 않은 분야에서 융자도 제공한다.

자동차 부문에서는 구매자를 위한 리뷰와 사양 정보를 제공하기 위해 2016년에 아마존 비히클Amazon Vehicles 서비스를 시작했지만, 이 분야에서 활동하는 10여 개가 넘는 광고 기반의 리드 육성(잠재적 상품 구매자와 끊임없이 교류하고 정보를 제공하여 구매를 유도하는 것-옮긴이) 기업들보다 훨씬 뒤처져 있다. 여기에는 오토트레이더와 카스닷컴처럼 오래전부터 자리를 굳힌 리더도 있고, 트루카TrueCar나 카구루스 같은 신규 업체도 있는데, 이들 대부분은 아마존 비히클을 훨씬 능가하는 독점 데이터와 기능을 보유하고 있다. 미국 각 주의 엄격한 대리점법 때문에 온라인에서 신차를 구입하는 것은 제한되어 있지만, 이런 기업들 가운데 상당수는 인터넷으로 광고도 하고 중고차 구입과 판매를 위한 P2P 시장도 형성해서 번성하고 있다. 그러나 이 시장에 꽤 많은 기업이 참여하고 있고 신규 진입을 꾀하는 업체들이 계속 늘어나는 바람에, 꾸준한 성장세에도 불구하고 자본 상황은 어려운 편이다. 카스닷컴이 몇 년 전 독립 회사로 분사한 이후 매우 실망스러운 실적을 거둔 것은 이런 구조적 취약성을 반영하는 것이며, 이 회사가 매물로 나온 뒤에도 자발적인 구매자를 찾을 수 없는 것도 이 때문이다.[74]

카바나(2017)와 브룸^Vroom(2020)이 성공적으로 IPO를 진행하면서 순수 디지털 중고차 소매 업체가 등장했다. 다른 업체들도 이들의 뒤를 따를 태세다. 그러나 아마존의 창고 인프라는 실질적으로 자동차 소매업을 수용할 수 없으며, 이 시장에 진입할 뚜렷한 계획도 없다.

잠재적인 국제적 성장의 원천으로 눈을 돌리면, 가장 성공한 진정한 글로벌 기업의 경우 '국제적'이라는 일반적인 꼬리표를 달기는 했지만 실제로는 각기 다른 시장마다 그에 적합한 맞춤형 접근법을 활용했다는 사실을 기억해야 한다. 하나의 국제 전략이 아니라 여러 개의 지역 전략이 필요한 이유는 지역마다 시장 구조와 소비자 수요, 규제가 완전히 다른 경우가 많기 때문이다.[75] 이는 제품이나 서비스를 제공하는 데 드는 비용이 대부분 해당 지역에서 발생하는 소매업 같은 부문에서 특히 그렇다. 이렇게 시장마다 차이가 심하기 때문에 진짜 국제적으로 운영되는 기업들도 이익의 대부분을 극소수의 국가나 지역에서 얻는 것이 일반적이며, 성공하려면 지역색이 뚜렷한 브랜드를 채택해야 하는 경우도 있다.

아마존은 1998년 영국과 독일에서 처음으로 온라인 서점을 인수한 데서 시작해 지금까지 큰 발전을 이루었다. 오늘날 이 회사는 약 58개국에서 사업을 운영하면서 10억 명 이상의 소비자에게 다가가고 있다. 많은 기업이 국내시장이 포화 상태에 이르면 국제시장으로 진출해 높은 성장률에 대한 대가로 낮은 수익성을 감수한다. 그러나 최근 몇 년간 아마존의 국제 사업에서 눈에 띄는 점은 큰 적자를 내는 손실을 보면서도 미국 내 사업보다 훨씬 느리게 성장했다는 것이다. 2010년부터 2020년까지 10년 동안 해외 소매업은 미국 내 소매업보다 느리게 성장했고, 2020년에 팬데믹이 닥치기 전까지는 2013년 이후로 한 번도 이익을 내지 못했다.[76] 팬데믹으로 인한 온라인 판매 붐이 최고조에 달했을 때 해외 사업부가 몇 년 만에 처음으로 분기 이익을 보고하자, 베조스마저 이것이 신뢰할 수 있는 추세가 아니라 "매우 이례적인 분기"일 뿐이라고 경고했다.[77] 전체적으로 분수령을 맞은 이해에도 해당 부문의 전체 마진은 1퍼센트에 훨씬 미치지 못했다.[78]

이들은 1991년에 월마트가 미국 외 지역 중 처음으로 멕시코시티에 매장을 낸 뒤 10년 전까지 국제 영업을 성장시킨 경험을 광범위하게 추적했다. 월마트는 해외 영업을 통해 어느 정도 수익을 얻기는 했지만, 미국 바깥에서는 미국에서와 비슷한 성과를 한 번도 올리지 못했다. 이렇게 차이가 나는 이유는 아마존이 미국 바깥에서 얻는 수익이 그렇게 낮은 이유와 별반 다르지 않다. 문화적·구조적 차이는 둘째 치더라도, 월마트는 대개 해당 지역의 경쟁사가 월마트가 미국에 보유하고 있는 것과 유사한 브랜드와 효율적으로 밀집된 점포 네트워크를 구축한 뒤에야 비로소 그곳에 진출했다. 월마트는 알디^{Aldi}(독일 할인점 체인-옮긴이)가 2017년에 시작한 50억 달러 규모의 미국 성장 5개년 계획을 통해 수익을 낼 것 같지 않은 것과 비슷한 이유로 독일에서 완전히 철수했다.[79]

만약 한 시장에서 1위를 차지한 업체들이 다른 모든 시장에서도 쉽게 1위가 될 수 있다면, 모든 시장에 수많은 1위 업체가 존재하게 될 것이다! 영국 소매 업계의 확실한 리더인 테스코^{Tesco}는 미국 시장에서 완전히 발을 빼기 전까지 이 시장을 지배하기 위해 10억 파운드를 쏟아부은 뒤에야 어렵게 교훈을 얻었다.[80] 월마트는 한때 영국에서 이것보다 좋은 성과를 거뒀지만, 그것은 이 회사가 해외에서 흔히 그러는 것처럼 영국의 3위 업체를 인수해서 그 브랜드를 내걸고 사업을 운영했기 때문이다.[81] 운영이 힘들어지자 2위 업체와 합병을 시도했지만 이마저 가로막히자, 영국에서 성공하려고 10년 넘게 노력했던 월마트는 결국 2020년에 지분 대부분을 사모펀드 회사에 매각했다.[82] 현재 월마트는 27개국에서 운영되고 있지만, 해외 매출과 수익은 멕시코와 캐나다에서 압도적으로 많이 나오고 있다.

아마존도 상황은 거의 똑같다.[83] 미국에서는 오프라인 소매 업체들의 점유율을 상당히 많이 빼앗았다. 국제적으로는 오프라인 소매 업체들뿐 아니라 규모가 큰 온라인 업체들과도 경쟁하고 있다. 예를 들어 알리바바는 중국뿐 아니라 아시아의 많은 지역을 지배하고 있는데, 아마존과 달리 여러 개의 현지 브랜드를 이용한다는 점이 주목할 만하다. 또 메르카도리브레^{MercadoLibre}는 멕시코뿐 아니라 남아메리카 대부분 지역에서 아마존보다 훨씬 앞서 있다.

아마존이 최근 몇 년 사이에 가장 공격적으로 진출을 시도한 해외시장은 인도다. 하지만 지금까지 그곳에서 겪은 일을 얘기하면, 해외 진출 기회를 통한 주가 상승 폭에 대한 기대감이 꺾일 것이다.

아마존이 2004년에 진출한 중국에서 실패를 맛본 후 인도 시장에 매력을 느낀 이유는 쉽게 알 수 있다. 아마존은 중국의 현지 온라인 서점을 인수하면서 이곳에 진출했고, 창고 건설과 교육 프로그램에 수십억 달러를 투자해가며 현지인들에게 아마존 방식을 가르쳤다. 그러나 2016년에 프라임 서비스를 시작한 뒤에도 전자상거래 시장점유율은 여전히 1퍼센트 미만이었다.[84] 아마존은 2019년에 중국에서 마켓플레이스 사업을 접었다.[85] 아마존은 포기한 적이 거의 없고(이들은 끈질기다는 사실을 기억하자), 실수를 통해 빠르게 배우는 능력을 자주 보여주었다. 인도가 미국과 중국에 이어 세 번째로 큰 소비자 시장이 될 태세를 갖추자,[86] 중국에서 배운 교훈을 활용해 더욱 미묘한 현지 맞춤형 접근 방식을 취하면서 해외에서의 성장을 꾀하는 쪽에 내기를 거는 것이 논리적인 행동이 되었다.

2013년에 설립된 아마존 인도는 현지 시장 구조뿐 아니라 현지 규제를 중심으로 하는 근본적으로 다른 비즈니스 모델을 따랐다. 아마존은 이 지역의 제조 업체와 유통 업체, 소매 업체들이 아마존과 협력할 수 있도록 온라인 기능 구축을 지원했다. 그러나 2016년 말에 인도는 순수한 마켓플레이스 모델을 통하는 경우를 제외하고는, 외국인이 소유한 판매 업체가 전자상거래 사업을 운영하는 것을 사실상 금지하는 규칙을 만들었다.[87] 그 시점에 이미 아마존은 이 사업에 50억 달러를 투자하기로 약속한 상태였다.[88] 아마존이 대형 마켓플레이스 참여자들을 사들이는 방식으로 제2의 해결책을 마련하자, 이를 막기 위한 새로운 규제가 시행되었다.[89]

인도에서는 경쟁 환경과 허용되는 비즈니스 기회에 대한 제약이 만만치 않다. 모국에서부터 아마존과 천적 관계인 월마트는 160억 달러를 들여 이 지역의 주요 전자상거래 업체인 플립카트Flipkart의 지배 지분을 확보했다.[90] 또 이웃 나라 중국에서 아마존을 격파한 거대 온라인 소매 업체들(알리바바와 징동닷컴 JD.com)도 오래전부터 인도에서 활동해왔다. 그러나 가장 위협적인 것은 이미 인도의 기업과 소비자 부문에 광범위한 금융 및 인프라 서비스를 제공하면서 아마존의 서비스 사업을 위축시키는 릴라이언스 그룹Reliance Group이라는 인도 대기업이다.

팬데믹 때문에 해외여행이 중단되기 직전인 2020년 초까지 이 시장을 단념하지 않았던 베조스는 인도로 날아가 10억 달러를 추가 투자하겠다고 발표했다.[91] 그 직후 이 회사가 음식 배달 사업을 시작할 계획이었다는 사실이 밝혀졌다.[92] 불길하게도 베조스가 도착하기 직전에 그의 방문에 반대하는 시위가 벌어지자, 정부는 아마존에 대한 반독점 조사를 시작하기로 결정했다.[93] 그가 떠난 뒤, 인도의 통상장관은 새로운 10억 달러 투자에 대해 "그들이 인도에 큰 호의를 베푸는 것 같지는 않다"라며 무례한 태도를 보였다.[94]

몇 달 뒤, 릴라이언스는 자신들의 디지털 사업부인 지오 플랫폼Jio Platforms을 위해 구글이나 페이스북 같은 회사와 국부펀드 및 사모펀드를 통해 200억 달러를 조달했다고 발표했다. 무케시 암바니Mukesh Ambani 회장은 이 돈으로 현재 소규모 소매 업체들이 소비자에게 식료품과 여러 가지 지역 상품을 판매하고 있는 플랫폼을 확장해서 전자제품이나 패션 아이템까지 제공할 수 있도록 할 것이라고 발표했다. 만약 인도가 아마존의 가장 유망한 국제 기회라고 하더라도(확실히 비용은 가장 많이 들 것이다), 투자자들은 이곳에서 중국보다 높은 투자 수익을 달성할 가능성에 판돈을 많이 걸지만 않는다면 괜찮을 것이다.

디지털 투자자들은 실제로 몰두할 가치가 있는 시장 규모보다는 잠재적인 시장의 전체 규모(해당되는 잠재적 성장률을 연결하기 위해)에 더 집착하는 경우가 많다. 9장에서는 더 강력한 진입 장벽을 제공하는 좁은 시장을 공략하면서 아마존보다 훨씬 깊은 해자를 파는 데 성공한 전자상거래 기업들을 살펴볼 것이다. 그들의 독점 사업이 아마존의 미래 성장에 필요한, 아직 개발되지 않은 '여백'을 드러낼 수도 있지만, 아마존 주주들에게는 별로 긍정적인 영향을 미치지 않을 것이다.

CEO들은 경쟁 우위가 존재하지 않는 곳에서 경쟁 우위를 주장하는 이상한 경향이 있다. 이상한 점은, 경쟁 우위가 없는 상태에서 지속적으로 뛰어난 결과를 달성하는 것이 구조적 지원을 통해 달성하는 것보다 훨씬 인상적이라는 것이다.

아마존이 핵심 시장에서 "수많은 작은 이점으로 엮은 밧줄"을 이용해서 거둔 놀라운 발전은 경영진의 놀라운 능력을 입증하는 증거다. 물론 아마존은 끈질기고 무자비한 회사다. 그러나 FAANG 동료들과 달리, 아마존은 완전히 새로운 기회를 발견한(AWS는 가장 놀라운 사례다) 다음 해당 시장에 강력한 운영 원칙을 적용하는 인상적인 실적을 거뒀다. 비록 아마존은 본래의 핵심 상거래 시장에 강력한 진입 장벽이 부족하지만, 그래도 여전히 훌륭한 회사다. 하지만 현재의 가치 평가만큼 정말 가치 있는 회사인지는 또 다른 문제다.

우리가 이 장에서 배울 수 있는 것들

1. 아마존은 성장 초기의 몇 년 동안은 네트워크 효과도 없고, 고객 유지력도 매우 약한 순수 소매 모델이었다. 전형적인 간접 네트워크 효과 모델인 아마존 마켓 플레이스가 널리 이용되기까지는 거의 10년이 걸렸다.

2. 오늘날에는 아마존이 직접 판매하는 것보다 많은 상품이 마켓플레이스를 통해 판매되고 있지만, 판매된 상품의 전체 가격이 아니라 수수료만 매출에 포함되기 때문에 전체 매출에서 차지하는 부분은 여전히 매우 작다. 현재 아마존 수익은 대부분 마켓플레이스와 무관한 AWS에서 나온다. AWS는 네트워크 효과보다는 규모와 고객 유지력을 통해 이익을 얻는 B2B 소프트웨어 사업이다.

3. 아마존은 회원들이 훨씬 높은 구매 성향을 보이는 아마존 프라임을 통해 고객 유지력을 어느 정도 확보했다. 그러나 이렇게 꾸준히 증가하는 주문의 규모나 성격을 모르면 프라임의 경제성을 평가할 수 없다. 표면적으로는 프라임 비디오처럼 회원들에게 추가로 제공되는 많은 혜택의 재정적 타당성이 매우 의심스럽다. 마찬가지로, 여러 경쟁 업체가 빠르게 모방한 당일 배송 전환에 따른 투자 수익률은 받아들이기 어려울 정도로 낮은 듯하다.

4. 아마존의 엄청난 가치 평가는 AWS의 지속적인 성공과 더불어 전자상거래 사업이 계속해서 견실하게 성장할 것이라는 예상 덕분이다. 이런 확장은 대부분 새로운 제품 카테고리와 지역에서 발생할 것으로 예상된다. 자세히 살펴보면, 이 시장의 매력적이지 않은 구조적 속성이 다른 기업들이 미리부터 이 분야에 뛰어들지 않은 중요한 이유다. 이것은 아마존의 예상되는 성장 중 이 부분에 투자자가 어떤 가치를 부여해야 하는가라는 의문을 제기한다.

5. 아마존의 어마어마한 독점 사업은 "끈질김과 무자비함", 그리고 "수많은 작은 이점을 엮은 밧줄"이 조합되어 생겨난 것이다. 그러나 이들의 무적의 기운에는 충분한 근거가 없으며, 이렇듯 혼합된 속성이 발휘하는 힘은 시장마다 매우 다르다. 앞으로도 전자상거래 성장 궤도의 전반적인 투자 수익률은 완만한 수준을 유지할 것으로 보인다.

애플,
과감한 결단으로 세상을 지배하라

언뜻 보면 애플은 다른 FAANG 기업들과 상당히 다른 것 같다. 우선 다른 기업들은 모두 인터넷의 자녀들이다. 그들의 기본적인 비즈니스 모델은 궁극적인 네트워크들의 네트워크에 의해 생성된 분배와 의사소통의 가능성에서 탄생했다. 최초의 웹브라우저가 등장하기 수십 년 전인 1976년에 두 명의 스티브,[1] 즉 스티브 잡스와 스티브 워즈니악Steve Wozniak이 설립한 애플은 주로 물리적인 소비재를 만들어서 판매한다.

물론 이 기업도 그때 이후로 많은 것이 변했지만, 그중 일부만이 인터넷의 출현을 반영한다. 2007년에 이 회사는 가전제품 분야로 본격적인 진출을 알리기 위해 회사 이름에서 '컴퓨터'라는 단어를 삭제했다.[2] 하지만 여전히 애플 수입의 대부분은 실제 소비자 제품의 판매에서 나온다. 10년 전에 잡스가 사망한 뒤로는 사실상 아이폰iPhone, 이 하나의 제품을 통해 1년 매출의 대부분을 올리고 있다.[3]

그러나 애플이 누리는 경쟁 우위의 원천을 생각해보면, 애플과 다른 FAANG 기업들뿐 아니라 애플과 기술 분야의 다른 기업들 사이에도 또 다른 큰 차이가 존재하는 것이 보인다. 오라클의 공동 창업자인 억만장자 로런스 엘리슨^{Lawrence Ellison}은 잡스가 애플에서 쫓겨난 뒤 이 회사를 적대적으로 매수하려고 했을 때 그를 지지해준 오랜 친구다. 또한 그는 1997년에 잡스가 성공적으로 애플에 복귀한 뒤 옛 인사들을 몰아내고 처음으로 선임한 새 이사진이기도 했다. 엘리슨은 애플을 차별화하는 요소가 무엇인지 확실하게 알고 있다. "스티브는 기술 업계에서 유일한 라이프 스타일 브랜드를 만들었다."[4]

2017년에 애플이 미국 기업들 가운데 최초로 시가총액이 1조 달러를 돌파하자, 파산 직전까지 갔던 애플이 불사조처럼 되살아나 이렇게 높은 위치로 비상하게 된 원인을 설명하려는 기사가 쏟아져 나왔다. 논객들은 이 회사가 지닌 근본적인 강점의 핵심 원천에 대해 다양한 이론을 제시했지만, 한 가지 변함없는 것은 애플 브랜드의 필수적인 역할에 대한 믿음이다. 앞서 경쟁 우위의 핵심 원천에 대해 얘기할 때는 '브랜드'가 포함되지 않았다. 그러나 브랜드는 일반적으로 인정되는 애플 성공 신화와 관련된 내러티브의 중심이다.

브랜드가 곧 경쟁 우위는 아니다

브랜드 그 자체가 지속 가능한 경쟁 우위라는 생각은 애플뿐 아니라 코카콜라^{Coke}, 맥도날드^{McDonald}, 나이키^{Nike} 등 회복력이 가장 뛰어난 듯한 많은 기업의 브랜드가 해당 기업의 성공과 불가분의 관계에 있다는 관찰 결과에서 나온 것이다. 하지만 그렇다고 해서 브랜드가 이들의 유일한 혹은 주된 장점이라는 얘기는 아니다. 또 강력한 브랜드를 보유하고 있다고 해서 반드시 뛰어난 사업 성과가 보장되는 것도 아니다. 일반적으로 브랜드와 경쟁 우위 사이의 복잡한 관계와 특히 애플의 상업적 성공을 뒷받침한 브랜드의 역할을 좀 더 면밀히 검토해볼 필요가 있다.

강력한 브랜드를 보유한 강력한 기업의 유명한 사례는 분명히 주목할 가치가 있다. 그러나 잘못된 보편적 이론을 반증하려면 단 하나의 반례만 있으면 된다. 엘리슨이 애플 브랜드에 대해 언급한 뒤 한 말에 바로 그러한 반례가 숨어 있다. "포르쉐Porsche, 페라리Ferrari, 프리우스Prius 등 사람들이 자랑스럽게 여기는 차가 있다. 내가 운전하는 차가 나에 관해 무언가를 말해주기 때문이다. 사람들은 애플 제품에 대해서도 같은 생각을 한다."

자동차 분야에서 브랜드의 중요성에 관한 엘리슨의 논평은 적절하다. 그가 언급한 브랜드뿐 아니라 BMW나 메르세데스Mercedes, 그 밖의 유명한 자동차들은 가장 '가치 있는' 브랜드 목록에서 계속 상위권을 차지하고 있다. 하지만 브랜드의 가치가 곧 그것이 고유한 경쟁 우위를 드러낸다는 뜻일까?

몇 년마다 새로운 고급 자동차 브랜드가 등장한다는 사실은 강력한 기존 브랜드가 시장 진입에 큰 장벽이 되지 않는다는 것을 뜻한다. 이 수치를 자세히 살펴보면 지속 가능한 두 가지 이점인, 지속적으로 뛰어난 투자 수익률과 안정적인 시장점유율이 이 부문에서 눈에 띄게 배제되어 있다는 것을 확인할 수 있다. 가치 있는 브랜드가 가장 많다고 자랑하는 업계가 강력한 경쟁 우위와 관련된 특성을 드러내는 회사를 하나도 만들어내지 못한다면, 어떻게 브랜드가 곧 경쟁 우위라고 결론 내릴 수 있겠는가?

사실 애플 자체를 보면, 자본 상황이 형편없을 때도 애플 브랜드는 강했다. 글로벌 브랜드 가치 순위는 2000년경에 처음 등장한 매우 현대적인 현상이다. 그러나 적어도 1984년의 유명한 슈퍼볼 광고에서 매킨토시 Macintosh를 소개한 이래로(역사상 가장 효과적인 광고 중 하나로 자주 언급된다) 애플은 항상 유명한 글로벌 브랜드였다는 증거가 많이 있다.[5] 최근 들어서야 겨우 우수한 재무 성과를 꾸준히 보이기 시작한 이 회사의 브랜드 회복력은 브랜드 자체가 결정적인 이점이 아니라는 것을 암시한다.

문제는 산업 구조다

브랜드가 경쟁 우위가 되지 못한다면, 어떻게 여러 브랜드 조사에서 수많은 브랜드가 수십억 달러의 가치가 있다는 결론을 내렸느냐고 물을지도 모른다. 어떤 자산이 가치 있느냐는 질문은 자산을 구축하는 데 필요한 투자가 뛰어난 수익을 올릴 가능성이 있는지를 묻는 질문과는 완전히 다르다. 다음 장에서 콘텐츠 사업에 관해 논의하면서 자세히 살펴보겠지만, 흥행한 영화가 가치 있는 자산이라고 해서 흥행 영화를 만들기 위한 사업에 뛰어드는 것이 현명한 투자 결정이라는 뜻은 아니다.

이런 초기 관찰을 마치고 나면, 흥행하는 영화를 만드는 것과 브랜드를 구축하는 것의 유사성은 곧 사라진다. 영화를 만드는 것은 전형적인 일회성 작업이다. 그 작업의 성패는 일반적으로 후속 영화(속편은 예외지만)가 수익을 올릴 가능성에 영향을 미치지 않으며, 전체 사업의 구조에도 아무 영향이 없다. 반면 브랜드는 일단 구축한 뒤에도 지속적인 유지 관리를 위한 투자가 필요하다. 또 브랜드 구축은 적어도 두 가지 측면에서 사업에 구조적인 영향을 미치는데, 이는 영화 사업 전반과 아무런 관련이 없다.

첫째, 가장 분명한 사실은 강력한 브랜드는 구매 습관을 촉진하거나, 심리적 전환 비용을 높이거나, 신뢰 혹은 제품 특성을 전달하기 때문에 비교 가능한 대안을 찾을 때 탐색 비용이 발생해서 어느 정도 고객 유지력이 생긴다는 것이다. 그에 반해 유니버설Universal 영화사에 히트작이 있더라도 그것이 다음 유니버설 개봉작을 보러 가려는 나의 성향에 특별한 영향을 미치지는 않는다. 브랜드는 이런저런 고객 유지 요소를 주입할 수 있지만, 자동차의 경우 보상 판매를 받을 수 있는 브랜드를 고수하는 구매자는 전체의 20퍼센트 미만이다. 브랜드, 제조사, 모델 사이에서는 상당한 수준의 변동성이 존재하지만 충성도는 일반적으로 약 30퍼센트에 달한다.[6] 자동차 구매 결정 빈도가 줄어드는 가운데(지금은 소유 기간이 7년에 육박한다[7]), 일반적으로 소요되는 시간과 조사의 양[8]이 브랜드 유지력의 잠재적 강도를 약화한다.

둘째, 브랜드 구축 및 유지와 관련된 마케팅 비용이 곧 고정비용이 되면서 상대적 규모의 재정적 중요성이 강조된다. 영화를 만들 때는 심지어 제작비가 매우 많이 드는 영화도 스튜디오를 쉽게 임대할 수 있기 때문에 고정비용이 거의 들지 않는다. 그러나 자동차 산업에서는 고정적인 마케팅과 R&D 비용이 중요하기는 하지만, 전반적인 비용 구조는 여전히 가변적인 원자재 가격과 노동력에 따라 결정된다. 게다가 업계가 과점이 심한 국내시장에서 경쟁이 치열한 글로벌 시장으로 옮겨가면서, 수십 개의 제조 업체가 브랜드 구축을 비롯해 고정비용 요건을 뒷받침하는 규모로 운영할 수 있게 되었다.

요점은 브랜드가 중요하지 않다는 얘기가 아니다. 브랜드가 지속 가능한 차별화 요소로 작용할 수 있는지는 산업 구조에 따라 결정된다. 고객 유지력과 규모는 진입과 관련된 구조적 장벽이다. 브랜드는 중요한 공급과 수요 속성이 이런 지원에 적합한 부문에서 장벽을 대폭 강화할 수 있다. 이를테면 사용 빈도가 높고 마케팅과 유통이 비용 구조를 지배하는 소비재 분야에서는 브랜드가 정말 중요하다.

애플은 꾸준히 세계에서 가장 가치 있는 단일 브랜드로 선정되고 있다. 가치가 2000억 달러 이상인 것으로 추산되는 이 브랜드를 독립 기업처럼 거래한다면, 브랜드 가치만으로도 미국의 20대 기업에 포함될 것이다. 애플이 지닌 경쟁 우위의 강점과 근원을 평가하려면, 애플이라는 브랜드의 성격과 그것이 속한 분야, 그리고 진출하고자 하는 영역의 구조적 측면이나 상호작용 방식을 모두 고려해야 한다.

애플 충성 고객을 만들기까지

애플 주식회사Apple Inc.가 애플 컴퓨터Apple Compuer였던 30년 동안, 이 회사는 영업 마진율이 10퍼센트를 넘긴 적이 거의 없다.[9] IBM이 PC를 세상에 선보이기 전의 몇 년간만 예외다.

애플에 관한 이야기는 지속적인 기술 혁신으로 항상 뛰어난 재정적 성과를 얻은 사례로 자주 언급된다. 실제로 잡스 본인도 고등학교 여름방학 때 아르바이트를 했던 휴렛팩커드Hewlett Packard의 낭만적인 분위기를 자신이 열망하는 모델로 제시했다. 잡스의 전기 작가인 월터 아이작슨^{Walter} Isaacson의 말에 따르면, 그의 목표는 "혁신적인 창의성으로 가득해서 오래 도록 살아남을 수 있는 회사를 만드는 것"이었다.[10]

혁신에 이의를 제기할 수는 없지만, 매킨토시의 그래픽 사용자 인터페이스처럼 가장 뛰어난 혁신은 빠르게 복제되기 때문에 대부분 빈약한 재정적 결과로 이어졌다.[11] 그리고 애플은 소프트웨어와 하드웨어를 매우 폐쇄적인 시스템으로 긴밀하게 통합해야 한다고 고집했기 때문에, 그사이에 모방자들은 애플의 가장 뛰어난 아이디어를 애플보다 빠르게 확장할 수 있었다. 잡스가 1985년 애플에서 쫓겨날 무렵, 애플의 PC 시장 점유율은 IBM 복제품뿐 아니라 코모도어^{Commodore}(이제 기억에서도 아득해진)보다도 작았다. 그로부터 10여 년이 지난 뒤인 1997년 잡스가 다시 애플에 복귀했을 때, 코모도어는 오래전에 시장에서 사라졌지만 애플의 점유율은 전보다 더 하락한 상태였다. 잡스는 정리 해고를 대폭 단행하고, 제품 라인을 철저히 단순화해서 출혈을 신속하게 막는 데 성공했다. 그러나 이 회사가 지속적인 매출 성장을 이루기까지는 5년, 마진이 10퍼센트대에 도달하기까지는 10년이 걸릴 것이다.

애플의 재무 성과에 영향을 준, 그다음으로 중요한 혁신은 아이팟^{iPod}이었다. 아이튠즈 서비스를 개시한 지 불과 9개월 만인 2001년에 애플은 음악 산업을 혼란에 빠뜨린 무료 서비스의 매력적인 대안이 될 만큼 만족스러운 제품을 제공했다. 애플의 독창적인 접근 방식이 음악 산업에 혁명을 일으키고 사업 성장을 다시금 가속했다는 데는 의심의 여지가 없다. 그러나 애플의 수익성에 혁명을 일으킨 비결은 애플 내부 생태계가 컴퓨터를 넘어 음악으로 확대되었기 때문이 아니라 외부 생태계에 대한 접근 방식이 근본적으로 달라졌기 때문이다.

아이팟 자체는 애플 컴퓨터보다 마진이 현저히 낮은 제품이었고 아이튠즈 스토어는 아이팟 판매를 촉진하기 위한 손익분기점에 불과했다. 애플의 수익성을 높인 진정한 동력원은 이 회사가 다른 기술 대기업과의 관계를 관리하는 방식과 관련된 결정이었다. 특히 2006년에 애플은 자사 기기에서 마이크로소프트 윈도를 지원하기로 결정했는데,[12] 이는 그전 해에 자사의 파워PC 칩을 포기하고 더 강력한 인텔 기술을 받아들이기로 했기에 가능한 일이었다. 그해에 아이팟 판매량이 매킨토시 판매량을 앞질렀지만(처음이자 마지막이었다), 여전히 수익의 가장 큰 부분을 차지한 것은 컴퓨터였다.

아이팟의 폭발적인 판매 증가와 데스크탑 및 휴대용 맥 제품의 르네상스로 생긴 '후광 효과' 덕분에 많은 일이 이루어졌다. 그러나 아이팟 판매는 2006년에 이미 정체된 상태였다. 2006년부터 2011년 사이에 컴퓨터 판매량은 3배로 늘어난 반면, 아이팟 판매량은 감소했다. 물론 후광 효과가 2007년에 처음 선보인 아이폰과 2010년에 출시된 아이패드 iPad로 옮겨갔다고 주장할 수도 있다. 공통된 소프트웨어 생태계[13]와 2001년에 생긴 애플 매장이 공동 마케팅 이점을 안겨주었다는 데는 의심의 여지가 없지만, 이 데이터는 상당히 미약한 상관관계를 나타낸다. 2012년 이후로 컴퓨터 판매는 안정세를 유지해왔고, 아이패드 판매량은 급격히 감소한 반면 아이폰 판매는 2배 이상 증가했다.

아이폰과 아이패드의 등장은 애플의 경제를 변화시켰는데, 이는 단순히 두 제품 모두 엄청난 성공을 거뒀기 때문만은 아니다. 오히려 두 제품 모두 소비자들이 빠르게 받아들인 덕분에 이전에는 애플을 피해 갔던 심층 네트워크 효과의 이점을 처음으로 누릴 수 있었다.

운영체제는 전형적인 네트워크 효과 사업이다. 사용자가 많을수록 개발자들이 소프트웨어 애플리케이션을 많이 개발해서 더 많은 사용자를 끌어들인다. 운영체제와 호환되는 마이크로소프트의 엑셀, 워드, 베이직 프로그램 개발이 매킨토시 출시에 중요한 요소였던 것처럼, 애플 II가 초기에 거둔 성공도 부분적으로는 로터스Lotus와 엑셀의 전신인 비지칼크VisiCalc를 독점적으로 이용할 수 있었던 덕분이다.

IBM과 그들의 클론 부대를 지원했던 마이크로소프트의 유비쿼터스 시스템과 대조적으로, 애플은 오랫동안 다른 제조 업체에 운영체제를 라이선스하는 것을 거부했기 때문에 개발자들을 끌어들이는 데 상당한 경쟁적 불이익을 겪게 되었다. 애플의 초기 제품 라인인 애플, 리사, 매킨토시의 운영체제가 서로 호환되지 않는 것도 이런 규모의 단점을 더욱 악화시켰다.

애플의 첫 번째 비컴퓨터 제품인 아이팟은 사용 사례가 너무 적어서 네트워크 효과의 혜택을 누리지 못했다.[14] 아이팟에 정말 중요한 애플리케이션은 아이튠즈 소프트웨어와 스토어였다. 이 장치는 그 기본 기능이 스마트폰에 포함될 때까지 10년 동안 매우 높은 시장점유율을 달성하여 유지했다.[15] 그러나 애플은 상황이 절박한 주요 음반사들과 계약을 체결하면서 강경한 자세를 취했기 때문에, 이 파트너들은 비독점성을 고집하면서 다른 많은 기업에도 적극적으로 콘텐츠를 제공했고, 경쟁을 조장하기 위해 조건상의 제약을 줄여주는 일도 많았다.

아이폰은 마침내 애플이 네트워크 효과의 혜택을 누릴 수 있게 해주었다. 2007년 1월에 발표하고 6월에 600달러라는 놀라운 가격으로 출시된 아이폰은 터치스크린으로 조작할 수 있는 "아이팟과 전화기, 인터넷 모바일 통신기"가 모두 포함된 훌륭한 제품이었다.[16]

진정한 혁명은 애플이 200달러라는 저렴한 가격으로 훨씬 빨라진 아이폰 3G와 앱 스토어를 선보인 이듬해 7월에 시작되었다. 출시 당시 앱 스토어에는 약 500개의 애플리케이션이 있었는데, 그 대부분이 70대 30의 수익 분할에 기꺼이 동의한 승인된 외부 개발자가 만든 것이었다. 첫 번째 아이폰은 "그 아름다움과 기능성으로 널리 찬사를"[17] 받았는데도 첫해에 겨우 600만 대가 팔렸다. 이 기기에는 자체 개발한 앱 몇 개만 미리 설치되어 있었고, 애플은 '해커'들이 직접 애플리케이션을 개발하는 것을 적극적으로 막았다. 2008년에 출시된 새로운 모델은 단 5개월 만에 전년도 판매량보다 2배나 팔렸고, 2012년까지 매년 판매량이 2배 가까이 증가해서 연간 판매량이 1억 2500만 대에 달했다. 2015년부터는 아이폰 연간 판매량이 2억 대를 약간 웃도는 수준을 유지하고 있다.

앱 스토어가 등장하고 1년 뒤에는 5만 개의 앱이 등록되었고, 다운로드 횟수는 총 10억 회가 넘었다.[18] 10년 후에는 200만 개 이상의 앱과 2000만 명의 등록된 개발자를 보유하게 될 것이다. 앱 스토어는 첫 10년 동안 1000억 달러 이상의 매우 높은 수익을 올렸다.[19]

잡스가 2010년에 약간 덜 혁명적인 노트북인 아이패드를 소개하기 위해 무대에 올랐을 때는 이미 애플의 가치 제안에서 앱 스토어가 중심적인 역할을 한다는 사실이 명확해진 상태였다. 애플은 기기에 미리 설치되어 있는 10여 개의 앱과 앱 스토어에서 이용 가능한 14만 개가 넘는 앱 외에도, 독립 개발자들이 사용할 수 있는 소프트웨어 개발 키트를 강조했다.[20] 실제로 제품 출시 프레젠테이션의 대부분은 MLB.com, 〈뉴욕 타임스〉, 일렉트로닉 아츠Electronic Arts, 게임로프트Gameloft 등이 미리 만들어놓은 맞춤형 아이패드 앱을 시연하는 과정으로 구성되었다. 이 회사들은 모두 제품이 공개되기 전에 몇 주 동안 애플 본사에 개발팀을 파견했다.

개발자와 사용자를 연결하는 양방향 iOS 마켓플레이스의 핵심적인 간접 네트워크 효과 외에도, 애플은 자사 제품에서만 이용할 수 있는 커뮤니케이션 도구를 통해 사용자들 사이에 직접적인 네트워크 효과 계층을 형성했다. 2010년에 출시된 화상 채팅 소프트웨어인 페이스타임FaceTime과 2011년에 출시된 메시징 서비스 아이메시지iMessage는 애플 사용자를 위한 유비쿼터스 도구가 되었고, 애플 제품을 소유한 사람들끼리만 사용할 수 있다.[21]

애플은 아이팟, 아이폰, 아이패드를 통해 처음으로 강력한 상대적 시장 점유율을 차지하고 유지하게 되었다. 2008년에 아이폰 3G가 출시되고 몇 달 뒤에 최초의 상용 안드로이드Android 폰이 출시되었다. 구글은 곧 안드로이드 마켓Android Market 서비스를 개시해서 폐쇄적인 애플 생태계에 대한 오픈소스 대안을 만들었다. 애플은 타사 앱 호스팅을 수용하기는 했지만(논란의 여지가 있는 승인 절차를 거친 뒤에[22]), 외부 제조 업체에 운영체제 라이선스를 허가하는 것은 계속 거부했다.[23]

이로 인해 1980년대에 마이크로소프트와 IBM 복제품 때문에 애플이 완전한 패배를 맛봤던 폐쇄형 시스템과 개방형 시스템 간의 전쟁이 재연될 것이라고 예상한 이들이 많았다. 그리고 확실히 2010년에는 미국에서 안드로이드 기반의 스마트폰이 아이폰을 추월했다.[24] 또 몇 년 뒤에는, 구글 플레이Google Play에서 이용 가능한 앱 수가 앱 스토어의 앱 수를 넘어섰다.[25] 하지만 예전에 벌어진 PC 전쟁과의 유사성은 현실보다 더 명확하다.

이렇게 잘못된 비유는 개인용 컴퓨터 산업과 스마트폰 산업의 초기 역사에 대한 기존의 통념에 결함이 있음을 가리킨다.

월터 아이작슨은 1977년에 나온 애플 II를 "단순히 취미 생활만을 위한 것이 아닌 최초의 개인용 컴퓨터"라고 설명했다.[26] 사실 이것은 그해에 출시된 세 대의 컴퓨터 중 하나였다. 1981년에 IBM이 PC를 선보였을 때 애플은 이미 아타리[Atari]와 라디오색[RadioShack]의 탠디[Tandy]보다 적은 판매량을 기록하며 3위 자리에 있었다. 게다가 IBM은 1982년에 처음 출시된 복제품들을 고려하지 않더라도 1983년에 자력으로 애플의 판매량을 앞질렀다.

결국 결과는 똑같았을지 모르지만, 애플 II와 1984년에 출시된 매킨토시 사이의 7년 간격은 적어도 폐쇄적인 하드웨어/소프트웨어 시스템에 대한 고집만큼이나 치명적이었다. 애플 제품의 고유한 우월성을 확신하면서도 회사 내에서 전략을 꾸준히 추진하면서 전적인 책임을 질 사람이 아무도 없는 상황이었다. 따라서 서로 대립하는 파벌들은 전략적으로 중요한 이 시기를 여러 가지 독립적이고 일관성 없는 제품 전략을 추구하면서 흘려보냈고, 각 제품은 서로 호환되지 않는 운영체제를 자랑했다. 만약 불운한 애플 III와 리사에 투자한 시간과 돈, 집중력을 애플 II를 더욱 실질적인 IBM 경쟁자로 만들고 그 제품 전략(및 운영체제)을 맥과 조율하는 데 쏟았다면 틀림없이 경쟁 구도에 영향이 생겼을 것이다.[27]

반면 스마트폰 시장에서 애플이 거둔 놀라운 성공은 앱 스토어 생태계 구축에서 안드로이드보다 선점자의 우위를 차지한 덕분이다. 〈비즈니스위크[BusinessWeek]〉는 "안드로이드가 거의 6개월 뒤에 출시되었기 때문에 많은 개발자가 안드로이드에 대해 '관망하는' 방식을 취할 것"이라고 보도했다.[28] 이 이론에는 두 가지 문제점이 있다. 애플은 최초의 스마트 폰 제조사가 아니었고, 앞서 얘기한 것처럼 구글 플레이는 수년 동안 애플 앱 스토어보다 많은 앱을 자랑했다. 애플이 온라인 앱 스토어 오픈과 함 께 500개 정도의 소프트웨어 애플리케이션을 사용하게 해주었을 때는 이 미 제대로 자리를 잡은 개발자와 애플리케이션 풀이 많았다. 당시 전 세계 160개 통신사가 사용하던 마이크로소프트의 윈도 모바일 운영체제에서 는 1만 8000개 이상의 애플리케이션을 제공했다.[29] 그리고 그 무렵 스마 트폰 업계의 글로벌 리더였던 노키아Nokia는 2006년부터 수많은 앱과 벨 소리, 동영상을 이용할 수 있는 카탈로그Catalogs, 다운로드!Download!, 콘텐 트 디스커버러Content Discoverer 같은 제품을 출시했다.[30]

선점자 우위의 오류란 공격적인 진입자가 신속하게 상당한 점유율을 확보할 수 있을 만큼 소비자 수요와 핵심 기술 프로필이 안정되어야만 진 정한 이점인 규모의 이점을 얻을 수 있다는 것이다. 애플도 첫 번째 아이 폰을 출시한 해에 여러 가지 교훈을 얻었기 때문에 통합된 아이폰 3G와 앱 스토어에 많은 것을 걸 수 있었다. 이 회사는 운영체제와 속도를 업그 레이드하고 마이크로소프트 아웃룩Microsoft Outlook과 호환성을 향상했으 며, 아이폰의 고유한 효용성을 강조하는 강력하고 핵심적인 앱 카탈로그 를 개발하고 무엇보다 가격을 대폭 낮췄다. 그 결과 아이폰 도입, 타사 앱 개발, 사용자 다운로드가 꾸준히 가속화했다.

2010년에 급격히 하락한 심비안Symbian, RIM, 마이크로소프트의 모바 일 OS 점유율을 안드로이드가 대부분 차지할 것이라는 사실이 명확해지 면서, 아이폰을 지원하는 iOS와 그 밖의 모든 스마트폰을 지원하는 안드 로이드가 시장을 독점하게 되었다. 그러나 안드로이드 진영의 승리를 향

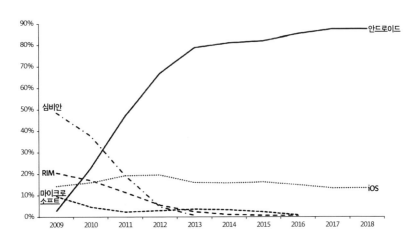

글로벌 모바일 운영체제 시장점유율

출처: "Global Smartphone Sales to End Users from 1st Quarter 2009 to 2018, By Operating System," Gartner, August 2018

한 행진의 속도와 규모에는 상당한 비용이 따른다. 하드웨어와 소프트웨어는 긴밀히 통합되어야 한다는 스티브 잡스의 광적인 믿음을 받아들이지 않더라도, 안드로이드 시스템이 작동하는 광범위한 하드웨어 환경에 따르는 문제는 누구나 알 수 있다. 애플의 모바일 운영체제에 대한 독립적인 대안으로 자리매김한 안드로이드의 성공은 이야기의 일부분일 뿐이다.

안드로이드 마켓이 앱 스토어의 뒤를 바싹 따라가기는 했지만, 안드로이드가 iOS의 글로벌 시장점유율을 넘어선 뒤에도 안드로이드 마켓은 다양한 구조적 문제에 직면했다. 〈뉴욕 타임스〉는 2010년 기사에서 "구글은 다양한 휴대폰 제조사들에게 소프트웨어를 무료로 제공하기 때문에 시중에 안드로이드와 호환되는 기기가 수십 가지나 나와 있는데, 화면 크기와 메모리 용량, 프로세서 속도, 그래픽 기능은 저마다 다르다"라고 지적했다. "예를 들어 모토로라 드로이드Motorola Droid에서는 잘 작동하는 앱이 HTC사의 휴대폰에서는 문제가 생길 수도 있다."[31]

〈뉴욕 타임스〉가 안드로이드의 "투박한 기능"이라고 묘사한 문제 중 일부는 결국 개선되었다. 그러나 구글은 2012년이 되어서야 안드로이드 마켓과 그곳의 다양한 콘텐츠 스토어를 구글 플레이로 통합했고,[32] 애플 앱 스토어의 앱 수를 따라잡고 넘어선 것은 그로부터 2년이 더 지난 뒤의 일이다.[33] 그러나 모든 시장점유율과 앱이 동일한 것은 아니며, 애플과 구글 생태계 사이의 많은 구조적 차이 때문에 지속적인 경제적 차이가 발생한다. 이를테면 안드로이드 마켓 초기에는 완벽한 결제 메커니즘이 없어서 앱을 무료로 제공하는 경향이 강화되었다. 하지만 기술적인 문제가 해결된 뒤에도 구글 플레이는 계속해서 무료 앱을 압도적으로 많이 제공하고 있다.

구글 플레이와 애플 앱 스토어의 글로벌 시장점유율 차이가 점점 커지는데도 불구하고, 구글 플레이는 유료 앱도 애플 앱 스토어의 앱에 비해 수익이 적다. 이는 고가의 아이폰 소유자와 나머지 인구 사이의 차이를 반영한다. 개발자의 관점에서 볼 때, 두 회사가 글로벌 모바일 OS를 독점하는 상황에서는 두 플랫폼 모두를 위한 앱을 만들어야겠다는 결정을 쉽게 내릴 수 있다. 현재 상위 앱 가운데 안드로이드나 iOS 전용 앱은 3퍼센트 정도밖에 안 된다.[34] 더 복잡한 문제는 어느 쪽을 먼저 개발하느냐는 것이다. 당연히 개발자들은 자신이 목표로 하는 인구통계와 지리적 시장을 기준으로 그 답을 정한다.

2018년 전 세계 총매출액

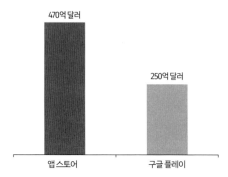

470억 달러 — 앱 스토어
250억 달러 — 구글 플레이

2018년 앱 다운로드 수

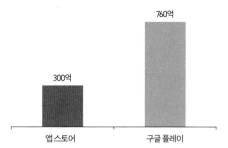

760억 — 구글 플레이
300억 — 앱 스토어

유료 앱 비율(2019년 8월 기준)

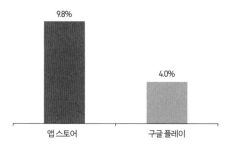

9.8% — 앱 스토어
4.0% — 구글 플레이

출처: Sensor Tower, 42matters

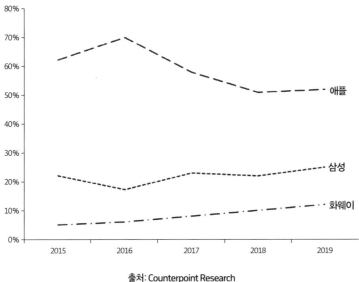

프리미엄 스마트폰 공급 업체의 세계시장 점유율(2015~2019년)

출처: Counterpoint Research

애플은 전 세계적으로 안드로이드에 비해 시장 규모가 작지만(스마트폰 총판매량이 삼성이나 화웨이보다 적다), 프리미엄 스마트폰 시장에서는 2위 경쟁사보다 적어도 2배 이상의 시장점유율을 차지하고 있다(2위 회사의 점유율은 그다음 경쟁자보다 2배 이상 크다). 그러나 중남미와 아시아 지역에서는 고급 휴대폰 시장에서도 애플이 2위를 차지하는 등 지리적 시장 간에 여전히 큰 차이가 있다. 반면 미국에서는 역사적인 강점과 프리미엄 부문의 상대적 중요성 때문에 애플이 전체 시장점유율에서 근소한 우위를 유지하고 있다.

고급품 시장에서 애플의 점유율이 높은 것은 이 회사가 업계에서 불균형하게 많은 수익을 올리는 이유를 설명해준다. 애플 사용자들의 강한 충성도는 확고부동하다. 애플은 고객 유지를 강화하기 위해 2013년에 시작한 매력적인 보상 판매 프로그램은 물론이고[35] 중독성 있는 기능과 서비스로 복합적인 웹을 구축했다. 그러나 최근 몇 년 사이에 변화한 것은, 안드로이드 OS에 대한 충성도도 이에 필적하거나 그 이상이라는 것이다. 두 운영체제 모두 사용자의 90퍼센트 정도가 새 휴대폰을 구입할 때 원래 쓰던 생태계를 그대로 유지한다.[36]

토스터의 저주를 극복할 수 있을까?

브루스 그린왈드Bruce Greenwald 교수는 "장기적으로 볼 때 모든 것은 토스터와 같은 길을 걷게 된다"라는 말을 했다. 이 말에는 노련한 기술 경영진도, 젊고 원기 왕성한 기술 기업인도 밤잠을 설치게 하는 근본적인 진리가 명쾌하게 표현되어 있다.[37] 신제품이 아무리 독창적이고 혁명적이라도, 시간이 지나면 값싼 모방품의 성능이 더 좋아지고 핵심 기능이 완전히 다른 제품 카테고리와 통합되면서 범용화되기 때문이다. 아이폰이 심한 가격 압박을 받고 있다는 증거는 아직 없지만, 프리미엄 스마트폰 시장이 포화 상태가 되고 안드로이드가 애플에 필적하는 충성도를 얻음에 따라 아이폰이 지금까지 성장한 원천이 사라졌다.

혁신자들은 꾸준히 혁신을 이루어야 한다. 애플의 경우 애플 II는 맥과 파워북에 자리를 내줬고, 회사가 컴퓨팅 분야 너머로 진출하자 아이팟은 아이폰과 아이패드에 자리를 내줬다. 그사이에 많은 중간 버전과 기능이 있었다. 브랜드의 강점과 최근에 네트워크 효과가 발휘하는 힘 덕분에, 나이가 든 뒤에도 민첩한 경쟁자들과 맞서야 하는 이 사업의 생산 수명을 다음 혁신을 통해 꼭 필요한 재정적 아드레날린을 얻을 때까지 연장시킬 수 있게 되었다. 그러나 이러한 이점은 일시적인 유예에 불과하며 실제로 토스터의 저주를 깰 수 있는 방법은 알려져 있지 않다.

애플에는 다른 기업보다 많은 혁신을 장려하는 조직 구조와 문화가 존재한다.[38] 그러나 창의적 혁신으로 가득하고 구조적 경쟁 우위를 확립해서 자기보다 오래 살아남을 수 있는 회사를 설립하려는 스티브 잡스의 열망은 달성 가능한 목표가 아니었다. 잡스도 그의 생이 끝날 무렵에는 적어도 암묵적으로 이를 인정하는 것 같았다. 잡스가 결국 그의 목숨을 앗아간 질병과 싸우는 동안, 그가 공공연하게 따라잡고자 열망했던 회사인 휴렛팩커드는 끝없는 스캔들과 쇠퇴의 악순환에 빠져들었다. "그 회사는 갈가리 찢겨지고 파괴되고 있다." 잡스는 사망하기 불과 몇 달 전에 CEO 자리에서 물러나며 애플 이사진과 마지막으로 함께한 점심 식사 자리에서 침울한 목소리로 이렇게 말했다. "정말 비극적인 일이다."[39]

잡스는 휴렛팩커드 창업자들이 "괜찮은 사람들 손에 회사를 맡겼다고 생각했다"는 것을 인정하면서도, "애플에서는 그런 일이 일어나지 않도록 더 강력한 유산을 남겼기를 바란다"는 희망을 표명했다. 전에 컴팩Compaq에서 조달 업무와 공급망 관리를 맡았던 팀 쿡Tim Cook을 후계자로 선택한 잡스는 그의 고매한 비전을 효과적으로 실행하는 뛰어난 경영자를 그 자리에 앉혔다. 하지만 결국 가장 중요한 것은 제품이라는 사실을 잡스는 알고 있었다. 그래서 잡스가 월터 아이작슨에게 "팀은 제품 개발에 아주 뛰어난 사람은 아니다"[40]라고 털어놓았을 때, 그가 회사의 장기적인 전망을 실제로 어떻게 생각했을지 궁금하다.

잡스의 제품 디자인 담당 파트너인 조너선 아이브Jonathan Ive는 2019년에 30년간 일하던 이 회사를 공식적으로 떠났다. 그는 "좀 더 운영 중심적인 회사"가 된 것에 대한 불만 때문에 "애플 엘리트 디자인 팀의 일상적인 관리 업무"에서 손을 떼고 한동안 거의 관여하지 않았다는 보도도 나왔다.[41] 그렇게 운영에 집중한 덕분에 애플은 핵심 제품의 기능과 성능을 꾸준히 개선할 수 있었고, 인텔 프로세서를 대체하기 위해 자체 개발한 강력한 M1 칩을 새로 출시하기도 했다.[42] 잡스가 사망한 뒤, 애플은 iOS 생태계와 통합된 새로운 제품 카테고리를 도입했다. 그러나 여기에는 개발은 이미 잘 되어 있지만 실적이 저조한 제품 카테고리(예컨대 애플워치Apple Watch, 홈팟HomePod 등)[43]와 큰 성공을 거둬도 수익 기여도는 별로 높지 않은 틈새 시장 제품(예컨대 에어팟)도 포함되어 있다. 간단히 말해, 바늘을 움직일 것으로 예상되는 제품은 하나도 없다는 뜻이다.

이 회사 경영진이 혁신적인 신제품 출시를 예고하거나 분석가들이 그런 예상을 한 적도 없다.[44] 애플이 2024년에 자동차 생산을 시작할 계획이라는 뜬소문을 제외하면 말이다.[45] 2019년이 되기 전에 전기차를 생산하겠다던 애플의 목표는 공개적인 전략 변화와 정리 해고 이후 소리 소문 없이 사라졌다.[46] 팀 쿡은 2019년에 애플이 장차 가장 크게 기여할 분야는 '건강' 분야가 될 것이라고 호언장담했지만, 이 말도 자동차에 대한 야망보다 더 신뢰해서는 안 된다.[47]

하지만 애플에 대한 대중의 평가와 2020년 팬데믹 이전이나 그 기간에 보여준 극적인 시장 성과는 기존에 보유하고 있던 핵심 제품군이 계속해서 놀라운 재무 성과를 올린다는 것 이상의 의미가 있다. 이 회사는 지금까지와는 완전히 다른 종류의 사업에서 극적인 성장을 기대하고 있으며, 투자자들은 여기에 돈을 걸고 있다. 그리고 2015년에 아이폰(및 아이패드) 판매량이 정체된 뒤에도 주가가 다른 FAANG 기업들보다 높았다는 것을 감안하면(2021년 초까지 5년 동안 주가가 400퍼센트 이상 상승했다), 새로운 사업도 이와 동일한 경쟁 우위를 통해 이익을 얻거나, 새로운 방식의 강력한 경쟁 우위가 또다시 생길 것이라는 공감대가 형성되고 있다.

투자하기 전 알아야 할 3가지

애플은 2018년부터 투자자가 어디에 집중하고 어디에 집중하지 않아야 하는지를 분명히 밝히기 시작했다. 애플이 2018년 11월에 더 이상 아이폰 판매량을 보고하지 않겠다고 발표하자, 오랫동안 이 회사 실적을 추적해 온 리서치 분석가들은 분노했다.[48] 그다음 분기에 애플은 처음으로 제품과 서비스 사업의 상대적 수익성을 보고하기 시작하면서 서비스 사업이 본질적으로 얼마나 수익성이 높고 얼마나 빠르게 성장 중인지 강조했다.

서비스는 예전부터 항상 애플 수익 구성의 일부였지만, 2013년까지는 자체 재무 보고에서 해당 부문을 평가하지 않았다. 그전에는 아이클라우드iCloud, 아이북스iBooks(현재는 애플 북스Apple Books), 아이튠즈, 애플케어 보증 플랜AppleCare Protection Plan, 인터넷 서비스 순환 선택 같은 다양한 서비스가 당시 '기타' 항목에 포함되었던 모든 잡동사니와 함께 번들로 제공되었다. 그러다가 2004년에 아이튠즈가 분리되어 처음에는 '기타 음악 제품'으로 분류되었다가 나중에 '기타 음악 관련 제품 및 서비스'로 옮겨갔다. 2013년에는 모든 서비스를 '아이튠즈, 소프트웨어 및 서비스' 안에 포함해서 별도의 '기타' 수익이 없는 별개의 보고 카테고리로 재통합했고, 2015년에는 이 카테고리 이름을 '서비스'라고 짧게 줄였다. 애플이 폭넓게 정의한 바에 따르면, '서비스'에는 전통적인 서비스뿐 아니라 디지털 콘텐츠 스토어 매출과 라이선스 수익도 포함된다.[49]

서비스의 상대적 성장과 수익성을 감안하면, 현재의 추세가 지속된다면 2030년에는 서비스가 애플 매출의 대부분을 차지할 수도 있다. 이론적으로는 이러한 변화가 애플 사업 전체를 강화할 것이다. 하지만 회사가 서비스에 미래를 거는 상황에서, 투자자들은 다음과 같은 세 가지 이유 때문에라도 여기에 모든 것을 걸기 전에 잠시 멈춰서 고민해봐야 한다.

첫째는 서비스 분야에서 이 회사가 지금까지 거둔 성과다. 애플이 최근까지 전체 사업에서 차지하는 비중이 매우 작았던 서비스 사업을 보고하는 방식은 이 회사의 명백한 양면성을 드러낸다. 하지만 이 보고 내용은 또한 해당 분야에서 애플이 진행한 다양한 이니셔티브 성과가 매우 고르지 못했음을 보여주는데, 이는 놀라운 기기를 설계하는 데 꼭 필요한 기술과 프로세스가 중독성 있는 서비스 개발 요건과는 다르다는 것을 암시한다. 2015년까지만 해도, 애플이 어떻게 세계에서 가장 가치 있는 회사가 되었는지를 다룬 기사에 '왜 애플은 온라인 서비스를 그렇게 못 만드는가?'라는 제목의 섹션이 포함되어 있었다.[50]

세간의 이목을 끈 당황스러운 사건 목록은 짧지 않다. 2001년에는 아이튠즈가 거둔 압도적인 성공이 가장 기억에 남지만, 애플이 2000년에 시작한 아이툴스 iTools와 2002년에 시작한 닷맥 .Mac이라는 온라인 서비스는 성공적이지 못했다. 전자는 인터넷 기반의 무료 서비스였고, 후자는 "맥 사용자들의 인터넷 생활을 위한 강력한 도구를 제공하는 다양한 인터넷 서비스와 소프트웨어"라고 선전한 구독 상품이었다.[51] 둘 다 심한 혹평을 받았다. 2008년에 모바일미MobileMe라는 이름으로 재출시된 이 서비스와 관련해 스티브 잡스가 "모바일미가 무엇을 해야 하는지 말해줄 사람이 있을까?"라고 했다는 유명한 일화가 있다. 잡스는 이 서비스가 비참하게 데뷔한 뒤, 관련 팀에 명확한 요구 사항을 전달했다고 한다. 〈포천Fortune〉에 실린 애덤 라신스키Adam Lashinsky의 기사에 따르면, 한 엔지니어의 설명을 들은 잡스는 "그런데 도대체 왜 그렇게 하지 않은 거지?"라고 쏘아붙이고는 강당에 모인 사람들 앞에서 팀장을 바로 해고했다고 한다.[52]

모바일미 서비스가 마침내 중단되고 주요 기능이 아이클라우드 플랫폼으로 옮겨가기까지 4년이 걸렸다.[53] 2011년에 출시된 아이클라우드 서비스는 오늘날에는 성공작으로 간주되고 있지만, 몇 년 동안은 신뢰성과 성능 문제로 어려움을 겪었다.[54] 이런 신뢰성 문제 중 일부는 지금도 지속되고 있으며, 이 서비스는 AWS에 크게 의존한다.[55] 이렇게 실적이 저조하고 안정화까지 수년이 걸리거나 도중에 중단된 유명 서비스 가운데 2012년에 출시된 애플 맵Apple Maps은 결국 CEO인 팀 쿡이 공개 사과까지 하고 2018년에 완전히 다시 구축했다.[56] 또 2010년에 선보였다가 다행히 일찍 수명을 마감한 음악 소셜 네트워크 핑Ping도 있다.[57]

둘째, 애플 서비스가 실물 제품보다 전반적으로 높은 마진을 유지하고는 있지만, 회사 측에서 2020년에 500억 달러 규모의 사업 카테고리로 성장하기를 바라는 이 분야에는 매우 다양한 재정 프로필을 지닌 매우 다양한 범위의 서비스가 포함되어 있다. 예로, 구글이 이 플랫폼의 기본 검색 엔진으로 채택되기 위해 지불하는 연간 수십억 달러의 라이선스 비용은 이익률이 100퍼센트에 근접해야 하며, 최대 100억 달러 정도로 추산된다.**58** 하지만 안타깝게도 이 어마어마하게 가치 있는 수익원이 애플 전체 수익의 20퍼센트를 차지한다는 사실 때문에 구글은 법무부의 반독점 소송을 당하게 되었다.**59** 반면 애플의 성장에서 불균형한 몫을 담당할 것으로 예상되는 많은 서비스 카테고리는 이보다 이윤이 훨씬 낮은 사업이다.

2015년에 출시된 이후 가장 빠르게 성장하고 있는 서비스 부문 중 하나는 애플 뮤직 구독 서비스다.**60** 애플은 부문별 수익을 밝히지 않지만, 직접적인 경쟁사인 스포티파이가 공개한 총이윤은 25퍼센트에 불과하다. 직접비인 75퍼센트의 대부분은 아티스트에게 지급하는 저작권료인데, 보도에 따르면 음반사들이 애플에서는 이보다 훨씬 많은 금액을 받는다고 한다. 전 세계 가입자 수가 애플 뮤직보다 약 2배 정도 많은 스포티파이도 2019년에 처음으로 손익분기점을 넘었다. 따라서 이 사업은 애플에게 이익이 될 것 같지 않다.

예상되는 서비스 성장 요소 가운데 가장 최근에 추가된 중요 부문은 2019년에 시작한 애플 TV+ 동영상 구독 사업이다. 음악 서비스와 다르게, 애플은 기존의 저작권 소유자들과 라이선스 계약을 체결할 뿐 아니라 이제 오리지널 콘텐츠를 만드는 사업까지 하고 있다. 음악 서비스 때처럼 애플은 규모가 훨씬 큰 기성 기업이 존재하는 시장에 진입하면서 벤처의 경제성에 관한 통찰을 제시한다. 다음 장에서는 넷플릭스와 스트리밍 엔터테인먼트의 경제성에 관해 얘기하면서 이전 장에서 말한 아마존의 프라임 비디오에 들이는 비용을 강조할 것이다. 하지만 애플이 이 서비스 분야에서 수익을 올릴 가능성은 음악 분야보다 훨씬 낮다고만 말해도 충분할 것이다.

셋째, 마지막으로 애플 브랜드의 본질과 가치로 돌아가보자. 애플은 단순한 브랜드가 아니다. 로런스 엘리슨이 지적했듯이, 이것은 라이프 스타일 브랜드다. 하지만 또한 세계적인 명품 브랜드이며, 기술 산업계에서 이 정도 규모의 브랜드는 이것 하나뿐이다. 이는 우리가 강조한 다른 구조적 이점을 강화하고 이 회사가 어떻게 업계 이익을 불균형하게 많이 가져갈 수 있는지 설명하는 데도 도움이 된다. 고급 스마트폰 부문은 전체 스마트폰 판매 대수에서 일부에 불과하지만, 애플은 이 시장을 지배했기 때문에 평균적인 휴대폰 가격을 계속해서 안드로이드 폰의 3배 이상으로 유지할 수 있었다.[61]

그러나 명품 브랜드의 주된 특징은 핵심적인 제품 카테고리 너머로 확장하기가 매우 어렵고, 잠재적으로 매우 밀접하게 인접해 있다는 것이다.[62] 애플 컴퓨터에서 애플로 훌륭하게 전환한 이 브랜드는 PC와 노트북에서 아이팟과 아이폰으로 성공적으로 이동하면서 기본적인 메시지도 강화할 수 있었다. 그러나 전자 제품의 잠재적 영역이 확대되는 와중에서도 애플의 후광을 신제품 카테고리까지 옮겨온 실적은 엇갈렸다. 제품 자체나 브랜드의 한계 때문에 문제가 발생한 정도를 정확하게 파악하는 것은 불가능하지만, 수년 동안 애플은 시계, 텔레비전, 비디오 게임 콘솔 등에서 좌절을 겪었다.

아이튠즈의 반례는 그 서비스가 크게 성공한 아이팟 장비의 경험과 얼마나 긴밀하게 통합되어 있는지를 고려하면, 사실상 반례가 아니다. 애플 뮤직은 iOS 사용자들의 설치 기반을 통해 이익을 얻으면서 그 안에서 선두 점유율을 유지하고 있지만, 다른 많은 기업과 경쟁하는 다목적 소비자 음악 서비스로서 전체적으로 경쟁력 있는 규모를 달성하려면 상당히 많은 안드로이드 사용자들을 끌어들여야 한다.[63] 결국 이 서비스는 생태계 외부의 사용자들에게 최대한 매력적으로 보여야 하며, 특히 모든 스마트 기기를 통해 서비스를 들을 수 있는 것이 매우 중요하다.

우리가 어디서나 볼 수 있는 저렴한 스트리밍 비디오 서비스 영역으로 이동함에 따라, 애플이라는 명품 브랜드의 가치는 훨씬 저하되었다. 여기에서 핵심적인 가치 제안은 기술 또는 디자인적 화려함이 아니라 매력적인 엔터테인먼트 콘텐츠를 독점 제공하는 것이다. 애플은 이런 오리지널 콘텐츠를 개발한 경험이나 실적이 없다는 사실(주요 경쟁 업체들은 경험이 있는 반면)과는 완전히 별개로, 콘텐츠 제작자들의 브랜드도 역사적으로 제품 성공과 거의 관련이 없다. 어린이들을 위한 좁은 틈새시장에서 일하는 디즈니Disney나 픽사Pixar를 제외하면, 어떤 영화 스튜디오 브랜드나 그들을 소유한 유명 지주 회사도 흥행 성공 여부를 예측하지 못한다.

마찬가지로, 시청자들의 특정 케이블 채널에 대한 충성도는 매우 미약하지만 특정 프로그램에 대한 충성도는 높은 편이다. 이는 스트리밍 서비스에서도 기본적으로 마찬가지다. 나는 〈왕좌의 게임Game of Thrones〉을 보려고 HBO에 가입한 것이지 그 반대가 아니다. 어떤 서비스가 정기적으로 만족스러운 콘텐츠를 제공한 기록을 보유하고 있다면, 그 브랜드는 히트작 사이의 짧은 시간 동안 시청자들에게 선의의 해석을 얻을 수 있다. 다음 장에서 더 자세히 살펴보겠지만, 가장 성공적인 서비스의 고객 이탈 수준은 이 영역에서 브랜드 가치의 한계를 나타낸다.

확실히 애플은 아이팟을 위한 아이튠즈나 아이폰을 위한 앱 스토어와 아이클라우드 등 핵심 제품의 인지 가치를 높이는 강력한 서비스를 개발할 수 있는 놀라운 능력을 보여주었다. 하지만 애플이 개시한 일반 소비자 서비스가 강조하는 것처럼, 어떤 브랜드도 새로운 서비스가 경쟁해야 하는 업계의 구조적 경제를 압도할 만큼 강하지 않았다. 그렇기는 하지만 애플에 대한 투자자의 생각을 '혁신적인 제품을 생산하는 회사'에서 '아직 보이지 않는 응용 분야로 확장할 가능성이 있는, 막을 수 없는 플랫폼'으로 바꿔놓은 것은 브랜드의 힘이다. 그리고 이 힘이 오늘날 애플의 2조 달러가 넘는 시가총액을 뒷받침한다.

그 평가가 플랫폼 망상 때문인지, 아니면 서비스의 진정한 잠재력 때문인지는 이 회사가 애플 하드웨어/소프트웨어 생태계의 가치를 의미 있게 강화하는 서비스를 얼마나 많이 개발할 수 있느냐에 달려 있다. 최근에는 어떤 서비스가 경제성을 확보하기 위해서는 특정한 생태계를 훨씬 뛰어넘는 지점까지 침투해야 하는데, 이는 동일한 기계에서 새롭고 중독성 있는 사용 사례를 개발하기가 어렵다는 것을 나타낸다. 이는 애플이 그러한 새로운 애플리케이션의 기반이 될 매력적인 물리적 제품을 만들 수 있는 능력을 여전히 가지고 있는지에 애플의 미래가 달려 있다는 의미일 수도 있다.

우리가 이 장에서 배울 수 있는 것들

1. 운영체제는 사용자와 소프트웨어 개발자를 연결하는 전형적인 네트워크 효과 사업이다. 애플은 회사 설립 이래로 운영체제 분야에서는 항상 보조적인 위치 였는데, 이는 독점 하드웨어와 소프트웨어 제품의 상호 의존성을 광적으로 고 집했기 때문이다. 이런 철학 덕에 종종 혁신적인 도구와 제품이 탄생하기도 했 지만, 운영체제에서 이익을 창출하는 능력은 약화했다.

2. 스티브 잡스는 이런 믿음을 강요하던 종교적 열정을 누그러뜨리면서도 디자 인 원칙은 유지해서 먼저 망해가던 회사를 구한 뒤(파워PC 칩을 포기하고 더 강력 한 인텔 기술을 받아들였으며, 자사 장비에서 마이크로소프트 윈도를 지원하는 등의 방법을 통해), 이를 세계에서 가장 가치 있는 회사로 변모시켰다.

3. 200달러짜리 아이폰 3G와 관련해 외부 개발자를 수용하는 모델을 받아들이 고 2008년에 앱 스토어를 출시한 것이 회사 운명에 중대한 전환점이 되었다. 안드로이드가 수십 개 제조사에서 만든 제품과의 호환성 문제로 씨름하는 동 안, 애플은 수익성 높은 고급품 시장에서 다년간 우위를 점할 수 있었고 지금도 계속해서 이 시장을 지배하고 있다.

4. 다른 FAANG 기업들과 달리, 애플은 회사 설립 이후 계속해서 주로 물리적 제 품을 만들어왔다. 공동 창업자인 스티브 잡스가 사망한 이후 매출의 대부분이 단일 제품인 아이폰에서 나왔다.

5. '바늘을 움직일' 신제품에 대한 예상이 없는 가운데, 애플은 서비스에 성장을 걸고 있다. 그러나 애플의 서비스 실적은 매우 엇갈리고 있으며, 성장이 예견되 는 특정 서비스들은 기본적으로 마진이 낮거나 전문화된 기존 업체들의 강력 한 경쟁에 직면해 있으며, 소비자 가전 분야에서는 애플의 강력한 브랜드 때문 에 미심쩍은 지원을 받고 있다. 시간이 지나면 애플이 또 다른 혁신적인 신제품 없이 서비스에 베팅하여 토스터의 저주를 깰 수 있을지 알 수 있을 것이다.

넷플릭스,
누구보다 빠르게 선점하라

앞서 많은 논평가가 여러 가지 타당한 이유를 근거 삼아 넷플릭스를 FAANG에서 퇴출해야 한다고 주장했다는 얘기를 했다. 하지만 현재 이 충고를 따르는 것에 반대하는 가장 강력한 논거는 다른 FAANG 기업들 대부분이 넷플릭스처럼 되기를 원하는 것처럼 보인다는 단순한 사실이다. 프라임 비디오와 애플 TV+는 넷플릭스의 성채를 직접 공격하고 있다. 그리고 구글과 페이스북은 넷플릭스와 경쟁하는 구독 서비스를 후원하지는 않지만, 두 회사 모두 동영상 콘텐츠를 자사 전략의 핵심으로 인식하고 있다.[1]

"콘텐츠가 왕이다"라는 말은 일반적으로 전문가와 대중 모두 보편적으로 받아들이는 자명한 개념으로 취급된다. 이 말은 미디어계의 거물 섬너 레드스톤Sumner Redstone과 기술계의 아이콘 빌 게이츠Bill Gates에게서 나온 것으로 알려져 있다(두 사람이 실제로 이런 말을 한 것은 아니다).[2] 사실 여러 슬로건에서 기인한 그 의미는 단순히 동어반복적인 것부터 명백히 거짓된 것까지 다양하다. 가장 무해한 쪽으로 해석하자면, 이 말은 인기 있고 가치 있는 엔터테인먼트 콘텐츠는 정말 인기 있고 가치가 높다는 명백한 논점을 강조하기 위해 사용된다. 그런가 하면, 매력적인 콘텐츠를 만드는 사업이 미디어 업계나 기술 업계의 가치 사슬 내에서 불균형한 가치 비중을 초래한다는 별로 친절하지 않은 해석도 있다. 하지만 이것은 사실과 전혀 다르다.

바이어컴CBS^{ViacomCBS}와 거기에 딸린 CBS 방송국, 파라마운트 픽처스 Paramount Pictures 영화사까지 지배했던 섬너 레드스톤은 본인의 자서전에서 영화 사업 초창기에 콘텐츠의 대단한 중요성을 깨달은 일에 대해 얘기했다. "세상에서 가장 근사한 극장을 가지고 있더라도 거기서 상영할 최고의 영화가 없으면 아무 소용도 없다."[3] 이 깨달음 덕분에 레드스톤은 엔터테인먼트 시청과 관련해 더 넓은 관점을 갖게 되었다. "사람들은 지금 눈앞에 있는 것을 본다. 매체가 보여주려고 하는 것이 아니라!" 그의 결론이 그 유명한 캐치프레이즈가 되었다. "콘텐츠는 과거에도, 지금도 진정한 왕이다."[4]

레드스톤이 이용한 간단한 영화관 사례를 자세히 살펴보면 이 추론의 결함이 드러난다. 그의 내셔널 어뮤즈먼트^{National Amusements} 극장 체인이 성공할 수 있었던 이유는 주요 도시를 벗어난 북동부 지역 시장을 지배했기 때문이다. 사람들을 극장으로 끌어들이려면 '핫한' 영화가 필요하다는 레드스톤의 생각은 옳았다. 하지만 가장 기대되는 영화를 얻는 능력과 자기 극장에서 상영할 영화를 확보할 수 있었던 것은 스튜디오에 대한 영향력 덕분이었다. 그리고 지역 할인 배급 업체, 상업용 부동산 중개업자, 심지어 직원들에게까지 영향력을 발휘할 수 있었던 것은 그의 극장이 마을의 유일한 영화관이었기 때문이다. 이 업계가 별로 차별화되지 않은 세 개의 거대 체인으로 통합되기 전에는[5] 지역을 지배하던 지방 극장 체인들의 수익성이 유명하고 경쟁이 치열한 대도시 중심의 전국 체인보다 2배나 높았다.[6]

질적 수준이 다양한 많은 기업이 창의적인 콘텐츠 개발에 전념하고 있다. 그러나 이 기업들의 공통적인 특징은 새로운 히트작(특정 시즌에 가장 많은 관심을 끄는 '핫' 블록버스터)을 정기적으로 제작할 수 있는 능력에 성공이 달려 있고, 시간이 지남에 따라 빈약한 재무 수익을 창출한다는 것이다. 근본적인 문제는 다음에 엄청난 성공을 거둘 기대작에 자금을 조달할 때 진입 장벽이 없다는 것이다. 재능이 확실한 성공을 보장할 수 있다고 하더라도 스타 배우와 작가, 감독을 대리하는 매니저와 에이전트가 있는 경우에는 그런 투자에 대한 수익이 별로 크지 않다. 규모가 가장 큰 콘텐츠 사업자들도 얼마 안 되는 수익으로 근근이 버티는 이유는 일반적으로 마케팅과 유통 분야에서 보조 사업을 수익화할 수 있는 능력이 있기 때문이다.

넷플릭스의 오래된 강점

하지만 콘텐츠와 관련된 이 모든 이야기가 넷플릭스와 무슨 상관이 있을까? 간단히 대답하자면, 설립한 지 거의 25년이 되어가는 이 회사의 역사에서 비교적 최근까지는 별로 상관이 없었다. 사실 넷플릭스의 꾸준한 주가 상승과 가입자 수 증가의 가속화에 대해 기존 미디어 경영진들이 초반에 분노하는 반응을 보였던 이유는 넷플릭스가 콘텐츠 회사가 아니라는 사실에서 비롯된 것으로 보인다. 타임 워너의 전 CEO인 제프리 뷰커스가 넷플릭스를 "세계를 장악하려고" 시도하는 알바니아군에 비교하고 컴캐스트Comcast CEO인 브라이언 로버츠Brian Roberts가 이 회사를 "재방송 TV"라고 일축한 것은, 넷플릭스가 2013년에 첫 번째 오리지널 작품을 제작하기 몇 년 전의 일이다.7 심지어 2011년에 오리지널 시리즈 몇 편을 제작하기 위한 자금을 대겠다고 발표한 넷플릭스 CEO 리드 헤이스팅스조차 이것이 넷플릭스의 전체적인 경험을 이루는 태피스트리에서 비교적 작은 부분을 차지할 것이라고 말했다.

헤이스팅스는 당시 투자자들에게 "일반적으로 나는 능력의 범위를 믿는 사람"이라고 말했다. "대본을 읽고 누구를 출연시키는 것이 좋을지 추측하는 것은 기본적으로 기술 회사가 할 일이 아니다. (…) 우리는 이 분야에서 독특한 조직 역량을 구축할 가능성이 크다." 그의 결론은 더없이 명확했다. "창조적인 위험을 감수하는 것은 다른 이들에게 맡기는 편이 낫다고 생각한다."8

오랫동안 넷플릭스는 지금처럼 성공하거나 높은 가치를 인정받지 못할 것이라는 주장이 많이 제기되어 왔다(2010년의 휘트니 틸슨Whitney Tilson9부터 2019년의 앤드루 레프트Andrew Left10에 이르기까지 많은 공매자가 값비싼 결과를 낳으면서). 하지만 본래 넷플릭스 패러독스의 원동력은, 넷플릭스에서 방영되는 콘텐츠를 제공하는 거대 미디어 기업들도 세속적인 볼락에 직면한 상황에서 오리지널 콘텐츠를 생산하지 않는 넷플릭스 같은 미디어 회사는 절대 번창할 수 없다는 불신이었다. 하지만 넷플릭스는 〈하우스 오브 카드House of Cards〉가 방영되기 전에도 이미 미국 내에서 HBO만큼 많은 가입자를 보유하고 있었고, 2012년 말에는 거의 3000만 명에 가까운 가입자를 기록했다는 사실을 기억하자.[11]

넷플릭스는 다른 회사가 만든 엔터테인먼트 콘텐츠를 모아서 소비자에게 구독 서비스 형태로 이용 권한을 판매하는 사업을 주로 해왔다. 처음에는 주문받은 DVD를 우편으로 제공하는 서비스를 하다가 2007년부터 스트리밍 서비스(최초의 주문 구독형 비디오SVOD)로 전환했다. "콘텐츠는 왕이다"라는 명제에 충실한 미디어 문화권에서 단순한 재배포 업체가 이렇게 크게 성공을 거둔 것은 이해할 수 없는 일이었고, 솔직히 약간 불안하기도 했다. 특히 혈관을 통해 흐르는 창조적인 생명선을 담당하는 사람들이 수익을 위해 고군분투하는 상황에서는 더욱 그렇다.

사실 미디어 업계에 감춰진 더러운 비밀 하나는 콘텐츠 제작자가 아닌 콘텐츠 수집가가 가치 창출의 압도적인 원천이라는 것이다. 1997년에 넷플릭스가 설립되기 훨씬 전부터, 오래된 영화와 만화, 텔레비전 프로그램을 모아서 방영하는 것 외에는 별다른 일을 하지 않던 케이블 채널들이 독창적인 콘텐츠를 제작하는 영화 스튜디오보다 몇 배나 높은 수익률을 자랑했다. 대중의 상상력에서 영화와 텔레비전 스튜디오가 차지하는 비중이 커졌음에도 불구하고, 예전부터 미디어 대기업이 콘텐츠 통합 및 배급 사업을 통해 창출하는 현금이 콘텐츠 제작 활동으로 얻는 이익보다 훨씬 많았다.

CBS와 바이어컴이 2019년 8월에 300억 달러 규모의 합병을 발표했을 때, 자회사인 파라마운트 스튜디오는 2015년 이후 수익을 내지 못하는 상태였다. 디즈니가 2019년 초에 21세기폭스를 710억 달러에 매입했을 때 대중의 입에 많이 오르내린 것은 대부분 폭스 스튜디오의 '엑스맨X-Men'

과 '판타스틱 4Fantastic Four' 시리즈가 디즈니의 마블Marvel 세계관과 통합되는 것에 대한 들뜬 흥분 때문이었지만, 디즈니가 매입한 이 사업체의 수익은 대부분 다른 곳에서 나왔다. 디즈니가 억지로 처분할 수밖에 없었던 지역 스포츠 네트워크와 국내외의 케이블 네트워크가 영화 엔터테인먼트 부문보다 훨씬 크게 기여했던 것이다. 마찬가지로, 10년 전에 컴캐스트가 NBC유니버설NBCUniversal을 인수할 때는 모든 보도가 코난 오브라이언Conan O'Brien의 경력 전망과 유니버설 스튜디오의 변화하는 운명에 초점을 맞췄지만, 실제로 이 새로운 회사 수익의 82퍼센트는 케이블 채널에서 발생했다.**12**

콘텐츠 통합 사업이 콘텐츠 제작 사업보다 구조적으로 우위에 있다는 것은 놀라운 일이 아니다. 미디어 사업의 경제 구조는 일반 사업의 경제 구조와 기본적으로 다르지 않다. 산업 강점의 가장 일반적인 원천은 공급 측면의 규모와 고객 구속력이라는 경쟁 우위가 서로를 강화하는 것이다. 콘텐츠 제작은 어느 쪽에도 도움이 되지 않는 반면, 통합은 양쪽 모두에 적합하다.

규모를 생각해보자. 블록버스터 영화를 만들려면 비용이 많이 들기 때문에, 사람들은 그것이 규모가 큰 사업이라고 생각한다. 그러나 상대적인 크기의 이점은 규모가 가장 큰 기업이 높은 고정비용을 가장 효율적으로 분산할 수 있는 능력에서 비롯된다. 영화 제작은 그런 종류의 사업이 아니다. 블록버스터 제작비는 영화를 제작하는 스튜디오의 규모에 따라 달라지는 것이 아니다. 어떤 매체에서든 히트 기반의 콘텐츠를 만드는 데는 일반적으로 많은 고정비용이 필요하지 않다. 시리즈물이나 예약 구독, 연속적으로 제작되는 콘텐츠의 경우에는 고정비용 요소가 더 크지만, 대부분의 메가 히트작 제작에서 이런 것은 예외일 뿐 정해진 규칙이 아니다.

반면에 콘텐츠 통합 사업은 그 성격상 콘텐츠를 수집·관리·마케팅·재배포하기 위해 대규모 고정비용 인프라가 필요하다. 그래서 가입자가 2000만 명인 케이블 채널은 손해를 보지만, 1억 명의 가입자를 보유한 케이블 채널은 50퍼센트의 마진을 낼 수 있는 것이다.

고객 구속력(기업과 소비자 관계의 '끈끈함')도 이와 유사하다. 유니버설사가 작년에 성공한 영화를 여러 편 만들었어도, 고객들이 올해 유니버설 영화를 다시 찾을 가능성이 더 높아지지는 않을 것이다. 앞서 말한 것처럼 시리즈 영화나 프랜차이즈 영화는 다를 수도 있지만, 결과적으로 재주 있는 사람들은 이런 고객 구속력을 통해 많은 이익을 얻을 수 있다. 히트작 속편을 제작하기 위해 스타들뿐 아니라 작가나 감독을 설득해야 하는 책임을 맡고 있는 스튜디오 경영진에게 물어보라. 또 〈프렌즈Friends〉부터 〈빅뱅 이론The Big Bang Theory〉에 이르기까지 히트한 프로그램 출연자들과 새로운 계약 조건을 논의하는, 달갑지 않은 일을 하는 프로듀서들도 있다. 순수 콘텐츠 기업들의 고객 구속력 부족은 콘텐츠 배급 업체에 자기네 채널은 빠지겠다고 위협할 정도로 영향력이 큰 케이블 채널이나 TV 네트워크가 누리는 놀라운 이익과 큰 대조를 이룬다.

영화·음악·서적 업계의 거대 콘텐츠 기업들이 더 많은 수익을 올리던 때도 있었다. 하지만 그렇게 할 수 있는 능력은 콘텐츠가 왕이 되는 것과 아무런 관련이 없다. 그것은 그들의 통합 사업에 내재된 규모와 구속력이 발휘한 기능이었다. 그들은 흔히 소규모 독립 콘텐츠 제작 업체들에 고리 대금업자 같은 가격을 받고 거대한 마케팅 및 유통 네트워크를 빌려주곤 했다. 이런 기업이 쇠퇴한 것은 콘텐츠 제작 성격이 달라졌기 때문이 아니다. 콘텐츠 제작은 예나 지금이나 똑같이 별로 매력적이지 않은 사업이다. 이들의 쇠퇴는 콘텐츠 통합 분야에서의 이점이 사라졌음을 보여주는데, 이는 외부에서 작용한 힘과 자신들이 자초한 상처가 결합되어 발생한 손실이다.

명확하게 보이는 외부적 힘은 기술 발전이었다. 유명 출판사들이 비어 있는 거대한 창고와 유통 시설을 처리해야 했던 이유 중 하나는 갈수록 전자책 형태로 출판되는 책이 많아졌기 때문이다. 이 시점에서 기술이 음악 산업에 미친 영향도 어마어마했지만, 디지털 유통을 위한 지속 가능하고 불법 복제 걱정이 없는 가격 모델을 찾아낸 덕에 이 사업은 부활할 수 있었다. 하지만 최고조에 이르렀던 1999년에 비하면 규모가 작고 수익성이 떨어진 상태다.[13] CD를 제작해서 유통하고 타워레코드Tower Records 매장에 상품을 진열하는 것과 관련된 고정비용이 없어졌기 때문에, 음악 산업의 진입 장벽이 예전 같지 않다. 이런 경쟁 심화로 말미암은 손해는 고정비용이 낮은 기성 기업의 이익보다 크다.

미디어 관리자들에게 그들이 통제할 수 없는 기술 발전에 근거해서 출입증을 주는 것은 잘못된 일이다. 몇몇 대기업이 동일한 규모의 이점을 공유하는 미디어 산업 같은 분야에서 장기적인 성공을 거두려면 가격, 비용, 역량 면에서 파괴적인 경쟁을 피해야 한다. 지금은 거의 잊혔지만 류 와서먼Lew Wasserman이 MCA/유니버설 CEO로 재직하던 시절에는, 미디어계의 거물이 된다는 것은 곧 비공식적인 협력 문화를 강요한다는 뜻이었다. 이때는 동료들보다 한 수 앞서는 것보다 수익이 더 중요했다. 많은 전기 작가가 붙여준 별명과 달리 와서먼은 사실상 '마지막 거물'은 아니었지만, 그는 거물을 정의하는 결정적인 능력이 당대의 가장 인기 있는 재능이나 기술, 재산 면에서 다른 거물들을 능가하는 것이라고 여기지 않았던 마지막 인물이었을지도 모른다. 마찬가지로, 저명한 작가나 음악가를 경쟁 업체에서 '훔쳐오는' 문화는 기술 환경과 상관없이 관계자들에게 결코 적절한 수익을 안겨주지 못할 것이다. 곧 살펴보겠지만, 새로운 스트리밍 전쟁과 관련해 부상하고 있는 업계 문화는 류 와서먼이 시행한 문화보다 이쪽에 훨씬 가까워 보인다. 흥미롭게도 서적 업계에서는 그 문화가 주주 친화적인 방향으로 움직인 것으로 보인다.

따라서 넷플릭스가 동영상 스트리밍 사업에서 초반에 거둔 성공은 역설적이지 않다. 이 회사는 규모의 경제와 고객 구속력을 지닌 통합 업체라는, 가장 성공한 미디어 사업의 전통을 충실히 따르고 있다. 넷플릭스는 기존에 DVD 구독 사업을 하면서 구축한 선도적인 위치를 이용해 스트리밍 업계에서도 빠르게 규모를 키웠다. 기존 고객을 위해 TV로 직접 동영상 스트리밍 서비스를 제공하기 시작한 2008년에는 가입자 수가 900만 명 미만이었다. 이런 새로운 서비스 덕에 가입자 증가가 가속하고, 2010년에는 스트리밍 전용 서비스가 도입되었다. 콘텐츠, 마케팅, 기술과 관련 고정비용을 다른 경쟁사보다 훨씬 큰 가입자 기반 전체에 분산할 수 있는 넷플릭스의 능력은 우수한 고객 서비스, 강력한 추천 엔진, 훌륭한 습관 형성 제품을 통해 지속적으로 강화되었다.

넷플릭스의 비즈니스 모델이 독창적이지는 않지만, 일부 문화적·구조적 측면에서 대부분의 미디어 기업과 구별된다. 문화적인 면을 보면, 이 회사는 운영 효율성과 고객 집중에 항상 자부심을 가지고 있는 매우 잘 운영되는 회사다. 2009년에 CEO인 리드 헤이스팅스가 발표한 넷플릭스 기업 문화에 관한 슬라이드 128장짜리 파워포인트 프레젠테이션은

2017년에 내용을 업데이트해서 10페이지 분량의 일반 문서로 바꿀 때까지 1500만 명이 넘는 사람들이 보았다(아마 직원들 중에는 안 본 사람도 있을 것이다).[14] 헤이스팅스는 조직 행동을 가르치는 저명한 경영대학원 교수와 손잡고 이런 개념을 정리해서 대중적인 책을 펴내기도 했다.[15]

그에 비해 미디어 콘텐츠 기업들은 예전부터 효율성은 예술적 무결성에 대한 헌신 부족을 나타내거나 어쨌든 그보다 아래에 위치한다고 생각하는 것 같다. 특히 케이블과 휴대폰 시장에서 미디어를 유통하는 기업은 모든 산업을 통틀어 고객 관계가 가장 나쁘다. 케이블 회사의 핵심 서비스인 인터넷 서비스 제공과 회원제 유료 TV는 미국 고객 만족도 지수에서 조사한 46개 산업 가운데 최악으로 꼽혔다.[16] 그리고 케이블 채널 같은 대부분의 미디어 통합 업체는 그 구조상 도매 업체 역할을 하는데, 도매 업체의 고객은 개별적인 소비자가 아니라 가정으로 연결되는 물리적 파이프(또는 위성 피드)를 관리하는 배급 업체다. 넷플릭스는 고객과의 관계를 직접 관리하는 보기 드문 통합 업체로, 고객 서비스에도 탁월하고 고객의 피드백을 활용해 제품을 완벽하게 다듬을 수도 있다.

이런 회사의 특징은 상당히 색다르지만 그래도 이해하기 힘든 수준은 아니다. 미디어 분석가인 크레이그 모페트$^{Craig Mofffett}$는 10여 년 전에 소비자들이 케이블 TV에서 온라인 동영상 스트리밍으로 옮겨가는 것이 케이블 사업자들의 자본 환경에 실제로 도움이 될 수 있다는 사실을 설명하기 위해 '덤 파이프 역설$^{Dumb Pipe Paradox}$'이라는 용어를 만들었다.[17] 모페트는 케이블 회사들이 케이블 박스에 투자할 필요 없이 동영상 스트리밍 서비스의 직접적인 대역폭 사용량을 기반으로 고객에게 요금을 청구할 수 있다면 형편이 훨씬 나아질 것이라고 정확하게 지적했다. 하지만 미디어 업계에서는 사용량이 폭발적으로 증가하는 시기에 가정으로 연결되는 전용 광대역 파이프를 소유하는 것이 사업에 도움이 된다니, 역설적인 얘기처럼 느껴질 것이다. 이 분야에서는 값비싼 콘텐츠나 재능보다 단순한 망에 의지하는 것이 언제나 현명한 선택이다.

콘텐츠가 왕인가, 〈하우스 오브 카드〉가 왕인가

〈하우스 오브 카드〉가 넷플릭스에서 첫선을 보인 후, 이 회사는 계속해서 폭발적인 성장을 거듭했다. 2013년부터 2019년 사이에 50억 달러 미만이던 회사 매출이 200억 달러 이상으로 증가했고, 전 세계 가입자 수도 3200만 명에서 거의 2억 명으로 늘어나 이제 해외 가입자가 사용자의 대다수를 차지하고 있다. 코로나19 팬데믹 첫해에 가입자가 3660만 명 늘면서 2억 명 고지를 가볍게 돌파했다.[18] 이 기간에 벌어진 가장 큰 변화는 오리지널 콘텐츠에 대한 넷플릭스의 의존도다. 2016년에 이 회사는 제공하는 콘텐츠의 절반을 자체 제작 콘텐츠로 채우기 위한 "다년간의 전환 및 발전" 계획을 공식적으로 발표했다.[19] 2018년에는 회사 창립 이래 처음으로 넷플릭스에서 새로 선보인 작품 대부분이 자체 제작 콘텐츠였고, 그 수도 2016년에 비해 2배로 늘었다.[20]

이런 발전 상황을 지켜본 일부 관측통은 리드 헤이스팅스가 회사가 '창조적 위험'을 감수했을 때 생기는 상대적인 매력과 회사 경쟁 우위의 핵심적인 원천에 대한 생각을 근본적으로 바꿨다는 결론을 내렸다. 하지만 두 가지 추론 모두 옳은지는 알 수 없다.

규모가 크고 성공한 콘텐츠 통합 업체가 콘텐츠 제작 사업에 진출해야 하는 이유는 딱 하나뿐이다. 경쟁이 치열해지면 선택의 여지가 없기 때문이다. 오리지널 콘텐츠에 대한 투자를 늘려야 한다는 케이블 채널 소유주들의 공통된 인식은 OTT^{Over-The-Top} 스트리밍 대안이 증가하고 배급 업체의 영향력이 줄어드는 상황에서 상업적 필요성을 반영한다. 이에 따른 수익성 하락과 더욱 급격하게 줄어드는 가치 배수는 예측 가능한 결과였다. 창의적인 위험을 감수하는 것이 그 대안에 비하면 올바른 전략적 선택일 수 있다. 하지만 그렇다고 해서 넷플릭스가 전보다 더 나은 기업이 되지는 않았다. 오히려 더 나빠졌다는 것만 강조한다.

애플 TV+, 디즈니+, NBC유니버설의 피콕^{Peacock}, 바이어컴CBS의 파라마운트+와 유명한 오리지널 콘텐츠 '스타트업'의 SVOD 서비스인 퀴비^{Quibi}는 모두 고액 출연료를 받는 연예인을 중심으로 하는 오리지널 콘텐츠의 화려한 시작과 2019~2021년의 광범위한 마케팅 캠페인을 위한 자금을 지원했다. AT&T 소유의 워너미디어^{WarnerMedia}는 2015년에 HBO 나우^{HBO Now}라는 HBO의 SVOD 버전 서비스를 시작했고, 2020년에는 HBO 맥스^{HBOMax}라는 고급 버전을 출시해서 이용 가능한 콘텐츠를 2배로 늘렸지만 가격은 그대로 유지했다. 이때쯤에는 매년 오리지널 대본으로 제작하는 시리즈 수가 500개를 넘어, 10년 전의 210개보다 2배 이상 늘었다.[21] 콘텐츠 제작이 폭발적으로 증가한 것은 지상파 방송국이나 기본 케이블 방송국, 프리미엄 케이블 방송국보다 넷플릭스나 아마존 프라임 비디오, 훌루^{Hulu}, CBS 올 액세스^{CBS All Access} 같은 다양한 스트리밍 서비스 덕분이다. 점점 늘어나는 스트리밍 서비스 업체 가운데 주머니가 두둑한 모기업이 없는 퀴비만 사업에서 손을 뗐는데, 이 회사는 몇 달 만에 거의 20억 달러를 탕진했다.[22] 나머지 업체들은 가장 유망한 콘텐츠와 가장 창의적인 경영진 및 아티스트를 확보하기 위해 계속해서 끝이 보이지 않는 공격적인 경쟁을 벌이고 있다.

이렇게 창의적인 결과물의 급속한 확대로 인한 승자는 시청자와 업계 인재들이지 주주는 아니었다. 지금은 확실히 텔레비전의 황금기다.[23] 그러나 앞서 지적한 것처럼, 미디어 대기업들이 서로의 인재를 훔치는 것을 피하던 고상한 시대는 이미 오래전에 끝났다. 그 격렬한 경쟁은 1990년대 초에 루퍼트 머독이 새로 설립한 폭스 방송사를 키우려고 무모하게 밀어붙이면서 한층 더 암울한 변화를 촉발하게 되었다. 머독은 스포츠를 비롯한 콘텐츠 방영권 확보, 인재 영입, 지역 방송국과의 제휴를 위해 전례 없는 입찰 전쟁을 시작했다.[24] 그 경쟁의 범위와 규모는 이제껏 보았던 어떤 경쟁과도 달랐다. 이런 발전은 왜 그 세대 거물들 가운데 가장 교활한 머독이 이 분야에서 손을 떼고 남아 있는 업체들이 그가 35년간 축적한 자산 가격을 다투어 올리도록 내버려 뒀는지 어느 정도 설명해준다.

인기 프로그램이나 톱스타, 작가, 감독에 대한 입찰 전쟁은 재정적인 부분에 해를 미치는 오래된 관행이지만(스트리밍 전쟁이 발발하면서 전례 없이 극단적으로 치닫기는 했다)[25] 진짜 병목 현상이 발생한 부분은 제작물을 효과적으로 관리할 수 있는 프로듀서와 프로그램 총괄 책임자였다. 라이언 머피Ryan Murphy, 그레그 벌랜티Greg Berlanti, J. J. 에이브럼스J. J. Abrams, 숀다 라임스Shonda Rhimes처럼 실력이 검증된 양산형 제작진의 경우 수억 달러의 계약이 보장된다는 사실은 현대 산업이 의존하는 '재능'의 변화하고 확장되는 특성을 보여준다.[26]

2020년에는 넷플릭스뿐 아니라 디즈니의 주가도 상승했지만, 이런 추세가 지속되면 주주들이 행복한 결말을 맞을 것으로 기대하기는 어렵다. 넷플릭스의 기존 스트리밍 경쟁사들의 암울한 재정 상태를 보면, 넷플릭스의 구조적 이점에도 불구하고 콘텐츠 제작 분야에서 적극적으로 경쟁해야 할 필요성이 커지고 있는 현실과 새로운 서비스 업체가 시장에 진입하기가 얼마나 힘든지를 알 수 있다. 2008년에 설립된 훌루(원래 뉴스 코퍼레이션News Corp과 NBC유니버설의 합작회사였지만 나중에 디즈니와 타임 워너가 합류한[27])는 2010년에 구독 서비스를 추가했으며, 2012년부터 투자자들에게 허가받은 수준 이상의 오리지널 콘텐츠를 개발하기 시작했다.[28] 아마존의 프라임 배송 서비스는 2011년에 무료 동영상 스트리밍 상품을 추가하고[29] 2013년부터 오리지널 시리즈를 제작하기 시작했으며,[30] 2016년에는 전 세계에서 프라임 비디오를 별도의 서비스로 이용할 수 있게 되었다.[31]

2018년에 훌루의 미국 내 가입자 수는 2500만 명으로 당시 5800만 명이던 넷플릭스 미국 가입자의 절반에 약간 못 미치는 수준이었다.[32] 그보다 2년 전에 월 스트리트의 한 저명한 조사분석가는 2018년에 훌루의 가입자 수가 이보다 훨씬 적을 것이라는 예측에 근거해서 훌루의 가치를 250억 달러로 추정했다.[33] 이 분석가는 훌루가 2018년에 수익을 올릴 것이라고 가정했다. 하지만 실제로는 가입자 수가 늘면서 손실이 가속화되어 손실액이 10억 달러를 훨씬 초과했다.

디즈니는 2019년에 컴캐스트(NBC유니버설 소유주)의 지분 가치를 최소 275억 달러로 보장하는 거래를 통해 훌루의 운영권을 확보했다.[34] 이 거래 덕분에 컴캐스트는 엄청난 돈을 벌었을 뿐 아니라 NBC유니버설의 콘텐츠를 이용해 2020년에 피콕이라는 자체 스트리밍 서비스를 시작할 수 있게 되었다. 게다가 2022년부터는 훌루에서 콘텐츠를 전부 가져올 수 있다. 손실이 나는 홀루를 매각하려는(컴캐스트가 보장받은 가격의 극히 일부에 불과한 돈을 받고) 주주들의 다양한 초기 노력은, 자체 제작한 콘텐츠를 계속 자기네 서비스에서만 독점적으로 사용하려던 소유주들의 반대 때문에 결국 수포로 돌아갔다.[35]

아마존 프라임은 재정 상태가 전반적으로 불투명하기 때문에 프라임 비디오의 재정 상태를 파악하기가 다른 회사들보다 훨씬 어렵다. 그러나 두 회사에 대해 알려진 사실을 근거로 추정하자면, 아마존 비디오의 재정 상태가 홀루보다 심각하지 않다는 것은 믿기 어렵다. 2005년에 프라임 배송 서비스가 처음 도입되었을 때, 이들은 연회비 79달러를 받고 무료로 이틀 배송을 제공했다. 앞서 살펴본 바와 같이, 프라임 멤버십은 구매 행동에 극적인 영향을 미쳤지만 이런 지출이 정확히 어떻게 이루어지는지 모르면(마진이 적은 소규모 주문이 많은지, 마진이 큰 대형 주문이 많은지) 프라임의 수익성을 평가하는 것이 불가능하다. 프라임 비디오의 재정적 영향은 평가하기가 훨씬 더 어렵다. 프라임 회원들의 구매 성향 증가는 무료 동영상 서비스가 출시되기 훨씬 전부터 명확했다.[36] 따라서 프라임 비디오가 경제적으로 타당성이 있으려면, 기존 회원 유지에 미치는 영향과 더불어 수익성 있는 구매 및 회원의 점진적 증가를 통해 정당화되어야 한다.

2011년에 약 500만 명이던 프라임 회원은 현재 1억 명 이상으로 증가했다. 서비스의 중심인 무료 배송이나 나중에 추가된 무료 음악 스트리밍 같은 특전과 비교해, 프라임 비디오가 회원 증가에 얼마나 많은 영향을 미쳤는지 어떻게 알 수 있을까? 2018년에 로이터Reuters가 입수한 아마존 내부 문서에 따르면,[37] 프라임 회원 가운데 어떤 동영상이든 실제로 본 사람은 3분의 1도 안 된다고 한다. 이는 오늘날 유료로 홀루를 구독하고 있는

2800만 명에 비해 별로 많지 않은 숫자다. 그러나 2018년에 아마존의 콘텐츠 지출액은 약 50억 달러로,[38] 훌루의 약 2배였다.[39] 게다가 85억 달러를 주고 MGM을 인수한 것까지 감안하면, 아마존은 콘텐츠 예산을 지속적으로 늘리면서 현재와 미래의 SVOD 경쟁자들을 추격하는 데 전념하고 있는 듯하다.

2019년부터 2021년 사이에 온라인으로 전환해서 살아남은 다섯 개의 신규 SVOD 서비스 때문에 넷플릭스가 자체적인 오리지널 콘텐츠를 개발해야 할 필요성과 개발에 투입되는 비용은 더욱 늘어날 것이다. 애플 TV+를 제외한 이 새로운 경쟁자들은 과거 넷플릭스에 독점적으로 콘텐츠를 제공하던 주요 기업들이 소유하고 있다. 이는 넷플릭스가 오리지널 콘텐츠를 자체 개발해야 할 필요성과 그 비용이 더 증가할 것임을 의미한다.[40] 게다가 이 회사는 현재 좀 더 위험도가 높고 색다른 콘텐츠 제작 분야인 영화 산업의 주요 세력이 되기 위해 힘쓰고 있다.

2015년 오리지널 영화 제작에 자금을 대기 시작한 넷플릭스의 결정[41]은 유료 TV에서 영화를 상영할 때 항상 나타나는 불균형한 시청 점유율을 고려할 때 타당했다. 하지만 영화 제작은 텔레비전 시리즈물 제작과 매우 다르다. 이런 중요한 재정적·운영적 차이는 예로부터 모든 유명 영화 스튜디오가 각 영화에 대해 거의 별도의 운영체제를 유지했다는 사실에서도 알 수 있다. 게다가 겨우 몇 년 동안 구독자의 관심사에 맞는 적당한 수준의 영화를 만들던 경험밖에 없는 회사가 예술 영화부터 블록버스터에 이르기까지 모든 장르의 영화를 제작하는 초대형 영화 제작사가 된다는 것은 엄청난 일이다. 그리고 이런 변화에는 주의를 촉구하는 역사적 교훈이 가득하다.

마이클 아이스너Michael Eisner와 프랭크 웰스Frank Wells의 인도 아래 디즈니가 흑자 전환을 이룬 것과 관련된 글은 매우 많다. 그러나 웰스는 재임 10년 만에 비극적인 죽음을 맞았고, 아이스너는 20년 넘게 CEO 자리를 지켰지만, 이 회사 주식이 초과 실적을 올린 것은 대부분 두 사람이 회사에 합류한 뒤 첫 5년 동안 일어났던 일이라는 사실은 별로 인정받지 못하고 있다. 이는 많은 사람이 디즈니 부활의 주요 원인이라고 추측하는 〈인어공주The Little Mermaid〉나 〈미녀와 야수Beauty and the Beast〉와 함께 시작된 새로운 세대의 애니메이션 영화보다 먼저 있었던 일이다. 웰스와 아이스너가 1984년 디즈니에 합류할 당시 이 회사는 적자 상태였고, 영화도 거의 만들지 않았다. 하지만 1988년에는 약 20퍼센트의 시장점유율을 차지하는 1위 영화사가 되었다. 파라마운트에서 옮겨 온 팀이 매우 특별한 전술을 이용해 매우 특별한 종류의 영화(비용은 많이 들지 않지만 아직 발견되지 않았거나 '재발견'이 필요하지만 영화적 재능을 활용한, 꼼꼼하게 관리된 스토리 기반의 영화)를 제작함으로써 이러한 성과를 달성한 것이다. 1995년에 캐피털 시티스/ABCCapital Citys/ABC, 그리고 이들과 시너지 효과를 낼 것으로 추정되는 TV 스튜디오를 함께 인수한 디즈니는 이후 5년간 시장점유율 1위 자리를 유지했다. 하지만 비슷한 점유율을 달성하기 위해서는 예전보다 3배나 많은 영화가 필요했다. 그리고 2000년이 되자 1988년에 비해 매출은 3배 이상 늘었지만 영화사 수익은 그때보다 훨씬 줄었는데, 이는 유명 스타 중심의 마케팅이나 특수 효과를 많이 쓴 탓이다.[42]

여기에서 얻을 수 있는 교훈은 넷플릭스가 오리지널 콘텐츠 제작에 막대한 투자를 하면 안 된다는 것이 아니다. 경쟁사들의 맹공에 직면했을 때는 고정비용 부담을 통해 진입 가격을 높여서 상대가 규모를 키우지 못하도록 억압하는 것이 절대적으로 이치에 맞는 행동이다. 또 콘텐츠 라이선스 계약을 체결하기보다 오리지널 콘텐츠를 제작하면, 경쟁력 있는 서비스에 대한 자체적인 권리를 보유하는 것 이상의 이점이 있다. 넷플릭스가 얼마 전 〈사인필드Seinfeld〉 방영권을 확보한 것처럼 유명한 글로벌 권리 계약도 있기는 하지만,[43] 대부분의 콘텐츠는 현지에서 라이선스를 부여한다. 넷플릭스가 전 세계로 진출하자 해당 지역의 스트리밍 권리를 자기들끼리만 이용하려는 국제 경쟁자들이 늘어나고 있기 때문에,[44] 콘텐츠에 대한 권리를 완전히 소유하는 방향으로 전환하는 것이 타당하다.[45]

그러나 다시 한번 말하지만, 대안과 비교했을 때 전략적으로 이치에 맞는다고 해서 반드시 좋은 일인 것만은 아니다. 게다가 디즈니가 초기에 블록버스터 분야로 진출한 것을 봐도 알 수 있듯이, 영화 산업은 자연스럽게 규모가 커지지 않는다. 넷플릭스가 전례 없는 생산량 증가를 어떻게 관리하느냐에 따라 이것이 얼마나 나쁜 소식인지가 판가름될 것이다. 리드 헤이스팅스는 2016년 말에 했던 인터뷰에서, "최고급 TV 프로그램" 제작비는 1시간 방영분을 만드는 데 1000만 달러가 드는 반면, 고급 영화를 제작하려면 "시간당 1억 달러가 든다"고 말했다.[46] 그는 "앞으로 몇 년 안에 시간당 2000만 달러의 제작비를 투입한 TV 프로그램이 어떤 모습일지 알게 될 것"이라고 예상했지만, 시간당 1억 달러의 제작비를 지원할 만한 배급망은 없다고 주장했다. 하지만 넷플릭스는 2019년부터 그 수준 또는 그와 매우 비슷한 수준의 프로젝트를 여러 개 발표했다.[47]

오랫동안 넷플릭스 콘텐츠 책임자로 일한 테드 사란도스Ted Sarandos가 2020년에 공동 CEO 자리에 오른 것을 보면, 넷플릭스의 미래가 어떻게 될지에 대해서는 의문의 여지가 거의 없다.[48] 넷플릭스 조직이 그들의 야망 때문에 불가피하게 촉발될 다양한 운영상의 문제에 대처할 준비가 되어 있는지는 아직 불확실하다. 지금까지 넷플릭스는 새로운 도전에 대처하는 데 매우 능숙했다. 그러나 역사적으로 볼 때 콘텐츠 제작의 효율성은 절대적인 총생산량이 아니라 장르와 관객의 전문화를 통해 최적화되어 왔다.

넷플릭스가 가야 할 길

하지만 이것이 경쟁 우위의 원천과 강점에서 의미하는 바는 무엇일까? 간단히 말하자면, 별로 큰 의미는 없다. 그러나 대개의 경우 변경된 것이 더 좋지만은 않다.

플랫폼 망상의 영향을 받는 논객들 숫자만 봐서는 그런 사실을 알 수 없을 것이다. 이제 넷플릭스는 오랫동안 누려온 규모(기존의 비용 기반 공급 측 규모의 경제)와 고객 구속력의 조합을 훨씬 뛰어넘는 상당한 경쟁력을 얻고 있다. 가장 자주 언급되는 추가적인 경쟁 우위 두 가지는 일반적으로 플랫폼 사업에 나타나는 네트워크 효과와 기술 주도적인 학습 이점이다.

2019년에 도이체방크Deutsche Bank는 넷플릭스가 플랫폼으로서의 지위를 달성했다는 견해를 바탕으로 넷플릭스 주식을 '매수' 종목으로 업그레이드했다.[49] 이 회사의 수석 애널리스트인 브리안 크라프트Bryan Kraft는 "플랫폼 지위는 업계 동료나 경쟁 업체는 이용할 수 없는 네트워크 효과를 발휘한다"고 주장한다. 넷플릭스가 상당한 네트워크 효과를 통해 이익을 얻는다고 믿는 사람은 크라프트만이 아니다. 사실 이 개념은 대중과 학계 모두에서 통념이 된 것처럼 보인다. 《플랫폼 레볼루션》에서 세 명의 컨설턴트와 학자는 넷플릭스가 강력한 네트워크 효과를 발휘하고 있다는 비슷한 주장을 했다.[50] 넷플릭스의 네트워크 효과를 나타내는 이론은 이것이 간접적인 효과일 수도 있고 직접적인 효과일 수도 있다고 암시한다.

간접적 효과를 주장하는 측에서는, 넷플릭스는 시청자 수가 증가하면 인재와 콘텐츠를 유치하는 능력도 커지고 그 반대의 경우도 마찬가지인 마켓플레이스 사업이라고 말한다. 도이체방크의 크라프트는 "인재들은 넷플릭스의 글로벌 시청자 수 증가와 그에 상응하는 대중 문화계에서의 역할에 매력을 느낀다"고 주장한다.[51] 그러나 이렇게 억지로 비유할 때를 제외하면, 넷플릭스는 더 많은 고객을 유치하기 위해 제품에 투자하는 다른 기업들에 비해 '마켓플레이스'적 특징이 많은 편은 아니다.

크라프트는 또 이 회사가 매우 성공한 덕에 이제 "전 세계인들의 문화적 필수품"으로서의 자격을 갖추게 되었다고 말한다. 직접적인 네트워크 효과에 대한 이런 주장(시청자 수가 많기 때문에 시청자들이 제품을 더 만족스럽게 느낀다는 것)은 어느 정도 경험적 증거에 의해 뒷받침된다는 장점이 있다.[52] 극장에서 영화를 관람할 때도 워터 쿨러 효과(비공식적인 커뮤니케이션)가 나타난다는 사실이 입증되었으니, 넷플릭스 시청률에도 어느 정도 적용되지 않을 거라고 생각할 이유가 없다.[53] 그러나 이 효과가 특별히 의미 있다고 생각할 이유도 없고, 계속해서 새롭고 인기 있는 작품을 제작하지 않을 경우 효과가 지속될 것 같지도 않다.

자주 인용되는 또 하나의 직접적인 네트워크 효과는 모든 신규 가입자가 서비스에 제공하는 점점 증가하는 사용자 데이터에서 비롯된다. 이를 통해 넷플릭스는 모든 가입자를 위한 서비스를 개선하고 다른 경쟁 업체의 손길이 미치지 않는 성공의 플라이휠을 더 빠르게 회전시킬 수 있다. 이는 의미상의 차이처럼 보일 수도 있지만, 새로운 사용자가 넷플릭스를 개선하는 것이 아니다. 넷플릭스가 데이터를 채굴하는 방법을 통해 서비스가 개선되는 것이다. 넷플릭스가 타의 추종을 불허하는 사용자 기반에 기계 학습과 인공지능을 적용해서 얻을 수 있는 정확한 학습 이점은 이제 중요한 문제가 되었다. 하지만 이것은 네트워크 효과가 아니다.

넷플릭스는 네트워크 효과에 대한 주장을 대체로 삼가고 있다는 사실에 주목해야 한다. 리드 헤이스팅스는 넷플릭스처럼 "일반적인 규모의 경제"를 가진 회사와 "링크트인이나 페이스북처럼 네트워크 효과를 발휘하는 보기 드문 기업"을 대비한다.[54] 이는 노력 부족 때문이 아니다. 디지털 콘텐츠 기업들은 대부분 네트워크 효과를 발휘하고 고객 구속력을 강화하기 위한 소셜 요소를 구축하려고 하지만 성공하는 예가 거의 없다. 넷플릭스는 "몇 년간 넷플릭스를 좀 더 소셜 네트워크화하려고 다양한 방법을 시도해보았다"면서 좌절감을 토로했다.[55]

우편으로 DVD를 배송하던 시절로 돌아가 봐도, 넷플릭스는 2004년에 넷플릭스 프렌즈Netflix Friends라는 기능을 만들어서 "자체적인 형태의 소셜 네트워크"를 구축하려고 했다. 이 기능은 회원들이 다른 회원을 자기 네트워크로 초대해서 영화에 대한 평가와 의견을 공유할 수 있게 했다.[56] 많은 관심을 끌지는 못했지만, 회사는 2010년까지 이 서비스를 유지하다가 종료했다. 그리고 그 대안으로 페이스북 프렌즈 커넥트Facebook Friends Connect와 통합하려는 계획을 세웠다. 하지만 이것도 '사용자 무관심'으로 2011년에 서비스가 종료되었다.[57] 2013년에는 마크 저커버그가 직접 설계한 넷플릭스 소셜Netflix Social이라는 새로운 프로그램이 선을 보였다.[58]

넷플릭스에 따르면 이 통합도 "별로 인기가 없어서 2015년에 기능을 폐쇄했다"고 한다.[59] 넷플릭스는 심지어 2018년에 사용자 리뷰 기능까지 조용히 없앴다.[60] 헤이스팅스는 결국 네트워크 효과에 대한 자신의 헛된 추구를 "경쟁에 대한 환상"이라고 표현했다.[61]

네트워크 효과는 제쳐두더라도, 넷플릭스는 '빅데이터'를 두 개의 거대한 저장소에 나눠 보관하는 독특한 방법으로 경쟁 우위를 얻는다. 첫 번째는 주로 구독자에게 보라고 추천하는 작품과 그 작품을 선정하는 방식을 기반으로 고객 경험을 관리하는 것과 관련이 있다. 두 번째는 꾸준히 히트작을 제작하는 회사의 능력과 관련이 있다. 이 중 첫 번째는 새롭지는 않지만 매우 현실적인 반면, 두 번째는 거의 터무니없는 기대다.

넷플릭스가 스트리밍 서비스로 전환하기 훨씬 전에, 이 회사는 고객 데이터를 적극적이고 효과적으로 활용해서 강력한 추천 엔진을 개발했다. 이들이 만든 알고리즘에는 두 가지 이점이 있었다. 첫째, 가장 확실한 이점은 고객의 관심을 끌 만한 DVD를 지속적으로 제공함으로써 고객 만족도를 높이고 이탈을 줄였다는 것이다. 둘째, 새로운 개봉작을 제공하려면 비용이 많이 들기 때문에, 회사의 이익에 부합하는 예전 작품을 추천함으로써 사용자들을 만족시키는 동시에 비용을 낮출 수 있었다.

스트리밍 시대에는 넷플릭스가 이용할 수 있는 데이터가 훨씬 많다. 그들은 여러분이 어떤 작품에 관심이 있는지뿐 아니라 그것을 어떻게 시청하는지도 안다. 이 서비스는 커서 움직임을 추적해서 사용자가 시청을 고려했지만 결국 보지 않은 작품이나 보던 도중에 일시 중지하거나 빨리 감기하거나 끝까지 다 보지 않은 작품이 뭔지도 안다. 심지어 여러분이 어떤 기기를 이용해서 보는지도 알고 있다. 넷플릭스는 사용자 기반 전체를 대상으로 끊임없이 A/B 테스트를 실시해서 추천 기능을 완벽하게 다듬었을 뿐 아니라 어떤 기기를 사용하는 어떤 사용자에게 어떤 예고편을 보여줄 것인지까지 최적화할 수 있는 독보적인 위치에 있다. 넷플릭스가 다소 과장되게 표현하기는 했지만, 실제로 가입자 수만큼 다양하게 맞춤화된 "여러 가지 버전의 넷플릭스"가 존재한다.[62]

스트리밍 플랫폼의 빠른 확장으로 촉진된 데이터 수준과 정교함의 증가가 서비스의 고정성을 대폭 향상했다는 데는 의심의 여지가 없다(다른 서비스와 비교해도 그렇고, 넷플릭스에 이런 기능이 없는 경우와 비교해도 그렇다). 우리가 측정하고자 하는 것은 '빅데이터'로 가능해진 긍정적인 속성 때문에 사용자가 서비스를 계속 이용하려는 성향이 증가했는지 여부다. 그러나 가격, 서비스 내에서 이용 가능한 콘텐츠, 시장에 존재하는 괜찮은 대안 등 다른 변수가 많기에 이런 요인을 외부와 격리하기가 상당히 어렵다. 이는 특히 2010년에 증권거래위원회의 저항에도 불구하고 "신뢰할 수 있는 경영 성과 측정 지표"로 부적절하다는 명백한 명분을 들어 고객 이탈률 보고를 중단하기로 한 회사의 결정에 비추어볼 때 더욱 그렇다.[63]

다른 구독 상품의 이탈률 범위를 보면 소비자가 얼마나 변덕스러운지 알 수 있는데, 특히 OTT/SVOD 상품의 이탈률이 가장 높다.[64] 넷플릭스의 연간 이탈률 추정치는 대부분 20퍼센트에서 35퍼센트 이상이다.[65] 일부 연구에 따르면, 이탈률이 이 범위 중 높은 쪽에 해당하더라도 다른 SVOD 서비스의 이탈률보다는 상당히 낮은 편이라고 한다.[66] 하지만 이탈률이 25퍼센트라고 하더라도, 2021년에 전 세계 회원 수가 2억 명이 넘은 상황에서 이를 그대로 유지하려면 매년 5000만 명 이상의 신규 가입자를 유치해야 한다는 얘기다. 이는 훌루의 총가입자 수보다도 많은 숫자다. 약 7500만 명 정도인 미국 내 가입자에게만 초점을 맞춘다면, 현상 유지를 위해 매년 거의 2000만 명에 가까운 신규 가입자가 필요하다. 바이어컴CBS의 보고에 따르면, 이는 CBS 올 액세스와 쇼타임Showtime이 운영을 시작한 후 6년 동안 모은 가입자를 다 합친 것보다도 많다.**67** 바이어컴CBS는 이후에 CBS 올 액세스를 파라마운트+에 편입시키고 2021년부터 SVOD 스트리밍 전쟁에 뛰어들었다.**68**

이 가운데 고객 데이터의 가치를 완전히 실현해서 고객 관계 관리를 최적화하는 것이 시간 낭비라고 말하는 사례는 없다. 실제로 이처럼 힘든 시장에서는 사소한 것 하나하나가 다 중요하며 때로는 기업의 생사를 가를 수도 있다. 하지만 빅데이터가 없었다면 이탈률이 얼마나 됐을지 모르기 때문에 확실한 결론을 내리기는 어렵다. 고객 데이터에서 얻은 통찰력을 이용해서 넷플릭스의 고객 유지율이 향상된 것은 분명하지만, 이 사용 사례에서 빅데이터가 전략적인 판도를 바꿨다고 확신하기는 힘들다. 결국 콘텐츠 구독에서 가장 중요한 것은 콘텐츠이며, 아무리 빅데이터가 많아도 이 사실을 바꾸지는 못할 것이다.

그렇다면 빅데이터는 넷플릭스가 자체 제작한 콘텐츠 비율을 높여야 하는 이런 환경에서 더욱 매력적인 콘텐츠를 좀 더 저렴한 비용으로 제공하는 능력을 어떻게 변화시킬 수 있을까? 사실 일반적인 통념과 달리, 빅데이터는 별로 영향을 미치지 못한다.**69**

먼저 넷플릭스가 알고리즘을 이용해 히트작들을 만들어내는 확실한 능력이 있다는 이야기의 핵심에 자리한 중대한 거짓말과 오리지널 콘텐츠 제작부터 살펴보자. 이 모든 것은 넷플릭스의 첫 번째 대히트작인 〈하우스 오브 카드〉의 유래에서부터 시작된다. 〈뉴욕 타임스〉의 유명 칼럼니스트인 데이비드 카David Carr의 설명처럼, 넷플릭스는 빅데이터와 인공지능이 안겨준 구조적인 이점 덕분에 파일럿 프로그램을 제작하지 않고도 해당 시리즈의 두 시즌(1억 달러의 제작비로 만든 총 26개의 에피소드[70])에 대해 다른 경쟁자들보다 신중하게 비싼 값을 부를 수 있었다. 이 이야기에서, 경쟁자들은 〈하우스 오브 카드〉를 확실한 히트작으로 만든 세 가지 주요 데이터(넷플릭스 시청자들 사이에서 데이비드 핀처David Fincher 감독의 영화, 케빈 스페이시Kevin Spacey 주연의 영화, BBC의 〈하우스 오브 카드〉 시리즈 원작이 얼마나 인기 있었는지에 대한 데이터)에 접근하지 못했다. 카의 말에 따르면, "이런 세 가지 관심 분야를 통해 넷플릭스는 〈하우스 오브 카드〉 시리즈 판권을 구입하는 것이 매우 좋은 선택이 될 것임을 암시하는 벤 다이어그램 교차점을 찾을 수 있었다."[71]

이 이야기는 너무 엉뚱하기 때문에, 다양한 버전으로 수없이 반복되지만 않았더라면 반박할 필요도 느끼지 못했을 것이다. 성공한 창의적 프로젝트 선정에 대한 이런 사후 설명은 잘못된 수준의 예측 가능성을 시사하게 된다. 실패작이 나온 뒤에는 귀가 멍멍할 정도의 침묵이 흐르는 것처럼, 히트작 뒤에는 필연적으로 이런 이야기들이 뒤따른다.

〈하우스 오브 카드〉가 성공한 직후, 넷플릭스는 제작비가 2배 이상 많이 드는 〈마르코 폴로Marco Polo〉 시리즈를 제작했다. 중국 현지 촬영으로 인한 엄청난 비용과 복잡성 때문에 원래 구매자인 스타즈Starz가 제작을 중단한 이 시리즈는, 에피소드 10개씩으로 구성된 첫 두 시즌을 촬영하는 데 각각 1억 달러의 비용이 들었다고 한다. 그 후 프로그램 제작이 취소되었을 때는 알고리즘에 결함이 있다는 얘기가 나오지 않았다. 사실 막대한 재정적 부담에 대한 설명은 옛날 할리우드에서 자주 듣던 얘기 같다.[72]

〈마르코 폴로〉에는 인기 스타가 출연하지는 않았지만 HBO의 유명 시리즈인 〈왕좌의 게임〉 총괄 프로듀서가 제작을 맡았고, 콘텐츠 책임자인 테드 사란도스는 "넷플릭스 회원들이 좋아하는 몰입도 높은 액션 어드벤처"라고 설명했다.[73]

〈마르코 폴로〉는 후속편 제작이 취소된 최초의 넷플릭스 시리즈 중 하나다.[74] 초기에 넷플릭스가 프로그램 제작 취소를 비교적 꺼리던 모습은 히트작을 식별하는 불가사의한 능력의 증거로 자주 인용된다. 넷플릭스는 자체 제작한 시리즈물을 계속 연장하는 비율이 93퍼센트나 되는 반면, 기존 방송사들은 겨우 33퍼센트밖에 안 된다고 주장한다.[75] 적어도 과거에는 이런 차이가 있었던 것이 사실이지만, 이는 넷플릭스가 다른 경제적 문제를 해결하는 다른 사업임을 드러낸다.

텔레비전 네트워크가 자신들과 계열 방송사를 위해 적절한 광고 수익을 올리려면 일정한 수준의 전국 시청률을 유지해야 한다. 일부 무료 스트리밍 서비스도 광고에 의존하며(일명 AVOD 서비스라고 한다), 훌루 같은 서비스는 하이브리드 모델을 추구한다. 닐슨^Nielsen 시청률 집계 서비스는 2024년까지 디지털 시청 방식과 전통적인 시청 방식을 통합한 완전히 새로운 시청률 측정 기준을 개발할 것이라고 한다.[76] 그러나 이런 조치 가운데 순수 SVOD 사업자인 넷플릭스에 영향을 미치는 것은 하나도 없다.

넷플릭스는 가입자들을 1300개 이상의 다양한 "취향 커뮤니티"로 나눠서 관리하고 있으며, 모든 사용자가 만족할 수 있는 충분한 선택권을 제공하려고 한다.[77] 이 회사는 광고를 판매하지 않고 사용 현황을 보고할 필요도 없지만, 다양하고 협소한 관심사를 가진 이들에게 폭넓게 다가갈 수 있는 충분한 콘텐츠를 제공하기 위해 여러 방면에서 장기전을 벌이고 있다. 빅데이터가 확실히 도움이 되는 부분은 가입자를 유지하기 위해 이런 요소들이 각각 얼마나 필요한지 알 수 있다는 것이다.

엔터테인먼트 경영진들은 거의 반세기 전부터 프로젝트를 더욱 체계적으로 선택하기 위해 데이터를 이용해왔다.[78] 예전에는 식별된 변수 사이의 관계를 찾기 위해 전통적인 통계 기법을 썼지만, 요새는 아무 원시 데이터나 컴퓨터에 입력해도 연관성 높은 관계를 찾아주는 "신경 네트워크"를 이용한다.[79] 10여 년 전부터 다양한 AI 스타트업이 자금과 영화사 고객을 유치했고,[80] 새로 등장한 기업들도 계속 그렇게 하고 있다.[81]

그러나 이들은 두 가지 근본적인 한계에 직면해 있다. 첫째, 이들은 취향 변화를 설명하지 못한다. 둘째, 잠재적으로 관련 있는 변수(수십만 가지 가능성) 때문에 과거의 데이터 포인트 수(겨우 수천 개의 영화 또는 시리즈)가 왜소해지기 때문에 필연적으로 잘못된 상관관계가 도출될 수밖에 없다. 이 가운데 일부는 마케팅 및 유통 결정을 최적화하는 데 도움이 될 수 있는데, 이것이 다양한 '블랙박스' 접근 방식을 오랫동안 사용해온 주된 이유다.

그러나 어떤 창조적 영역에 알고리즘을 이용한 히트작 공장이 존재한다는 증거는 거의 없다. 제프 베조스는 빅데이터와 크라우드 소싱을 활용하면 오리지널 콘텐츠의 히트 비율을 10퍼센트에서 40퍼센트로 대폭 높일 수 있다고 생각했다. 하지만 결국 과학적으로 운영되는 영화 제작사에 대한 비전을 포기하고, 모든 성공한 프로그램의 공통점이라고 생각되는 12가지 요소를 즉흥적으로 발표하여 이 비전을 대체했다. 베조스는 "히트작을 가져와!"라며 직원들을 질책하는 구시대의 영화사 임원을 닮았다. 그는 고대부터 이어져 온 이 불평을 자기만의 현대적인 표현으로 바꿨다.

"나는 나만의 〈왕좌의 게임〉을 원한다."[82]

홍미롭게도 넷플릭스에서 이용자들이 가장 많이 보는 프로그램의 '평점'에 대한 선별적인 자료를 발표하기 시작하면서부터 넷플릭스가 몸담고 있는 사업의 근본적인 차이가 더욱 분명해졌다. 지난 몇 년 사이에 넷플릭스 이용자가 가장 많이 본 영화(산드라 블록Sandra Bullock이 나온 2018년도 작품 〈버드박스Birdbox〉, 2019년에 공개된 애덤 샌들러Adam Sandler와 제니퍼 애니스턴Jennifer Aniston 주연의 〈머더 미스터리Murder Mystery〉 등)는 적어도 메타크리틱Metacritic이나 로튼 토마토Rotten Tomatoes의 미적지근한 평가에 따르면 비평가나 시청자들에게 "인기" 있는 작품은 아니었다.[83] 이 영화들을 극장에서 개봉했다면 과연 성공했을지 미지수다.[84] 반대로 〈캣츠Cats〉나 〈두리틀Dolittle〉처럼 최근 몇 년 사이에 엄청난 예산을 들인 유명한 실패작을 넷플릭스에서 공개했다면, 큰 성공작으로 선전할 수 있을 만큼 많은 호기심을 끌었을 것이다. 그래, 아마 〈캣츠〉는 아닐 수도 있다.

〈버드박스〉와 〈머더 미스터리〉는 유명 스타가 출연하기는 했지만, 극장에 배급할 때 경제적 가치를 따지지 않아도 되는 히트작 속편이나 스핀오프가 아니라 그냥 중규모 예산의 영화다.[85] 넷플릭스는 적어도 미국 내에는 이런 영화에 대한 수요가 아직 있다는 것을 증명했다. 하지만 빅데이터는 이런 영화를 잘 만드는 방법을 알려주는 템플릿을 제공하지 못했고, 이는 앞으로도 마찬가지일 것이다.[86]

2020년에 헤이스팅스가 에린 마이어Erin Meyer 교수와 함께 넷플릭스의 문화와 경영 철학에 대해서 쓴 《규칙 없음No Rules Rules》이라는 책에는 이 회사의 프로그램 제작 결정과 관련된 일화가 다수 포함되어 있다. 여기에서 가장 주목할 만한 부분은 실제로 데이터의 역할이 얼마나 작은지에 대한 내용인데, 아동용 프로그램을 예로 들어보자. 헤이스팅스는 예전부터 아동용 콘텐츠가 신규 가입자를 끌어들이거나 기존 가입자를 유지하는 데 별로 큰 역할을 하지 않는다고 생각해왔다.[87] 그가 마음을 바꾼 것은 빅데이터 때문이 아니라 직원회의에서 자녀를 둔 직원들이 하는 말을 듣고서였다. 그들은 서비스 가입을 결정할 때 광고가 없고 신뢰할 수 있는 콘텐츠를 이용할 수 있는지가 중요하다고 말했다. 결국 이들이 인도의 애니메이션 시리즈인 〈마이티 리틀 빔Mighty Little Bheem〉을 기반으로 하는 글로벌 사업을 발전시키기로 결정한 것은 인공지능이 아닌 광범위한 전략적 필요성에서 나온 결과였다. 실제로 최종 의사결정자는 "미취학 아동이 볼 수 있는 프로그램에 대한 과거 데이터가 부족하고, 이는 인도 내에서도 마찬가지"라고 지적했다.[88]

2020년 당시 넷플릭스의 새로운 콘텐츠는 대부분 오리지널 제작물이었지만, 이용자들이 시청하는 콘텐츠는 여전히 라이선스 작품이 대부분이었다.[89] 사람들이 이미 인기가 입증된 콘텐츠에 대해서만 라이선스 계약을 체결하는 데는 명확한 이유가 있다. 닐슨과 컴스코어Comscore 같은 데이터와 리서치 서비스 회사들 덕에, 영화와 텔레비전 프로그램의 인기는 시청자들의 인구통계학적 프로필과 함께 널리 알려져 있다. 넷플릭스는 가입자의 기호와 특정 가입자에게 어떤 작품을 추천해야 하는지를 더 잘 알고 있을 것이다. 그러나 적어도 미국에서는 넷플릭스 가입자 기반이 포화 상태에 가까운 전체 시장과 점점 비슷해지고 있기 때문에 어떤 프로그램의 라이선스를 취득해야 하는지와 관련해 훨씬 큰 통찰력을 가지고 있다고 주장하기는 어렵다.

넷플릭스에 좋은 소식은, 비록 이 회사가 의미 있는 네트워크 효과의 혜택을 누리지 못하고 있고 빅데이터의 이점도 제한적이기는 하지만, 여전히 상당한 규모와 고객 구속력을 갖춘 매우 잘 운영되는 기업이라는 것이다. 게다가 팬데믹 기간에 집 안에 틀어박혀서 드라마 시리즈를 한꺼번에 몰아 본 전 세계 시청자들이 넷플릭스에 전례 없이 많이 가입함에 따라 팬데믹의 수혜자가 된 전형적인 기업 중 하나이기도 하다.[90] 이 가입자들 중 일부는 나중에 가입할 이들을 미리 끌어온 것에 불과할지도 모르지만, 케이블 TV를 완전히 해지하고 스트리밍 서비스로 넘어가는 추세가 가속하는 것은 SVOD 부문에 장기적인 구조적 지원을 제공한다.[91]

나쁜 소식은 다른 SVOD 서비스도 모두 팬데믹 기간에 이익을 얻으면서 한때 미국 SVOD 가입자의 거의 절반을 차지했던 넷플릭스의 상대적 규모가 2년도 안 되는 사이에 4분의 1로 줄어들었다는 것이다. 넷플릭스는 이 값비싼 게임에서 경쟁력을 유지하기 위해 필요한 고정비용을 늘렸지만, 자금을 가장 많이 지원받는 경쟁자들 대부분이 이 시장에 처음 진입한 업체라는 사실 때문에 문제가 더욱 심각해지고 있다. 새로운 SVOD 진입자들도 이런 맹공세 때문에 재정적으로 처참한 상황에 처하기는 했지만, 그렇다고 넷플릭스의 나쁜 상황이 좋아지는 것은 아니다. 특히 상황이 이렇게 어려운데도 불구하고, 가까운 미래에 경쟁사의 자금 조달에 제약이 생기지는 않을 듯하다는 사실을 고려하면 더욱 그렇다. 넷플릭스는 데이터 자산을 이용해서 고객 구속력을 강화할 수 있지만, 이러한 경쟁 업체들의 출현은 이 장점마저 약해졌다는 것을 나타낸다.

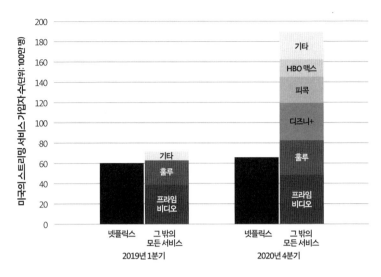

미국의 SVOD 가입자 총계
넷플릭스 vs. 그 밖의 모든 서비스

출처: HarrisX, MoffettNathanson
참고: '기타'에는 CBS 올 액세스, 쇼타임, 애플 TV+가 포함됨

콘텐츠 사업이 가진 난제

미디어 분야에서 콘텐츠 사업은 계속 큰 관심을 끌고 있지만 수익성은 낮다. 시간이 지나면서 창출된 가치(인재들이 자기 몫을 가져간 뒤에 남은 가치) 중 가장 큰 몫은 항상 통합 업체와 배급 업체가 가져갔다. 이는 이 기업들의 산업 구조가 콘텐츠 제작 분야에는 존재하지 않는 경쟁 우위(특히 규모와 고객 구속력)에 기여하기 때문이다. 특정한 대중의 관심 대상인 순수한 히트작 기반의 스튜디오와 출판사가 만든 콘텐츠와는 달리, 지속적으로

제작되는 콘텐츠는 규모와 고객 구속력 면에서 더 큰 기회를 제공한다. 그러나 이런 형태의 콘텐츠도 최고의 통합 업체나 배급 업체 같은 매력은 얻지 못했다.

디지털 기술은 일반적으로 필요한 고정비용을 줄이고 전환 과정을 쉽게 함으로써 콘텐츠 제작의 진입 장벽을 낮추는 영향을 발휘했다. 새롭게 취약한 입장에 처하게 된 기존 사업자의 경우, 성능 향상을 위해 데이터를 활용하거나 소비자와 직접적인 관계를 구축하고 제품을 개인화하는 등 새로운 디지털 기능을 활용하여 대안적인 장벽을 모색하게 되었다.

이런 상황은 전통적인 미디어 콘텐츠 분야마다 조금씩 다르게 전개되었다. 그러나 히트작 중심의 분야에서는 아직까지 이런 다양한 상쇄 효과가 전체적인 수익성에 미치는 영향을 무시할 수 있는 듯하다. 지난 몇 년 사이에 음악, 책, 영화의 마진이 급격하게 달라졌지만, 이제 비슷한 범위 내에 정착해서 그대로 유지되는 경향을 보이고 있다.[92] 한 가지 면에서만 보면, 이는 별로 놀라운 일이 아니다. 히트 콘텐츠 제작을 통한 돈벌이는 애초에 큰 사업이 아니었기 때문에 크게 떨어질 여지도 별로 없다. 또 디지털이든 아날로그든 많은 주목을 받는 검증된 인재들의 능력 덕분에 '한 사람'이 전리품을 너무 많이 차지하지 못하기 때문에 상승 폭이 제한된다.

그러나 몸집이 클수록 더 심하게 추락한다. 디지털 침입이 수익성 높은 콘텐츠 통합 업체를 위협할 경우 불리한 부분이 상당히 많다. 또 별로 매력적이지 않은 콘텐츠 제작 사업 쪽으로 적극적으로 전환하는 것이 최선의 방어책이라면, 어쩔 수 없이 마진에 대한 압박을 받게 된다. 이는 규모가 가장 크고 성공한 통합 업체인 케이블 채널이 배급 라인을 최대한 유지하기 위해 콘텐츠 지출을 2배로 늘릴 것인지, 아니면 사업을 포기하고 남은 현금 흐름을 짜낼 것인지 선택해야 하는 상황에 직면했을 때 이미 경험한 일이다.

넷플릭스의 경우, 디지털로 전환하기로 한 초기 결정은 잠재적으로 공략 가능한 시장을 극적으로 확장하는 이점이 있었다. 그리고 이들은 여기에 오리지널 콘텐츠를 추가하기 전부터 비즈니스 경쟁력을 강화할 수 있었다. 블록버스터가 아직 요람에 있던 넷플릭스를 죽이거나 매입할 기회를 놓친 뒤,**93** 넷플릭스가 구축한 지역 유통 허브와 고객 충성도 덕분에 DVD 우편 발송 사업에서 얻은 이 회사의 지배적인 위치를 무너뜨리려는 경쟁사들의 진지한 노력이 모두 수포로 돌아갔다. 넷플릭스는 이대로 가만히 있으면 다른 스트리밍 경쟁사들이 나타나서 자신들의 지배적인 DVD 유통 서비스를 잠식할 것이라고 평가했다. 그래서 넷플릭스는 대규모 설치 기반과 온라인 고객 관리, 마케팅, 콘텐츠 소유자들과의 협상 기술을 독특하게 조합한 덕분에, 많이 들어는 봤지만 경험해본 이는 거의 없는 선점자의 이점을 누렸다.

이런 이점을 누리려면 시장에 먼저 진입하기만 하면 되는 것이 아니라 규모를 키워야 한다. 또 먼저 시작해서 신속하게 규모를 확장하려면 상대적으로 안정적인 제품/시장 적합성과 기술이 필요하다. 이런 조건의 유동성이 큰 경우, 고객이 가입하기 전에 위험을 회피하려고 할 가능성이 높기 때문에 용감한 선점자가 중요한 목표를 달성하기가 쉽지 않다. 그래서 대부분의 시장에서는 실질적인 연구개발은 다른 이들에게 맡기고 수요 형태나 기술 요건이 확실해진 뒤에야 비로소 대규모 투자를 하는 이들이 승자가 된다.

넷플릭스는 이미 이런 중요한 문제들에 대한 통찰을 가지고 있다. 소비자에게 엔터테인먼트 콘텐츠 구독을 판매한 경험은 정말 독특했고, 스트리밍 서비스를 시작하기 1년 전 구글이 유튜브를 인수한 것은 디지털 인프라가 업계 최강의 동영상 서비스를 지원할 것이라는 위안을 안겨주었다. 그리고 스트리밍 분야에는 물리적 유통 허브에 있는 고정비용 장벽이 없지만, 전국적인 구독 서비스를 시작하는 데 필요한 고정 마케팅 비용이나 디지털 스트리밍 고객을 효과적으로 지원하고 관리하는 데 필요한 기술 인프라 비용이 상당히 비싸다. 사실 이제 지역 유통 허브는 필요하지 않았지만, 넷플릭스는 버퍼링을 최소화하고 지속적으로 만족스러운 서비스 품질을 보장하기 위해 전국에 주요 콘텐츠 스토리지 허브를 구축해야 했다.

만족스러운 서비스를 제공하기 위해 다른 이들이 만든 충분히 검증되고 사랑받는 콘텐츠를 확보하려면 그것만으로도 상당한 고정비용이 들어간다. 그리고 규모가 큰 업체들은 경쟁력 있는 콘텐츠에 대한 기준을 높게 설정할 수 있기 때문에, 소규모 업체들이 이를 따라잡으려면 자금이 풍부할 때 현금을 쏟아부어야 한다. 그러나 거대 글로벌 시장의 단점은 자기들도 생존에 필요한 규모를 달성할 수 있으리라고 생각하는 업체들이 많아진다는 것이다. 넷플릭스에게는 현재 동일한 콘텐츠와 인재, 가입자를 확보하려고 하는 자금이 풍부한 경쟁사가 적어도 여섯 개 정도 있다.

그러나 상대적 규모를 유지하기 위해 검증되지 않은 콘텐츠를 만드는 사업에 적극적으로 뛰어들어야 하고, 하나의 콘텐츠 유형에서 다른 콘텐츠 유형으로 계속 전환해야만 하는 것은 분명히 재정적으로 좋지 않은 소식이다. 치열한 경쟁의 중심에서 창조적인 위험을 감수해야 할 필요성이 생기면, 경쟁 업체들이 가지고 있던 가치가 서로 경쟁하는 인재들에게로 넘어가기 때문에 시스템이 자중손실deadweight loss을 입게 된다. 그리고 이런 손실은 대부분 주주들의 주머니에서 나올 것이다.

잘 운영되고 있는 시장 선두 주자가 현금 흐름을 창출하기 위해 고군분투하는 시장에 신규 진입자들이 급증하는 모습을 보면, 신문 발행인으로서 백만장자가 되는 가장 좋은 방법은 억만장자일 때 시작하는 것이라는 우스갯소리가 떠오른다. 증가하는 손실과 새로운 사업 개시를 둘러싼 모든 단기적인 잡음은 지속 가능한 시장 균형에 대한 장기적인 관점을 모호하게 만들 수 있다. 데이터 학습으로 강화된 고객 구속력이 뒷받침하는 고정비용 규모의 이점을 고려하면, 구조적 속성상 적당한 수익을 올릴 수 있는 규모의 업체가 소수라도 나타나지 않는다면 놀라운 일일 것이다.

신문 업계에서 일한 경험이 있다면, 넷플릭스 입장에서 안정적인 상태의 세계가 어떤 모습일지 알 수 있다. 신문은 지속적으로 콘텐츠를 제작하는 사업이라고 여기는 이들이 많지만, 사실 그들은 넷플릭스와 마찬가지로 창작자이자 통합자, 배급자다. 주변에 흔히 있는 신문을 한 부 집어서 살펴보면, 특집 기사부터 광고에 이르기까지 신문 지면을 채우는 많은 내용이 통합된 콘텐츠라는 사실을 알고 놀랄지도 모른다.

3장에서는 〈뉴욕 타임스〉의 지속 가능한 디지털 경제에 관해 자세히 얘기했다. 그러나 그들의 미묘한 상황에 많은 운이 작용한다면, 신문 판매 부수와 수익의 대부분을 차지하는 지역 신문들도 똑같이 심각한 영향을 받는다. 디지털 환경에서 통합과 유통 기능이 범용화되고 고수익 안내 광고가 온라인으로 전환되자, 수익이 감소하면서 독창적인 콘텐츠 지원이 줄고 이로 인해 수익이 더욱 감소하는 악순환이 발생했다. 많은 디지털 전용 콘텐츠 경쟁 업체들이 신문 쇠퇴를 가속하면서 자금과 시선을 끌어들

이는 데는 성공했지만, 일관된 수익을 올리기 위한 유의미한 진입 장벽이 없는 탓에 결국 실패했다.[94]

신문사의 시장점유율을 상당히 많이 빼앗은 순수 온라인 광고 기업들의 상황도 이보다 아주 조금 나은 수준이었다. 개중 일부는 여론 평가에서 수십억 달러의 가치를 인정받기도 했지만, 네트워크 효과에도 불구하고 (고객 구속력이 부족하고 고정비용 요건이 제한적이었다) 다른 경쟁력 있는 마켓 플레이스 업체들이 이 틈새시장에 몰려들면서 결국 공개시장에서 실패하고 말았다. 몬스터닷컴Monster.com은 최초의 온라인 고용 광고 사이트이자 인터넷 시대 초기인 1996년에 성공적으로 IPO를 치른 기업이다. 7달러에 상장된 이 회사 주식은 2000년에 91달러로 최고치를 기록했고, 평가액은 100억 달러에 육박했다. 그리고 2016년에 한 글로벌 인력 회사가 몇 억 달러에 인수했는데, 지금은 커리어빌더CareerBuilder나 다이스닷컴dice.com 같은 광범위한 기반을 갖춘 업체나 틈새 경쟁 업체, 그리고 링크트인, 인디드 Indeed 같은 완전히 새로운 카테고리의 경쟁 업체에 밀려난 지 오래다.[95]

그러나 일반적인 관심사를 다루는 전국지인 〈뉴욕 타임스〉가 디지털 혁신에 직면했을 때 이들과 매우 다른 운명을 맞은 것은 세 가지 이유 때문이다. 첫째, 넷플릭스와 매우 유사한 〈뉴욕 타임스〉의 콘텐츠는 지역 신문 콘텐츠와는 달리 온라인 구독을 지원하는 상당한 미개척 시장을 가지고 있었다. 둘째, 접근할 수 있는 시장이 더 커지면 콘텐츠에 대한 추가적인 투자가 가능하므로 신뢰할 수 있는 구독 경쟁자가 이 시장에 진입할 때 드는 고정비용이 늘어난다. 셋째, 〈뉴욕 타임스〉는 지역 신문만큼 광고에 의존하지 않았고, 지역 신문의 수익원인 안내 광고에 대한 의존도도 비교적 낮았다.

그래서 〈뉴욕 타임스〉는 디지털 생태계를 통해 도달 범위를 근본적으로 확대하고, 한때 자신들보다 수익성이 훨씬 높았던 지역 신문에 비해 경제적 성과까지 개선할 수 있었다. 예로부터 〈뉴욕 타임스〉의 경쟁 우위의 원천인 규모와 고객 구속력도 어떤 면에서는 더 강화되었다. 상대적인 구독자 위치와 보도 담당 인력의 상대적인 규모가 개선되었고, 가짜 뉴스에 대한 우려 때문에 신뢰할 수 있는 보도를 찾기 위한 검색 비용이 증가했다. 또 이 회사가 수집한 가입자 데이터를 이용해서 리소스를 좀 더 현명하게 할당하고 고객 관계를 효과적으로 관리할 수 있다.

그러나 인터넷은 억만장자 후원자, 협소한 관심 분야를 대상으로 하는 새로운 디지털 전문 업체, 애플·구글·페이스북 같은 영리한 거대 기업들과 함께 광범위한 경쟁 환경을 조성했다(부활한 〈워싱턴 포스트〉나 타임 주식회사도 있다). 물론 〈뉴욕 타임스〉는 몇 안 되는 광범위한 글로벌 영어 뉴스 서비스 중 하나가 될 수 있는 좋은 위치에 있다. 하지만 우리가 살펴본 것처럼, 2000년의 〈뉴욕 타임스〉와 비교하면 2020년의 〈뉴욕 타임스〉는 수익성이 떨어졌고 가치도 전만 못하다.

이것이 넷플릭스의 전망에 대해 시사하는 바는 무엇인가? 〈뉴욕 타임스〉와 마찬가지로, 넷플릭스는 디지털 매체의 전반적인 시장 잠재력이 크게 확장되었음에도 불구하고 결국 극소수의 구독 서비스만 지원할 수 있을 것 같은 글로벌 콘텐츠 시장의 선두 업체다. 디즈니도 SVOD 분야에서 이 전략에 전념하는 듯한데, 그 목표에 도달하는 과정에서 실현 가능한 재정적 수익이 암울해 보이기는 하지만 그들은 규모를 달성하는 데 필요한 자산을 보유하고 있다. 아마존도 재정 상황에 관계없이 프라임 회원들에게 빠른 무료 배송과 함께 값비싼 콘텐츠를 무한정 제공하겠다는 암묵적인 약속을 지킬 수 있는 재정적 자원을 가지고 있다. 다른 신흥 경쟁사 중에는 장기적으로 글로벌 넷플릭스의 경쟁자가 되는 데 필요한 기술, 자원, 헌신을 골고루 갖춘 회사가 없는 것 같다. 하지만 그중 일부는 꾸준히 사업을 계속하면서 지속 가능한 지리적·심리적·인구통계학적 틈새를 개척할 수도 있다.

이는 넷플릭스가 〈뉴욕 타임스〉처럼 장기적으로 번창할 수 있는 시장 구조를 나타낸다. 하지만 현재 넷플릭스는 단기 또는 중기적으로 이 사업에 참여하기로 결심한, 자금 사정은 놀랍도록 좋지만 경제적으로 별로 합리적이지 않은 수많은 경쟁자에 직면해 있다.

토머스 홉스Thomas Hobbes는 자연 상태에서의 삶을 "가난하고, 고약하고, 잔인하고, 짧다"라고 묘사했다. 앞의 세 형용사가 이 기간 동안 경쟁이 어떻게 진행될지 정확하게 설명한다는 데는 의심의 여지가 없다. 경쟁사들의 대차대조표에 적혀 있는 수천억 달러의 현금과 사용 가능한 자금을 고려할 때, 과연 이 상황이 금방 끝날지 의문이다. 과거 아날로그 거물들이 했던 행동을 바탕으로 생각해보면 이들은 심사숙고해서 후퇴를 결정하기보다, 주주들이 힘들게 번 돈을 계속 태워 없애느니 차라리 넷플릭스에 과도한 비용을 지불하는 편이 낫다는 결정을 누군가 내릴 때 상황이 끝날 가능성이 더 크다.

우리가 이 장에서 배울 수 있는 것들

1. 넷플릭스는 전통적인 미디어 거물들에게 다른 콘텐츠 리셀러라느니 'TV 재방송 전문'이라는 조롱을 받으면서도, 공급 측면의 규모와 고객 구속력을 통해 유례없는 이점을 누리게 되었다. 이는 케이블 채널이 수십 년 동안 미디어 대기업의 수익성을 견인할 수 있었던 것과 같은 이유다. 그러나 넷플릭스는 직접적인 소비자 관계와 탁월한 운영 방식에 집중한다는 점에서 이들과는 다르다.

2. 넷플릭스가 DVD 유통 사업에서 온라인 스트리밍 사업으로 전환한 것은 스트리밍 경쟁자들이 시장에 유입되는 상황에서 불가피한 선택이었다. 빠르게 움직인 넷플릭스는 고객, 콘텐츠 관계, 기술적 역량을 활용해 SVOD 환경에서 신속하게 규모를 확장할 수 있는 선점자가 되는 이점을 얻었다.

3. 넷플릭스가 현재와 같은 스트리밍 모델을 구축한 것은 강력한 네트워크 효과와 빅데이터 및 AI를 이용해 히트 콘텐츠를 선택할 수 있기 때문이라고 말하는 이들이 많다. 넷플릭스가 이용할 수 있는 데이터 덕분에 개인별 추천 엔진 기능이 향상된 것은 사실이지만, 이것이 경쟁 우위의 중요한 새 원천이 되었다는 증거는 없다.

4. 넷플릭스가 오리지널 콘텐츠 제작에 적극적으로 투자하기로 한 것은 새로운 경쟁 강도가 거세고 기존 콘텐츠 제작자들이 더 이상 넷플릭스에 콘텐츠 사용권을 주지 않기로 결정했기 때문이다. 넷플릭스로서는 전략적으로 현명한 일이지만, 창조적인 위험을 감수하는 사업은 항상 장기적으로 보잘것없는 재정적 이익을 안겨준다.

5. 넷플릭스의 구조적 이점과 뛰어난 운영을 위한 노력의 조합은 스트리밍 분야의 시장 균형을 나타내는데, 결국 이 시장에서는 극소수의 광범위한 글로벌 기업만 살아남게 될 것이다. 이곳에는 자금이 풍부하고 열성적인 경쟁자들이 많기 때문에 균형을 이루기까지의 길이 험난하고 비용도 많이 들 것이다.

8장

구글,
끊임없이 최적화하라

모든 것을 가진 회사를 어떻게 생각하는가?**1** 알파벳은 경쟁 우위의 모든 범주에서 동시에 큰 이익을 얻는 것처럼 보이는 독특한 기업이다. 무인 자동차, 구글 글래스Google Glass, 건강 이니셔티브인 베릴리Verily, 그리고 한때 'X' 사업부에서 나왔던 드론 같은 여러 가지 야심 차고 혁신적인 계획은 끝없는 매혹의 원천이지만,**2** 이 회사는 기본적으로 한 가지 일을 엄청나게 잘한다. 바로 광고 판매다. 그리고 이 광고는 대부분 구글의 핵심적인 검색 기능과 연관 지어서 판매된다. 혁신적인 신사업 계획뿐 아니라 구글 플레이 앱 스토어를 통해 나오는 매출, 네스트Nest 스마트홈 제품이나 픽셀북Pixelbook과 휴대폰 같은 다양한 하드웨어 장치, 유튜브 구독 상품, 그리고 구글 클라우드Google Cloud까지 다 합쳐도 1500억 달러가 넘는 구글의 매출 가운데 약 85퍼센트가 여전히 광고에서 나온다.

구글에서 수석 경제분석관으로 오래 일한 할 바리언Hal Varian은 10여 년 전에 이런 놀라운 결과 뒤에 숨겨진 '비법'을 설명하는 단 하나의 속성은 학습이라고 주장하는 기묘한 블로그 글을 남긴 적이 있다.[3] 당시 구글은 지금보다 훨씬 작은 회사였지만, 지난 4년 사이에 미국 내에서 유료 검색 점유율이 2배 이상 늘어서 2007년에 이미 75퍼센트를 넘었다. 현재 구글의 전 세계 점유율은 약 90퍼센트 정도다.[4]

이 블로그 게시물을 자세히 읽어보니, 바리언은 이 한 가지 특성이 구글의 성공을 설명한다고 여기지는 않는다는 것을 알 수 있었다. 냉소주의자라면 바리언이 놀라운 회복력을 자랑하는 이 회사의 가장 큰 외부적 위험인 규제 위험을 최소화하기 위해 일부러 말장난을 하는 것이라고 생각할 수도 있다. 독점 규제 당국은 자신들이 놀라운 업적을 이룬 것은 비즈니스 모델에 내재된 학습 효과 덕에 더 '스마트해져서' 소비자에게 좋은 성과를 안겨주었기 때문이라고 주장할 수 있는 규제 대상을 공격하는 데 갈수록 어려움을 겪고 있다.

구글은 회사의 강점을 내세울 때 조심스럽게 행동했고, 내부 이메일 사용에도 신중했기 때문에 기업 분할 제안까지 받은 페이스북에 비해 미국 연방 독점 금지 당국이 문제를 제기하는 범위가 좁은 편이다. 하지만 불행히도 주 독점 금지 당국은 그렇게 협조적인 편이 아니다.[5] 구글은 FAANG 형제들 중 가장 난공불락인 경쟁 요새를 대표한다는 사실에도 불구하고 연방 규제 당국을 상대로 이런 성공을 거뒀다. 게다가 구글이 과거에 인수한 기업들 중 일부(특히 광고 기술 때문에 인수한 31억 달러짜리 더블클릭 DoubleClick[6]과 지도 서비스를 위해 10억 달러에 인수한 웨이즈[7] 등)는 현재 연방통상위원회가 페이스북을 좌절시키기 위해 목표로 삼고 있는 거래보다 문제가 많은 것이 틀림없다.

물론 구글이 학습을 통해 이익을 얻지 못했다는 얘기는 아니다. 그저 이 거대한 기업이 의지하고 있는 수많은 상호 보완적 이점 가운데 하나일 뿐이라는 뜻이다. "세상의 정보를 정리한다"라는 기업 사명에서 분명히 드러나는 것처럼, 구글도 넷플릭스처럼 순수한 통합 업체로 첫걸음을 내디뎠다. 그러나 넷플릭스와 달리 구글은 탄탄한 구조적 이점 때문에 콘텐츠 제작 사업에 진지하게 뛰어들 필요가 없다.[8]

구글을 뒷받침하는 특별한 경쟁 우위 포트폴리오는 플랫폼 망상의 전통적인 설명을 따르지 않는다. 네트워크 효과에 바리언이 학습 효과에 맡긴 것과 비슷한 역할을 부여하려고 하는 일부 논객들의 견해와는 달리,[9] 이것은 구글이 지닌 압도적인 강점의 주요 원천이 아니다. 그리고 구글이 네트워크 효과를 통해 이익을 얻기는 하지만, 구글의 본질과 결과는 흔히 추측하는 것과는 다르다.

구글은 규모의 경제와 강화된 수요 및 공급 이점이라는 가장 중요한 경쟁 우위 세 가지의 강력한 요소를 모두 갖춘 보기 드문 기업이다. 더욱 놀라운 점은 구글이 이런 장점 카테고리 각각에 대해 다양한 징후를 보여준다는 것이다. 구글의 규모의 이점은 고정비용 기반의 상대적 크기와 네트워크 효과에서 비롯된다. 구글은 습관, 전환 및 검색 비용 등으로 말미암아 소비자와 광고주 모두에게 고객 구속력을 발휘하며, 학습과 데이터를 통해 지속적으로 강화하는 독점 기술 덕분에 중요한 비용 우위도 확보하고 있다. 이런 다양한 장점이 함께 작용하는 것이 분명하지만, 구글의 핵심 사업이 성공적인 경쟁사들의 공격에도 유독 안전한 이유가 무엇인지 정확히 이해하려면 각각의 내용을 개별적으로 자세히 검토해봐야 한다.

누구도 따라잡을 수 없는 구글의 규모

구글은 오랫동안 검색은 절대로 시장이 될 수 없다거나(검색 비용을 치르지 않는데 어떻게 시장이 될 수 있단 말인가?) 관련성 높은 시장이 아니라는(구글은 모든 곳에서 모든 광고 또는 모든 유형의 인터넷 사용과 경쟁한다) 우스꽝스러운 주장을 펼쳤지만, 전 세계 검색의 90퍼센트를 차지하는 구글의 상대적 규모에는 의심의 여지가 없다. 마이크로소프트가 빙을 내놓은 지 10년이 넘었는데도 여전히 별다른 성과를 올리지 못하고 있는 것을 보면, 덕덕고DuckDuckGo가 더 좋은 성과를 거두지 못한 것이 놀랄 일은 아니다. 시장에서 아직 경쟁이 가능한 소수의 검색 엔진은 보호 지역(중국의 바이두나 러시아의 얀덱스)**10**이나 틈새 검색 사용 사례(아마존의 제품 검색)로 제한된다.

검색 규모의 가장 큰 이점은 전통적인 공급 측면의 다양성으로, 막대한 고정비용 요건을 더 큰 사용자 기반에 분산할 수 있는 능력에서 비롯된다. 기본 검색 기능을 규모에 맞게 활성화하는 데 필요한 고정비용 인프라에는 다양한 부분이 있다. 250억 달러가 넘는 구글의 R&D 예산 가운데 검색 기능의 지속적인 개선에 필요한 고정비용에 얼마가 투입되는지는 확인할 수 없다. 하지만 그 절대적인 규모나 FAANG 동료들과 비교했을 때의 상대적인 규모는 검색에서 공급 측 규모의 이점이 얼마나 큰지를 알려준다.

전 세계의 정보를 정리하는 프로세스를 수행하는 데 필요한 고정비용과 계속적으로 검색 결과를 생성하는 과정의 주요 단계를 꾸준히 개선하기 위한 대규모 R&D 예산이 발휘하는 가치를 생각해보자. 구글의 '크롤러crawler' 프로그램은 자동으로 인터넷을 검색하고 페이지를 구글 데이터 센터에 내려받는다. 이 분야에서 구글의 기술이 검색 결과의 완성도를 결정한다. 그런 다음 구글의 '색인 작성' 프로그램이 내려받은 자료를 데이터베이스에 정리하고, 별로 비밀스럽지 않은 데이터를 보관하는 수상 부유식 데이터 센터를 비롯해 구글의 대규모 데이터 센터의 하드웨어와 소프트웨어 설계를 활용한다.[11] 구글 데이터 센터의 효율적인 구성은 그 자체가 기술 특허 대상이다. 이 하드웨어와 소프트웨어가 구글 검색의 뛰어난 속도를 책임진다. 마지막으로, 구글의 '쿼리 프로세서query processor'가 사용자들에게 보여줄 검색 결과를 정리한다.

이런 투자와 기술이 결합되어 발휘하는 효과 덕분에 구글 검색 결과는 다른 검색 엔진보다 완성도와 속도, 그리고 가장 중요한 관련성 면에서 월등히 뛰어나다.[12] 그리고 잠재적인 경쟁자가 시장을 분할하려는 희망을 안고 구글과 비슷한 수준의 투자를 할 수 있다고 하더라도, 구글이 누리고 있는 보완적인 경쟁 우위 포트폴리오가 이런 노력을 좌절시킬 것이다.

비록 공급 측면의 규모 효과만큼 강력하지는 않지만, 구글은 많은 네트워크 효과를 통해서도 이익을 얻는다. 구글의 검색 엔진은 어디에나 존재하기 때문에, 새로운 사용자들은 경쟁사에 대해서는 알기도 전에 구글을 소개받고 그 사용법을 교육받을 가능성이 높다. 다른 웹사이트들도 사용자들 사이에서 구글이 차지하는 유리한 위치 때문에 구글을 사용할 가능성이 크다. 그리고 이로 인해 구글 사용자 수가 더 늘어나면서 결국 경향성이 더 강화된다.

그리고 검색어 작성을 시작할 때 구글의 자동 완성 기능이 여러분이 질문하려는 내용을 마술처럼 알아맞히는 경우가 많다는 것을 다들 눈치챘을 것이다. 이 마술은 부분적으로 다른 사용자가 검색을 요청한 내용과 관련해 검색 엔진이 보유하고 있는 방대한 데이터에 바탕을 두고 있으며, 사용자가 증가할수록 모든 사용자의 검색 경험을 향상하는 네트워크 효과가 생긴다는 것을 암시한다. 좀 더 광범위하게 생각하면, 구글은 이전의 검색 행동에 대해 잘 알고 있기 때문에 개별 사용자를 위한 검색 결과의 선택과 표시를 효과적으로 맞춤화하여 수요 측면에서도 규모의 이점을 이끌어내는 것이 거의 확실하다.

그러나 이전의 모든 경험이 동등하지는 않다. 한 사용자의 새로운 검색 쿼리가 다른 사용자의 결과에 미치는 증분적 가치는 크지 않다. 반면 구글은 같은 사용자의 이전 질의 내용과 클릭을 통해 결과를 최적화하는 방법을 많이 배울 수 있다. 따라서 검색 사용자 측에 직접적인 네트워크 효과가 발생하는 경우, 그 효과는 다른 검색자 수보다 자신의 이전 검색 수에 좌우되는 경우가 훨씬 많다.

구글의 규모에서 비롯되는 더 중요한 네트워크 효과는 사용자가 아니라 광고 시장에서 나온다. 광고에서 구글은 검색에 적용되는 편재성과 관련된 네트워크 효과 이상의 이익을 누린다. 이를테면 블로그나 규모가 비교적 작고 분산된 사이트에 광고를 게재하는 구글 애드센스AdSense 프로그램의 경우, 이러한 사이트에 대한 폭넓은 접근성과 광범위한 경험을 바탕으로 광고 게재 위치를 맞춤 지정할 수 있는 능력 때문에 광고주들에게 특히 매력적이다. 그에 비해 웹사이트들이 애드센스에 느끼는 매력은 저마다 다른데, 그 이유는 애드센스에 광고주가 가장 많이 집중되어 있기 때문이다. 구글의 프리미엄 퍼블리셔와 대형 브랜드 광고주를 위한 실시간 입찰 거래소인 애드익스체인지AdExchange도 동일한 네트워크 효과의 혜택을 받는다. 이 분야에 속한 구글의 많은 제품은 2018년에 구글 애드 매니저Google Ad Manager로 브랜드명이 바뀌었다.

특히 구글 사업 가운데 네트워크 효과의 이점을 가장 많이 누리는 애드센스와 애드익스체인지(합쳐서 구글 네트워크 광고라고 통칭하는)는 주로 공급 측면의 규모에서 이익을 얻는 핵심 검색 사업에 비하면 그 규모가 매우 작다. 이 부문의 광고 수익은 구글닷컴, 유튜브, 지메일^{Gmail}, 구글 지도 등 구글이 소유한 검색 서비스에서 얻는 수익의 5분의 1도 안 된다. 그리고 그 비율은 몇 년 동안 계속 감소하고 있다.

경험이 만들어낸 수요

구글 검색 엔진에 대한 검색자와 광고주의 고객 충성도는 규모의 이점을 강화하는 중요한 요소다. 사용자들은 사용해본 경험이 있는 검색 프로그램을 더 효과적으로 사용하게 되고, 이런 경험을 통해 기존 검색 엔진은 관련 결과를 더욱 효과적으로 제공할 수 있다. 새로운 검색 엔진으로 옮겨갈 경우 과거의 검색 투자를 포기해야 한다는 사실이 구글에 대한 충성도를 높이는 더 큰 원천이다.

검색 경험이 검색자의 충성도를 강화하는 것처럼, 구글 광고와 구글의 자동화된 광고 배치 프로그램을 사용해본 광고주들도 구글 광고에 대한 충성도가 높아진다. 구글에 대한 법무부의 최근 조사는 대부분 이런 충성도가 정당하게 얻은 것인지 아니면 구글이 "온라인 퍼블리셔와 광고주 사이의 복잡한 연결 고리"를 지배하는 소프트웨어 툴을 통합해서 억지로 강요한 것인지에 초점을 맞췄다.[13] 특히 규제 당국은 구글이 선도적인 디지털 광고 마켓플레이스를 이용해서 광고 공간을 판매하기 위해 자사의 주요 제품을 웹사이트들과 어떻게 연결시키는지 살펴보았다. 또 광고주들이 구글이 소유한 주요 동영상 웹사이트인 유튜브에 광고 게재 위치를 찾을 때 구글의 소프트웨어 툴을 사용한다는 회사의 주장이 타당한지도 조사했다.[14]

구글은 자신들이 광고주와 퍼블리셔 양쪽 모두를 위한 더 완벽하고 효과적인 경험을 만들어내고 있을 뿐이라고 주장한다. 아이러니하게도, 디지털 디스플레이 광고 배치에서 구글이 하는 중심적인 역할에 규제 당국이 초점을 맞추면서부터 해당 카테고리에 속하는 광고의 중요성과 이런 서비스가 구글의 이익에서 차지하는 중요성이 극적으로 감소했다. 곧 얘기하겠지만, 결국 법무부의 2020년 독점 금지 소송은 당분간 완전히 다른 비즈니스 측면을 목표로 하기로 결정되었다. 연방정부가 나중에 이 주제를 다시 검토하기로 하거나 이 부분에 초점을 맞춘 주정부의 소송이 성공하더라도, 구글에 대한 전반적인 고객 밀착도나 고객의 경험을 향상하기 위해 누구보다 많은 투자를 할 수 있는 구글의 능력에 미치는 영향은 미미할 것이다.

이런 다면적인 충성도는 검색 결과의 품질과 광고 효과가 지속적으로 개선됨에 따라 더욱 강해진다. 디지털 분야에서 수요와 공급의 이점은 이런 식으로 밀접하게 연관된 경우가 많다. 처음에는 미약했던 고객 습관이 학습으로 생성된 맞춤형 사용자 애플리케이션을 통해 제품 개선으로 이어질 수 있다. 이러한 기능 향상 덕분에 사용자들이 다른 곳에서 똑같이 만족스러운 검색 결과를 찾는 것이 헛된 노력임을 인식하게 되면 전환 비용이 증가한다.

더 많은 데이터, 더 많은 공급

공급 측면에서 기술과 학습은 고객 데이터가 지속적인 개선을 촉진하는 디지털 환경과 깊게 얽혀 있는 이점이다. 잘 확립된 기계 학습 알고리즘을 활용해서 결과를 빠르고 명확하게 개선할 수 있는 검색의 경우에는 추상적으로 '더 좋은' 기술을 개발한다는 생각 자체가 비현실적으로 보일 수 있다. 빙이나 덕덕고가 아무리 똑똑한 프로그래머나 기술자를 영입한다고 해도, 그들에게 내 검색 행동에 대한 경험이 없다면 구글만큼 만족스러운 결과를 얻을 수 있을까? 물론 구글에서 유료 광고를 제공하는 방식도 광범위한 대응 경험을 기반으로 광고와 개인 사용자를 위해 맞춤화된 알고리즘에 의해 결정된다. 시간이 지나 이런 독점 알고리즘이 꾸준히 개선되면서 구글 광고의 클릭률이 높아지고, 광고주 입장에서는 클릭에서 판매로 전환되는 비율이 지속적으로 높아지는 결과를 가져왔다. 후자의 개선은 다시 광고 가격을 꾸준히 인상시켰다. 구글은 두 분야 모두에서 경쟁사들을 크게 앞지르고 있으며, 그 격차는 시간이 지나면서 점점 더 커지고 있다.

학습으로 강화된 독점 기술이 효과를 발휘하기 시작하거나 시간이 지나면서 성장하는 속도는 사용 사례에 따라 매우 다르며, 양날의 검이 될 수도 있다. 일부 디지털 기업에서는 고객 데이터를 통합해 제품을 개선하거나 맞춤화할 수 있는 바로 그 속도 덕분에 신규 진입자가 빠르게 따라잡을 수 있는 능력이 향상되기도 한다. 적은 양의 데이터가 유용하게 쓰이고 데이터가 많아져도 가치가 별로 증가하지 않는 애플리케이션의 경우에는 독점 기술과 학습이 구조적인 이점을 거의 제공하지 않는다. 하지만 구글의 기존 실적을 보면, 검색 분야에서는 데이터 기반 학습과 기술의 통합적인 장점이 지속적으로 발휘되고 보합세 없이 계속해서 성장한다는 것을 알 수 있다.

검색과 광고 R&D에 대한 방대한 투자를 계속 늘리며 생기는 중요한 규모의 이점은 이미 긴밀히 연결되어 있는 공급과 수요의 이점을 강화한다. 학습으로 강화된 구글의 독점 기술과 네트워크 효과 사이에서 발생한 이 선순환은 사용자와 광고주에 대한 고객 구속력을 높인다. 또 R&D나 기타 분야에서는 전통적인 비용 기반의 규모의 경제를 뒷받침해 구글의 놀라운 경제적 성과가 지속될 것임을 암시한다. 구글의 '비법 소스'에는 밀접하게 상호 연관된 재료가 많이 들어 있다. 따라서 구글 창업자인 래리 페이지Larry Page와 세르게이 브린Sergei Brin이 페이지랭크PageRank 알고리즘에 구현했던 독창적인 혁신을 경쟁사들도 이미 오래전부터 활용하고 있다는 사실은 경제적인 측면에 아무런 영향도 미치지 못한다.

경쟁 우위의 진정한 원천에 대한 이런 명확한 이야기에도 불구하고, 10여 년 전에 출판된 《거물의 저주》에서 나와 공저자들은 구글과 미디어 대기업의 충격적인 문화적 유사성에 주목했다(우리는 그 책에서 계속해서 저조한 성과를 내는 미디어 기업의 실체를 폭로하려고 했다). 이런 거대 엔터테인먼트 기업들처럼, 구글도 2004년에 IPO를 실시한 이후 몇 년 동안은 자신들의 사업 전략에 대해 세심하게 계획된 신비로운 태도를 유지했다. 미디어 거물들이 주주 가치를 해치는 온갖 행동을 "콘텐츠는 왕"이라는 원칙으로 방어한 반면, 구글은 상장 초기에 모든 공식적인 발언을 "사악해지지 말자" 같은 수수께끼 같은 상투적 표현으로 제한했다.[15] 이 회사는 법적으로 필요한 최소한의 정보만 공개하고, 소프트웨어 알고리즘뿐 아니라 시설

의 성격과 위치, 최고경영진의 정확한 책임까지 전부 기업 비밀로 철저히 보호했다.[16]

더 구체적인 핵심 개념은 '70/20/10 규칙' 하나뿐이었다. 이는 직원들이 근무 시간의 70퍼센트는 검색, 20퍼센트는 그 주변 분야, 10퍼센트는 전혀 관련 없는 분야에 할애한다는 원칙이다.[17] 이론상 기존의 경쟁 우위를 잘 활용할 수 있는 인접 분야를 키워서 새로운 사업을 구축하는 것은 그 자체로도 매력적이고 핵심 사업을 보호하는 역할도 한다. 실제로 구글이나 다른 기업들은 제국 건설을 어떻게든 정당화하기 위해 인접 분야와 전혀 관련 없는 분야 사이의 경계를 바꿀 수도 있다. 게다가 미디어 거물들이 히트작을 부각하고 실패작은 무시하는 것처럼, 구글도 대규모 투자에 대한 평가 기준은 제공하지 않은 채 핵심 사업에 쏟던 시간을 3분의 1 정도 할애해 만든 성공적인 제품을 대대적으로 홍보할 수 있다.

이렇듯 설득력 있고 포괄적인 경쟁 우위를 보여주는 구글의 능력이 대부분의 성공한 기업이 그렇듯 고도로 전문적인 분야에 집중한 덕분에 생긴 것이라는 데는 의심의 여지가 없다. 검색은 인터넷 사용자에게 필수적인 기능일 뿐 아니라 기업에 필요한 다양한 도구와 서비스에도 광범위하게 적용된다는 사실을 생각하면, 구글이 설립자를 비롯해 그 누구도 상상하지 못할 만큼 크게 성장한 이유를 알 수 있다. 그러나 이것 때문에 회사의 장점을 촉진한 것이 전문화라는 사실을 잊어서는 안 된다.

구글은 상장 후 첫 10년간 주가가 꽤 올랐지만, 투자자들은 이 회사가 경쟁 우위의 해자를 더 깊이 파기보다 핵심 분야와 무관한 사업에 상당한 자원을 전용할 것이라는 두려움을 계속 느꼈다. 거창한 사업 계획과 재무 투명성 부족이 맞물리며 주가에 부담을 주기 시작해, 실제로 2014년에 주가가 소폭 하락했다. 이듬해에는 존경받는 외부 인사를 CFO로 영입하고,[18] 새로 설립한 지주회사인 알파벳 산하에서 검색 사업을 다른 이니셔티브와 분리하겠다고 발표했다. 또 핵심 사업과의 연관성이 매우 미미한 수많은 장기 연구 프로젝트에 대해서 처음으로 시간제한을 두었다.[19]

구조 조정은 지출을 제한하고 초점을 좁히기 위한 노력이라기보다는 멋지고 새로운 혁신 이니셔티브를 기존 사업의 부담과 분리하기 위한 것이다.[20] 그러나 구글이 스타트업의 뿌리에서 벗어나기 위해 영입한 초기 "성인 감독"[21]인 에릭 슈미트Eric Schmidt도 이런 이니셔티브를 핵심 사업과 분리한 이유는 정신을 산란하게 하는 야심 찬 계획을 눈앞에서 제거해 황금 거위를 보호하기 위해서라고 말했다. 슈미트는 구조 조정이 이루어지기 전까지는 "하루 일과 중 상당 부분을 신사업 계획에 소비하게 될 것"이라고 인정했다.[22]

지주회사 체제로의 전환은 핵심적인 검색 사업과 무관한 여러 사업에 대한 약속을 제도화했다. 그래도 "새로운 대형 사업 계획에 얼마나 많은 돈을 투입하는지" 공개하겠다는 약속[23]은 중요한 진전이었다. 부족하나마 세부 정보를 제공하긴 했지만, 투자자들은 결과를 따로 보고하기만 해도 경영진이 "자본 할당을 엄격하게 처리하고 각 사업이 잘 운영되고 있는지 확인하기 위해 노력하겠다"는 새로운 약속을 지킬 것이라고 느꼈다.[24] 긍정적인 주가 반응을 보면, 〈뉴요커New Yorker〉의 존 캐시디John Cassidy가 이 발표와 관련해 제기한 "구글이 정상적인 기업이 될 수 있을까?"라는 형이상학적 질문에 시장이 긍정적으로 답하는 것처럼 보인다.[25]

2019년 말에 존경받는 구글 CEO인 순다르 피차이Sundar Pichai가 공동 창업자들 대신 모기업의 최고위직까지 맡게 될 거라는 발표가 나왔을 때도 주식시장은 비슷하게 호의적인 반응을 보였다. 이런 변화는 알파벳의 일상적인 운영에 근본적인 변화가 생긴다기보다는 투명성과 재무적인 엄격성에 더 중점을 둔다는 것을 의미했다.[26]

전자에 관한 피차이의 약속은 그가 첫 번째 실적 발표 자리에서 유튜브와 클라우드 컴퓨팅 사업부에 대해 새로운 세부 정보 공개 수준을 제안하면서 빠르게 실현되었다.[27] 재무적 엄격성과 관련해서는 시간이 말해줄 것이다. 회사의 현금을 지속적으로 유출하게 될 다양한 신사업 프로젝트 투자에 대해서는 "좀 더 면밀히 주시하겠다"고 보장했다.

알파벳의 미래에 대해서는 많은 의문점이 남아 있다. 〈이코노미스트 Economist〉는 많은 기업 경영진이 이제 중년기에 접어든 유명한 엔지니어링 중심의 문화를 전환하려는 비전을 가지고 있는가에 대해 회의적인 입장을 표했다.[28] 구글에는 "자동화할 수 있는 것은 전부 자동화될 것"이라는 정서가 깊이 뿌리 박혀 있고, 이것은 영업이나 고객 서비스 같은 분야에도 오랫동안 적용되어 왔다.[29] 회사가 직면한 실존적 문제 중 하나는 이제 클라우드 같은 사업에서 필수적인 고객 서비스를 받아들일 수 있느냐 하는 것이다. 구글과 마이크로소프트 둘 다 2008년에 AWS 경쟁 사업을 시작했지만, 10년 뒤 구글의 사업 규모는 마이크로소프트의 절반에도 훨씬 못 미쳤다.[30] 최근 새로운 경영진으로 바뀌면서 성장을 가속하고는 있지만, 구글 클라우드가 여전히 한참 차이 나는 3위 자리에 머물러 있다는 것은 영업 문화를 처음부터 새롭게 구축한다는 것이 얼마나 어려운지를 보여준다. 결국 성공하더라도, 더욱 체계화된 운영 환경에서 혁신 문화를 유지할 수 있는지 여부가 더 큰 문제다.

향후 자본 할당 방식에 대한 피차이의 계획이 투자자들의 칭찬을 받기는 했지만, 알파벳의 주가 상승률을 다른 FAANG 구성원들과 비교해보면 관망세가 유지되고 있음을 알 수 있다. 문제는 투자 계획에 신사업과 핵심 사업이 혼재되어 있다는 것만이 아니라 어느 쪽이든 적용할 수 있는 기준을 마련해야 한다는 것이다. 구글은 이미 2014년부터 가까이에 있는 기회를 "체계적으로 끈질기고 집요하게 추구"하지 않고 신사업을 "과잉 미화"하는 것이 회사에 많은 손해를 끼쳤다는 것을 깨달았다.[31] 그리고 강조점을 바꾸려는 노력이 진전이 있기는 했지만, 실제로 최근 법무부가 구글에 제기한 소송이 가장 큰 영향을 미칠 수 있는 부분이 바로 여기다.

정부를 상대하면서 홍보를 강화하려는 구글의 영리한 노력과는 별개로, 기본 검색 엔진 역할을 하기 위해 구글이 애플이나 다른 기업들과 체결한 상업적 거래에 초점을 맞춘 정부의 문제 제기는 주로 한 가지 이유에서 비롯된 것이다. 바로 구글이 이 시장의 승자라는 것이다. AT&T의 타임 워너 인수를 막기 위해 노력하다가 최근 법정에서 연쇄적인 굴욕을 겪은[32] 법무부는 "기본적으로 1998년에 마이크로소프트를 상대로 제기한 성공적인 독점 금지 소송을 모방"했다.[33] 소송의 제한적인 범위와 그 결과가 시스템 전체에 영향을 미치기까지 몇 년씩 걸린다는 사실을 감안하면, 체계적이지 않은 신사업 투자가 다시 가속화해 구글 주주들에게 더 큰 위험을 미칠 우려는 없어 보인다.

구글의 자산은 1000억 달러가 훨씬 넘고, 매년 수백억 달러가 추가되고 있다. 공격적인 바이백 프로그램이 있더라도 놀라운 수익을 올리고 있는 핵심 사업에 그렇게 많은 돈을 쓸 수는 없으며, 특히 정부가 특혜 분배에 대한 지불을 유예시키는 데 성공한다면 더 그렇다. 그리고 1년이 넘는 검토 끝에 21억 달러 규모의 핏비트^{Fitbit} 인수가 마침내 완료되었지만, 미국 정부는 이 거래를 계속해서 감시하고 있는 듯하다.[34] 그래서 당분간은 주요 기업을 새로 인수하는 일은 없을 것 같다.

그렇기 때문에 슬프게도 최근 몇 년 동안 규모가 축소된 신사업들만 남게 되었다. 구글은 최근에 내놓은 사업 보고서에서, "가까운 미래에는" 배당금을 지급하지 않을 것이라고 강조했던 내용을 조용히 삭제했다.[35] 구글의 핵심 사업 부문에서 벗어난 기업 인수와 사업 계획의 투자 수익률을 생각하면(모토로라 모빌리티Motorola Mobility 사업의 100억 달러 감가상각과 구글 X에서 꾸준히 발생하고 있는 손실 흐름이 떠오른다), 차라리 주주들에게 체계적으로 돈을 돌려주기 시작하는 것이 계속 쌓이는 현금을 더 신중하게 사용할 수 있는 방법인 것 같다.

이 모든 것은 추측일 뿐이다. 그러나 구글의 핵심 사업이 지닌 두드러진 강점은 명확하며, 이는 타의 추종을 불허하는 폭과 깊이를 통해 상호 강화하는 다양한 경쟁 우위에 기반을 두고 있다. 알파벳의 미래 리더들은 핵심 사업을 통해 창출된 막대한 현금 흐름을 낭비할 방법을 확실히 찾아낼 것이다. 그러나 구글 검색 사업의 구조적인 회복력을 약화하려면 정말 지속적으로 독창성을 발휘해야 한다.

구글의 예외성 때문에 기업가나 투자자를 위한 템플릿으로 활용하기가 힘들다. 그것을 플랫폼이라고 불러도 그것이 작동하는 방식을 이해하는 데는 별로 도움이 되지 않는다. 네트워크 효과 또는 구글이 지닌 무수한 경쟁 우위 중 하나에만 집중하면, 이 회사에 대한 근본적인 오해를 조장할 위험이 있다. 아마도 구글에 대한 면밀한 조사를 통해 얻을 수 있는 가장 중요한 교훈은, 구글의 핵심인 광고 사업 부문에서는 구글과의 경쟁을 피하라는 것일 듯하다.

우리가 이 장에서 배울 수 있는 것들

1. 구글은 경쟁 우위의 가장 중요한 세 가지 원천인 수요와 공급 이점에 의해 강화된 규모의 경제라는 강력한 요소를 모두 보유하고 있다. 게다가 구글은 이런 각각의 이점을 여러 방면에서 보여준다.

2. 구글의 놀라운 회복력을 설명하기 위해서는 진입 장벽이 하나 이상 존재하는 것이 중요하다고 강조하는 이들이 많다. 각각의 특정한 경쟁 우위의 영향을 분석하는 것도 가치 있는 일이지만, 구글의 특이성은 상호 보완적인 다양한 경쟁 우위의 비할 데 없는 폭과 깊이에서 비롯된다는 매우 중요한 통찰력에서 벗어나서는 안 된다.

3. 구글은 핵심 사업의 주목할 만한 구조적 강점 덕분에 명확한 운영 지침이나 재무적 원칙을 적용하지 않고도 자신들과 무관한 여러 영역에서 실험을 할 수 있었다. 그러나 최근 몇 년 동안 구글은 경영진을 성공적으로 교체하고 구조를 재편해서 주요 활동을 최적화하고 새로운 기회에 더욱 신중하게 투자할 수 있게 되었다. 그 결과 구조적 회복력과 운영 효율성이 매우 강력하게 결합되었다.

4. 피할 수만 있다면, 구글과는 절대 경쟁하지 말라.

3부.
살아남는 기업의
조건

지금까지는 서로 밀접한 관련이 있는 두 가지 사업을 주로 살펴보았다.

첫째, 잠재력을 최대한 뒷받침할 수 있는 기술과 인프라가 발달한 덕분에 인터넷 시대가 꽃을 피운 지난 25년 사이에 등장한 디지털 생태계의 기본적인 구조적 속성을 살펴보았다. 그리고 이런 환경이 상업적 기업에서 경쟁 우위가 나타날 가능성을 어떻게 변화시켰는지를 중점적으로 확인했다. 디지털 시대가 어떻게 특정한 경쟁 우위의 달성을 촉진하고 그것이 작동하는 잠재적 범위를 확장했는지에 초점을 맞추는 이들이 많지만, 우리는 다른 중요한 이점이 예전보다 단명하게 된 이유를 보여준다.

둘째, 차세대 테크 타이탄을 대표하는 다섯 개의 상징적인 기업인 FAANG이 누리는 이점의 원천을 자세히 분석했다. 이들이 현재와 같은 조건에서 탄생한 유일한 대규모 기술 기업은 아니지만, FAANG 기업에 대한 관심은 이들의 전반적인 주식 실적과 이들이 대표하게 된 전체 시장에서의 전례 없는 비중을 통해 정당화될 수 있다. 게다가 좋은 쪽으로든 나쁜 쪽으로든, FAANG 기업들은 디지털 기술 분야의 거물들과 관련된 신화에서 중심적인 역할을 확보했다. 우리가 강조한 것은 그들의 집단적인 의미만큼이나 개별적인 차이에도 주목해야 한다는 것이다. 모두 강력한 플랫폼이지만, 각 기업은 결합된 강점에서 극명한 차이를 보이는 서로 다른 경쟁 우위 포트폴리오를 통해 이익을 얻는다.

다음에 던져야 할 논리적인 질문은, 이 모든 것이 다른 기업들에게 무엇을 의미하느냐는 것이다. 다시 말해, 아직까지 기술 업계에서 거물의 지위를 얻지 못한 기업에 시사하는 바는 무엇인가? 그것이 3부에서 다룰 주제다.

아직 정예 엘리트에 속하지 않은 기업들에게 이 새로운 세계는 두 가지

도전 과제를 안겨준다. 손익분기점을 달성할 수 있는 시장점유율이 낮아지고 디지털 환경에서 강력한 고객 구속력을 발휘하기가 어려워지면, 네트워크 효과나 고객 데이터에 쉽게 접근할 수 있는 상황에서도 강력하고 포괄적인 경쟁 해자를 구축하는 데 실질적인 어려움을 겪을 수밖에 없다. 그리고 이런 해자를 건설하고 보강하기 위한 노력이 경외심을 불러일으키는 새로운 기술 업계 거물들의 엄청난 영향력 아래에서 진행되어야 한다는 사실 때문에 그 작업은 더욱 어려워진다. 기업은 자신들이 지배하는 핵심 사업뿐 아니라 실제적 또는 잠재적 경쟁 영향을 가지고 있는 훨씬 광범위한 인접 분야에서도 기술 거물들의 압도적인 영향력에 맞서야 한다.

3부에서 다루는 기업과 부문, 비즈니스 모델을 선정할 때는 여러 가지를 고려했다. 목표는 FAANG 경계를 넘어선 기업들이 어떻게 이런 이중적인 도전 과제의 위험을 헤쳐나가면서 성공적으로 진로를 계획했는지 알아내기 위해 그들의 주변 상황을 충분히 담은 풍경을 그려내는 것이다. FAANG, 특히 넷플릭스처럼 한 분야에 집중하는 기업에 대해 이야기할 때는 이미 직접적인 경쟁사들에 대해 많이 언급했다. 그러나 여기에서는 특정한 경제적 관련성이 있거나, 디지털 경제의 중심적인 비즈니스 모델을 통합하거나, 다른 부분에서 다루지 않았거나, 플랫폼 망상의 중요한 측면을 강조하는 장애물과 기회를 좀 더 폭넓게 검토한다.

아마존의 강점과 약점에 대해서는 이미 자세히 얘기했지만, 이 회사가 명확하게 표명한 야심(모든 곳에서, 모든 사람에게, 모든 것을 판매하겠다)은 그 폭이 워낙 넓기 때문에 전자상거래 분야를 더 깊이 파고들어야 한다. 9장에서는 이렇게 "세상의 모든 것을 판매하는 상점"에도 불구하고 계속 번창한 카테고리 및 기업과 어려움을 겪고 있는 기업들의 공통점을 몇 가지

짚어본다.

10장과 11장에서는 여행과 관광 분야를 집중적으로 살펴보는데, 여행과 관광은 세계 GDP에 10조 달러 가까운 기여를 한다.[1] 가끔씩 나오는 잘못된 주장처럼 모든 산업 가운데 규모가 가장 큰 산업인 것은 아니지만,[2] 장 두 개를 통째로 할당해도 될 만큼 여러 가지 다양한 특징을 보여준다. 네트워크 효과를 가진 비즈니스 모델의 다양성(초기의 약속을 초과 달성한 것도 있고, 크게 실망시킨 것도 있지만)은 이 분야에서 성공하기 위한 가장 중요한 동인을 강조할 때 매우 유용하다. 게다가 여기에서 가장 성공한 네트워크 효과 기업 중 일부는 인터넷이 등장하기 전부터 존재했고 인터넷의 영향을 놀랍도록 받지 않았다는 점은 플랫폼 망상의 필수 요소에 이의를 제기한다.

공유 경제는 최근 몇 년 사이에 가장 많이 주목받은 디지털 IPO의 불균형한 숫자에 책임이 있다. 공유 경제의 기준에 포함되는 기업들은 잉여 용량을 보유한 사람과 그것의 잠재적 사용자를 연결하여 가치를 창출하는 전형적인 플랫폼 기업을 나타낸다. 12장에서는 이런 기업들은 명백한 유사성에도 불구하고 몇몇 부분의 매력에 큰 차이가 있음을 설명하는데, 특히 가장 큰 두 기업인 에어비앤비와 우버를 예로 들어서 얘기한다.

아마존이 전자상거래를 하는 것처럼, 구글과 페이스북은 디지털 광고와 관련이 있다. 그러나 온라인 광고에만 의존하는 지속 가능한 규모의 비즈니스 모델보다 훨씬 더 성공 가능성이 높은 독자적인 온라인 소매 업체와 마켓플레이스가 있다. 13장에서는 한때 강력한 힘을 발휘했던 광고대행사들의 역경과 실패한 수백 개의 애드테크 스타트업들의 운명을 다룬다. 그리고 구글과 페이스북이 거의 복점한(아마존의 과점도 심화 중이다) 디지털 광고와 애드테크 분야에서 아직 방어 가능한 비즈니스 모델을 개발할 수 있는 여지가 남아 있는 부분이 어디인지도 폭넓게 고려한다.

FAANG 기업들은 규모와 실적을 뛰어넘는 하나의 중요한 공통된 특성이 있다. 바로 소비자 시장을 압도하는 서비스를 제공한다는 것이다(아마존의 AWS 사업부가 가장 주목할 만한 예외다). 최근 몇 년 사이에 특정 비즈니스 부문이나 기능에 서비스를 제공하는, 별로 유명하지는 않지만 꾸준한 회복력을 자랑하는 수십억 달러 규모의 클라우드 기반 소프트웨어 플랫폼이 수십 개나 등장했다. 14장에서는 규모가 1조 달러 이상인 SaaS(서비스로서의 소프트웨어)의 출현을 이용해서 플랫폼 망상의 핵심적인 몇 가지 예측(승자 독식 시장으로 흐르는 경향, 디지털 성공을 달성하는 데에서 네트워크 효과의 중요한 역할, 전문화의 관련성 감소 등)을 반박한다. SaaS 산업의 사례 연구는 또 인공지능과 빅데이터의 힘에 대한 잘못된 가정이 플랫폼 망상의 핵심 개념을 부채질한다는 사실을 강조한다.

내용을 종합하려는 시도를 굳이 하지 않아도, 3부에서 다룬 주제를 모두 합치면 IT 거물 시대의 승자와 패자의 주요 특징을 파악할 수 있는 로드맵이 마련된다.

아마존의 그늘 아래, 전자상거래의 미래

아마존은 지역 사회와 소매 부문에 미치는 명백한 불굴의 영향 때문에 "미국의 구조를 파괴했다"[1]는 비난을 받아왔다. 이러한 두려움은 "세상의 모든 것을 판매하는 상점"(어디에 있는 누구에게든 원하는 것을 모두 제공하는 선도적인 공급자)이 되겠다는, 이들이 명확하게 표명한 야망의 놀라운 범위 때문에 더욱 커진다.[2] 제프 베조스는 20년 넘게 "A등급 제품은 모두 판매한다"고 말해왔다.[3]

이는 베조스가 플랫폼 망상과 관련된 미사여구를 좋아해서 그런 것만이 아니라 실제로 아마존의 현실이 이처럼 강한 반응을 이끌어내고 있는 것이다. 아마존은 미국 내 전자상거래 매출의 거의 50퍼센트를 차지하고 있다. 가장 근접한 경쟁사인 월마트와 이베이는 둘 다 10퍼센트를 훨씬 밑도는 수준이다. 아마존은 확실히 카테고리 킬러 같은 느낌이 든다.[4] 거창한 선언이 세계를 지배하겠다는 이 회사의 목표를 정확하게 설명할 수는 있겠지만, 실제로 아마존에서 제공하는 상거래 카테고리는 제대로 설명하지 못한다.

온라인에서 쇼핑하는 소비자의 성향은 제품마다 크게 다르고, 아마존이 온라인에서 거둔 상대적인 성공은 카테고리별로 확연히 다르다. 비교적 수가 적은 대형 온라인 소비자 기업 중 두 곳이, 플랫폼 망상이 사실일 경우 아마존이 지배했을 것으로 예상되는 카테고리에 속한 전자상거래 유통 업체라는 것은 주목할 만한 사실이다.[5] 5장에서 얘기했듯이, 정부의 감시가 덜했던 초반에 다이퍼스닷컴과 자포스, 다른 성가신 수직 시장 vertical market(특정한 산업이나 업종, 시장에 초점을 맞춘 시장-옮긴이) 리더들을 매

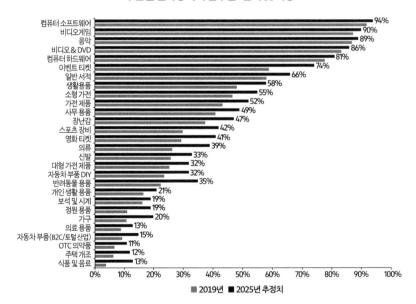

부문별 전자상거래 침투율: 현재 및 예상

출처: Forrester, Evercore ISI Research

입한 것처럼 웨이페어와 츄이도 사들였다면 이런 명백한 변칙 현상을 보지 않을 수 있었을 것이다.[6] 게다가 아마존이 특정 카테고리에서 거래하는 품목은 자체 상품, 타사 상품, 마켓플레이스를 통한 타인의 판매 관리 등 매우 다양하다.

우리는 이미 아마존이 주도적인 역할을 하지 못하고 있고 앞으로도 가망이 없을 것 같은, 수십억 달러 규모의 복잡한 온라인 마켓플레이스인 자동차 카테고리를 살펴보았다. 앞서도 말했지만, 이런 시장의 거래량은 계속 증가하지만 경제 상황은 악화되고 있다. 이 플랫폼들은 일반적으로 전자상거래 플랫폼의 장기적인 저성과와 직결된다.

온라인 자동차 상거래의 실적에도 불구하고, 다른 다양한 '마켓플레이스' 사업은 아마존의 그늘 아래에서 혹은 아마존과의 실제적 혹은 잠재적 경쟁이 의미 있는 경제적 동인이 되지 않는 분야에서 성장하는 데 성공했다. 앞서 우리는 마켓플레이스를 상품이나 서비스를 소유하지 않은 상태에서 구매자와 판매자 사이의 거래를 촉진하는 온라인 플랫폼으로 정의했다. 이들 중 일부는 아마존의 "세상의 모든 것을 판매하는 매장"과 직접 경쟁하는 상황뿐 아니라 더 집중적인 아마존의 노력(기업 인수나 브랜드화된 유기농 제품 출시 등을 통해)이 시장의 선두 주자를 대체하는 데 성공하지 못하는 상황에서도 인상적인 결과를 달성했다.

2016년에 온라인 마켓플레이스가 매출 1조 달러를 돌파한 이후, 인터넷 리테일러Internet Retailer(지금은 디지털 커머스 360Digital Commerce 360으로 이름을 바꿨다)는 이 모델의 보급률 증가 추세를 추적했다.[7] 2018년까지 3년 동안 마켓플레이스 모델로 대표되는 전체적인 전자상거래 활동 비율이 50퍼센트 이상 증가했다. 2015년에는 30퍼센트에 불과했던 것이 이제 전체 온라인 소매 거래액의 절반에 육박하는 수준이 된 것이다. 이와 같은 디지털 파이 점유율 증가는 규모가 가장 큰 75개 마켓플레이스 기업 중 55개(73퍼센트)가 전체 전자상거래 부문이 확장되는 속도인 16퍼센트보다 빠르게 성장한 것에서도 드러난다. 그리고 이들 중 상당수는 아마존의 마켓플레이스 사업보다 훨씬 빠르게 성장했다. 이 같은 추세는 2018년부터 계속 이어지고 있다. 2019년을 기준으로, 마켓플레이스는 전 세계 전자상거래 시장의 57퍼센트를 차지한다.[8]

흔히들 아마존은 불굴의 존재라고 여기는(아마존 스스로도 이런 생각을 부추긴다) 것을 고려하면, 이런 수많은 전자상거래 경쟁자들이 성공을 거둔 것이 놀랍게 느껴질 수도 있다. 리서치 회사인 BTIG는 독자적인 마켓플레이스 투자자들은 "아마존, 페이스북, 구글과의 경쟁에 끊임없는 불안감을 느낀다"고 지적했다. 하지만 데이터를 검토한 결과, "투자자들의 우려는 대부분 불필요한 것"이라는 결론이 나왔다.[9] 이 3대 기업 중 하나가 새로운 마켓플레이스 진입을 선언했을 때, 기존 기업들의 주가가 즉각적으로 동시 하락세를 나타낸 것은 분명하다. 앞서 아마존이 경쟁자로 나선다는 소문이 돈 것만으로도 주가가 하락한 질로의 사례를 통해 이런 현상을 확인한 바 있다. 하지만 질로뿐 아니라 다른 업체들도 70퍼센트 이상 주가가 하락한 지 1년 안에 "관련 뉴스가 나오기 전보다 높은 가격으로 거래되었다."[10] BTIG가 아마존 마켓플레이스에서 활동하는 판매자 1600명을 상대로 설문 조사를 실시한 결과 그들 대부분이 경쟁 마켓플레이스에서도 제품을 판매할 계획이라고 답한 것도 아마존의 취약성을 드러내는 추가 증거다.[11]

BTIG가 내린 종합적인 결론은 이들이 작성한 디지털 시장 보고서에

붙인 '온라인 대기업들의 세상에도 기회는 많다'라는 부제에서 잘 드러난다. 그러나 "왜 인터넷 대기업들은 우려하는 것만큼 파괴적이지 않은가?"[12]라는 의문에 BTIG가 제시한 근본적인 이유는 투자자나 개별 기업에 별로 위안이 될 것 같지 않다. 이들이 제시한 설명은 대부분 구조적인 문제가 아니라 결함이 있는 실행("경쟁력 없는 제품" 때문이든 아니면 단순히 대상 부문에 대한 "관심 저하" 때문이든)과 관련이 있기 때문이다. 이런 결론은 아마존이나 다른 거대 인터넷 기업이 자세를 가다듬으면 정말 모든 것을 지배할 수 있다는 것을 시사한다.

확인된 것 가운데 구조적 장애물에 가장 가까운 것은 거대 인터넷 기업이 자신들에게 "먹이를 주는 손을 깨무는" 경우에 발생하는 위험이다. 구글이 수십억 달러의 광고 수익을 제공하는 부킹이나 익스피디아와 직접 경쟁하는 것을 꺼리는 것이 좋은 예다. 그러나 다음 장에서 자세히 얘기하겠지만, 온라인 여행사의 사례는 극단적인 경우이며 겉으로 보이는 것만큼 흑백이 뚜렷한 문제가 아니다. 게다가 아마존은 더 매력적인 소비자 상품을 손에 넣을 수만 있다면 먹이를 주는 손을 세게 깨물 수도 있다는 의지를 일관되게 보여왔다. 고객에게 일반 소매 상품과 저렴한 마켓플레이스 상품을 함께 보여주고, 나중에는 그들과 경쟁할 자체 브랜드 상품을 제공하기로 한 초기 결정에서 알 수 있듯이 말이다. 실제로 규제 기관의 조사를 받는 아마존의 가장 심각한 혐의 중 하나는, 아마존이 자사 플랫폼에서 활동하는 판매자들의 데이터를 이용해서 경쟁 제품을 출시했다는 것이다. 그러니 아마존이 플랫폼에 입점한 판매 업체들에게 손해를 끼칠 의도가 없었다고 보기는 어렵다.[13]

BTIG가 확인한 광범위한 사례 중에 아마존의 적극적인 공세에도 불구하고 독자적인 마켓플레이스가 번창한 사례가 많은 것을 보면, 더욱 근본적인 구조적 문제가 작용하고 있음을 알 수 있다. 확실한 방어가 가능한 사업을 구축하는 데 성공한 독자적인 마켓플레이스 기업 몇 곳을 자세히 살펴보면 이들의 성공과 관련성이 높은 시장과 업계 속성을 알 수 있다. 또 안정적인 시장 지위처럼 보였던 것을 무너뜨리는 데 성공한 아마존의 사례를 살펴보면, 아마존의 이점이 가장 강력하게 발휘되는 부분이 어디인지도 알 수 있을 것이다.

전문화와 복잡성의 힘으로 틈새시장을 노리다

언뜻 보면 엣시Etsy와 퍼스트딥스1stDibs는 공통점이 많은 것 같다. 둘 다 광범위한 소매 분야에서 선도적인 수평적 시장을 구축했고, 독특함을 특징으로 하는 제품을 제공한다. 2020년에 엣시는 80억 달러어치가 넘는 제품을 판매해서 10억 달러 이상의 수익을 올렸다. 이 회사는 2005년에 브루클린의 한 아파트에서 핸드메이드 제품을 위한 힙스터 플랫폼 형태로 시작되었다. 퍼스트딥스는 그보다 4년 전에 파리에서 설립되었는데, 원래는 골동품을 판매하는 온라인 명품 마켓플레이스였다. 주로 안내 광고와 리드 육성 사업을 하다가 2016년에 순수한 마켓플레이스 모델로 전환한 뒤, 플랫폼에서의 거래 활동이 폭발적으로 증가했다. 2021년에 제출한 IPO 서류를 보면, 2020년도 거래액이 3억 4300만 달러에 이르렀다고 한다.[14]

사업을 하는 과정에서 드러난 이들의 또 다른 공통점은 은근슬쩍 정체성을 바꾸고, 구매자와 판매자에게 새로운 서비스와 기능을 제공하고, 시간이 지나면서 인접한 상거래 카테고리를 점진적으로 추가한 것이다. 엣시는 처음에는 단호하게 핸드메이드 제품만 취급했고, 구매자와 판매자는 엣시의 '핸드메이드 선서'를 자랑스럽게 액자에 넣어 전시하기도 했다. 하지만 2013년부터는 디자인이 독창적이기만 하면 외부 제조 업체의 상품도 판매할 수 있게 했다.[15] 그리고 한동안은 판매하는 제품 대부분이 기존과 같은 여섯 가지 카테고리(의류/액세서리, 가정 용품, 보석, 공예 용품, 예술품/수집품, 종이류/파티 용품)에 속했지만, 직접 만든 코로나19 마스크를 판매해서 호황을 누리기도 하는 등 그때그때 시류에 맞는 제품 라인을 추가했다.[16] 퍼스트딥스는 비즈니스 모델 전체를 혁신했을 뿐 아니라 골동품과 빈티지 가구 분야를 넘어 현재는 매출의 절반이 보석과 예술품, 현대 디자인 쪽에서 나온다.[17]

이런 명백한 유사점이 있고 또 동일한 제품 분야에서 사업을 벌이고 있는데도 불구하고, 엣시와 퍼스트딥스는 각자 매우 다른 시장과 산업 구조에 맞서서 경쟁 우위를 확립하고 이를 보호·강화하기 위해 서로 매우 다른 경로를 거쳐 왔다.

엣시는 이베이보다 10년 뒤에 설립되었고, 핸드메이드 제품을 판매할 수 있는 시장과 기술적인 요구 사항은 잘 알려져 있었다. 엣시가 이베이의 확고한 시장 리더 지위에 맞서서 빠르게 규모를 확대하기 위해 주로 사용한 도구는 상당히 진부한 것이었다. 이베이가 평균 12퍼센트씩 받던 커미션을 3.5퍼센트(+품목당 20센트의 등록비)로 대폭 낮춘 것이다. 그리고 이런 가격 차이도 물론 중요하지만, 이 전략이 그 이상으로 효과적이었던 이유는 고객의 요청에 빠리 대응하는 판매자와 자신의 니즈에 맞게 설계된 전문화된 서비스를 좋아하는 구매자가 존재하는 부문을 파악했기 때문이다. 회사는 이 부문을 중심으로 공동체 의식을 키우기 위해 꾸준히 노력을 집중하고 있다.

마켓플레이스 사업에서 규모를 키울 때의 핵심 과제 중 하나는 구매자와 판매자가 증가하는 동안 둘 사이의 균형을 유지하는 것이다. 관심 있는 구매자가 많지 않은 상황에서 판매자에게 낮은 수수료를 부여하면 충분한 가치를 확보할 수 없고, 엣시처럼 직관적이지 않은 이름의 신생 기업에 지나치게 많은 구매자가 몰리면 엄청난 대가를 치러야 하는 상황이 발생할 수도 있다. 그러나 장인의 세계에서는 구매자와 판매자가 상당히 중복되는 것으로 밝혀졌다(초기에는 50퍼센트 이상).[18] 그 덕분에 회사가 균일하게 성장할 수 있었고, 마케팅 비용도 매우 적게 들었다(이는 지금도 마찬가지다).[19] 그로부터 10년 뒤에 IPO를 할 때도 엣시 트래픽의 거의 90퍼센트는 검색이나 유료 채널이 아닌 유기적인 경로를 통해 발생했다.[20]

반면, 2001년에 퍼스트딥스가 사업을 시작했을 때는 이들이 판매하려는 것처럼 독특하고 가치 있는 품목의 전자상거래가 활발하게 이루어지지 않았다. 값비싼 골동품을 판매하는 최고의 오프라인 브랜드인 소더비Sotheby's는 아마존[21]이나 이베이[22]와의 합작 투자가 실패한 것을 비롯해 온라인 플랫폼을 구축하려던 여러 번의 시도가 실패로 끝나면서 수백만 달러의 손실을 입었다. 전문 CEO가 설립자에게서 퍼스트딥스를 인수해 마켓플레이스 모델을 받아들이도록 적극적으로 추진한 것은 설립 후 10년이 지나서의 일이다.[23] 그때까지는 인터넷상의 전통적인 품목별 기업으로 운영되었지만, 이 회사는 진지한 골동품 구매자들을 끌어들이고 수요가 증가한 딜러들을 퍼스트딥스의 '공인' 판매자로 등록하기 위해 딜러와 등록된 품목을 검토하는 힘든 과정을 거쳤다.

검증된 시장에서 특이한 품목을 공급한 엣시와 퍼스트딥스는 둘 다 규모에 맞는 강력한 네트워크 효과를 누리고 있다. 이런 상황에서 경쟁사가 성공 가능한 마켓플레이스를 구축할 수 있을 만큼 충분한 활동을 유치하는 것은 상당히 어려운 일이다. 광범위한 선택권을 가지고 있으면 지속적으로 더 많은 구매자를 끌어들일 수 있고, 그들이 거래를 체결할 가능성도 높아진다. 게다가 둘 다 시장의 양쪽에 있는 참가자들이 담합해도 운영자에게 미치는 위험은 제한적인 다대다 마켓플레이스다.

하지만 중요한 차이점도 있다. 둘 다 플랫폼에서 활동하는 판매자가 많지만, 그중 핵심 그룹에서 불균형하게 많은 활동이 발생한다. 엣시는 이런 "파워" 셀러나 "슈퍼" 셀러에게 활동이 집중되는 경향이 특히 두드러진다.[24] 그러나 2020년에 엣시에서 활발하게 활동하는 판매자가 300만 명이 넘었기 때문에,[25] 이들 가운데 10퍼센트가 전체 거래의 90퍼센트를 책임진다고 하더라도 그 수가 이미 수십 만 명에 달한다. 그에 비해 퍼스트딥스에서 활동하는 공인 딜러 수는 수천 명에 불과하기 때문에, 그중 가장 중요한 딜러들이 힘을 합칠 수 있을 거라는 예상은 설득력이 없다. 한편 퍼스트딥스는 상위 판매자들에 대한 집중도가 엣시만큼 높지 않다.

그렇긴 해도, 2016년에 퍼스트딥스가 딜러들에게 자기네 플랫폼에서만 독점적으로 거래하면서 수수료까지 내라고 요구하자 정말로 반란이 일어날 뻔했다.[26] 반면 엣시가 수수료를 3.5퍼센트에서 5퍼센트로 올리자 주가가 급등했다. 판매자들이야 당연히 불평했지만, 수수료 인상이 가맹점 수에 부정적인 영향을 미치지는 않을 것이라고 본 투자자들의 예측은 정확했다.[27] 퍼스트딥스는 예방 차원에서, 가장 중요한 판매자들이 자기네 플랫폼에서 계속 거래를 하도록 유도하기 위해 그중 100명에게 상당한 마케팅 혜택을 제공하는 '공인 딜러' 프로그램을 만들었다. 이런 조치에 딜러들이 심하게 항의했다는 소문이 널리 퍼졌지만, 결국 퍼스트딥스와 거래를 끊은 딜러는 전체의 2퍼센트밖에 되지 않았다.

가장 중요한 판매자들이 이용당했다고 느끼지 않도록 퍼스트딥스가 기울인 전략적 노력 덕에 가격 유연성이 제한되었지만, 애초에 이 플랫폼에 참여하는 데 필요한 투자 수준은 잠재적인 저항 세력에게 상당한 장애물 역할을 한다. 퍼스트딥스와 엣시는 강력한 마켓플레이스 사업을 뒷받침하는 기능과 인프라를 제공하기 위해 고정적인 R&D 및 기술 투자를 수행해야 한다. 그러나 퍼스트딥스가 성공하려면 딜러들을 인증해줄 글로벌 전문가 네트워크(오늘날에는 55개국에 존재한다)를 구축해서 구매자들과 차차 신뢰를 쌓아야 했다. 또 원활하고 안전한 온라인 거래를 위해 신뢰할 수 있는 운송 파트너 및 보험 파트너 네트워크도 개발해야 했다. 이런 투자를 통해 구매자의 위험성과 복잡성이 줄고, 그 결과 추가된 상당한 고정 비용 층은 손익분기점에 도달하는 데 필요한 거래량을 대폭 증가시킨다.

전문화와 복잡성을 결합시키면 규모를 쉽게 달성할 수 있고 일단 획득한 이점이 강화될 뿐 아니라, 강력한 사업을 유지하는 데 아주 중요한 경쟁 우위인 고객 구속력 강화에도 도움이 된다. 마켓플레이스 구매자들은 인터넷상의 다른 대안을 쉽게 고려하고 비교할 수 있기 때문에 충성도가 매우 낮은 것으로 악명이 높다. 아마존은 프라임을 통해 디지털 습관을 키울 수 있는 능력을 입증했지만, 막대한 금전적 비용이 들었다. 그래도 정말 독특한 품목을 계속 폭넓게 선택할 수 있게 해주면, 만족스러운 대체품을 찾는 데 드는 검색 비용 때문에 현재의 시장 리더가 어느 정도 보호를 받을 수 있다.

엣시는 구매자를 붙잡아 두는 데 많은 어려움을 겪고 있다. 활동 빈도는 습관을 형성하는 핵심 동인인데, 엣시는 '특별한' 구매를 위한 장소로 자리잡았다. 특별한 경우란 매일을 뜻하는 말이 아니다. 엣시 구매자들은 대부분 1년에 한 번 정도만 이 사이트를 이용한다. 그래서 이 회사는 예외적인 기념일에만 들르는 곳이 아니라 특별하고 독특한 아이템을 구입할 수 있는 곳으로 이미지를 전환하여 구매 빈도를 높이기 위해, 비용이 많이 드는 일반 브랜드 광고를 늘리기 시작했다. 퍼스트딥스도 가끔 있는 이사를 중심으로 대부분의 구매 활동이 이루어진다는 점에서 비슷한 문제를 안고 있다. 심지어 열성적인 수집가들도 주로 그럴 때만 쇼핑을 자주 한다. 그래도 2020년에 구매량의 27퍼센트를 차지한 주요 인테리어 디자이너 고객은 사실상 현장에서 계속 생활하는 셈이다.

그러나 전문화된 시장에서 강력한 구속력이 가장 자주 나타나는 것은 판매자들 쪽이다. 퍼스트딥스의 경우 디지털 대기업뿐 아니라 오프라인 리더와 자금이 넉넉한 10여 개 온라인 반군들의 공세에도 불구하고 성공을 거둔 것은, 전자상거래 모델로 옮겨가기 전에 인증된 회원들로 구성된 딜러 네트워크를 구축하기 위해 10년간 공을 들인 덕분이다. 퍼스트딥스가 모든 거래를 자기네 플랫폼에서만 진행하도록 요구했을 때, 퍼스트딥스를 통한 추천이 이 딜러들의 판매량 대부분을 차지했고 특히 오리지널 제품 카테고리에서는 그런 경향이 더 강했다. 또 그들은 상품을 업로드, 전시, 마케팅할 수 있도록 제공되는 소프트웨어 도구에 의존하게 되었다. 퍼스트딥스는 전문 인테리어 디자이너와 건축가, 개인 수집가 등 가장 중요한 구매자들이 가장 먼저 들르는 사이트가 되었기 때문에, 규모가 큰 재구매 고객들이 모이는 이 글로벌 네트워크를 이용하지 못하는 판매자는 큰 손실을 입게 된다.

퍼스트딥스만큼 강하지는 않지만, 엣시도 판매자들에게 강한 구속력을 발휘해 이익을 얻는다. 엣시와 거래하는 판매자들 중 상당수는 다른 플랫폼에 상품을 등록하지 않고 심한 논란이 벌어진 변화를 여러 차례 겪고도 이 플랫폼을 고수한다는 사실을 통해 이를 알 수 있다.[28] 엣시의 사용자 기반 대부분을 구성하는 소규모 기업 입장에서는 상품을 업로드, 전시, 관리하는 작업도 상당히 힘든 일이기 때문에 이를 단순화하기 위해 노력한다.[29] 엣시에서 가장 빠르게 성장하고 있는 수익원은 판매자에게 제공하는 서비스로, 판매자는 이를 통해 효율적으로 구매자에게 도달할 수 있으며 동시에 플랫폼에 대한 의존도도 높아진다.

엣시나 퍼스트딥스처럼 틈새시장에서 활약하는 상거래 업체가 독점 기술을 이용해서 아마존처럼 규모가 훨씬 크고 광범위한 경쟁사를 상대로 공급 측면에서 지속 가능한 경쟁 우위를 확보하는 능력은 환상처럼 느껴질 수 있다. 그러나 전문화된 시장에서는 이런 기능을 홍보하고,[30] 이를 강화하기 위한 인수를 추진한다.[31] 좀 더 현실적으로 생각하면, 특정 분야의 R&D 예산이 그 분야에 집중하는 경쟁사의 총수익을 초과하는 기업들 때문에 잠재적으로 상당한 경쟁적 불이익을 겪는 것을 피하려면 이런 투자가 필수적인 것으로 보인다. 하지만 수준이 좀 낮은 기술이라도 확실하게 입증된 고유한 데이터 세트와 결합하면 뛰어난 통찰력을 얻을 수 있다. 이런 도구는 판매자들을 가능성이 가장 큰 구매자와 가장 효과적으로 연결하는 데 중요한 역할을 하지만, 현재까지는 이런 플랫폼이 공급 측면에서 상당한 이점을 발전시켰다는 증거가 거의 없다.

퍼스트딥스와 엣시 모두 아마존과의 경쟁에서 성공했지만, 그들이 겪은 도전의 성격과 경쟁 구도의 균형은 상당히 다르다.

아마존이 소더비와 합작 투자해서 설립한 벤처 기업은 퍼스트딥스가 등장하기 직전이자 아마존이 자체적인 마켓플레이스 사업을 시작한 것과 비슷한 시기인 2000년에 무너졌다. 아마존은 2013년에 잠시 미술 분야로 진출했지만 전혀 관심을 끌지 못한 이후[32] 골동품에 집중하지 않았다. 오늘날 아마존에서 판매하는 경쟁 제품은 대부분 '수집품 및 미술품' 탭 아래에 있거나 보석류나 가구 같은 일반적인 관련 제품 카테고리에 포함되어 있다. 2020년에 아마존은 럭셔리 스토어 플랫폼을 출범하면서 다시금 고급 제품 분야로 진출하려는 시도를 했는데, 처음에는 패션에 초점을 맞췄다.[33] 이것이 추가적인 제품 카테고리로 확장되는지와 상관없이, 곧 논의할 이유 때문에 이번 노력의 운명도 전과 다르지 않을 듯하다.

반면 이베이는 소더비와의 벤처 사업이 망한 뒤에도 수집품 사업을 곰인형 같은 물건에서 예술품과 보석 같은 고급 상품으로 확장하는 방법을 적극적으로 찾고 있다. 2014년에는 회원들이 오프라인 경매장에서 진행되는 라이브 경매에 참여할 수 있는 프로그램을 시작했다.[34] 하지만 주요 경매장은 한 곳도 참여하지 않는 바람에 중단된 것으로 보인다. 2017년에 이베이는 고가품 판매자를 유치하기 위한 '진품 감정Authenticate' 프로그램을 시작해서(처음에는 핸드백[35]으로 시작했다가 보석류나 시계 같은 다른 품목으로 확대했다) 감정 받을 품목을 우편으로 보내도록 했다.[36] 하지만 이 프로그램도 사실상 중단된 듯하다. 퍼스트딥스는 이 프로그램이나 오프라인 경매장의 비즈니스 모델처럼 등록된 품목을 전부 '감정'하지는 않는다. 그 대신 판매자를 인증한 다음 모조품이나 사기 행위로 불만이 발생하면 플랫폼에서 쫓겨날 수 있다는 위협에 의존하는 훨씬 효율적인 방법을 쓴다.

아마존과 이베이 모두 판매하는 상품 대부분이 별로 사치스럽지 않다는 사실로 인한 부정적인 후광 때문에, 진짜 사치품을 판매하는 딜러나 공급 업체를 플랫폼에 대거 유치할 가능성은 별로 크지 않다. 이들의 직접적인 경쟁 상대는 지속적인 매출을 올리고 있는, 규모가 훨씬 작은 다른 온라인 플랫폼들인데, 그중 가장 내구성이 높은 플랫폼은 대부분 특정 지역이나 특정 제품 카테고리 또는 그 두 가지 모두에 초점을 맞추고 있다. 미묘한 제품 카테고리 내에서 전문화를 꾀했을 때 생기는 힘은 여러 차례 입증되었다. 아이러니하게도 경쟁사들은 놀랍도록 일관되고 신뢰도 높은 서비스를 광범위하게 제공하는 아마존의 강점을 이용해서 이 회사에 대항할 수 있다. 이들의 전략에는 아마존이 현재 전자상거래 업계의 진입 가격(예컨대 서비스 및 배송)으로 확립한 속성을 따라 하면서, 아마존이 효과적으로 복제하기 어려운 제품 카테고리와 커뮤니티에 심층적으로 맞춤화된 변형을 더하는 것도 포함한다. 웨이페어가 온라인 가구 판매 분야의 선두 주자로 아마존에 폭넓게 도전할 수 있는 능력을 발휘하는 것도 이를 뒷받침하는 추가 증거다.[37]

퍼스트딥스의 최대 경쟁자는 이 회사의 대체재가 될 수 있는 고급품 판매 업체, 그리고 퍼스트딥스에서 활동하는 오프라인 딜러들과 상품을 놓고 직접 경쟁하는 오프라인 경매 업체다. 둘 다 중요한 디지털 사업을 구축하는 데 어려움을 겪었다.

명품 소매 업체들의 전자상거래 전략은 매우 고르지 못한데, 이들이 매장 내에서의 고객 경험과 개인화된 서비스에 초점을 맞추고 있다는 점을 생각하면 놀라운 일은 아니다. 예로, 자사 웹사이트의 판매 부진에 실망한 티파니Tiffany는 네타포르테Net-a-Porter와 전자상거래 파트너십을 체결했

다.**38** 우여곡절 끝에**39** 온라인 매출이 증가하기는 했지만, 이 회사의 전자
상거래 부문은 여전히 전체 매출에서 한 자릿수 비율을 차지한다.**40**

가장 큰 경매 회사들은 초기에 디지털 분야 진출에 실패한 이후로 어느
정도 진전을 이루기는 했지만, 이들 중 오프라인 경매에 원거리 입찰자를
유치하는 것 이상의 의미 있는 추진력을 얻은 회사는 하나도 없다.**41** 그러
나 코로나19 이후 온라인 전략을 계속 시도하면서 가속하고 있다. 특히 소
더비는 온라인 마켓플레이스를 두 개 설립했는데, 최근에는 소더비스 갤
러리 네트워크Sotheby's Gallery Network라는 온라인 고급 예술품 마켓플레이스
에 참여시키기 위해 뉴욕의 유명 갤러리들과 계약을 체결했다.**42**

이런 디지털 경매장 이니셔티브가 과거보다 성공적이건 아니건, 오프
라인 사업은 여전히 건재하다(팬데믹 기간에 규모가 커진 온라인 시장과 달리, 오
프라인 쪽은 매출이 40퍼센트나 하락하기는 했지만).**43** 퍼스트딥스의 궁극적인
규모는 개인 딜러 파트너가 경매장에서 지분을 확보하는 능력, 플랫폼이
제공하는 명품 범위를 계속 확장하는 능력, 그리고 리얼리얼The RealReal이
나 스레드업thredUP 같은 명품 위탁 판매점을 인수해서 딜러들과 직접 경
쟁할지 여부에 따라 달라질 것이다.

엣시는 기업공개 후 몇 달도 지나지 않은 2015년에 아마존 핸드메이드
Amazon Handmade가 출범하면서 훨씬 직접적인 공격에 직면하게 되었다. 몇
년 동안 아마존이 새로운 계획("아마존 핸드메이드 기프트 숍"**44**을 설립하고, 일
부 도시에서는 프라임 나우Prime Now 배송을 이용해 핸드메이드 제품을 신속하게 배
송해주겠다는 등)을 발표할 때마다 타격을 입으면서 주가가 계속 흔들렸
다.**45** 아마존의 맹공격 앞에서도 엣시의 유기적인 성장이 가속되고 있다
는 사실을 투자자들이 알아차린 뒤에야 비로소 실적이 회복되었다.**46** 이

는 아마존의 마케팅 노력 덕분에 이 카테고리에 관심이 모이면서 결국 카테고리 리더인 엣시가 이득을 얻게 된 것일지도 모른다는 놀라운 가능성을 시사한다! 엣시와 달리 아마존 핸드메이드 제품 중에는 독점 상품이 거의 없고, 엣시 셀러를 영입하려는 노력은 엇갈린 결과만 낳았다.[47] 아마존이 구매자에게 제공하는 다양한 배송과 그 밖의 혜택도 네트워크 효과 사업에서 공급 측면에 존재하는 중요한 불이익을 보상할 수는 없다. 엣시 주가는 2018년 초부터 2020년 초까지 2배 이상 올랐다. 그리고 그해에 다시 4배나 올라서, 2020년 9월에 포함된 S&P500 주가 지수에서 가장 실적이 좋은 단일 기업이 되었다.[48]

엣시가 아마존과 이베이 외에도 수많은 경쟁사를 상대해야 하는 이유는 그들이 판매하는 제품 카테고리가 다소 애매하기 때문이다. 웨스트 엘름 핸드크래프트West Elm Handcrafted나 타깃에서 판매하는 필로퍼트Pillowfort 또는 오팔하우스Opalhouse 라인 등 비슷한 분야에서 활동하는 온오프라인 경쟁사들은 장인이 만든 듯한 느낌을 풍기는 핸드메이드 스타일의 제품을 제공한다.[49] 미국의 아프트크라Aftcra[50]를 비롯해 각 지역마다 경쟁사들이 있지만, 이들은 규모가 작은 탓에 필요한 고정비용을 분산할 수가 없다. 좀 더 근본적인 부분에서, 이들은 구매자에게 해외 상품을 제공할 수 없고 판매자에게는 글로벌 고객 기반을 제공할 수 없다. 아마 가장 만만찮은 새 경쟁자는 독립된 상점을 만들어서 제품을 판매할 수 있는, 완성된 기술 플랫폼을 제공하는 쇼피파이Shopify 같은 곳일 것이다. 중소기업에 서비스를 제공하는 수많은 결제 및 기타 기술 기업들도 이런 노선을 따라 고객에게 제공하는 서비스의 범위를 점점 넓히고 있다. 하지만 지금까지는 이런 노력이 엣시 플랫폼에서 생성되는 구매자의 관심 수준과 거래 수를 따라가지 못한다.

특히 엣시와 퍼스트딥스는 지배적인 규모의 기존 오프라인 경쟁사들을 지원하는 시장에서 활동하는 기업이 아니다. 소더비와 크리스티Christie's를 합치면 두 회사가 100억 달러어치가 넘는 고가의 수집품을 판매하므로 규모가 꽤 큰 편이지만, 전 세계 고급 수집품 시장의 규모는 수천억 달러에 달하며 각 지역 경매장과 딜러들에게 분산되어 있다. 엣시는 분명히 지역 벼룩시장에서는 만날 수 없는 판매자들과 연결해주며, 자신들을 아날로그 시장을 보완하면서 동시에 약간 경쟁 관계에 있는 채널로 여긴다. 판매자 커뮤니티가 재정적으로 안정을 찾는 것이 엣시에게도 이익이 되며, 오프라인 채널의 가용성은 이 목적을 뒷받침한다. 퍼스트딥스에게는 수요 측면에서는 (경매 전문 회사와 함께) 자신들의 경쟁자이지만 공급 측면에서는 고객인 딜러들이 바로 그런 존재다.

생태계에 대규모 오프라인 사업자뿐 아니라 전체 매출의 과반수를 차지하는 기업이 있다면, 이들이 직접적인 온라인 경쟁자가 될 수 있다(이때 내재된 채널 갈등과 제한된 디지털 기능 때문에 일이 복잡해지는 사례가 많기는 하지만). 그들이 직접 경쟁하기를 거부하더라도, 단지 그 가능성만으로도 네트워크 효과가 마켓플레이스 운영자에게 안겨주는 이점을 강화하는 다대다 역학을 방해할 수 있다. 그러나 어떤 상황에서는 지배적인 오프라인 경쟁자의 존재가 디지털 영역에서 아마존의 상대적 강점에 영향을 미치고, 기존 디지털 마켓플레이스 업체를 대체할 수 있는 능력을 촉진한다.

힘의 한계를 직시해야 하는 분야

엣시와 퍼스트딥스의 사례는 제품의 복잡성 때문에 강화된 뛰어난 네트워크 효과와 파편화된 구매자와 판매자가 결합되어 놀랍도록 탄력적인 디지털 마켓플레이스 사업이 만들어지는 과정을 보여준다. 그러나 이런 특성이 반드시 무적의 힘을 발휘한다는 것을 입증하지는 않는다. 실제로 하나의 반례가 이것이 틀렸음을 증명할 수 있다. 아마존이 온라인 자동차 부품 시장에서 기존에 이베이가 차지하고 있던 리더의 자리를 빼앗은 것이다.

자동차 용품 시장을 구성하는 자동차 부품만큼 복잡한 제품 카테고리도 드물다. 리서치 회사인 헤지스앤드컴퍼니Hedges & Company에 따르면 "특수 부품, 액세서리, 유명 브랜드 교체 부품, 자체 상표 교체 부품 등이 포함된 자동차 용품 시장에는 약 800만 개의 기본 부품 번호가 있다."[51] 구하기 힘든 부품을 원하는 열성적인 자동차 애호가들과 동네 차량 정비소, 수리 체인점 등의 다양한 세계를 고려하면 자동차 부품을 위한 디지털 시장이 빠르게 등장한 것은 놀라운 일이 아니다.

자동차 부품은 1995년에 설립된 이베이의 전신인 옥션웹AuctionWeb에 가장 먼저 등장한 품목 중 하나였다. 이베이는 이 분야의 강점에 힘입어 2000년[52]에 최초의 수직적 마켓플레이스인 이베이 모터스eBay Motors를 출범했다. 반면 아마존은 2006년에야 자동차 부품 마켓플레이스 사업을 시작했는데, 이때쯤에는 이미 이베이가 확실한 선두 주자로 자리잡은 뒤였다. 그러나 지금은 아마존의 자동차 부품 마켓플레이스가 이베이보다 훨씬 크다. 강력한 네트워크 효과가 기존 기업의 경쟁 우위에 도움이 될 듯한 이 분야에서 어떻게 이런 일이 일어났는지 이해하려면, 시장과 제품의 구체적인 성격을 자세히 살펴보아야 한다.

인터넷에서 자동차 부품을 판매한다는 직관적인 매력에도 불구하고, 전체적으로 볼 때 이 카테고리는 전자상거래가 가장 활성화되지 않은 분야 중 하나다. 확실히 특정 부품의 크기와 무게를 생각하면 손쉬운 마켓플레이스 거래에 적합하지는 않다(범퍼나 자동차 배터리를 우편으로 보내려고 해본 적이 있는가?). 그러나 더욱 근본적인 이유는 자동차 부품 구매의 가장 일반적인 사용 사례가 마켓플레이스 거래에 적합하지 않기 때문이다. 거의 1500억 달러 규모의 시장에서 3분의 1만이 순수 온라인 거래를 쉽게 수용하는 DIY B2C 부문에 전념하고 있다. 시장의 나머지 부분(거의 1000억 달러에 달하는)은 내일 혹은 모레 배송되는 제품을 기다리지 못하고 지금 당장 필요한 대리점이나 정비소에 부품을 제공하는 B2B 판매로 구성된다.

이 B2B 시장은 제품을 "당장 써야 하는" 고객을 위해 전국에 전용 창고 네트워크를 구축한 네 개의 소매 업체(어드밴스 오토 파츠Advance Auto Parts, 오토존AutoZone, 제뉴인 파츠 컴퍼니Genuine Parts Company, 오라일리 오토 파츠O'Reilly Auto Parts)가 주도하고 있다. 현지 부품 밀도를 이 정도 수준으로 유지하는 데 드는 고정비용 때문에, 총시장가치가 1000억 달러를 웃도는 이 시장에서 네 개의 거대 기업이 소매시장의 약 50퍼센트를 차지하면서 오랫동안 시장 균형을 유지했다. DIY 시장에서도 중요한 부품을 구매하기 전에는 지식이 풍부한 영업사원과 대화를 나눌 수 있기를 바라는 고객이 많다. DIY 사용자들이 종종 엉뚱한 부품을 구입하거나 부품을 잘못 설치하는 경우가 많다는 데이터를 생각하면, 이는 놀라운 일이 아니다.[53]

자동차 부품의 10퍼센트만 온라인으로 거래된다고 해서 기존 사업자들이 온라인의 위협을 무시할 수 있는 것은 아니다. 인터넷 판매량도 꾸준히 늘어나 지금은 20퍼센트에 육박하며, 아마존이 그 성장에서 불균형하게 많은 부분을 차지하고 있다. 더 중요한 것은, 부품 구매자의 90퍼센트가 최종적으로 오프라인에서 제품을 구매하더라도 구매 결정을 내리기 전에 온라인으로 조사를 한다는 것이다. 아마존은 2016년에 특정 모델에 적합한 부품을 식별할 수 있는 복잡한 도구와 제품 리뷰 및 조언을 함께 제공하는 차량 포털 사이트를 개설했다.**54** 이런 수준의 기능은 해당 분야에서 경쟁하려는 이들이 모두 걸어야 하는 기본적인 판돈이 되었다. 더군다나 대부분의 전문 정비사들도 이제 자동차 관련 작업을 할 때 스마트폰을 항상 가지고 다니면서 어떤 부품을 주문해야 할지 결정할 때 인터넷을 활용하기 때문에 B2C와 B2B 사이의 경계선마저 모호해졌다.

아마존은 이런 전문 소매 업체에 비해 경쟁에서 불리할 것이다. 창고에 있는 비자동차 제품을 대부분 치워버리지 않는 한, 많은 전문 사용 사례에 필요한 빠른 속도로 제품을 제공할 방법이 없다. 그러나 그런 사용 사례 중 일부는 익일 배송으로도 충분할 수 있다. 게다가 아마존 홈 서비스 Amazon Home Services 사업부나 시어스 오토 센터Sears Auto Center, 펩 보이즈Pep Boys, 몬로Monro**55** 그리고 이동 정비 서비스 회사인 렌치Wrench**56**와 제휴를 통해 B2B 판매의 일부를 B2C 판매로 전환할 수 있었다.

네 개의 대형 유통 업체가 구조적인 이점에만 안주한다면, 큰 실수를 저지르게 될 것이다. 고유한 자산을 활용하는 현명한 투자를 통해 순수 디지털 분야가 계속해서 더 많은 시장점유율을 차지하더라도, 장기적인 성장과 평균 이상의 재무 수익을 유지할 수 있어야 한다. 그러나 지금까지는 이 네 회사 모두 일반적인 업무만 디지털 방식으로 수행해왔는데, 이는 겉

보기에 침투가 불가능한 듯한 경쟁 우위에 익숙해져 있는 기업들을 흔히 감염시키는 제도적 타성을 나타내는 것일지도 모른다. 디지털 트래픽 수준에서 볼 때[57] 이들 중 가장 괜찮은 것은 오토존인데, 이 회사는 페덱스 FedEx와 제휴해서 DIY 시장을 위한 익일 배송 서비스도 구축했다.[58] 오토존이 디지털 분야에서 비교적 괜찮은 행보를 보이는 것은 25년 전에 부품 카탈로그 정보를 정비소 작업 흐름과 통합한 소규모 소프트웨어 회사를 인수한 덕분인지도 모른다.[59]

이 분야에서 경쟁하는 순수 디지털 업체들(마켓플레이스 모델인 이베이뿐 아니라 온라인 소매 모델인 락오토RockAuto 등도)과 관련하여, 아마존은 기존 기업이 오랫동안 차지하고 있던 리더의 위치를 대체할 수 있었다. 이 회사는 마켓플레이스와 소매 모델을 모두 통합하는 독특한 능력으로 이런 결과를 달성했다. 소매업 자체는 네트워크 효과를 발휘하는 사업이 아니지만, 흔히 전통적인 공급 측 규모의 이익을 누린다. 그러나 마켓플레이스 사업과 결합되면, 제품과 배송 옵션 범위가 넓어져서 기존의 네트워크 효과를 증대할 수 있다. 그러면 구매 희망자들이 자신의 요구에 맞는 제품을 찾아내서 거래할 가능성이 높아진다. 아마존의 자동차 용품 시장 매출의 대부분(아마 3분의 2 정도[60])은 마켓플레이스에서 나오고, 나머지가 소매 매출이다.

아마존은 구매 빈도뿐 아니라 익일 배송이 제공될 때 구매할 가능성이 높은 부품에 관한 데이터를 수집해서, 어떤 고유 품목을 비축해 자체적으로 판매하고 어떤 부품을 마켓플레이스에 의존할 것인지 정할 수 있다. 결과적으로 좀 더 포괄적인 제품이 광범위한 잠재적 구매자를 끌어들이고 순수 마켓플레이스(한때 이 분야를 선도했던)보다 이점을 안겨준다. 프라임 멤버십을 통한 일정 수준의 고객 구속력, 그리고 고객 서비스와 원활한 경험에 광적으로 집중하는 태도는 아마존이 어떻게 더 높은 수수료를 부과하면서도 이베이의 마켓플레이스 지위를 앞질렀는지 설명해준다.

그러나 추월했다고 해서 경쟁자를 완파한 것은 아니다. 아마존과 이베이가 100억 달러 규모의 마켓플레이스 사업을 60대 40으로 양분하고 있다고 추정하는 이들도 있고, 특정 제품과 고객 범주에서는 이베이가 여전히 선두 자리를 유지하고 있을지도 모른다. 사업의 소매 측면이 마켓플레이스 사업을 강화한다고 해서 소매 분야의 매력이 더 커지는 것은 아니다. 아마존은 거대 기업 네 개와 경쟁해야 할 뿐 아니라 1999년에 설립되어 오랫동안 순수 온라인 소매 업계의 리더 자리를 지켜온 가족 기업 락오토와도 맞서야 한다. 락오토는 아마존 같은 인프라 비용이 없으며, "300개 이상의 제조 업체 네트워크를 통해 부품을 배송하는 생산자 직송 모델을 운영하고 있다."[61] 그리고 아마존이 이 분야 최고의 순수 전자상거래 소매 업체였던 락오토의 자리를 대신하게 되기는 했지만, 락오토와 다른 수많은 전자상거래 경쟁 업체가 사라진 것은 아니다. 락오토는 15년 넘게 두 자릿수 성장률을 이어가며 아마존의 가격 유연성 및 잠재적 수익성을 크게 제약하고 있다.

이베이의 자동차 부품 사업 규모는 40억 달러로, 90억 달러인 아마존 (아마존은 마켓플레이스 매출 60억 달러 외에도 전자상거래 매출 30억 달러가 더 있다)의 절반에도 미치지 못한다. 그러나 수익성이 더 높은 것은 이베이 쪽일 것이다. 약 30퍼센트 정도인 전체 마진을 기준으로 보면, 이베이는 자동차 용품 시장에서 최소 10억 달러의 매출을 올릴 것이다. 아마존의 마켓플레이스와 전자상거래 마진을 합쳐도 5~10퍼센트를 넘을 것 같지는 않기 때문에, 이베이 정도 수준의 수익을 창출하기는 힘들 듯하다.

자동차 부품 분야 외에도, 한때 온라인 상거래의 선두 주자였던 이베이가 아마존에 그 높은 지위를 내준 것은 용납할 수 없는 기업 배임죄라는 것이 예전부터의 통념이었다. 1조 달러가 넘는 아마존의 기업 가치와 500억 달러 이하인 이베이의 가치를 비교해보면, 다른 결론을 내리기가 어렵다. 그리고 확실히 이베이는 수년에 걸쳐 전략적인 실수를 저질렀다는 증거가 많고,[62] 잘못된 실행으로 어려움을 겪었다.[63] 그러나 이런 수치만 가지고 이베이가 제2의 "모든 것을 판매하는 상점"이 되려고 노력했어야 한다는 결론을 내리는 것은 타당하지 않다.

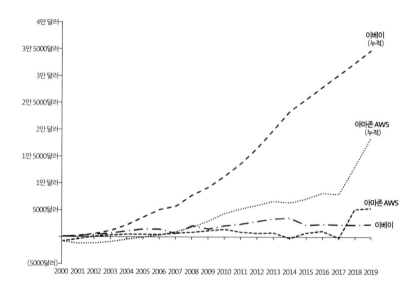

아마존 AWS와 이베이가 보고한 연간 및 누적 영업이익(2000~2019년)

출처: FactSet, Company filings

아마존은 만성적으로 수익성이 좋지 않은 사업을 하고 있지만, 훨씬 매력적인 마켓플레이스 사업으로 다각화하는 발판을 마련하기 위해 그 위치를 활용하는 뛰어난 전략적 행보를 보였다. 그러나 이베이가 매력적이고 수익성 높은 마켓플레이스 사업의 선두 주자 지위를 이용해 별로 매력적이지 않은 소매업 부문으로 다각화했더라면, 이베이 주주들에게 더 이득이 되었을 것이라는 생각은 들지 않는다.

아마존은 분명히 무시할 수 없는 세력이다. 하지만 이 회사가 제공하는 다양한 제품, 프라임 회원제의 매력, 서비스와 실행 품질, 보완 서비스를 제공하는 능력에도 불구하고 광범위한 마켓플레이스 분야에서 기존의 온라인 업체를 대체할 수 없다는 것은 강력한 네트워크 효과가 그것을 강화하는 이점과 짝을 이뤘을 때의 위력을 입증한다. 마켓플레이스와 소매 오퍼링을 통합한 아마존의 집합적 가치 제안이 기존 업체에 가장 큰 지장을 주는 부분은, 대개 규모가 큰 오프라인 업체들이 계속해서 중요한 역할을 하는 시장인 경우가 많다. 다만 아마존의 상대적인 강점이 가장 큰 카테고리에도 플랫폼 망상을 뒷받침하는 실질적인 증거는 없다.

자동차 부품 사례는 아마존의 하이브리드 오퍼링이 다양한 제품과 사용 사례가 특징인 시장에서 가장 매력적이라는 사실을 강조한다. 그러나 이런 환경에서 아마존은 특정한 제품이나 고객 부문에 대한 고유한 장점을 내세워서 더 집중하는 온라인 및 오프라인 업체들과 치열하게 경쟁해야 한다. 그래서 아이러니하게도 뛰어난 수익을 올릴 가능성이 가장 낮은 부문에서 아마존의 상대적인 입지가 가장 강하다.

아마존은 소매업 분야에서 성장할 여지가 충분하며, 온라인과 오프라인의 기존 사업자들에 계속해서 심각한 위협을 가하고 있다. 그러나 아마존은 자체적인 하이브리드 전략을 추구하는 월마트나 타깃 같은 광범위한 오프라인 기업들의 공격과 갈수록 공세가 심해지는 구글 쇼핑의 온라인 공격을 받고 있기 때문에,**64** 전문화와 복잡성을 이용하면 기존 기업들은 상당한 보호를 받을 수 있고 혁신적인 저항 세력에게는 기회가 계속 생길 것이다. 하지만 의미 있는 마켓플레이스 기능이 없는 순수 소매 모델의 경우에는 계속해서 높은 수익을 창출하기가 힘들 것이다.

우리가 이 장에서 배울 수 있는 것들

1. 온라인 상거래는 갈수록 현재 온라인 소매 거래의 대부분을 차지하는 마켓플레이스 모델의 지배를 받고 있다. 한 분야에 집중하는 경우가 많은 마켓플레이스 사업은 아마존의 치열한 경쟁 속에서도 전체 온라인 시장보다 빠른 성장세를 이어왔다. 이런 사업의 경제적 매력은 기본적인 네트워크 효과와 이를 강화하는 이점의 강도에 따라 크게 달라진다.

2. 엣시와 퍼스트딥스의 성공은 내구성 있는 마켓플레이스 프랜차이즈를 설립할 때 특히 중요한 두 가지 특성, 즉 시장이 전문화에 얼마나 적합한지 여부와 제품의 복잡성 정도를 강조한다. 전문화는 고객 유지와 학습뿐 아니라 상대적 규모 확립도 용이하게 해준다. 제품의 복잡성은 규모에 따라 증가하는 네트워크 효과의 강도를 강화하고, 손익분기점에 도달하는 데 필요한 시장점유율을 높이며, 데이터에 기술을 적용할 때의 유용성을 향상한다.

3. 아마존은 디지털 마켓플레이스에서 기존 업체를 대체하는 데 효과적이었다. 아마존 비히클은 자동차 부품 분야에서 바로 그런 일을 해냈다. 순수 마켓플레이스가 제공할 수 있는 것을 소매 부문의 제품과 서비스 선택을 통해 크게 개선한 것이다. 아마존의 통합된 소매 및 마켓플레이스 제품 오퍼링은 자동차 부품의 경우처럼 중요한 제품 사용 사례에 아마존의 물리적 유통 인프라가 있어야만 제공할 수 있는 배송 옵션이 필요할 때 특히 강력한 힘을 발휘한다.

4. 주요 오프라인 경쟁 업체의 존재는 아마존의 하이브리드 소매/마켓플레이스 모델이 가장 큰 영향을 미치는 지점을 나타낸다. 그러나 이 부문 전체의 자본 환경은 순수 디지털 동종 업체에 비해 아마존이 가장 큰 이점을 지닌 부분에서 가장 어려울 것이다. 아마존이 독자적인 하이브리드 전략을 추구하는 월마트나 타깃 같은 기존 오프라인 기업들에게 공격을 받고 있는 상황에서, 전문화와 복잡성을 이용하면 기성 기업들은 상당한 보호를 받을 수 있고 혁신적인 저항 세력에게는 기회가 계속 생길 것이다.

항공 여행이 디지털화되면
누가 돈을 벌까?

경제계에서 아마존이 의미 있는 역할을 하지 못하는 분야가 하나 있다면 바로 소비자 서비스다. 이는 물건이 아닌 서비스는 판매하지 못하는 태생적인 무능력에서 비롯된 것이 아니다. 사실 아마존에서 가장 수익성 높고 빠르게 성장하는 사업은 AWS를 통해 기업들에게 제공하는 서비스와 마켓플레이스 참여자들에게 제공하는 제3자 서비스다.[1] 그러나 소비자 영역에서 제공하는 아마존의 서비스는 대개 무료이거나 실제 물건 구매를 장려하기 위한 수단으로 저렴한 프라임 구독과 함께 번들로 제공된다.

이는 노력이 부족해서가 아니다. 전통적인 소비자 서비스 분야로 진출하기 위한 아마존의 주요 시도 중 가장 먼저 시작한 것은 2015년에 개시한 아마존 홈 서비스였다.[2] 핵심 프랜차이즈에서 가정 용품의 중요성을 생각하면, 이 카테고리를 선택한 것은 꽤 타당하다. 가정에 대한 이런 관심 때문에 아마존은 비디오 인터폰 회사를 인수하고 가정용 보안 서비스를 시작했다. 그러나 이렇게 서로 관련성 있는 사업체들의 전략적 논리와 잠재적인 지원에도 불구하고, 아마존은 홈 서비스 분야의 업계 선두 주자인 앤지스 리스트Angie's List나 옐프Yelp보다 훨씬 뒤처져 있다.[3]

규모가 큰 소비자 서비스 분야에서 거둔 실적은 더 형편없다. 결제, 대출, 신용카드 같은 금융 서비스 분야에서는 제대로 된 인상조차 남기지 못했고, 아마존 월렛Amazon Wallet처럼 완전히 실패한 예도 많았다. 회사 내부에서 시작하거나 다른 기업을 인수해서 시도한 다양한 의료 이니셔티브도 계속되고는 있지만, 그 성과는 여전히 큰 의문으로 남아 있다.[4] 이 분야에서 최근에 실망을 안긴 일은 직원 의료 서비스를 혁신하려고 워런 버핏, J.P. 모건J.P. Morgan과 함께 세간의 이목을 끄는 협력 관계를 체결하고 유명 의사이자 작가인 아툴 가완디Atul Gawande를 영입해서 세운 헤이븐Haven을 해산한 것이다.[5] 그리고 수십억 달러 규모의 여행 및 관광 분야에 진출하려던 시도도 처참한 결과를 낳았지만, 다행히 짧게 끝났다. 아마존은 홈 서비스를 시작한 직후, 주말에 자동차 여행을 다니는 사람들에게 초점을 맞춰서 호텔 예약과 식당 및 관광지 정보를 제공하는 데스티네이션스Destinations라는 서비스를 시작했다.[6] 이 서비스는 그해 말이 되기도 전에 종료되었다.[7]

디지털 여행 분야는 여러 면에서 수수께끼 같다. 한편으로 생각하면 인터넷의 고유한 투명성 때문에 티켓과 객실 가격을 제안하거나 비교할 때 진입 장벽이 거의 없어서 높은 수익을 올릴 기회가 거의 없을 것 같다. 여행사 수가 급격히 감소한 것은 해당 부문에 디지털 경제가 도입되었기 때문으로, 이는 예상과 일치하는 결과다.

반면 규모가 가장 큰 온라인 여행사인 부킹 홀딩스Booking Holdings는 델타Delta, 유나이티드United, 아메리칸 항공American Airlines의 주식 가치를 합친 것보다 가치가 높다. 게다가 지난 20년 동안 익스피디아(1999)와 트리바고Trivago(2016)부터 트립어드바이저TripAdvisor(2011)와 시트립Ctrip(지금은 트립Trip으로 사명이 변경되었다, 2003)에 이르기까지 다양한 비즈니스 모델을 가진 실질적이고 수익성 있는 디지털 여행사들이 꾸준히 주식을 상장했다. 게다가 여기에는 여행 부문에서 활동하는 에어비앤비 같은 공유 경제 업체나 계속 등장 중인 트립액션TripActions [8] 같은 10여 개[9]의 여행 관련 유니콘 기업은 포함되지 않았다. 또 최근 오프라인 여행사가 계속 감소하던 추세가 반전되는[10] 등 예상치 못한 다양한 트렌드가 나타나서 이 분야의 미스터리를 더하고 있다.

특히 항공 여행은 규모가 크고 코로나 팬데믹 시기에 일시적으로 여행이 중단되기 전까지는 급성장하는 경제 분야였으므로, 온라인과 오프라인 모두 투자자들에게 슬픔과 눈물을 안겨주었다. 항공사 자체는 수십 년 동안 워런 버핏에게 그 어떤 사업보다 많은 경멸을 받은 분야다. 버핏은 선견지명이 있는 자본가가 오빌 라이트Orville Wright를 쏴버리지 않은 것은 부끄러운 일이라는 말까지 한 적이 있다.[11] 하지만 버핏은 불 속에 뛰어드는 나방처럼 다시 이 산업에 접근했다가 큰 피해를 보았다. 코로나19 위기에 직면했을 때 그는 해당 부문에 가지고 있던 지분을 전부 처분하면서 "이 부문에 대해 잘못 생각했다"고 다시금 인정했다.[12]

일반적으로 오프라인에서 이렇게 고르지 않은 실적을 올리는 분야가 디지털로 옮겨갔을 때 안정적이고 탄력적으로 운영될 거라고 기대하는 사람은 별로 없을 것이다. 그런데 실제로 항공 여행 생태계 안에는 그런 산업이 존재하며, 그 강력한 네트워크 효과와 오랫동안 이어진 승자 독식 속성만 보면 FAANG 기업들보다 플랫폼 망상에 더 부합한다.

그러나 이런 놀라운 결과에도 불구하고 이 부문에는 플랫폼 망상과 근본적으로 상충되는 핵심 특성이 하나 있다. 플랫폼 망상의 기본 개념은 인터넷 덕분에 이런 강력한 비즈니스 모델이 출현할 수 있었다는 것이다. 그러나 이 산업은 존재한 지 50년이 넘었다. 따라서 그것의 성공은 인터넷과 아무 관련이 없으며, 인터넷의 출현은 그것이 지닌 경쟁 우위의 강점에 놀라울 정도로 거의 영향을 미치지 않았다. 분야가 조금 모호할 수는 있지만 시대착오적인 것은 아니다. 가장 강력한 네트워크 효과가 나타난 분야는 전자 제품 쪽인데(거대한 신용카드 업계도 또 하나의 주요 사례이지만, 이 부분에 대해서는 나중에 자세히 논의할 것이다), 둘 다 인터넷보다 오래되었고 인터넷의 영향을 별로 받지 않았다.

여느 수수께끼가 다 그렇듯이, 이 문제를 풀려면 처음으로 다시 돌아가야 한다. 여기에서 살펴볼 산업은 그 역사와 특성이 일반 대중에게 널리 알려지지 않은 산업이다. 이 산업은 당대에 존재했던 가장 큰 기술 회사와 아메리칸 항공의 협업으로 탄생했다.

생각보다 오래된 전자식 여행 플랫폼의 탄생

항공사와 여행사들은 인터넷이 등장하기 수십 년 전부터 고객을 대신해 효과적으로 소통하고 거래할 수 있는 방법을 찾으려고 고심했다. 초창기에는 여행사 직원이 직접 매표소에 찾아가 특정 항공편을 가리키는 색인 카드의 네모 칸에 체크하는 방법을 썼다. 1940년대에 아메리칸 항공이 최초의 전산 예약 시스템CRS을 개발해서 재고 추적을 자동화한 뒤에도 항공사와 판매 대리점 간의 상호작용은 여전히 저차원적인 기술에 의존했다. 1960년에 아메리칸 항공이 IBM과 제휴해 SABRE(최초의 온라인 실시간 좌석 예약 시스템. 지금은 그냥 소문자로 Sabre라고 한다)13를 도입한 뒤에야 비로소 지금도 상업 비행 분야에서 사용하는 현대적인 전역 분배 시스템GDS이 구축되기 시작했다.

다른 미국 항공사들도 곧 이런 기능을 개발했고, 해외 항공사들도 마찬가지였다. 그러나 이런 예약 시스템은 1970년대에 이르러서야 여행사와 손쉽게 전자적으로 연결되는 소프트웨어를 통해 진정한 전역 분배 시스템이 되었다. 1990년대에는 이런 시스템이 소수의 산업 컨소시엄으로 통합되고, 독자적인 GDS 대기업들은 갈수록 상장·분사·매각되면서 기존의 항공사 소유 체제가 소멸했다. 마지막 주요 조합14은 월드스팬Worldspan(1990년대에 델타, 노스웨스트, TWA가 결성했다)과 갈릴레오Galileo(원래 영국 항공British Airways이 이끄는 그룹이었는데 유나이티드 항공이 설립한 아폴로Apollo와 합병되었다)인데, 둘 다 사모펀드 손에 넘어가면서 2007년에 트래블포트Travelport로 합쳐졌다. 마지막 민간 항공사 소유 GDS이자 오랫동안 유럽에서 리더 자리를 지켜온 아마데우스Amadeus는 2010년에 상장되었다. 아마데우스, 세이버, 트래블포트는 진정한 글로벌 GDS 경쟁 업체로 남아 있다.

거의 50년 전에 이런 GDS 플랫폼이 항공권 가격과 이용 가능한 좌석을 여행사와 연결하기 시작하자, 기업들은 고전적인 양면 네트워크 효과를 나타내기 시작했다. 항공사에서 얻을 수 있는 관련 콘텐츠가 많을수록 더 많은 여행사가 항공사와 연결되려고 할 것이다. 플랫폼에 연결된 여행사가 많을수록 항공사들은 이런 심층적인 유통 소스를 활용하고 싶어 할 것이다.

항공업계의 경제적 이익은 항공사가 GDS에 지급하고 GDS가 여행사와 공유하는 예약받은 항공편 구간당 수수료를 기반으로 한다. 이 수수료는 평균 5달러 선으로 유지되었지만, 수수료 액수와 분할 방식은 관계의 상대적 협상력에 따라 크게 달라졌다.[15] 따라서 대형 항공사의 경우, 또는 항공사가 고객을 직접 유치하기 쉬운 모국에서 구입한 구간의 경우에는 수수료가 더 저렴하다. 또 GDS는 여행사와 수수료를 균등하게 나누는 것이 일반적이지만, 소규모 여행사는 수수료를 훨씬 적게 받고 대형 여행사는 훨씬 많이 받았다.

대량 할인을 제외하면, 가장 큰 여행사들만 여러 개의 GDS 제공 업체를 '멀티 홈'으로 이용했다. GDS마다 가입비를 따로 내야 하고, 여러 개의 시스템을 설치·유지·교육해야 하는 부담 때문에 하나 이상의 시스템을 지원하는 것이 비경제적이었기 때문이다. 그러나 단점은, 특히 전환 비용이 만만치 않다는 것을 고려할 때, GDS가 수수료 인하를 결정하는 데 유리한 위치에 있다는 것이다. 이와 대조적으로 규모가 가장 큰 글로벌 항공사들은 대부분 멀티 홈을 이용해서 자신들의 콘텐츠를 세 개의 GDS에 모두 보여준다. 처음 시작할 때는 이렇지 않았지만 소송과 규제, 소유권 변경, 경쟁적 움직임의 결과 수십 년간 이 상태로 유지되고 있다. 그리고 주요 항공사들이 멀티 홈을 이용한다는 바로 그 사실 때문에 대부분의 여행사는 멀티 홈을 쓰지 않는다. 협상 가능성이 있기는 해도 그 과정에서 얻는 부가적인 이득이 거의 없기 때문이다.

GDS 업체들은 엄격한 경영 체제 덕분에 실적이 좋은 해에는 항공 업계 이익의 10퍼센트를 손에 넣을 수 있었고 실적이 좋지 않을 때도 잘 버텼으며, 대부분의 여행사들에 비싸지만 없어서는 안 될 파트너 역할을 해왔다. 이들은 장기 계약을 체결하기 때문에 여행 감소는 물론 순익에 타격을 주겠지만, 유가 급등이나 직원들의 단체 행동, 주가 폭락, 규제 문제, 그리고 조직적으로 항공사들을 괴롭히는 홍보 악몽에 대해서는 대부분 면역이 되어 있다. GDS의 이런 중단 없는 호실적 때문에 항공사와 여행사들은 다양한 불만을 품게 되었다.[16] 곧 살펴보겠지만, 이 불만들 가운데 상당수는 꽤 타당했다.

그러나 오랫동안 유지된 이런 산업 균형이 시간이 지나면서 구성원들에게 제대로 기여하지 못했다고 주장하기는 어렵다. 항공사는 GDS가 집결시킨 여행사에 모두 접근할 수 있기 때문에 자체적인 마케팅 및 유통 네트워크를 구축해서 이런 상황을 복제할 필요가 없다. 심지어 멀리 떨어진 곳에 있는 작은 여행사들도 도심에 있는 큰 여행사와 똑같이 고객들에게 이용 가능한 글로벌 항공편을 금방 보여줄 수 있다. 제2차 세계대전 종전 이후 전 세계 여행의 기하급수적인 성장을 뒷받침해온 이 전자 인프라는 경제 전반의 핵심 동력이었다.

이 전자적 네트워크 효과 기반 플랫폼의 수익성이 매우 높은 안정적인 상태는 소비자와 기업이 인터넷을 널리 받아들이기 전부터 존재했다. 그렇다면 최고의 혁신 기술 도입이 이런 편안한 과점에 어떤 영향을 미쳤을까? 우리 생각보다 영향은 적다.

인터넷은 모든 것을 바꿨지만 아무것도 바뀌지 않았다

인터넷의 출현과 기술 발전은 대개 GDS가 지배하는 기존 질서에 세 가지 위협을 제기한다. GDS 산업이 이런 실질적인 구조적 문제에 직면해서도 번창할 수 있는 능력은 경쟁 우위의 특성과 회복력을 보여준다.

위협 1. 항공사가 여행객과 직접 거래한다

인터넷은 항공사들이 여행객과 직접 소통하고 거래할 수 있는 새롭고 효율적인 수단을 제공한다. 이 기술은 예전에는 제한되었던 대중과 직접 연결되는 채널을 획기적으로 향상해서 간접 채널(여행사)을 완전히 무력화한다. GDS의 근본적인 목적은 항공사와 간접 채널을 연결하는 네트워크를 제공하는 것이므로, 여행사를 무력화하는 기술은 이들도 무력화한다.

물론 개인 고객들에게는 예전에도 늘 항공사와 직접 연결되는 통로가 있었다. 전화를 걸거나 한때 전국 주요 도시의 부동산 가격이 가장 비싼 지역에서 흔히 볼 수 있었던 멋진 외관의 매표소를 방문하면 되었다. 고객 서비스 담당자와의 상호작용을 기다리지 않고 온라인으로 예약할 수 있을 때 항공사와 여행자가 얻게 되는 이점은 명확하다. 1994년에 전자 항공권이 출시되자마자 매표소 수가 감소하기 시작했다. 아메리칸 항공은 한때 미국에서 그런 매표소를 120개나 운영했다.[17] 하지만 지금은 세 개밖에 없는데, 전부 플로리다에 있다.[18] 그러나 항공권 매표소의 전성기에도 직접 판매되는 항공권은 전체 판매량의 겨우 20퍼센트 정도였다. 요새는 인터넷 덕분에 항공사들이 절반 이상의 항공권을 직접 판매한다.

위협 2. 온라인 여행사가 부상하다

인터넷 덕분에 여행객들이 다양한 여행 옵션을 비교한 뒤 직접 예약할 수 있는 수십 개의 온라인 여행사online travel agencies, OTA가 생겨났다. 마이크로소프트는 1996년에 익스피디아와 함께 최초이자 가장 오래 유지되고 있는 OTA[19]를 설립했다. 또 OTA가 확산되면서 스카이스캐너Skyscanner나 카약Kayak 같은 메타 검색 기업이 급증하여 다양한 OTA 상품을 비교할 수 있게 되었다.[20] 이런 발전은 더 이상 여행사에 의존하거나 여러 항공사 웹사이트를 돌아다니거나 매표소에 직접 찾아가야 하는 번거로운 과정을 거칠 필요가 없는 소비자들에게 완전히 새로운 수준의 가격 투명성을 제공했다.

온라인 여행사들은 사실 GDS나 항공사와 경쟁하는 것이 아니다. 그들은 오프라인 여행사와 경쟁한다. 하지만 OTA의 생태계 진입은 양쪽 모두에게 중요한 영향을 끼쳤다. 잠재적으로 상당한 수요를 끌어모은 OTA는 GDS가 유지해야 하는 항공사 수수료 중 자신들의 몫을 협상할 수 있는 능력이 생겼다. 그리고 항공사는 강화된 온라인 간접 채널보다는 온라인 직접 채널을 통해 기회를 포착하는 것을 선호한다. 그 결과로 적어도 처음에는 GDS와 항공사 모두 새로 등장한 OTA 부문에서 나름의 역할을 수행하려고 했다. 이를테면 세이버와 합작해서 트래블로시티Travelocity를 설립하고 미국의 오르비츠Orbitz와 유럽의 오포도Opodo 항공사가 구성한 컨소시엄을 통해 두 개의 주요 OTA가 설립되었다.

특히 오르비츠와 오포도는 GDS에 매각되었지만, GDS는 결국 제휴 OTA 지분을 모두 처분했다.[21] 그렇다면 처음에는 항공사와 GDS 모두 OTA 사업에 진출하는 것을 매우 좋은 아이디어로 여겼는데, 왜 결국 둘

다 빠져나갔을까? 그 답은 보이는 그대로다. 항공 여행에서 OTA 사업은 GDS나 항공사에 그다지 바람직하거나 전략적인 사업이 아니다.

그동안 수십 개의 경쟁 OTA가 시장에 진입할 수 있었던 것은 진입 장벽이 부족하다는 것을 보여주는 가장 좋은 지표다. 물론 그중 일부는 비즈니스 모델이나 시장 포지셔닝을 통해 어떻게든 스스로를 차별화했지만, 결국 이들은 모두 동일한 GDS에 의존해 거의 동일한 콘텐츠를 제공했다. 그리고 OTA 수가 증가함에 따라 다들 같은 여행객을 끌어들이려고 애쓰는 바람에 마케팅 비용이 크게 늘어났다. 소비자 브랜드를 구축하고 유지하기 위해 필요한 상당한 오프라인 투자 외에도, 이 기업들은 대부분의 소비자 여정에서 관문 역할을 하는 구글에서 상대적으로 유리한 위치를 확보하기 위해 상당한 자원을 투입해야 했다.

효과적인 검색 엔진 최적화(유기적 검색 결과에서 제품이 나타나는 위치 결정)와 검색 엔진 마케팅(유료 광고를 통한 검색 가시성 향상. 유료광고는 보통 클릭당 광고료를 지급한다)의 필요성이 모든 소비자 제품 또는 서비스의 핵심적인 운영 원칙이 되었다. 검색 엔진 최적화와 마케팅 전략에서 특히 뛰어난 혁신을 발휘해야만 동종 업계에서 최고의 사업자가 될 수 있다. 그러나 문제는 이 기술이 지속 가능한 경쟁 우위를 나타내는 예가 거의 없다는 것이다. 그런 혁신은 결국 복제되고, 구글은 기업이 코드를 해독했다고 생각하는 순간 알고리즘을 바꾸는 것으로 악명이 높다. 선구적인 온라인 마케터가 설립한 허핑턴 포스트The Huffington Post와 버즈피드BuzzFeed는 둘 다 큰 성장을 이루었고 한동안 수익을 올렸으며, 뉴스 사이트들이 콘텐츠를 수익화하는 방식을 근본적으로 바꿨다. 하지만 다른 뉴스 사이트들이 모두 그들의 가장 효과적인 전략을 모방했기 때문에, 두 회사 모두 장기간 수익을 내지 못했고 성장이 정체되었다.

게다가 사용자를 유인하기 위한 필사적인 노력에 기꺼이 투자하려는 OTA의 의지 때문에 메타 검색 회사들까지 여기 합세하면서 OTA의 가용 마진이 더욱 줄어들었다. 2011년에 구글이 항공편 검색 기능을 강화하기 위해 메타 검색 회사인 ITA 소프트웨어ITA Software를 인수하자 메타 검색 채널의 중요성이 더욱 커졌다.[22] 이것은 OTA에 세 가지 부정적인 영향을 미친다. 첫째, 유기적인 트래픽을 획득하려는 노력을 방해한다. 둘째, 비유기적인 트래픽 획득 비용을 높인다. 셋째, 여행자가 OTA가 아닌 항공사 사이트를 직접 방문할 가능성을 높인다.

경쟁이 심화하면서 나타나는 이런 마케팅 비용 증가는 해당 분야를 통합하려는 구조적 동기를 유발했다. 전통적인 규모의 이점은 고정비용을 분산하고 가치 사슬 내에서 협상 영향력을 얻는 방식으로 실현된다. 그리고 곧 알게 되겠지만, 수십 개의 OTA가 해당 시장의 거의 90퍼센트를 차지하는 두 개의 대규모 업체로 통합되었다. 하지만 이 업체들이 규모의 경제를 통해 이익을 얻을 수 있다면, 왜 항공 여행과 관련해서는 괜찮은 사업이 되지 못하는 것일까?

앞서 말했듯이, 공급 측면의 규모는 경쟁 우위를 강화하지는 않고 제한된 혜택만 제공한다. 항공편 OTA가 이용 가능한 다른 중요한 수요 또는 공급 측면의 이점은 없다. 수요 측면에서는 고객들 대부분이 최대한 손쉽게 가장 좋은 조건의 항공편을 구하려고 할 뿐, 충성도는 거의 드러나지 않는다. 공급 측면에서 보면, 미리 정해진 일정 지점 간의 여행 상품을 최저가로 확보한다는 협소한 사용 사례는 빅데이터나 독점 기술을 활용해서 뛰어난 결과를 얻을 수 있는 기회를 제공하지 않는다.

그러나 OTA는 수요 측면의 규모가 공급 측면의 규모를 보완하는 네트워크 효과의 이점을 누린다. 그리고 항공 여행은 잠재적으로 강력한 네트워크 효과를 발휘하는 다대다 시장이다. OTA는 많은 항공사와 더 많은 여객기 승객을 연결할 수 있다. 문제는 네트워크 양쪽에서 OTA가 다른 네트워크, 즉 공급 측의 세 개 GDS 네트워크와 수요 측의 구글 및 메타 검색 네트워크에 의해 무력화된다는 것이다. OTA는 이들 사이에서 압박을 받을 수밖에 없다. 그리고 항공 여행 분야에서는 OTA가 누리는 공급 측 규모의 이점도 보기보다 그리 압도적이지 않다. 가장 큰 OTA 두 개가 점유율의 90퍼센트를 차지하고는 있지만, 이는 OTA 카테고리 내에서의 일이다. 이 카테고리는 여전히 오프라인 여행사 및 항공사들과 경쟁하면서 전 세계 항공사 예약의 25퍼센트를 차지할 뿐이다.[23] 항공사들이 이 카테고리에 마케팅 노력을 많이 투입함에 따라 직접 예약이 폭발적으로 증가했고, 밀레니얼 세대가 맞춤형 서비스의 즐거움을 깨닫기 시작하면서 몰락했던 오프라인 레저 여행사들의 상황이 호전되고 있다.[24]

그렇다면 직접 채널을 통한 중개 소멸이 폭발적으로 증가하고 OTA 통합으로 협상력이 강화된 것이 GDS의 경제성에 어떤 영향을 미칠까? 이는 수치만 봐도 알 수 있다. 주식을 공개한 마지막 GDS인 아마데우스의 지난 10년간(2010년의 IPO부터 코로나 팬데믹이 여행 업계 전체에 엄청난 충격을 가하기 직전인 2020년 초까지)의 실적을 살펴보자.

아마데우스는 업계에서 실적이 가장 뛰어난 회사였다. 장기적인 투자 전략과 파괴적인 가격 경쟁에 나서지 않겠다는 신호 덕분에, 원래는 가장 힘이 없는 GDS였지만 천천히 꾸준하게 점유율을 높여온 수혜자다. 그러나 가장 눈에 띄는 점은 이런 산업 구조의 변화 속에서도 GDS 3사가 얼마나 잘 버텨왔는가 하는 것이다. 이런 결과는 주로 이 부문 전체의 수익성의 원천과 GDS가 지닌 경쟁 우위의 폭과 강도를 통해 얻은 것이다.

좀 더 관대한 수수료 분할 때문에, OTA의 레저 항공편 예약을 통해 GDS가 얻는 수익은 오프라인 대리점 예약의 절반밖에 안 되는 것이 사실이다. 그러나 항공사들이 돈을 벌 수 있고 또 GDS가 필수적인 파트너 역할을 하는 분야가 있으니 바로 출장이다. 기업 시장은 주로 여행 관리 회사Travel Management Company, TMC(아메리칸 익스프레스 글로벌 비즈니스, BCD, CWT가 규모가 가장 크다)라고 부르는 오프라인 여행사에 의존하며, 직접 채널이나 OTA는 거의 이용하지 않는다. 게다가 TMC 부문은 통합이 덜 된 상태다. 상위 세 개 공급 업체가 시장을 대부분 점유하고 있지만, OTA 시장의

IPO 이후 아마데우스의 시장 실적

출처: S&P Capital IQ

익스피디아와 부킹보다는 점유율이 낮은 편이다.[25] 이런 대형 오프라인 여행사들은 자신들의 규모를 이용해서 소규모 여행사보다 더 좋은 조건으로 GDS와 계약을 맺고 있지만, 그래도 OTA에 비하면 이익을 고르게 나누는 편이며 시간이 지나도 비교적 안정적이다.

전반적인 항공 여행 증가세(GDP 성장률보다 항상 높다)와 이윤이 낮은 레저 여행 예약에서 벗어나는 추세를 더하면 항공사의 물량 손실과 OTA의 가격 압박을 상쇄하고도 남는다. 전 세계에서 GDS를 통해 항공 여행을 예약하는 비율이 원래는 절반 이상이었다가 2000년 이후에 30퍼센트 선으로 떨어졌다는 것을 감안하면 이는 더욱 놀라운 일이다.[26] 물론 신문도 구조적 이점의 강세 덕에 독자층이 감소하는 동안에도 수십 년간 전체 시장을 능가하는 실적을 올릴 수 있었다. 여기에서도 교훈을 얻을 수 있지만, 중요한 차이는 대부분의 GDS가 고객 기반에 대한 지식과 고유한 액세스 능력을 활용해서 적극적으로 새로운 소프트웨어 비즈니스를 구축했다는 것이다.

항공 여행 생태계에서 OTA 플랫폼에 대한 GDS 플랫폼의 구조적 우위는 상당하다. 업계 선두주자인 세 회사가 공급 측면에서 발휘하는 규모의 이점은 상당한 고정비용이 지배하는 비즈니스 모델로 뒷받침된다. 시장 양쪽에서 단일 기업이나 소규모 그룹의 지배력이 부족하고 플랫폼을 통해서만 소형 기업의 중요한 틈새시장에 쉽게 접근할 수 있을 때 네트워크 효과의 가치가 커진다.

OTA와 달리 GDS의 규모적 장점은 시장 양쪽에서의 강력한 고객 유지를 통해 강화된다. GDS는 업계 최초의 기업용 소프트웨어 회사로 시작했다는 것을 기억하자. 이 산업 분야는 장기 계약과 높은 전환 비용이 특징이다. 게다가 GDS는 나중에 여객 서비스 시스템 소프트웨어 애플리케이션(상품 가격 책정과 할당부터 자체 웹사이트 백엔드 관리에 이르기까지 모든 것을 처리하는)을 추가로 개발해서 항공사 작업 흐름에 더 깊이 관여하고 핵심적인 GDS 오퍼링의 콘텐츠 제공을 개선했다. 이 업계 전체의 리더인 아마데우스는 현재 매출의 40퍼센트 이상을 IT 솔루션에서 벌어들이고 있다. 예전부터 세력이 가장 약한 업체였던 트래블포트가 이런 흡인력 있는 애플리케이션 개발에 가장 느렸던 것은 우연이 아니다. 소프트웨어 고객이 아닌 여행사를 상대로 고객 구속력을 발휘하는 것은 더 간단하다. 이들 중 가장 큰 업체를 제외하면 재정적으로 단일한 공급원이 꼭 필요하고, GDS 제공 업체를 바꾸는 것은 상당한 비용과 사업 중단이 수반되는 중요한 작업이 될 것이다.

위협 3. 항공사가 직접 여행사를 찾는다

GDS의 경쟁 우위의 범위와 깊이는 그들의 비즈니스 모델에 가장 위험한 세 번째 위협을 통해 증명된다. 항공사들이 이윤이 적은 레저 고객들을 몰아내는 것도 물론 문제다. 그리고 항공사와 여행사는 가치 제안의 핵심에 도달하기 위해 직접 손을 잡고 GDS를 우회한다.

오랫동안 GDS의 비용과 기능성에 불만이 쌓이면서 새로운 시장 진입자가 늘고 현재의 질서를 뒤흔드는 대안이 마련되었다. 특히 미국에서는 항공사들이 통합되면서 GDS 가격 책정에 어느 정도 압력을 가하는 데 성공했다. 그러나 제안된 구조적 대안 가운데 제대로 관심을 끈 것은 하나도 없다. 지난 10년 동안 의미 있는 수준으로 채택된 다른 GDS는 중국 정부가 관리하는 트래블스카이TravelSky뿐인데, 이는 주로 중국 국내 여행에 한

정되어 있다.

과거에는 저가 항공사들이 GDS 플랫폼을 완전히 기피하고 직접 예약에만 의존했지만, 이들도 귀중한 비즈니스 여행자 채널에 접근하기 위해 이런 태도를 대부분 완화했다.[27] 유명 항공사가 기존 GDS 업체에 처음으로 정면 공격을 가한 사건은, 2015년에 루프트한자Lufthansa가 간접 채널을 통한 예약에 추가 요금을 부과하기 시작한 것이다.[28] 더욱 중요한 것은 업계 전체에 XML 기반의 새로운 통신 표준(NDC라고 불리는)[29]이 생기면서 항공사가 GDS를 우회해 여행사에 직접 콘텐츠를 배포할 수 있게 되자, 루프트한자가 직접 연결 라인을 설정해서 우대 요금과 이용 가능성을 알릴 수 있게 된 것이다.[30]

루프트한자는 이런 전략 때문에 GDS와의 계약을 변경해 예약 수수료를 낮추는 대신 모든 채널에 동등한 요금과 콘텐츠를 제공하기로 약속했다. 이 방법의 문제점은 GDS 수수료가 가장 낮은 현지 시장에서는 GDS 예약 물량 손실이 압도적으로 많이 발생했지만, 개정된 콘텐츠 계약 덕분에 글로벌 네트워크에서 이뤄지는 나머지 예약을 통해 얻는 수수료는 늘었다는 것이다. 많은 분석가들은 이런 변화가 GDS 수익성에 미치는 최종적인 영향이 "실제로 유익할 수 있다"고 결론을 내렸다.[31] 다른 항공사들도 GDS 인프라를 활용해서 직접 채널을 구축하려고 다양한 하이브리드 전략을 취했다.[32] 그러나 루프트한자처럼 극단적인 조치를 취한 회사는 하나도 없는데, 여기에는 다 그럴 만한 이유가 있다.

이 상황을 보면, 왜 루프트한자가 이렇게 공격적인 전략을 추구하면서 갈등을 증폭시켰는가 하는 의문이 든다.[33] 미심쩍은 경제적 이득과 여행사나 GDS 파트너(이들은 루프트한자의 행동에 대해 반독점 조사를 시작하라고 유럽연합에 압력을 가했다**34**)와의 관계에 미치는 영향을 고려하면 장점이 거의 없어 보이기 때문이다. 물론 GDS의 경쟁 해자가 너무 견고한 탓에 기술 현대화와 혁신이 느려졌다는 주장은 타당하다. 특히 차입금 비율이 매우 높은 거래를 통해 사모펀드 회사들이 GDS를 소유했던 기간에는 투자가 제한되었기 때문에 GDS 상품 로드맵이 발전하지 못했다. 이를 증명하듯이, 여전히 사모펀드 소유인 트래블포트는 코로나19 위기 때 구조조정을 해야 했고, 아마데우스에 점유율을 빼앗기는 속도도 빨라지는 것으로 보인다. 그러나 최근 이 기업들의 IT 솔루션 사업 성장이 증명하듯이, 형편없는 그린 스크린 기술과 전반적인 고객 무대응은 부당한 수준이다. 실제로 루프트한자가 그런 급진적인 방식을 취하게 만든 "주요 기폭제"는 GDS 제공 업체들의 결함이 아니라 "루프트한자의 자체적인 유통 전략 문제"라고 말하는 이들도 있다.**35**

그렇기는 해도 GDS 사례 연구의 교훈은 강력한 상호 강화 이점의 회복력에 관한 것만이 아니다. 시간과 기술, 산업 구조 변화는 가장 강력한 경쟁 우위까지 위협하므로 항상 경계해야 한다는 얘기다. 이런 경계는 공격적인 제품과 마케팅 투자를 통해 이점을 계속 강화하는 것만이 아니라 생태계에서 다른 이들과 매우 건설적으로 상호작용하는 방식과도 관련이 있다. 여기에는 시장을 과점한 업체들끼리 파괴적인 경쟁을 피하는 문화를 확립하는 것도 포함된다. 즉 각자가 지리적 강점을 가진 지역에서 다른 여행사의 고객을 '훔치려는' 시도를 법적으로 완벽하게 차단하는 것이다.

또 업스트림 파트너와 다운스트림 파트너들과의 거래도 똑같이 중요하다. GDS 부문처럼 경쟁 우위를 누리는 이들은 장기적인 미래를 내다보면서 그들의 지속적인 성공이 가치 사슬에 속한 다른 이들에게도 이익이 되도록 하면서 혜택을 공유해야 한다. 공격적인 가격 책정과 제한된 R&D를 결합하여 단기간에 최대한의 이익을 올리려는 전략은 장기적으로 위협이 된다. 실제로 NDC 구축이 결국 GDS 프랜차이즈를 전반적으로 약화한 것은 기술력 때문만이 아니라 그들의 행동 때문이기도 하다.[36] 불법 거래자들의 "펌프 앤드 덤프pump-and-dump(헐값에 매입한 주식을 허위 정보 등으로 폭등시킨 뒤 팔아치우는 것-옮긴이)" 책략[37]과 유사한 기풍을 지닌 일부 사모펀드 기업들의 짧은 투자 수평선이 때로는 장기적인 가치 파괴 행동을 조장한다.

시대착오와는 거리가 먼 GDS의 역사는 오래전에 자리를 잡은 전자 기반의 네트워크 효과 비즈니스가 인터넷 시대의 교란자들 앞에서도 살아남았을 뿐 아니라 더욱 번성하고 있는 다른 부문의 모습을 그대로 반영한다. 가맹점과 은행권을 연결하는 신용카드 네트워크는 이 현상을 훨씬 더 극적으로 보여주는 사례다. 항공사들이 GDS를 설립한 것처럼, 원래 신용카드 회사는 은행이 직접 만들어서 소유했다.

이 기업들은 독립한 뒤에도 선전했지만, 온라인 결제 산업이 탄생하면서 비자카드와 마스터카드가 금융기관의 중개에서 벗어날 것이라고 예상한 이들이 많았다. 초창기에 이 분야를 선도한 페이팔PayPal은 고객들이 신용카드 번호보다 은행 계좌 정보를 사용하도록 장려하여 이 기대를 실현하려 했다. 그러나 2016년에 페이팔은 기존의 신용카드 네트워크를 활용하지 않고 우회하려는 시도는 자사 성장을 크게 둔화시키고, 무엇보다 애플 페이나 안드로이드 페이 같은 발 빠른 추격자들에게 기회를 안겨준다는 것을 깨달았다.[38]

결과적으로 페이팔[39]과 더 광범위한 온라인 결제 부문의 성장은 신용카드 네트워크의 가치 상승을 가속하는 역할을 했다. 비자카드와 마스터카드의 주가는 지난 10년 동안 10배 이상 올랐다. 그리고 페이팔뿐 아니라 수십 개의 인터넷 유니콘 기업이 탄생하면서 새로운 온라인 결제 부문의 가치도 폭발적으로 증가했지만, 이 새로운 플랫폼 가운데 어느 것도 50년 이상 된 두 기성 기업의 가치에 근접하지 못했다. 사실 이 산업 부문을 다 합쳐도 비자와 마스터카드의 가치를 합친 것보다 더 작을 것이다.[40] 그래도 비자가 핀테크 혁신 기업인 플레이드[Plaid]를 53억 달러에 인수하려다가 법무부 때문에 좌절한 것을 보면, 이런 거대 기업들도 생태계 변화에 영향을 받지 않는 것은 아님을 알 수 있다.[41]

대규모 여행 분야로 돌아가 보면, 플랫폼 망상의 기반에 균열이 생겼음을 강조하는 또 다른 중요한 교훈이 있다. 상업용 항공 생태계에서 OTA와 GDS를 비교하는 것이 적절하지 않다는 것을 생각하면, 다음 장에서 '어떻게 프라이스라인이 1000억 달러의 가치를 지니게 되었는지'를 설명하겠다고 할 때 좀 놀라울 수 있다. 프라이스라인은 분명히 OTA이지만 GDS 산업 전체의 가치를 다 합쳐도 이 회사 가치의 절반에 불과하다(코로나 바이러스의 대유행으로 여행 산업이 황폐화되기 전, 주가가 최고조에 이르렀을 때). 항공 여행 분야에 대한 구조적 관찰에 비추어볼 때, 프라이스라인이 거둔 성공의 한 측면은 분명하다. 이 부문의 기원에도 불구하고, 회사가 거둔 성공은 항공 여행과 거의 관련이 없다.

우리가 이 장에서 배울 수 있는 것들

1. GDS 산업은 항공 여행 분야에서 유일하게 믿을 수 있는 실질적 수익을 창출해 왔다. 항공사들도 종종 자신들이 통제할 수 없는 요인 때문에 불안정한 결과를 얻은 적이 많다. 최근 항공사들이 통합되면서 일관된 결과를 얻는 경우가 많아졌지만, 코로나 팬데믹을 통해 입증된 것처럼 이 업계는 충격에 대한 내성이 거의 없다.

2. 인터넷보다 훨씬 먼저 등장한 전자식 네트워크인 GDS 산업은 공급 측의 규모와 고객 구속력을 강화하는 강력한 네트워크 효과 중심의 과점 산업이다.

3. 항공사들이 갈수록 소비자와 직접 연결되고 때로는 여행사와 직접적인 연결 채널을 만드는 탓에 GDS를 통한 여행 예약 비율이 급격히 감소했지만, GDS의 매출·수익·수익성은 계속해서 증가하고 있다. 이처럼 예상치 못한 결과는 네트워크 효과의 고유한 힘, 수익성 높은 기업 여행 시장에서의 필수 불가결성, 증분 부가가치 서비스를 제공할 수 있는 고유한 능력, 코로나19가 발생하기 전까지 중단 없이 성장한 항공 여행의 특성 등에서 비롯했다.

4. 다양한 경쟁 우위 원천의 뒷받침을 받는 비범한 프랜차이즈도 시간이 지나면서 위협과 압박을 받게 된다. GDS는 자신들의 구조적 이점을 활용하는 인접 사업을 구축하여 이런 문제를 해결했다. 잠재적인 프랜차이즈의 이익이 완전히 실현되어 공평하게 공유되고 있다는 인식은 기존 경쟁자를 무력화하거나 새로운 경쟁자를 부추길 동기를 감소시킨다. 이런 약점이 결국 GDS의 통치 기간을 단축시킬 수도 있지만, 가까운 시일 내에 그런 일이 일어날 것 같지는 않다.

11장

호텔,
1000억 달러 가치 창출의 비밀

"여행은 곧 삶이다!"[1]

부킹 홀딩스는 원래 1997년에 프라이스라인닷컴이라는 이름으로 시작되었다. 윌리엄 샤트너William Shatner가 출연한 광고로 유명해진 이 회사는 "원하는 가격을 정하세요"라는 역경매 기능을 갖추고 있다. 상장 후 거의 20년이 지난 2018년에야 이름을 바꿨지만, 처음에 구상한 사업 모델에 대한 의존도는 10년이 지나도록 미미했고, 창업자와의 관계는 그보다 오래전에 완전히 끊겼다.

항공 여행에 대한 프라이스라인의 압도적인 의존도도 사라졌다. 샤트너가 출연한 라디오 광고의 카피를 직접 쓴 설립자 제이 워커Jay Walker는 항공사들의 할인 항공권 제공을 유도하기 위해 회사 지분을 양도했다. 워커는 이 마케팅 전략이 "더없이 혁명적"이라고 주장하면서 앞으로 "세계 경제의 상당 부분"[2]이 역경매 메커니즘을 통해 이루어질 것이라고 장담했다. 1999년 3월에 진행된 회사 IPO 투자설명서에는 "레저용 항공권 판매가 기본적으로 회사 수익의 전부를 차지할 것"이라고 나와 있었다.[3] 적자를 내던 이 작은 회사는 시험적으로 자동차 판매, 주택 담보 대출, 호텔 객실 예약 같은 제품을 새롭게 출시했고 이런 카테고리를 훨씬 뛰어넘는 야망도 품고 있었다. 하지만 회사 공시를 읽은 잠재적 투자자들은 프라이스라인이 "당분간, 어쩌면 장기적으로도" 항공권 판매에 계속 의존할 것이라는 사실을 알고 있었다.[4]

프라이스라인을 기획한 워커는 디지털 시대에 어울리지 않는 전문가였다. 대학에서 노사 관계를 전공하다가 지역 신문을 창간하기 위해 대학을 휴학했지만, 결국 실패한 이 연속 창업가는 본격적으로 사업을 시작했다. 그리고 1994년에 워커 디지털Walker Digital이라는 싱크탱크를 설립하면서 아이디어 분야로 옮겨갔다. 대부분 성공하지 못한 그의 많은 사업에는 공통점이 있었는데, 바로 "저차원적인 기술과 교차 마케팅 방식에 기반을 두고 있다"[5]는 것이었다. 그가 프라이스라인을 설립하기 전에 거둔 유일한 재정적 성공은 신용카드 명세서와 기타 채널을 통해 잡지 구독권을 할인 판매하던 사업뿐이었다. 결국 시냅스Synapse라고 명명된 이 사업은 프라이스라인처럼 소비자 친화적인(평생에 한 번뿐인 기회!) 사업으로 입지를 다지는 한편, 미심쩍은 주장과 마케팅 기법(영구적으로 자동 갱신되는 구독)을 사용한다. 워커는 시냅스를 타임 주식회사에 매각했는데, 그 이후의 소유주들은 이 회사의 기만적인 관행과 관련된 집단 소송을 해결하기 위해 500만 달러를 지급해야 했다.[6]

워커는 프라이스라인에 매우 훌륭한 경영진을 끌어들였고, 이를 뒷받침할 블루칩 투자자와 당대 최고의 인터넷 리서치 분석가인 모건 스탠리의 메리 미커Mary Meeker의 후원까지 받았다. 프라이스라인의 재정 상태 등 여러 가지 위험 요소에도 불구하고, 이 벤처 사업의 추진력은 큰 기대를 끌었다.[7] 그리고 이들은 실망하지 않았다. IPO 당일의 주가는 개장가의 4배가 넘는 가격으로 마감되었고, 한 달 뒤에는 10배 이상 상승했다.

프라이스라인의 주가는 인터넷 거품이 최고조에 달한 2000년 3월 전에 초반의 급등세가 끝나고 하락하기 시작했다. 그러나 9월에 회사 실적이 예상을 크게 빗나가서 계획대로 손익분기점에 도달하지 못할 것 같다고 보고하기 전까지는 상황이 아주 크게 나빠지지는 않았다. 항공권 판매량 부족 때문에 해당 분기에 실제로 수익이 순차적으로 감소했다.[8] 그와 동시에 코네티컷주에서는 회사 관행과 관련해 소비자 사기 조사를 시작할 것이라고 발표했다.[9] 그로부터 불과 일주일 뒤, 워커는 프라이스라인의 '기술'을 라이선스해서 식료품과 휘발유를 판매하는 제휴 사업을 중단한다고 발표했다.[10] 지난해에 대대적인 축하를 받으면서 시작된 이 회사는[11] 수억 달러의 현금을 소비하고도 보여줄 만한 성과는 거의 얻지 못했다. 그다음 달에 대량 해고와 인정받는 CFO의 퇴사 발표가 나오자 한때 165달러까지 올랐던 주가가 사상 최저치인 4.28달러를 기록했다.

몇 주 후, 이 회사는 공시를 통해 워커가 역경매 아이디어를 도용했다고 주장하는 소송과 관련된 수수료와 소송 비용을 청구해야 한다고 밝혔다. 워커 디지털은 배상금을 지급했지만 프라이스라인은 워커가 이에 만족할 수 있을지 확신하지 못했다.[12] 워커가 회사를 그만두고 그해 말에 이사회에서 사임하자, 프라이스라인의 주가는 1달러 선까지 떨어졌다.[13] 그는 이 듬해 여름까지 잔여 지분을 대부분 매각하고 회사와 관계를 끊었다.[14]

소송은 워커가 초기에 벌인 투기적 사업의 특징이었다. 일례로 칼 아이컨Carl Icahn은 TWA를 경영하는 동안, 여행사에 부적절한 방식으로 쿠폰을 대량 판매한 것과 관련해 워커가 설립한 벤처 기업 하나를 고소했다. 아이컨은 워커에 대한 지속적인 반감 때문에 프라이스라인의 주식을 모두 공매도했기 때문에, 이 회사 주가 폭락으로 수혜를 본 몇 안 되는 승자 중 하나가 되었다.[15] 하지만 프라이스라인을 떠나 워커 디지털로 돌아온 뒤부터 소송은 워커의 여가 활동이 되었고, 아마존과 구글을 비롯해 100개가 넘는 회사를 대상으로 수십 건의 특허 소송을 제기했다.[16] 프라이스라인 설립 초기에는 "새로운 시대의 에디슨"[17]이라고 불리던 워커가 이제는 특허 괴물[18]이 된 것이다.

프라이스라인의 주가는 워커가 회사를 떠난 뒤에도 몇 년 동안 고집스럽게 한 자릿수에 머물렀다. 주가가 너무도 약세다 보니 상장이 폐지될 위기를 모면하기 위해 이 회사는 2003년에 1대 6의 주식병합까지 발표했다.[19] 9·11 사태로 운영 위기가 커졌지만, 이 과정에서 의도치 않게 한 가지 중요한 긍정적 결과를 얻었다. 회사의 중점 사업 분야가 항공 여행에서 호텔로 옮겨간 것이다. 호텔이 예약 서비스의 절반 이상을 차지하게 되자, 프라이스라인은 유명 호텔 그룹이 보유하고 있는 호텔 예약 네트워크인 트래블웹Travelweb의 지분을 인수했다. 2002년부터 2004년 사이에 주로 호텔 예약이 차지하는 비항공 부문 매출이 전체 매출의 3분의 1에서 3분의 2로 늘었다.

부킹닷컴의 탄생과 그 결과

2004년에 프라이스라인의 주가가 안정되자, 이 회사는 항공 여행과 별난 비즈니스 모델에 대한 의존도를 다각화했다. 초창기의 프라이스라인 같은 할인 채널을 통해 유통되는 여행 상품은 전체의 10퍼센트 미만이다. 여기에는 다양한 티켓 통합 판매 업체와 핫와이어Hotwire 같은 경쟁력 있는 인터넷 가격 입찰 서비스가 포함된다. 프라이스라인은 전통적인 온라인 소매 여행 부문에 진출하여 잠재적인 시장을 크게 확대했다.

그러나 프라이스라인은 이미 온라인 산업을 육성하기 시작한 3대 경쟁 업체에 비해 규모가 훨씬 작았다. 그중 가장 큰 회사인 IAC 트래블IAC Travel은 익스피디아뿐 아니라 핫와이어와 호텔스닷컴Hotels.com까지 소유하고 있었다. 틈새시장에서 벗어나 광범위한 여행 서비스 업체가 되겠다는 의지를 밝히는 것과, 훨씬 많은 자원을 보유한 여러 기성 기업들 앞에서 그런 반란을 실행하는 것은 별개의 문제다. 당시 IAC 트래블의 마케팅 예산은 5억 달러에 육박한 반면, 프라이스라인의 예산은 1억 달러를 훨씬 밑돌았다.

자국 시장의 이런 재정 수요를 고려한 프라이스라인은 예상되는 손실을 충당하기 위해 사모펀드 회사인 제너럴 애틀랜틱General Atlantic과 합작 투자를 해 유럽에서 사업을 시작했다. 문제는 유럽이나 다른 곳에서는 아무도 역경매에 대해 들어본 적이 없었기 때문에, 단순히 브랜드만 구축하는 것이 아니라 대중에게 새로운 구매 방식까지 교육하려면 자본이 압도적으로 많이 든다는 것이었다. 제너럴 애틀랜틱은 9·11 직후에 자금 지원을 중단했다. 이러한 유기적 노력의 실패 때문에 회사를 변화시킬 거래의 토대가 마련되었다.

2005년 3월 네덜란드의 호텔 사이트 부킹닷엔엘Booking.nl을 인수한 것은 부킹 홀딩스 역사상 중요한 사건이 아니었다. 오히려 극적인 반전이 가능해진 것은 그전 해 9월에 영국의 액티브 호텔Active Hotels이 진행한 대규모 거래 덕분이었다.[20] 액티브와 부킹은 동일한 비즈니스 모델과 상호 보완적인 업무 범위를 가지고 있었다. 이 회사들은 각 지역에서 가장 규모가 컸고(영국은 액티브, 유럽 대륙은 부킹), 비슷한 수의 호텔과 계약을 체결했는데 대부분 다른 방법으로는 쉽게 접근할 수 없는 소규모 독립 호텔이었다. 두 회사의 네트워크를 결합하여 영국 소비자에게는 새로운 대륙 옵션을 제공하고, 유럽 소비자에게는 새로운 영국 옵션을 제공하면 잠재적으로 수익이 늘어날 것이 분명했다. 그리고 더 다양한 피서객들에게 서비스를 제공하면 호텔의 매력이 증가하리란 것도 명백했다. 이런 결합의 타당성 때문에 두 회사는 프라이스라인이 접근하기 전부터 합병을 논의하게 되었다.

현재 부킹 홀딩스 CEO인 글렌 포겔Glenn Fogel은 당시 프라이스라인의 기업 발전을 담당하고 있었는데, 그는 액티브가 부킹닷엔엘을 인수한 것을 확인하고는 자기 회사의 런던 사무소를 폐쇄했다. 이 두 회사는 운영 부문을 통합하고 부킹닷컴으로 브랜드를 변경한 뒤, 유럽 이외 지역으로 사업을 확장했다. 두 거래의 가격은 총 3억 달러 미만이었다.

2005년에 두 개의 인수가 통합되자 이 거래가 회사 실적과 주식 실적에 미치는 영향이 빠르게 나타났다. 2006년과 2007년에 주가가 500퍼센트 상승했고, 이 기간에 매출과 이윤 폭이 동종 업계 기업들보다 훨씬 빠르게 증가했다. 프라이스라인은 2009년에 처음으로 익스피디아의 시가총액을 넘어섰고,[21] 2013년에는 총예약액도 앞섰다.[22] 이 기간에 회사는 앞선 두 거래보다 규모가 훨씬 큰 인수를 여러 차례 진행했지만, 후속 거래를 다 합쳐도 액티브와 부킹처럼 엄청난 영향력을 발휘하지는 못했다.

그 이후의 거래는 지리적 입지를 강화하거나(2007년에 아시아의 아고다 Agoda), 기술 역량을 키우거나(디지털 마케팅 역량을 키우기 위한 부티크Buuteeq, 자산 관리 소프트웨어를 위한 호텔 닌자Hotel Ninjas, 호텔 데이터 분석을 위한 프라이스매치Pricematch를 전부 2004년과 2005년에 인수), 논리적인 인접 분야를 늘리기(2010년에 자동차 렌털 업체인 트래블지그소TravelJigsaw, 2013년과 2017년에는 메타 검색을 위한 카약과 모몬도Momondo 인수) 위한 것이었다. 이 거래들은 대부분 크게 성공하지 못했지만, 다행히 수가 많지 않았고 거래액도 별로 크지 않았다(10억 달러 이상 들어간 것은 카약뿐이다). 안타깝게도 2014년에 이 회사에서 가장 큰 돈(25억 달러)을 들여 인수한 식당 예약 소프트웨어 플랫폼 오픈테이블OpenTable은 전략적으로 가장 미미한 성과를 거뒀다. 이 때문에 2016년에 9억 4100만 달러의 손상 차손이 발생했고, 2020년에 또 소규모 손상 차손이 발생했다.[23]

현재 이 회사는 여러 개의 주요 브랜드로 나뉘어 운영되고 있지만, 매출과 수익 대부분은 부킹닷컴과 관련이 있다. 프라이스라인 브랜드는 항공료와 렌터카 거래에 대한 역경매 입찰을 사실상 중단했고, 현재는 전형적인 미국 OTA로 운영되고 있는데 여기에서 이루어지는 예약은 대부분 호텔 예약이다.[24] 프라이스라인이 부킹 홀딩스로 이름을 바꾸기 전 해인 2017년 7월 26일에 이 회사의 시장가치는 1000억 달러를 넘어섰다.[25]

비슷한듯 전혀 다른 항공사와 호텔의 산업 구조

지금까지 부킹 홀딩스가 수익이 적은 미국 항공 여행 중심의 OTA에서 〈이코노미스트Economist〉가 인정한 "세계 최대의 온라인 여행사"로 변모하기까지 거쳐온 경로를 자세히 설명했다.[26] 하지만 부킹은 메타 검색과 가장 관련성 높은 소프트웨어 사업으로 다각화를 이루기는 했지만 여전히 OTA다. 이 하나의 회사가 GDS 업계 전체뿐 아니라 OTA 분야의 다른 상장 기업을 전부 합친 것보다 더 큰 규모로 성장할 수 있었던 것은 주로 호텔과 항공사의 차이라는 한 가지 요인 때문이다.

이 차이는 제품 자체의 성격 및 산업 구조와 관련이 있다.

OTA는 네트워크 효과를 발휘하지만, 9장에서 살펴본 것처럼 제품의 복잡성은 이런 효과의 영향을 결정하는 핵심 특성이다. 구매자가 구매 전에 고려해야 할 속성이 많을수록 공급 풀이 좀 더 다양해야만 네트워크 사업자가 괜찮은 서비스를 제공할 수 있다. 게다가 어느 정도 생존 가능한 수준에 도달하면, 공급이 증가했을 때 생기는 가치는 제품의 미묘한 차이가 얼마나 중요한지에 따라 비슷하게 좌우된다. 레저용 항공 여행에서는 편리함(초음속 여객기인 콩코드기가 없어진 뒤로는 출발 시간이나 연결 항공편을 갈아타는 시간은 달라도 모든 직항편의 소요 시간이 거의 비슷해졌다)과 비용이 다른 모든 고려 사항보다 중요하다. 물론 다들 풀 서비스 항공사와 저가 항공사의 범주 안에서 몇 가지 선호하는 것들이 있고, 자기가 두 그룹 사이의 전반적인 차이를 얼마나 중요하게 여기는지도 알고 있다. 하지만 이러한 고려 사항은 다른 비슷한 대안을 선택하는 데 영향을 미친다. 어떤 경우에든 대부분의 노선에는 선택지가 몇 개 되지 않기 때문에, 여행 OTA가 수백

개에 달하고 새로 설립하기도 쉽다.**27**

상품의 복잡성과 관련해 호텔은 완전히 다른 문제다. 로맨틱한 휴가를 위해 뉴욕을 방문했다고? 이 노선을 운항하는 항공사는 몇 개 안 될지도 모르지만, 일단 뉴욕에 도착하면 거의 700개에 달하는 호텔이 있고 그중 거의 500개는 맨해튼에 있다. 그리고 이 호텔들에는 10만 개 이상의 객실이 있는데, 전망이 좋은 방은 몇 되지 않는다. 이런 상황에서는 가격뿐 아니라 호텔이 있는 지역, 유형, 객실 특성, 개인적으로 중요한 편의 시설의 이용 가능성 등에 따라 선택이 좁혀지기 때문에 대안의 깊이가 정말 중요하다.

원래는 동일한 비즈니스 모델에서 제품 복잡성이 미치는 극적인 영향은 OTA를 넘어 다양한 산업에서 볼 수 있다. 예를 들어 세계 최대 금융 데이터 제공 업체인 로이터Reuters(이후 톰슨 로이터가 되었다가 지금은 레피니티브 Refinitiv다)와 블룸버그Bloomberg의 운명을 좌우하는 요인은 여러 가지가 있다. 그러나 블룸버그가 100년 먼저 설립되어 유리한 위치에 있던 로이터를 추월할 수 있었던 가장 중요한 요인은 블룸버그는 채권시장을 공략한 반면 로이터는 예전부터 외환 분야에 주력했다는 것이다. 현재 전 세계에 존재하는 화폐 종류는 200종 정도 되지만, 그중 단 10개가 전체 거래량의 99퍼센트를 차지한다. 반면 채무 증권의 종류는 수천 개에 달하는 상장 기업보다 훨씬 많다. 하나의 상장 기업(또는 비상장 기업이나 정부 기관)은 수십 가지 종류의 채무 증권을 발행할 수 있다. 발행된 채권 수가 주식 수보다 훨씬 많을 뿐 아니라 매입 권리 발생 기준일이나 보험료, 약정서, 제한 조건 변경에 이르기까지 재무적으로 관련된 조건의 수가 방대하다. 특히 이런 복잡성은 다양한 증권을 추적·관리·비교하기 위한 훌륭한 소프트웨

어와 분석 도구 개발에 도움이 된다.[28]

산업 구조로 돌아가서, 앞서 항공사 통합의 영향, 특히 미국에서 나타난 주목할 만한 영향에 대해 얘기했다.[29] 국제 항공사들도 최근 몇 년 동안 자유화와 새로운 경쟁자들의 출현을 겪으면서 통합을 시작했다.[30] 호텔 업계도 비슷한 통합 추세를 겪으면서 독립 호텔들은 완전히 매각되거나 마케팅 효과를 위해 유명 호텔 그룹과 제휴를 맺었다.[31] 그러나 항공사의 사례와 다르게, 독립 호텔은 여전히 엄청나게 많은 수가 남아 있다. 뉴욕시 호텔협회에 소속된 호텔 수는 국제항공운송협회에 소속된 전 세계 항공사보다 많다. 게다가 이것은 계속해서 진행 중인 파편화 수준을 실제보다 줄여서 말한 것이다. 거대 호텔 브랜드와 제휴한 호텔 중에는 여전히 중요한 독자적 의사결정 권한을 가진 별도의 소유주나 경영진(때로는 둘 다)이 있는 예가 많기 때문이다.

또 초기에 국내 기업용 소프트웨어 이니셔티브와 항공사 컨소시엄을 통해 GDS가 성장하게 된 항공 업계와 달리, 호텔은 그 다양성 때문에 예약 및 시설 관리, 고객 유치, 온라인 여행사 연결 등을 담당하는 다양한 소프트웨어 제공자가 국내외에 많이 생겼다. 이 마지막 기능을 '채널 관리자'라고 하는데 수십 개의 경쟁 옵션이 존재한다. 최적의 채널 관리자는 특정 호텔의 크기, 복잡성, 위치, 목표 시장뿐 아니라 통합해야 하는 다른 소프트웨어에 따라 달라진다. 이렇게 이질적인 소프트웨어 공급 업체와 파편화된 호텔 산업을 연결하는 것은 전체 객실 공급을 관리하는 GDS 같은 유틸리티를 구축하는 데 도움이 되지 않았으며, OTA가 귀중한 시장 역할을 할 수 있는 훨씬 큰 잠재적 기회를 남겨 두었다.

호텔 업계 역사에서 OTA를 무력화한 GDS와 가장 가까운 존재는

1989년에 17개 호텔 체인이 설립한 호텔 인더스트리 스위치 컴퍼니The Hotel Industry Switch COmpany, THISCO다. 하지만 GDS와의 차이점이 공통점보다 훨씬 크다. 최초의 GDS보다 수십 년 늦게 설립된 THISCO의 원동력은 호텔 체인 자체가 아니었다. 실제로 그들은 열띤 논쟁 끝에 마지못해 10만 달러를 기부했을 뿐이다. 오히려 주요 후원자는 루퍼트 머독으로, 그는 당시 여행사들이 전 세계 호텔을 설명하기 위해 사용하던 호텔 및 여행 인덱스를 비롯해 다수의 여행 관련 출판물을 소유하고 있었다.**32** 머독은 콘텐츠를 흥미로운 신기술(인터넷이 아니라 CD-ROM)로 이동시키려는 자신의 노력을 호텔 회사들이 지원해주기를 바랐다. 머독은 THISCO와 그 주력 제품인 울트라스위치를 당시 아직 일곱 개이던 GDS와 다양한 호텔 예약 시스템 사이에 인터페이스를 구축해서 CD-ROM을 판매하기 위한 접점으로 여겼다.**33**

THISCO가 탄생한 뒤 30년 동안 이 사업은 이름과 소유권 변화를 수없이 겪었고, 상장되었다가 다시 사기업으로 돌아갔으며, 상황을 호전시키려는 수많은 사모펀드 회사 사이를 오가게 되었다. 그러나 매달 수십억 건의 거래가 여전히 '스위치'를 거쳐가고 있음에도 불구하고, 저렴한 대체 경로가 워낙 많다 보니 이 사업은 항상 매출과 수익성을 유지하기 위해 고군분투할 것이다. 최근에 DHISCO로 이름이 바뀐 이 회사는(그사이에는 페가수스Pegasus라는 단어가 포함된 여러 가지 이름으로 불렸다) 1000만 달러 정도의 가격으로 다른 사모펀드 회사에 매각되었다.**34**

GDS가 항공사와의 역사적 위치를 통해 수십만 개의 여행사와 관계를 맺은 것을 고려하면, 호텔 생태계에서도 항공사 생태계와 동일한 가치를 얻을 수 있을 거라고 추정할지도 모른다. 확실히 그들은 모두 호텔 업계로 서비스를 확대했다. 그러나 엑스트라넷, API, DSP, 새로 부상한 솔루션[35]의 복잡한 거미줄을 통해 이용 가능한 수많은 대체 채널은 가격이 저렴하고 GDS 매출도 어느 정도 유지할 수 있게 해준다.[36]

더 중요한 것은, 호텔 시장과 유통 채널 시장이 상대적으로 파편화되어 있기 때문에 여행사들이 훨씬 높은 수수료 중에서 훨씬 많은 부분을 차지할 수 있다는 것이다. 항공사가 비행 요금당 5달러 정도의 정액 수수료를 부과하면 GDS는 가장 큰 여행사를 제외한 모든 여행사로부터 최소 절반 이상을 받을 수 있는 반면, 호텔은 대개 여행사에 15~30퍼센트의 수수료를 지급하고, GDS는 유통 인프라를 사용하게 해준 대가로 그중 일부를 받는다. 사실 GDS가 IT 서비스 사업 구축을 위해 접객 예약 시스템을 확보하는 데 주력하는 것은 오랫동안 항공사를 상대로 누려온 필수 불가결성을 호텔 쪽에서도 확립하기 위한 노력의 일환이다.

OTA에 나쁜 소식은 가장 큰 호텔 체인들이 수수료율을 10퍼센트 가까운 수준으로 유지한다는 것이다. 하지만 사실 이런 호텔 브랜드 예약 가운데 OTA를 통해 이루어지는 것은 상대적으로 적고(항공사처럼 그들도 갈수록 직접 예약을 받는 데 치중하고 있다), OTA의 호텔 예약 중 일부만 이들 체인과 연계되어 있다.[37] 좋은 소식은 상위 다섯 개 호텔 브랜드가 미국 호텔 객실의 절반 정도만 점유하고 있고(항공사의 경우 상위 네 개 항공사가 시장의 3분의 2를 점유한다), 전 세계적으로는 그보다 훨씬 적다는 것이다.

호텔 자체와 이들을 여행사와 연결하는 네트워크의 파편화가 심해지자, 갈수록 지배력이 커지는 OTA 두 개가 숙박 생태계의 가치에서 점점 큰 부분을 차지하게 되었다. 호텔과 OTA 사이에 신뢰할 수 있는 규모의 중개자가 없는 상황에서, 이들은 다양한 구조적 이점을 지닌 진정한 다대다 시장을 통해 이익을 누릴 수 있었다. 모건 스탠리 분석가들은 익스피디아와 부킹 홀딩스가 2016년까지 10년 사이에, 5대 호텔 브랜드 시가총액의 4분의 1 규모에서 2배 규모로 성장했다고 지적했다.[38]

당연한 일이지만, 이것은 항공사의 상대적인 영향력을 질투하는 가장 큰 호텔 브랜드들에 좌절의 원인이 되었다. 그들은 대대적인 마케팅 캠페인과 대폭적인 할인, 고객 보상 프로그램 홍보를 통해 직접 채널을 구축하려고 적극 노력하고 있는데, 이는 전부 타당한 행동이다. 그러면서 한편으로는 OTA와 메타 검색 경쟁자를 만들려는 시도를 반복했는데, 이는 어리석은 짓이다. 호텔 업계에서 프라이스라인이 처음 시도한 대형 인수는 2900만 달러를 주고 다 죽어가는 트래블웹을 매입한 것이었다. 트래블웹은 2002년에 업계에서 OTA에 대항할 영향력을 확보하려고 애썼지만 실패했다.[39] 프라이스라인은 이 벤처의 투자자였다(2004년에 알려진 2900만 달러의 인수 가격에는 원래 투자했던 800만 달러도 포함되어 있다).[40] 그리고 파트너들이 트래블웹을 신뢰할 수 있는 업체로 만들기 위해 필요한 마케팅 투자를 거부하자, 프라이스라인은 이것이 항공사와 역경매 모델에서 빨리 벗어날 수 있는 방법이라고 생각했다. 따라서 아이러니하게도 호텔들은 가장 비싼 수수료를 내야 하는 짜증 나는 객실 수요의 원천을 강화하는 과정에서 중요한 역할을 했다.

10년 뒤, 유명 호텔 그룹들은 이번에는 프라이스라인 없이 다시 시도했다.[41] 이들의 아이디어는 메타 검색의 장점과 직접 예약의 이점을 결합한 포털을 만드는 것이었다.[42] 새로운 소비자 대상 사이트인 룸 키Room Key는 자체적인 마케팅 예산도 없이 자신들의 지위를 유지하기 위해 수십억 달러를 마케팅에 투자하는 부킹과 익스피디아를 공격했다. 룸 키 방문자들은 호텔의 자체 웹사이트에서 이용할 수 있는 것과 동일한 수준의 요금만 내면 되는 혜택을 누릴 수 있지만(충성 회원인 경우), 이 서비스는 기존의 OTA나 메타 검색 경쟁사가 제공하는 다양한 옵션과 사용 편의성이 부족하다. 베스트 웨스턴Best Western의 CEO인 데이비드 콩David Kong은 "우리는 기본적으로 같은 실수를 반복했다"고 인정했다.[43]

룸 키와 전임자들의 가장 큰 문제는 경영이 아니었다. 다들 매우 신뢰할 수 있는 업계 CEO를 영입했기 때문이다. 기본적인 문제는 산업 구조에 있다. 호텔 산업의 상대적 파편화와 OTA 산업의 상대적 통합은 재정적으로 합리적인 기반 위에서 매력적인 상품을 만드는 것이 불가능하다는 것을 시사한다. 〈하버드 비즈니스 리뷰〉는 호텔 업계의 자원을 직접 채널이나 타사 채널에 대한 마케팅 지출을 최적화하는 데 쓰지 않고 "제3의 길"을 구축하려고 하는 잘못된 특성을 강조한 각색된 사례 연구를 발표했다.[44]

부킹이 익스피디아보다 훨씬 가치가 높은 이유

앞서 프라이스라인이 2009년과 2013년에 각각 시장가치와 총예약 건수 면에서 익스피디아를 앞질렀다고 말했다. 그러나 익스피디아는 2015년에 트래블로시티, 오비츠, 홈어웨이HomeAway를 각각 2억 8000만 달러, 16억 달러, 39억 달러에 인수하면서 최대 규모의 OTA 자리를 되찾았다.[45] 하지만 경쟁사의 시가총액은 다시 넘어서지 못했다. 서로 매우 닮은 두 기업(전 세계적으로 거의 동일한 범주에서 사업을 운영하고, 현재 예약 건수가 거의 같다)

이지만 지난 10년 동안의 실적 차이는 현저하다. 익스피디아의 주식 가치를 영구적으로 추월한 2009년 말부터 코로나19가 모든 여행 관련 주식을 초토화하기 직전인 2019년 말까지, 부킹 홀딩스의 주가는 거의 10배 가까이 올랐다. 이는 전체 시장 성장률의 2배가 넘는 수치다. 그에 비해 익스피디아는 실제로 이 기간 동안 시장에서 뒤처졌다.[46]

이런 극적인 가치 차이는 여러 요인에 의해 발생한다. 가장 높은 수준에서는 제품 조합의 미묘한 차이가 결합되어 결과에 큰 영향을 미칠 수 있다. 그래서 익스피디아는 비행기 여행이 전체 예약에서 차지하는 부분이 작기는 하지만, 그래도 부킹에 비해 전체 사업 대비 비중이 높은 것은 놀

익스피디아 그룹과 부킹 홀딩스의 시장 실적(2009~2019년)

출처: S&P Capital IQ

라운 일이 아니다. 두 회사 모두 전체 예약 건수는 비슷하지만, 부킹 홀딩스는 객실 숙박 예약이 경쟁사보다 2배나 많고 익스피디아는 이윤이 적은 항공권 예약에 더 의존하고 있는 것으로 나타났다. 익스피디아는 항공과 호텔 산업이 가장 집중된 시장인 미국에서 훨씬 많은 수익을 창출하고 있다. OTA가 협상할 수 있는 수수료율 규모는 산업 집중도가 커질수록 감소하는 경향이 있다.

이 기업들이 성장한 방식과 관련된 다른 두 가지 측면도 각 기업의 가치 평가에 의미 있는 역할을 했다.

첫째, 두 회사 모두 다른 기업을 많이 인수했지만 익스피디아는 성장을 위해 기업 인수에 훨씬 많이 의존했다. 반면 몇 가지 예외를 제외하면, 부킹은 인수 규모가 더 작고 내부적으로 구축 가능한 새로운 사업 카테고리나 지리, 기능의 거점이 되도록 계획되었다. 익스피디아의 거래 중 상당수는 대규모 트래픽을 통합하기 위한 활동이었다. 인수할 때도 흥정은 가능하지만, 익스피디아의 대규모 거래가 대부분 그랬듯 경매 프로세스 경쟁이 치열한 분야에서는 잠재적으로 창출된 가치 대부분이 판매자에게 돌아가고, 성공적인 통합을 이뤄야 하는 위험은 여전히 구매자에게 남아 있다.

두 회사 모두 여행 관련 서비스 포트폴리오를 대표하는 기업이지만, 익스피디아는 비유기적인 거래에 대한 의존도가 높은 탓에 소비자 대면 브랜드가 더 다양하게 확산되었다. 결과적으로, 관리하고 마케팅해야 하는 개별 브랜드가 늘어나고 수익 대부분을 창출할 주력 상품은 부족해지면서 잠재적인 운영 효율성에 영향을 미치게 된다. 부킹 홀딩스는 여섯 개의 주요 브랜드를 중심으로 구성되어 있고, 그중에서도 부킹닷컴이 압도적 다수를 차지한다. 반면 익스피디아는 20개가 넘는 브랜드를 보유하고 있지만, 그 가운데 매출의 대부분을 차지하는 브랜드는 하나도 없다. 부킹이 핵심 브랜드를 이용해, 익스피디아가 39억 달러에 홈어웨이를 인수하면서 같이 매입한 숙박 브랜드 포트폴리오(그중에서 비르보^{Vrbo}가 가장 크다)보다 훨씬 규모가 큰 사업을 유기적으로 구축할 수 있었던 것은 부킹 모델이 지닌 힘을 나타낸다.[47]

그러나 두 사업 사이의 미묘하지만 똑같이 주목할 만한 차이는 호텔 객실을 판매하는 방법인데 한쪽은 판매자 모델, 다른 쪽은 대리점 모델을 이용한다. 미국이 온라인 여행을 장악하던 초기에는 OTA가 호텔들과 협상해 대폭 할인된 요금으로 객실을 확보한 다음 받을 수 있는 만큼의 가격에 이를 판매하는 방식이 통했다. OTA는 투숙객이 숙박을 마칠 때까지 돈을 가지고 있다가 그 시점에 정가를 호텔로 송금한다. 이때는 기록상 OTA가 판매자이기 때문에 판매자 모델이라고 한다. 대리점 모델에서는 숙박하기 전까지는 실제로 요금을 치르지 않는 숙박객과 호텔 사이의 예약을 OTA가 용이하게 해준다. 호텔은 가격을 책정하고 숙박이 완료되면 수수료를 송금한다.

추상적인 측면에서 어떤 모델이 "더 나은지"에 대해 활발한 논쟁이 항상 있었다.[48] 대리점 모델은 공급을 한데 모으는 진정한 "자산 경량화" 방식이기 때문에 마진이 더 높다. 반면 판매자 모델은 현금을 빨리 확보할 수 있고, 더 중요하게는 수요가 많은 시기에 매우 가치 있는 객실 재고를 통제할 수 있다.

그러나 역사적인 맥락에서 가장 관련성 높은 문제는 초창기에 대리점 모델을 사용해서 호텔, 특히 규모가 작은 롱테일 호텔과 계약을 체결하기가 얼마나 쉬웠는가 하는 것이다. 대리점 모델은 수수료만 합의하면 되지만, 판매자 거래는 정가와 이용 가능한 재고 등 더 자세한 계약 내용을 협상해야 한다. 네트워크 효과가 특징인 사업 분야에서 규모를 빠르게 구축하려면 속도가 매우 중요하다. 액티브와 부킹이 사업을 시작한 유럽에서는 소비자(OTA에 자신의 신용카드 정보를 제공하는 것을 여전히 꺼리던)와 호텔 모두 예약하면서 바로 결제를 하는 데 익숙하지 않았다. 따라서 두 회사 모두 각자의 지역에 있는 독립 호텔을 차지하기 위해 경쟁했기 때문에, 부킹은 익스피디아처럼 판매자 모델을 '우수한' 방식으로 여기며 고수하던 회사들에 비해 상당히 유리한 위치에 있었다.

익스피디아는 액티브와 부킹을 둘 다 살펴보기는 했지만, 전 CEO인 다라 코즈로샤히Dara Khosrowshahi가 인정했듯이 "우리는 판매자 모델에 집착했기" 때문에 인수를 시도하지 않았다.[49] 특히 이 회사는 여행자들의 돈을 보관해두거나 객실 요금을 더 올릴 수 있는 매력적인 영업 자본의 특성을 통해 이익을 얻는 데 익숙해졌다. 익스피디아가 자신들의 실수를 깨닫고 2008년에 유럽에 있는 다른 대리점 기반의 OTA(이탈리아의 베네레Venere)를 매입했을 때, 부킹은 유럽과 주로 대리점 모델을 사용하는 다른 나라에서 상대적 규모의 우위를 확고히 다지고 있었다.

호텔들은 대부분 멀티 홈을 이용하지만, 규모가 작은 독립 호텔은 꾸준히 트래픽을 전달해주는 업체를 고수할 가능성이 더 크다. 이들은 또 아웃소싱 지원을 필요로 할 가능성도 가장 높다. 부킹은 호텔 경영자의 경영 및 마케팅 요구를 지원하는 중요한 비즈니스를 구축해왔다. 이런 독자적인 B2B 기업은 핵심적인 소비자 예약 플랫폼의 고정성을 강화하는 동시에 광범위한 호텔 고객의 발자취를 활용한다.[50]

오늘날 익스피디아와 부킹 홀딩스는 다양한 시장과 제품에 대해 판매자 모델과 대리점 모델을 혼합해 사용하고 있다.[51] 그리고 아마존이 소매용 제품과 마켓플레이스 제품을 조합한 독특한 제품 범위 덕분에 자동차 부품 분야에서 성공한 것처럼, 부킹과 익스피디아가 경쟁사에 비해 가지고 있는 기본적인 이점은 '판매자' 기반이든 '대리점' 기반이든 상관없이 사이트 방문객의 요구에 맞는 옵션을 제공할 가능성이 더 크다는 것이다. 그러나 각 회사의 역사가 남긴 유산 덕분에 부킹은 대리점 모델이 여전히 우세한 미국 이외 지역의 대부분 시장에서도 상당한 점유율 우위를 유지할 수 있다. 이 시장들의 호텔 산업은 미국보다 훨씬 세분화되어 있어서 더 좋은 조건으로 더 높은 수익을 올릴 수 있다. 이렇듯 부킹은 소규모 호텔과 독립 호텔, 그리고 호텔 파편화가 더 심한 지역에서 상대적으로 강점이 있기 때문에 일반적으로 더 좋은 재정적 결과를 얻는다. 반면, 익스피디아는 규모가 큰 체인 호텔 예약에 대한 노출이 2배 이상 많기 때문에[52] 간접 채널을 통해 가장 큰 영향력을 발휘할 수 있다.

이들의 상대적인 위치에 관계없이, OTA 부문과 이 두 회사가 호텔 업계에서 차지하는 지배적 위치[53]는 GDS가 항공 부문에서 차지하는 위치와 비슷하다는 것을 확실히 알 수 있다. GDS와는 달리, 인터넷이 생긴 덕분에 존재하게 된 것이 분명한 이 회사들은 플랫폼 망상이 예측한 산업 구조나 역학과 거의 일치한다. 이 이야기의 유일한 문제점은 부킹이 익스피디아를 크게 앞질렀는데도 최고의 디지털 여행사 지위를 확보하지 못했다는 것이다.

구글, 트립어드바이저에게도 한계는 있다

부킹 홀딩스는 수요와 공급 측면의 규모를 통해 이익을 얻는 강력한 프랜차이즈를 구축했고, 고객을 유치하고 관리하는 이들의 마케팅 능력과 다양한 소프트웨어 도구에 의존하는 호텔들의 고객 구속력을 통해 역량을 강화하고 있다. 그러나 GDS 산업 전체와 모든 OTA 경쟁자들을 합친 것보다 규모가 큰 부킹도 여행 산업의 가치 사슬 블록에서 가장 큰 기업은 아니라는 사실이 밝혀졌다. 그 자리를 차지하고 있는 것은 우리의 오랜 친구 구글이다. 아마존은 이 방대한 경제 분야에서 이렇다 할 역할을 하지 못한 반면, 여행의 꿈이 시작되는 지점의 꼭대기에 자리를 잡은 구글은 그 부러운 위치를 이용해 시간이 갈수록 점점 더 큰 몫을 차지하게 되었다.

구글이 가치 사슬을 따라 올라가서 OTA를 직접 공격하는 조치를 취하지 않은 것은 두 가지 이유 때문이다. 첫째, 황금 알을 낳는 거위를 죽이기 전에는 반드시 두 번 생각해봐야 한다. 부킹과 익스피디아는 2019년에 각각 50억 달러의 마케팅 비용을 지출했는데, 그 대부분이 구글로 들어갔다.[54] 둘째, 더 중요한 것은 인터넷에서 여행사를 운영하려면 고객 서비스를 비롯해 다양한 기능을 수행해야 하는데, 이는 구글의 사업 분야가 아니다. 구글의 전체적인 사업 모델은 관리형 서비스가 아니라 확장 가능한 기술을 활용하는 데 기반을 두고 있다. 하지만 그렇다고 해서 구글이 자신들의 핵심 역량에 도움이 되는 OTA 사업 부문을 잠식하는 것을 달가워하지 않는다는 뜻은 아니다.[55] 그리고 OTA는 구글 검색 알고리즘의 사소한 변화에도 여전히 취약하다. 익스피디아는 이런 변화 때문에 하루 만에 시장 가치가 25퍼센트나 하락해서 분기별 수익이 적자가 났다고 책임을 돌린

적이 있다.[56]

실제로 여행 메타 검색 사례가 보여주는 것처럼, 구글은 이 비즈니스 모델이 자사 모델과 동기화되어 고객들과 정면으로 경쟁을 벌이는 것을 좋아한다. 구글의 여행 부문 매출은 대부분 애드워즈AdWords 프랜차이즈에서 발생한다. 그러나 ITA 인수를 통해 메타 검색 부문에 전념함으로써 전체 광고 파이를 더 많이 가져갈 수 있는 기회가 생긴 것은 정말 유혹적이다. 다음에 나올 트립어드바이저의 슬픈 이야기에서 밝혀지겠지만, 구글이 여러분의 사업을 표적으로 삼는다면 정말 두려워지는 것이 당연하다.

메타 검색 초창기에는 이 카테고리의 직관적인 매력에 많은 자본이 몰렸다. 한편에서는 이러한 투자의 도취감이 불가피한 사용량 증가를 바탕으로 정당화되는 듯했다. 현재 여행객의 4분의 3이 메타 검색 엔진을 사용하고 있는 것으로 추정된다.[57] 게다가 일부 선도자들은 브랜드 캠페인을 보완하기 위해 영리한 전략들을 개발했다. 하지만 소수의 지배적인 OTA 와 구글 사이에 있는 것은 아무래도 구조적으로 위태로워 보인다. 또 기능적인 메타 검색 엔진을 개발하는 데 필요한 고정비용이 비교적 적다는 것은 잠재적인 경쟁자가 많고 손익분기점 시장점유율은 낮다는 것을 의미한다.

금세 붐비게 된 이 공간에서도[58] 트립어드바이저는 비즈니스 모델의 본질적인 힘과 독창성 덕분에 두각을 나타냈다. 2000년에 설립된 이 회사는 2011년에 상장될 때까지 5000만 건이 넘는 리뷰를 자랑했고, 잠재 여행객들에게 없어서는 안 될 콘텐츠 사이트로 자리매김했다. 여행자는 자신이 묵고자 하는 숙박 시설의 최근 리뷰를 원하고, 리뷰 작성자는 최대한 많은 청중과 경험을 공유하기를 원하는 상황에서 이 사이트에 몰린 압도적인 트래픽은 해당 사업 모델의 네트워크 효과를 증명한다. 2018년에 〈가디언〉은 다음과 같이 언급했다. "검색 분야에 구글, 서적에 아마존, 택시에 우버가 있듯이, 여행 분야에는 트립어드바이저가 있다. 이 회사의 영향력은 매우 지배적이라서 거의 시장을 독점한 상태다."[59]

그러나 리뷰 작성자나 여행자 모두 플랫폼에 참여할 수 있는 특권을 얻기 위해 돈을 쓰지는 않는다. 트립어드바이저는 여전히 메타 검색 회사로 남아 있으면서 여행을 계획하는 사용자들에게 접근하고 싶어 하는 광고주(부킹과 익스피디아가 단연 최대 규모다)에게 의존해서 수익을 올린다. 또 고유한 네트워크 효과에 기반한 리뷰 콘텐츠의 강점은 유기적인 검색 결과에서 입지를 다지는 데 도움이 되기는 하지만, 구글[60]과 규모가 가장 큰 두 고객(자체적인 메타 검색 기능을 갖추고 트립어드바이저와 경쟁하는)[61] 사이에 존재한다는 문제에 장기적인 해결책을 주지는 않는다.

독립 기업인 트립어드바이저의 주가는 2011년 12월 20일에 주당 30달러에 거래되기 시작한 이래 약 2년 반 동안 꾸준히 상승했다.[62] 트래픽은 2013년까지 매년 50퍼센트씩 늘어났고, 주가는 2014년 6월 27일에 110달러로 사상 최고치를 경신했지만, 그 후 구조적인 결함이 확인되면서 오랫동안 불가피한 하락세가 지속했다. 트립어드바이저의 주식은 2019년(코로나 팬데믹이 발생하기 전), 8년 전에 여행을 시작했을 때와 거의 동일한 가격으로 거래가 마감되었다.

그렇다고 트립어드바이저가 경쟁 우위가 없는 나쁜 기업이라는 뜻은 아니다. 이 회사는 다른 메타 검색 기업들에게는 없는 매력적인 콘텐츠를 모을 수 있는 네트워크 효과를 가지고 있다. 또 다른 메타 검색 회사인 트리바고는 트립어드바이저가 상장하고 정확히 5년 뒤인 2016년에 화려하게 IPO를 진행했다.[63] 첫 6개월 동안 주가가 2배 이상 올랐다가 그 이후로 지금까지 계속 하락세를 타기 시작해서[64] 트립어드바이저보다 훨씬 저조한 실적을 보이고 있다.

트리바고는 오로지 브랜드만을 기반으로 삼아 차별화된 경쟁 우위를 창출하려고 하는 잘못된 시도를 보여주는 흥미로운 사례다(이 회사는 속칭 '트리바고 가이'라고 하는 밉살스러운 주인공이 등장하는 값비싼 텔레비전 광고를 통해 이 방법을 시도했다). 브랜드는 규모나 고객 구속력 같은 이점을 대폭 강화할 수 있다. 그러나 애초에 이런 구조적 이점이 존재하지 않는다면, 브랜드에 투자해도 높은 수익을 창출하지 못할 것이다. 네트워크 효과 기반의 디지털 플랫폼인 트립어드바이저가 플랫폼 망상이 예측한 것과 같은 성과를 올리지 못한 것을 보면 성공하는 데 다른 구조적 속성(여기에서는 핵심 네트워크 참여자의 다양성 부족과 낮은 전환 비용)이 중요하다는 것을 분명히 알 수 있다.[65]

하지만 디지털 여행 분야의 진취적인 기업가들이 현재의 상태를 혁신하여 수익을 올릴 수 있는 여지가 없는 것은 아니다. 10~11장에서 우리는 디지털 여행 생태계가 괜찮은 사업과 나쁜 사업을 다양하게 창출한 모습을 볼 수 있었다. 성공할 가능성이 가장 높은 사업이 무엇인지 결정하는 요소는 그들이 생태계 내에서 차지하는 위치, 신뢰할 수 있는 확장 경로가 있는지, 그리고 그 사업이 대규모로 드러낼 수 있는 다른 구조적 속성은 무엇인지 등이다.

그래도 가치 사슬 전체에 존재하는 기성 기업들의 규모와 힘, 특히 위협적인 구글이 정문을 지키고 있는 상황을 고려하면, 매년 이 분야를 목표로 설립된 수십 개의 스타트업 가운데 오랫동안 살아남을 수 있는 회사는 극소수에 불과하다.**66** 하지만 일부는 지능적으로 설계된 디지털 플랫폼 소유자가 방어 가능한 장벽을 세울 수 있는 시장 부문을 목표로 삼았다.

앞서 말한 것처럼, 비즈니스 여행 관리 회사는 레저 OTA만큼 통합되지 않았고 여전히 대부분 오프라인에서 운영되며 가격에 훨씬 덜 민감해서, 많은 호텔 및 여행 업체의 수익에 훨씬 중요한 기여를 하는 고객들을 제공한다. 트립액션은 컨커Concur 같은 경비 관리 소프트웨어 회사와 아메리칸 익스프레스 같은 기업 여행사가 제공하는 서비스가 모두 포함된 엔드투엔드 디지털 솔루션을 제공하는 규모의 경쟁사를 이 분야에 만들기 위해 8억 달러를 모금했다(그중 절반 정도는 팬데믹 기간에 모았다).**67** 기술과 인적 지원을 활용해서 다양한 비용 및 관리 혜택을 제공하는 동시에 직원들의 만족도를 높이는 흡인력 있는 서비스를 대규모로 제공할 수 있다.

기성 기업들도 물론 가만히 앉아 있기만 하는 것은 아니다. 그리고 똑같은 아이디어를 다른 버전으로 시도하는 스타트업들도 있다.**68** 익스피디아는 2004년에 벤처 자금의 지원을 받는 온라인 기업 여행사인 이젠시아Egencia를 인수했지만, 시장에 근본적인 변화를 일으키지는 못했다.**69** 트립액션의 제품과 기술이 방어 가능한 규모를 확보할 수 있을 만큼 수용되는 위치에 도달했는지는 여전히 의문으로 남아 있다. 하지만 틈새시장을 겨냥한 차세대 메타 검색 회사나 항공 여행에 초점을 맞춘 앱과는 달리, 지속 가능한 고수익으로 가는 잠재적 경로를 이해할 수 있다.

우리가 이 장에서 배울 수 있는 것들

1. 어떤 지역에서든 호텔 객실을 선택할 때의 복잡성과 관련된 속성 수, 그리고 다양한 옵션 때문에 잠재적인 비행기 승객과 항공사를 연결하는 것보다 잠재적 투숙객과 숙박업소를 연결하는 규모의 플랫폼에서 훨씬 강력한 네트워크 효과가 나타난다.

2. 항공 업계와 마찬가지로 호텔 업계에서도 상당한 합병이 진행되었지만, 호텔 업계는 훨씬 파편화된 상태로 남아 있다. 호텔의 다양성과 매우 다른 역사 때문에 GDS 운영자들이 이 생태계에서는 별로 중요한 역할을 하지 못한다. 이런 구조적 차이는 지배적인 OTA에 강력한 대안을 개발하려는 대규모 호텔 그룹의 반복적인 노력을 방해했다.

3. 구글을 통해 호텔 수요를 유치하는 데 필요한 막대한 고정비용이 OTA 공급 측면에서 네트워크 효과가 주도하는 규모의 가치를 강화한다. 이런 규모의 이점은 다른 수요 공급 이점을 통해 강화된다. 가장 큰 OTA가 축적한 데이터는 구글이나 다른 디지털 채널에 대한 마케팅 지출을 최적화하는 데 있어 소규모 경쟁사보다 많은 이점을 제공한다.

4. 메타 검색 기업은 구글과 생태계의 지배적인 OTA 사이에 존재하는데, 네트워크가 창출한 대부분의 가치를 지속적으로 유지할 것이라고 기대할 수 없다. 고유한 네트워크 효과를 생성한 콘텐츠를 보유한 트립어드바이저조차 이런 구조적 취약성을 완전히 완화할 수 없다. 여행 가치 사슬의 다른 부분은 디지털 경쟁 우위를 확립하는 데 더 적합하다.

에어비앤비와 우버의 차이에서 배운 공유 경제의 핵심

〈파이낸셜 타임스〉는 최근 공유 경제를 가리켜 "지난 10년 사이에 나타난 가장 중요한 온라인 현상 중 하나"[1]라고 규정했다. 하지만 이 회사의 미국 서해안 지부 편집자인 리처드 워터스Richard Waters는 "등장한 지 한참 된 이 분야에는 아직 해소되지 않은 의문이 놀랄 만큼 많다"고 지적한다. 그가 "특별한 관심사"라고 밝힌 의문은, '이것이 과연 바람직한 사업인가?'라는 것이다.

점점 흔해지는 이 카테고리의 강점을 평가하는 데 따르는 어려움 중 하나는 윤곽을 정의하는 특성에 대한 합의가 부족하다는 것이다. '공유 경제'라는 용어는 별로 정확하게 정의되지 않은 채로 광범위한 상업적·비상업적 거래를 설명하기 위해 사용되었다. 때로는 단순히 모든 P2P 비즈니스 모델을 아우르는 것처럼 표현되기도 한다. '공유' 대상이 렌딩클럽LendingClub이나 킥스타터Kickstarter처럼 누군가의 돈이든, 아니면 태스크래

빗TaskRabbit이나 시터시티Sittercity 같은 긱 경제gig economy(임시 계약직 선호 경제) 사업처럼 누군가의 시간이든 상관없이 말이다. 때로는 개인 간의 교류를 넘어 기업과 관련된 교류로 확장되기도 한다. 그리고 공유 경제의 정의에 실제 소유권 이전을 수반하는 거래까지 포함해야 하는지를 놓고도 의견이 분분하다.

자산 활용도를 최적화하는 방법과 관련된 기본적인 경제 문제는 어제 오늘의 일이 아니다. 공유 자산에서 이 주제는 거의 200년 전에 '공유지의 비극'이라는 명제로 경제학자들의 관심을 끌었다.[2] 그러나 인터넷 연결 덕분에 자원 할당 효율성이 획기적으로 개선되고, 그에 따라 이 기능에만 주력하는 회사가 확산된 것은 새로운 현상이다. 주차 공간(저스트파크 JustPark)부터 레저용 차량(RV셰어RVshare)에 이르기까지, 이런 기업들은 일정 시간에만 사용하는 자산을 더 오래 활용할 수 있게 해준다.

이 기업들의 공통점은 자산의 초과 용량에 대한 접근을 제공하는 플랫폼이라는 것이다. 따라서 공유 경제는 부적절한 명칭이며, '접근 경제'라고 부르는 편이 낫다고 주장하는 이들도 있다.[3] 요점은 이런 사업의 가치는 거래의 사회적 측면에서 나오는 것이 아니라, 평소 놀고 있는 재화나 용역을 쉽게 이용할 수 있게 해주는 데서 생긴다는 것이다.

이런 공유 플랫폼은 모든 시장 비즈니스의 특성을 나타내는 전형적인 간접 네트워크 효과를 보여준다. 과잉 설비를 보유한 사람은 수요가 가장 많은 플랫폼에서 해당 설비를 제공하는 데 관심이 있으며, 이 설비의 잠재적 임차인은 가장 광범위한 선택과 가장 저렴한 가격을 원한다. 그러나 우리는 네트워크 효과의 존재 자체가 투자자에게 특정 사업의 매력에 대해 거의 알려주지 않는 것을 여러 번 보아왔다. '공유 경제' 사업의 구성 요소에 대해 서로 상충되는 견해가 많다는 것을 생각하면, 이런 기업들의 회복력에 극적인 차이가 있다는 것은 놀라운 일이 아니다. 하지만 공유 플랫폼에 대한 비교적 협소한 정의 안에서도 유사한 비즈니스 모델의 품질에 상당한 차이가 존재한다.

이는 경제계 전체에 가장 극적인 영향을 미친 가장 유명하고 가치 있는 두 공유 플랫폼인 우버와 에어비앤비를 비교해보면 쉽게 입증된다. 우버는 자동차 소유자들이 자기 차량과 시간을 공유해서 택시, 자동차 서비스, 렌터카, 자동차 소유권에 대한 경쟁자를 만들게 한다. 에어비앤비는 개인이 사는 거주지의 전부 또는 일부를 쉽게 임대할 수 있게 해준다. 이용할 수 있는 방대한 새 숙박 시설 풀은 호텔이나 더 전통적인 임대업과 경쟁하고, 플랫폼은 온오프라인의 여행사 및 부동산 중개업자와 경쟁한다. 두 기업 모두 플랫폼이 적용되는 사용 사례를 확대했지만(일례로 우버는 이제 운전자를 위해 자동차를 구입하기도 하고, 에어비앤비는 현재 전문 부동산 관리자와 협력하고 있다), 공유 패러다임은 여전히 두 사업의 핵심 명제로 남아 있다. 우버는 2019년 5월에 800억 달러 이상의 가치 평가를 받으며 상장했다. 팬데믹의 절정기에도 우버의 가치는 500억 달러가 넘었고, 2000년 연말에는 다시 1000억 달러까지 서서히 회복했다. 에어비앤비는 2017년에 진행된 비공개 투자 라운드에서 300억 달러가 조금 넘는 가치 평가를 받았다.[4] 팬데믹 때문에 어쩔 수 없이 상장을 연기하고 2020년 4월에 새로운 민간 자본을 조달하게 되었을 때는 평가액이 200억 달러 이하로 떨어졌다.[5] 에어비앤비 자금 담당자들이 연말쯤 제출한 IPO 평가 범위 최고치는 여전히 350억 달러로, 당시 우버 가치의 절반에도 훨씬 못 미치는 금액이었다.[6]

우버는 계속해서 에어비앤비보다 몇 배나 높은 가치 평가를 받아왔지

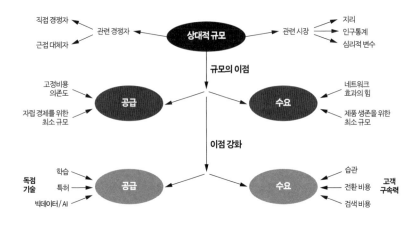

경쟁 우위 평가를 위한 템플릿

직접 경쟁자 / 근접 대체자 → 관련 경쟁자 → **상대적 규모** → 관련 시장 → 지리 / 인구통계 / 심리적 변수

규모의 이점

고정비용 의존도 / 자립 경제를 위한 최소 규모 → **공급** ← → **수요** ← 네트워크 효과의 힘 / 제품 생존을 위한 최소 규모

이점 강화

독점 기술 학습 / 특허 / 빅데이터/AI → **공급** ← → **수요** ← 습관 / 전환 비용 / 검색 비용 **고객 구속력**

만, 지속 가능한 프랜차이즈의 가치를 주도하는 핵심 시장과 제품 속성을 보면 항상 에어비앤비가 더 괜찮은 사업인 것으로 나타난다. 2020년 12월에 마침내 회사가 상장되자 평가액이 1000억 달러 이상으로 급증했다[7] 연말이 되자 에어비앤비의 가치가 우버의 가치를 넘어섰다(수익은 우버의 절반이 채 안 되는데도). 두 사업의 상대적 매력에 대한 주식시장의 명확한 견해는 각자의 강점과 각 기업이 누리는 다양한 경쟁 우위의 원천에 대한 면밀한 검토를 통해 뒷받침된다.

상대적 규모와 경합 가능한 최소 시장점유율

규모의 경쟁 우위를 평가할 때 반드시 다뤄야 하는, 서로 관련된 주제가 두 가지 있다. 첫째는 상대방에 대한 우위 정도를 정량화하는 것이고, 두 번째는 이 상대적 우위에서 발생하는 이득의 성격을 고려하는 것이다.

우버와 에어비앤비 모두 승차 공유와 공간 공유라는 각각의 '공유' 시장에서 가장 큰 글로벌 업체다. 이 글로벌 시장에서 두 회사 모두 20퍼센트대의 시장점유율을 차지하고 있다.[8] 게다가 둘 다 그다음으로 큰 경쟁사(우버는 중국의 디디, 에어비앤비는 부킹)보다 40~50퍼센트 정도 클 것이다. 그러나 곧 얘기하겠지만, 공간 공유 시장과는 달리 승차 공유 시장이 정말 글로벌한지는 분명하지 않다. 결과적으로 에어비앤비는 어느 시장에서나 동일한 몇몇 업체를 상대할 가능성이 높은 반면, 우버는 해당 지역에서 우세한 힘을 발휘하는 현지 기업들과 맞서야 할 가능성이 더 크다.[9]

미국에서 가장 가깝게 추격하고 있는 직접 경쟁자인 리프트보다 여전히 점유율이 2배 이상인 우버가 적어도 일부 시장에서는 에어비앤비보다 큰 상대적 규모의 우위를 누리고 있다는 결론을 내리더라도, 이는 분석의 시작에 불과하다. 훨씬 더 충격적인 것은 관련 시장과 제품 특성이 규모를 실질적인 경제적 이익으로 바꾸는 정도다. 두 회사의 차이가 가장 극명하게 드러나는 부분이 바로 여기다.

에어비앤비가 우버보다 우위에 있는 두 가지 주요 특성은 수요 측면의 제품/서비스 복잡성과 공급 측면의 고정비용 요건이다. 전자는 생존 가능한 제품을 만들기 위해 필요한 네트워크 참여자 수와 추가적인 네트워크 참여자들이 제품을 지속적으로 향상하는 정도를 결정한다. 후자는 기본적인 손익분기점 경제와 경쟁사보다 규모가 커졌을 때의 상대적인 재정적 이점을 결정한다.

어느 도시에서나 두 회사의 생존 가능성은 플랫폼에 등록된 그 지역 운

전자 수와 부동산 재고 밀도에 따라 달라진다. 그러나 우버와 에어비앤비가 활동하는 마켓플레이스의 핵심적인 차이는 고유한 제품 복잡성 수준이 현지에서 실행 가능한 서비스를 구축하는 데 필요한 마켓플레이스 유동성을 움직이는 방식이다. 차량 호출 분야에서는 가격 외에도 3~5분 이내에 차량을 제공할 수 있는 능력이 고객의 다른 모든 고려 사항보다 우세하다. 이 서비스 수준을 만족시키기 위해 운전자가 얼마나 필요한지는 해당 시장의 지리나 활동 수준에 따라 달라진다. 그러나 가격이 적절히 책정될 경우 이 임계값을 달성하기에 충분한 운전자를 끌어모을 수 있는 서비스는 모두 다른 서비스에 비해 경쟁력이 있을 것이다. 반면 단기 숙박 시장에는 이보다 훨씬 두드러진 상품 특성과 시장 부문이 있다. 괜찮은 서비스가 광범위한 관심을 끌려면 이런 차원에서 적절한 대체 숙박 시설 풀을 확보해야 한다. 비록 얼마나 많은 공급자가 이 최소 수준을 충족시킬 수 있는지 개략적으로 파악하는 것은 불가능하지만, 그렇게 미묘한 요구를 충족시켜야 한다는 조건상 좀 더 동질적인 제품이나 서비스보다는 수가 적으리라는 것을 알 수 있다.

제품의 최소 생존 가능성 요건이 충족되면, 이번에는 복잡성이 이 지점 이상으로 늘어난 가용 보급률을 이용하는 이들에게 전달되는 가치에 영향을 미친다. 운전자가 너무 많아서 차가 최적의 대기 시간인 3~5분보다 빨리 도착하는 것도 별로 유용하지 않다. 승차자가 차가 있는 곳까지 그렇게 빨리 가지 못하는 경우가 많기 때문이다. 하지만 단기 숙박 시장에서는 관련 상품의 특성이 광범위하기 때문에 지역에 등록된 숙소가 점점 늘어나도 그 가치가 똑같은 방식으로 보합세를 보이지는 않는다. 실제로 등록된 숙소가 늘어날수록 더 많은 여행객을 끌어들일 뿐 아니라 객실 이용률까지 높아진다는 증거가 있다. 이런 역학 관계는 에어비앤비의 수요 측면에 작용하는 상대적 네트워크 규모의 가치를 강화하는데, 에어비앤비의 경우 그 가치가 우버보다 훨씬 크다.[10]

공급 측면에서 볼 때 우버와 에어비앤비의 가장 큰 차이점은, 차량 호출 서비스 고객은 주로 한 도시 안에서 서비스를 이용한다는 것이다. 이와 달리, 단기 숙박 서비스 고객은 다양한 지역에서 이 서비스를 이용한다. 그 결과로 자신의 주 거주지를 등록할 플랫폼을 선택하는 사람들은 자기가 사는 도시의 등록 밀도에만 관심을 갖는 것이 아니므로, 여러 인기 있는 도시의 등록 밀도와 플랫폼에 대한 인식도 여행자들을 플랫폼으로 끌어들이는 데 중요한 역할을 한다. 따라서 중앙의 고정 간접비를 분산해서 이익을 얻는 지역 시장 리더들이 모인 국내 또는 글로벌 네트워크와 관련된 집합적 고정비용은 신규 진입자에게 상당한 장애물이 된다.

대체 숙박 제공 업체의 경쟁력에 있어서 글로벌 입지의 중요성은 에어비앤비의 가장 큰 경쟁자인 익스피디아와 부킹닷컴의 성쇠를 통해 강조된다. 둘 다 글로벌 기업이지만 익스피디아는 현지에 중점을 둔 브랜드 포트폴리오를 인수한 반면, 부킹은 전 세계에서 자신들의 핵심 브랜드를 사용한다. 익스피디아가 뒤늦게 깨달은 것처럼, 해외에서 알려지지 않은 서비스에 등록된 현지 업체를 상대로 국제 피서객 수요를 끌어모으는 데는 한계가 있다. 익스피디아는 5년 뒤에 미국에서 운영하던 홈어웨이 브랜드를 없애고 2020년에 비르보라는 글로벌 브랜드를 설립했지만 프랑스의 아브리텔Abritel, 호주의 스테이즈Stayz, 뉴질랜드의 부카배치Bookabach, 독일의 페보디렉트FeWo-direkt 같은 현지 브랜드는 그대로 유지하고 있다. 익스피디아는 홈어웨이 포트폴리오를 위해 39억 달러를 썼지만, 매출은 부킹이 유기적으로 창출하는 비즈니스 매출의 절반도 되지 않는다.

사업을 운영하는 나라는 에어비앤비의 절반도 되지 않지만, 에어비앤비처럼 우버 역시 글로벌 기업이다. 그러나 우버의 경쟁자들은 매력적인 대안을 제시하기 위해 글로벌 기업이 될 필요가 없다. 일부 시장에서는 높은 고정 운영비 때문에 차량 호출 서비스를 한두 개 이상 유지하지 못할 수도 있다. 그러나 대도시 지역에서는 여러 개의 강력한 서비스를 항상 이용할 수 있으며, 20퍼센트 미만의 시장점유율로도 살아남을 수 있다. 이는 사실상 네 개 이상의 우버 경쟁사가 상시적으로 존재한다는 얘기이므로 수익률이 크게 제한된다. 게다가 어린이(홉스킵드라이브^{HopSkipDrive})와 여성(세이퍼^{Safr}) 등의 분야를 타깃으로 하는 틈새 업체들이 등장하면서, 전체 시장점유율이 훨씬 낮은 업체도 살아남을 가능성이 생겼다. 현지의 기존 택시 회사들 중에도 자체적인 '공유' 앱을 만들어 경쟁하는 회사가 늘고 있다.[11] 브라질 등 일부 시장에는 경쟁 업체가 수백 개에 달하는데, 중국의 디디 같은 글로벌 대기업과 기본적인 국산 앱을 이용하는 저가 서비스가 뒤섞여 있다.[12]

아이러니하게도, 뉴욕 같은 일부 대형 시장에서는 승차 공유 부문을 무력화하기 위해 고안된 지역 규제 때문에 생존 가능한 최소 시장점유율이 상승하는 바람에 두 시장 리더를 제외하면 경쟁 수준이 인위적으로 낮아졌다.[13] 우버의 뒤를 이어 빠르게 등장한 리프트는 서비스를 제공하기 위해 여러 가지 규제를 제거한 우버의 투자에 무임승차할 수 있었다. 최근에 이 서비스 업체들은 서로 힘을 합쳐서 긱 노동자를 활용할 수 있게 해주는 캘리포니아 투표 발의안을 성공적으로 통과시켰다.[14] 그러나 규제 때문에 얻은 것은 다시 또 빼앗길 수 있으며, 광범위하고 지속 가능한 이점을 지원해주지는 않는다. 캘리포니아 법안처럼 세간의 이목을 끄는 승리에도 불구하고, 우버는 규제가 양날의 검이라는 사실을 런던에서 고통스럽게 확인했다. 런던에서 우버의 법적 도전을 이용할 준비가 된 경쟁자의 숫자와 그 속도를 보면, 이 분야의 진입 장벽이 전반적으로 낮아진 것을 알 수 있다.[15]

반대로 단기 숙박 업계에서는 고정비용 요구가 커졌기 때문에 에어비앤비 경쟁사들은 훨씬 높은 시장점유율을 달성해야만 손익분기점을 찍을 수 있다. 우버는 수십 개의 지역 차량 호출 서비스와 경쟁하게 될 수도 있는 반면, 에어비앤비는 어떤 시장에든 규모가 큰 직접적인 경쟁자가 훨씬 적고 진지한 경쟁자들은 대부분 세계적인 입지를 추구한다는 것은 우연이 아니다. 에어비앤비의 주요 경쟁사들은 고정비용 요건을 분산하기 위해 더 큰 국제 여행사의 일부가 되었다. 예를 들어 홈어웨이(등록된 숙소가 에어비앤비의 절반 정도인)는 익스피디아에 인수되었고, 플립키FlipKey Inc.(등록된 숙소가 에어비앤비의 3분의 1 정도)는 트립어드바이저에 인수되었다. 대체 숙박 시설 업계에서 에어비앤비의 최대 경쟁사인 부킹은 앞서 말했듯이 자사의 글로벌 입지를 이용해 유기적으로 사업을 구축했다.[16]

디지털 시대의 고객 구속력

고객 관계의 성격과 지속성은 특정 시장에서 점유율이 얼마나 빠르게 움직일 수 있는지를 결정하는 핵심 요소다. 고객 구속력 수준을 생존 가능한 최소 시장점유율과 결합하면, 잠재적인 신규 진입자는 손익분기점 시장점유율을 달성하기 전까지 얼마나 오랫동안 손실을 예상해야 하는지 빠르게 계산할 수 있다. 고객 충성도 때문에 연간 점유율 이동이 몇 퍼센트 수준으로 제한되고 손익분기점 시장점유율이 20퍼센트인 업계라면, 신규 진입자들이 재정적인 생존력을 확립하기까지 적어도 10년은 손실을 볼 것이라고 예상할 수 있다.

고객 구속력은 기성 업체의 속성이며, 정의상 기존 고객에게만 적용된다. 결국 구조적 이점은 연간 신규 고객 수가 전체 기회에서 상대적으로 적은 부분을 차지하는, 잘 침투되어 있는 비즈니스에서 훨씬 더 크다. 매년 규모가 2배씩 커지는 시장에서는 기존 고객이 완전히 묶여 있더라도 신생 기업이 새로운 고객을 균등하게 분할할 수만 있다면, 첫해에 25퍼센트의 점유율을 달성할 수 있다. 이는 이전 사례에서 달성하는 데 10년이 걸린다고 했던 손익분기점 시장점유율 20퍼센트를 훨씬 상회하는 수치다.

사용자들의 전환 가능성을 낮추는 다양한 제품 속성도 새로운 사용자를 끌어들이는 역할을 할 가능성이 있다. 최근에 생긴 업계라면 사용자들이 해당 부문이 자리를 잡을 때까지 선택권을 계속 열어두려고 하기 때문에, 강력한 고객 구속력을 거의 발휘할 수 없다. 그러나 시간이 지나 기존 고객이 업계의 연간 매출에서 차지하는 비중이 커지면, 잠재적인 경쟁 제품과 서비스가 등장해도 사용자를 계속 유지할 수 있는 능력이 더 중요하고 가치가 커진다. 현재 승차 공유와 공간 공유는 특히 젊은 인구 집단 사이에서 광범위하게 선택받고 있다.[17]

고객 구속력이 중요하기는 해도 쉽게 얻을 수 있는 것은 아니다. 여러 판매자를 쉽게 검색하고, 비교하고, 전환할 수 있는 능력을 키워준 인터넷은, 고객이 계속 머물러야 하는 정말 설득력 있는 이유를 명확하게 표현할 수 있는 기준을 훨씬 높여 놓았다. 게다가 빠른 기술 변화가 특징인 환경에서 움직이는 고객과 비즈니스 파트너는, 아무리 시장 상황이 안정적이라고 하더라도 일반적으로 장기적인 약속을 경계한다. 그럼에도 서비스 품질, 광범위한 오퍼링, 미묘한 거래 상대의 자격 검증, 원활한 구매 프로세스가 최종적인 거래 결정의 핵심인 경우에는 여전히 강력한 구속력을 발휘할 수 있다.

안타깝게도 아무리 잘 운영되는 차량 호출 기업이라도 운전자와 탑승자 사이의 충성도를 높이는 데는 어려움을 겪을 것이다. 전체 운전자의 80퍼센트 이상이 두 개 이상의 서비스에서 일하고 있고, 이 비율은 증가하는 추세다.[18] 게다가 지금은 차량 호출 앱을 여러 개 이용하는 사용자가 소수이지만 그 비율은 빠르게 늘어나고 있으며, 지리 및 인구통계에 따라 차이가 크다.[19] 뉴욕에 있는 내 MBA 학생들은 이미 90퍼센트 이상이 여러 개의 앱을 사용한다.

개인이 자기 집의 단기 임대를 여러 회사에 맡기려는 것과 전문 운전사가 여러 개의 승차 공유 서비스를 위해 운전하려는 것 사이에는 차이가 있다. 그리고 앞서 논의한 것처럼, 고객의 입장에서 가격과 속도는 짧은 여정을 위해 어떤 차량 서비스를 이용할지 결정할 때는 큰 영향을 미치지만, 낯선 사람의 집에 머무르겠다는 결정을 내릴 때는 다른 많은 요소가 중요한 역할을 한다. 그리고 1년에 한 번뿐인 휴가와 관련된 실수를 저질렀을 때의 손실은 도시 안을 오가는 수많은 여정 중 하나와 관련된 실수의 손실보다 훨씬 크다.

좀 더 광범위하게 보자면, 신뢰의 중요성과 플랫폼의 검증 기능(거래할 때 거래 당사자와 대상에 대한 자세한 정보를 제공해서 관련자들 모두를 안심시키는 기능)은 잠깐 차를 탈 때 어떤 서비스를 이용할지 고르는 것보다 단기 임대 결정을 내릴 때 훨씬 중요한 요소다. 집주인은 어떤 사람이 자기 집에 머물게 될지 알고 싶고, 게스트는 해당 주택을 이용한 다른 사람의 경험을 알고 싶다. 고객이 단 한 번이라도 좋은 경험을 하게 되면, 그와 비슷하거나 심지어 조금 더 나은 제안을 하는 다른 플랫폼을 이용할 가능성이 훨씬 줄어들 것이다.

에어비앤비가 시장에서 선두 자리를 굳히면, 경쟁사들은 재고 가용성 면에서 불리해진다. 에어비앤비에 등록된 많은 숙소는 그곳에만 등록되어 있으며, 적절한 객실 이용률이 달성되기만 하면 여러 사이트에 자산을 등록할 이유가 없다. 하지만 차량 호출 시장에서 일하는 우버 경쟁사들은 그렇지 않다. 운전자들은 대부분 앱을 여러 개씩 사용하기 때문이다. 운전자들은 다음 날 어떤 앱을 주로 쓸지 결정하기 전에 서로 경쟁을 벌이는 서비스 업체에서 제공하는 주간 판촉 행사를 검토하는 의식을 정기적으로 치른다. 게다가 운전자는 여러 개의 앱을 실시간으로 손쉽게 관리할 수 있지만, 주택 소유자(에어비앤비에 등록된 숙소는 대부분 전문 임대업자가 아닌 기본 주택 소유자가 제공하는 것이다)가 그런 일을 하려면 '채널 관리자' 서비스를 신청해야 할 것이다. 그러자면 비용도 점점 많이 들고, 일도 확실히 더 복잡해진다.

전국적으로 몇 달 사이에 승차 호출 시장의 점유율이 5퍼센트 이상 변한 것은(일부 지역에서는 그보다 더 높다) 우버의 새로운 경쟁자들이 꾸준히 쏟아져 나오는 미래를 암시한다.[20] 단기 숙박 시장에 속해 있는 에어비앤비는 상황이 다르다. 새로운 숙소 제공자를 모집하고 등록하는 데 드는 시간 때문에 잠재적인 시장점유율 변화 속도가 느리고, 결과적으로 신규 진입 업체가 손익분기점에 도달하기까지 걸리는 시간도 길다.

우버가 보다 폭넓은 서비스, 특히 음식 배달 서비스인 우버 이츠Uber Eats21와 구독 서비스인 우버 패스Uber Pass22를 출범하기로 한 것은 고객 충성도가 부족한 이 카테고리에 고객 충성도를 구축하려는 시도다. 둘 다 핵심 서비스의 고객 구속력에는 별다른 영향을 미치지 못한 채 사업의 전반적인 경제성에만 미심쩍은 영향을 남겼다. 팬데믹 때문에 차량 호출 활동이 85퍼센트나 감소했을 때, 음식 배달이 폭발적으로 증가하면서 우버의 수익 손실을 확실히 완화해주었다. 그러나 음식 배달은 차량 호출보다 손익분기점 시장점유율이 낮기 때문에 훨씬 경쟁이 심하고 수익성이 없다. 그 결과 우수한 매출 실적에도 불구하고 수억 달러의 추가 손실을 입게 되었다. 미국의 주요 경쟁 업체인 리프트는 해외 진출이나 서비스 라인 확장은 피했지만, 우버 패스에 대응해 공격적인 자체 구독 서비스인 리프트 핑크Lyft Pink를 신속하게 구축했다. 그러나 핑크도 패스도 많은 관심을 끌거나 이런 서비스에 대한 낮은 충성도를 근본적으로 바꾸지는 못했다.

데이터로 시장의 가치를 읽다

마지막으로, 네트워크 효과 사업의 운명은 해당 시장에서 도출할 수 있는 데이터의 가치에 달려 있다. 일부 거래는 독점적인 데이터를 생성하고 적절한 분석 및 기술과 결합하면 매우 귀중한 예측을 얻을 수 있다. 예를 들어 질로가 온라인 부동산 시장을 계속 지배할 수 있는 이유 중 하나는 데이터에 대한 고유한 접근 기능을 이용해서 자동 평가 모델과 주택 검색 및 추천 엔진을 지속적으로 개선한 덕분이다.[23] 이와 대조적으로 P2P 대출 기관은, 대부분의 대출자에 대해 그들이 갖고 있는 독점 데이터는 신용 점수 같은 출처에서 쉽게 구할 수 있는 것보다 별로 많은 통찰을 주지 못한다는 사실을 깨달았다.

나는 낯선 사람의 아파트에 묵겠다고 예약하기 전에 이전 방문객들의 후기를 꼼꼼히 살펴보는데, 후기가 없으면 사진이 아무리 멋있어도 섣불리 예약하지 않을 것이다. 이에 비해 우버 운전자 리뷰는 승차자들이 차량을 선택할 때 사용하는 것이 아니라(나는 운전자의 평점이 4.5이든 4.8이든 거의 신경 쓰지 않는다) 주로 회사가 소속 차량의 품질 관리를 위해 사용한다.[24] 그렇다면 마케팅 담당자 입장에서는 다음의 두 가지 정보 중 어느 쪽이 더 가치 있겠는가? 내가 집에서 사무실까지 이동할 때 거의 매일 우버를 이용한다는 사실일까, 아니면 내가 방문하려는 도시 이름과 그곳에서 숙박하기 위해 쓸 돈의 액수일까? 그리고 운전사에 대한 피드백은 우버가 서비스 질을 떨어뜨리는 이들을 도태시키고 새로 가입한 이들을 훈련시키는 데 도움이 되겠지만, 전 세계 여행자들이 올린 미묘한 사진은 에어비앤비가 일반 사용자들을 가장 적절한 장소로 안내하고 자기 집을 숙소로 등록한 이들이 만족스러운 경험을 할 수 있게 도와준다. 결과적으로 에어비앤비 사용자들의 높은 만족도는 고객 구속력을 강화하고, 회사는 만족도 데이터를 이용해 재예약과 추천을 장려할 수 있다.[25]

우버는 괄목할 만한 사업을 구축했고, 오늘날 미국 승차 공유 시장의 확실한 선두 주자이자 전 세계적으로 가장 큰 기업이다. 그러나 앞서 논의한 구조적 속성 때문에 승차 공유 사업은 대규모 지역 시장에서 항상 치열한 경쟁을 벌일 것이다. 많은 해외시장에서 우버는 반란군이고 미국 시장에서 차지한 위치도 다른 곳에서 이점만 주기에는 한계가 있다. 더 넓은 시각에서 보면, 우버가 차지하고 있는 위치의 회복력은 전 세계적인 승자 독식 또는 승자 다식의 균형 상태로 거침없이 돌진하는 경향보다는 집요한 공격성에 달려 있다.

그에 비해 에어비앤비의 강력한 네트워크 효과는 상당한 고객 구속력과 짝을 이룬다. 글로벌 고정비용 기반이 제공하는 이점을 감안하면, 현지 수준에서도 경쟁 강도가 우버보다 낮을 것으로 보인다. 또 경영진은 리더의 자리에서 얻은 데이터를 이용해 고유한 지위를 더욱 확고히 하고 수익을 창출할 수 있어야 한다.

익스피디아가 2015년에 홈어웨이를 인수하고 부킹닷컴이 대체 숙박 시설 확보에 집중하는 것을 보면, 에어비앤비는 앞으로도 글로벌 경쟁에 직면할 것이다. 이 두 경쟁 업체는 전통적인 옵션과 대안 옵션을 모두 제공할 수 있다는 점에서 에어비앤비와 확실히 차별화된다. 에어비앤비는 이에 대응하여, 여행 대기업업과의 경쟁에서 불리한 처지에 놓이지 않도록 조용히 부티크 호텔을 추가하기 시작했다.[26]

그러나 2018년에 부킹이 등록된 대체 숙소 수에서 에어비앤비를 앞섰다고 주장했지만,[27] 그해에 에어비앤비는 36억 달러의 매출을 올린 반면 부킹의 매출은 28억 달러에 불과했다는 사실은 이 카테고리에서 전문화가 발휘하는 고유한 가치를 보여준다. 여행자들은 공유 숙박 시설을 근본적으로 다른 종류의 경험으로 간주하기 때문에 다양한 속성을 기대하거나 신뢰를 쌓기 위해 다양한 보장에 의존한다. 주택이나 아파트 소유자는 호텔 체인이나 부동산 관리자와 협상하기보다 자신들의 다양한 요구 사항을 관리하는 데 주력하는 플랫폼과 거래하는 것을 좋아할 수도 있다.

코로나 팬데믹을 지나며 많은 스타트업이 실패를 겪고 있지만, 틈새시장의 요구에 초점을 맞춘 에어비앤비 경쟁사들은 계속 자본을 유치해서 살아남을 것이다.[28] 그리고 전문화의 이점에도 불구하고, 팬데믹 기간에 익스피디아와 부킹의 전통적인 호텔 비즈니스에 비해 단기 임대가 차지하는 비중이 높은 것을 보면 OTA도 해당 부문에 대한 경쟁적 집중을 강화할 듯하다.[29] 그러나 에어비앤비는 전 세계에서 승자 독식의 시장 지위를 유지할 기회를 가진 소수의 네트워크 효과 기업에 속할 가능성이 있다. 그리고 표면적인 유사성에도 불구하고 우버 사업의 품질이 상당히 다르다는 점을 보면, 플랫폼 망상의 잘못된 가정이 어떻게 투자자들을 잘못된 결정으로 인도하는지가 분명하게 드러난다.

우리가 이 장에서 배울 수 있는 것들

1. '공유 경제'에 대해 일반적으로 합의된 정의는 없지만, 특정 시간에만 사용하는 자산의 생산성을 높일 수 있는 광범위한 거래를 촉진하는 인터넷의 능력은 명확하다. 우버와 에어비앤비는 대규모 '공유'의 하위 부문인 승차 공유와 단기 숙박이라는 두 개 분야에서 세계시장의 선두 주자가 되었다.

2. 명백한 유사점에도 불구하고, 이들 두 사업의 궁극적인 경제성은 상당히 다를 것이다. 에어비앤비는 우버에 비해 규모가 훨씬 작지만, 평가 가치는 우버에 필적한다. 장기적으로 볼 때, 구조적인 측면 때문에 에어비앤비가 더 강하고 내구력 있는 프랜차이즈를 구축할 수 있을 듯하다.

3. 특정 도시의 공급 밀도의 가치가 우버와 에어비앤비의 네트워크 효과를 주도한다. 그러나 숙박할 곳을 찾는 방문객은 도처에서 오는 반면 승차 공유는 주로 지역 내에서 이루어지기 때문에, 에어비앤비의 실질적인 경쟁자들은 글로벌 사업을 구축해야 하는 반면 우버는 수백 개의 현지 경쟁 업체들과 맞서야 한다. 게다가 차량을 호출할 때는 가격과 속도만 고려하면 되지만, 묵을 곳을 선택할 때는 고려해야 할 속성이 매우 많기 때문에 상대적인 네트워크 규모의 증분 가치가 대폭 향상된다.

4. 인터넷은 클릭 한 번으로 손쉽게 전환이 가능하지만, 서비스에 대한 신뢰는 여전히 강력한 네트워크 고정성을 형성할 수 있다. 집을 낯선 사람에게 맡기거나 가족의 연례 휴가를 위한 장소를 고를 때는 잠깐 시내를 가로지르기 위해 차를 호출할 때보다 훨씬 큰 신뢰가 필요하다. 서비스 복잡성은 또 검색 비용을 증가시켜서 고객 구속력을 강화하고, 더 범용화된 서비스에서는 이용할 수 없는 유용한 데이터 과학을 활용하는 데 도움이 된다.

5. 네트워크 효과의 존재는 잠재적 프랜차이즈의 전체적인 가치 분석의 끝이 아니라 시작점을 나타내야 한다.

광고와 애드테크가
인터넷을 만나다

인터넷이 출현한 덕분에 수백, 수천 개의 새로운 광고 지원 사업을 시작할 수 있는 빠르게 성장하는 새로운 광고 매체가 탄생했다. 또 기술 발달로 광고주들은 그들의 성배(聖杯)인 잠재 고객과 일대일 관계를 맺을 수 있는 가능성이 생겼다. 그리고 무한한 웹 페이지 뷰를 제공하는 이 행복한 공간을 이용하는 브랜드들은 목표 고객이 인터넷상의 어디에 있든 상관없이 더 저렴한 가격으로 그들에게 도달할 수 있다. 이런 전망 덕분에 마케터와 소비자를 연결하는 복잡한 디지털 도로에서 활동하는 수많은 기술 스타트업이 많은 자본을 끌어들일 수 있었다. 하지만 극소수의 기업을 제외하고는 다들 기회를 살리지 못하고 큰 실패를 맛보았다.

기존 광고 업체들이 새로운 매체의 이점을 누릴 수 있을 거라는 초기의 행복감은 이내 더욱 명확한 평가로 바뀌었다. CNN 사장 제프리 저커Jeffrey Zucker는 2008년에 "디지털 분야에서 푼돈을 얻으려고 아날로그 분야의 큰 이익을 포기하지 말라"라는 유명한 경고를 남기기도 했다.[1] 그러나 기존의 아날로그 자산을 기술 혁신과 유기적인 디지털 성장의 마법 같은 조합으로 보완해서 이런 위협을 극복할 수 있을 거라는 기대 혹은 희망이 아직 남아 있다. 심지어 저커도 그 이듬해에 디지털 푼돈을 "디지털 소액"으로 상향 조정했다.[2]

거대 언론사들의 비현실적인 기대는 이제 지나간 시대의 망상적인 환상이라고 쉽게 일축할 수 있다. 그러나 기존 기업들의 잘못된 전략을 파멸시킨 구조적 어려움은 전문 투자자가 열성적인 반란군에게 수십억 달러의 자금을 제공하려는 사업 계획의 타당성까지 훼손했다. 결국 광고와 광고 기술 부문에는 소수의 대규모 업체가 승자 독식 역학을 발휘하거나 아무 방해도 받지 않고 시장에 진입할 수 있는 중요한 구조적 이점이 없다(플랫폼 망상이 단지 우리의 오해만은 아닌 것처럼 보이는 드문 경우다). 이런 상황은 투자자와 기업인에게 분명하게 시사하는 점이 있다. 그러나 과거 우리의 민주주의 제도가 정보에 입각한 유권자를 만들기 위해 이런 뉴스 사업 광고에 의존하던 것을 생각하면, 이것은 정책 입안자들에게 중요한 의문을 제기한다.

디지털 광고 붐과 새로운 문제

구글과 페이스북이 각각 장악하고 있는 검색과 소셜 네트워크 분야를 제외하고, 광고 사업자들이 직면한 근본적인 경제 문제는 온라인 안구eyeball의 지속 가능한 성장 수준이 광고율 하락 속도를 따라잡을 수 없다는 것이다. 광고주가 디지털 노출을 위해 치르는 비용이 급격하게 하락한 시기는 이용 가능한 온라인 광고 인벤토리가 기하급수적으로 증가한 시기와 일치한다.[3] 게다가 기술이 발달한 덕에 광고주들이 인터넷상에서 사용자들의 움직임을 추적할 수는 있지만, 고유한 잠재 고객을 유치하는 데는 한계가 있다. 프로그래밍 방식의 광고 소프트웨어는 그 사용자들이 다른 사이트에 있을 때도 더 저렴한 가격으로 광고를 전달할 수 있다. 3장에서 〈뉴욕 타임스〉 얘기를 할 때 확인했듯이, 점점 더 많은 구독자를 끌어들이는 최고 품질의 콘텐츠도 광고 수익을 일정하게 유지하기는 어렵다. 〈뉴욕 타임스〉가 부과할 수 있는 금액은 그들의 독자가 우연히 방문한 다른 웹사이트가 제시하는 최저가와 비슷하다.

디지털 디스플레이나 배너 광고 같은 분야에서 이런 역학 관계가 명확해지자 진취적인 디지털 퍼블리셔는 계속해서 새로운 성장 수단을 찾을 수 있었다. 네이티브 광고, 동영상 광고, 모바일 광고, 퍼포먼스 광고 등 잠재적인 지속적 광고 성장의 녹색 싹은 처음에 단순 디스플레이 광고를 괴롭혔던 것과 똑같은 불가피한 자본 환경에 시달리게 될 것이다. 그러나 투자자들은 2016년까지 완전히 새로운 광고 기반의 스타트업에 수억 달러의 자금을 계속 쏟아부으면서 때로 여기에 수십억 달러의 가치를 부여하기도 했지만,[4] 이때는 이미 이런 사업이 가망이 없다는 것이 명확하게 밝혀진 뒤였다. 디지털 퍼블리셔에 대한 하향 예측은 그해에 이미 시작되었고, 이제 예측 가능한 정리 해고·평가절하·파산의 물결이 곧 뒤따를 예정이다.[5]

데스크톱과 모바일 분야의 온라인 광고 성장률은 2019년에 디지털 미디어가 전통 미디어를 추월할 때까지 거의 10년 동안[6] 상대적으로 꾸준히 감소해왔다.**7** 더 우려되는 것은 구글과 페이스북이 광고 성장을 불균형하게 차지하고 있는 수준이다. 일부 애널리스트들은 몇 년 동안 디지털 분야의 순성장이 전부 이 두 업체에서만 발생하거나, 나머지 디지털 광고 영역이 실제로 축소되고 있다는 것을 입증하려고 노력했다.**8**

인터넷에서는 구조상 사실 무한한 광고 인벤토리 공급이 가능하다는 점을 고려할 때, 구글과 페이스북은 어떻게 광고 기반의 사업에서 그렇게 번창할 수 있었을까? 4장과 8장에서 자세히 설명했듯이, 상당히 다르면서도 서로를 강화해주는 경쟁 우위 포트폴리오 덕분에 두 회사 모두가 경쟁 상 불리한 위치에 있는 나머지 기업들은 도저히 따라올 수 없는 가치를 제공할 수 있었다는 것이다.

조금 더 길게 대답하자면, 이 두 회사는 기술력이 상대적인 규모를 활용해 광고 효과를 지속적으로 개선할 수 있는 능력을 제공해주는 예외적인 영역에서 운영되고 있다는 것이다. 둘 다 단순히 데이터가 많은 것이 아니라 광고주와 고유한 관련이 있는 그런 데이터를 가지고 있다. 전 세계적으로 약 2억 명에 가까운 구독자를 보유한 넷플릭스는 많은 데이터를 생성한다. 그러나 광고는 고객층을 멀어지게 할 위험이 있을 뿐 아니라 여러분이 좋아하는 프로그램과 영화에 관한 데이터는 광고주들과 별로 관련이 없기 때문에 예전부터 이 회사는 광고에 신경을 쓰지 않았다.**9** 여러분이 무엇을 검색하고 무엇을 클릭하는지는 구글만 알고 있다. 사회적 상호작용과 커뮤니케이션 웹(그리고 온라인과 오프라인에서 구매하는 제품)**10**은 페이스북의 독점적인 영역이다. 이는 기계 학습과 인공지능을 통해 어떤 광고가 어떤 사용자에게 가장 큰 영향을 미칠지를 점점 더 정확하게 예측할 수 있는 그런 종류의 데이터다.

결국 구글과 페이스북이 온라인 광고를 지배하는 이유는 다른 기업보다 갈수록 효과적인 제품을 제공하기 때문이다. 물론 더 적은 데이터로 동등한 영향을 미칠 수 있는 인구통계집단이나 활동 내역을 가진 이들을 끌어모을 방법을 찾아낸다면, 다른 기업들도 이 게임에 참여해 어느 정도 점유율을 차지할 수 있을지 모른다. 현재 제품 검색 부문에서만큼은 구글보다 앞서 있는 아마존은 광고 부문 규모가 경쟁 업체의 10분의 1에 불과하지만, 시장점유율을 확보하고 있다.[11] 그리고 규모가 훨씬 작은 스냅과 핀터레스트(스냅은 젊은 인구통계집단을 대상으로 독특한 견인력을 발휘하고 있고, 핀터레스트는 특정한 핵심 제품군에서 열성적인 구매자들을 끌어들이고 있다)도 광고 시장을 복점하고 있는 기업들의 지배력에 작은 타격을 입혔다.[12] 그러나 이들의 구조적 이점을 고려하면, 계속 커지고 있는 디지털 광고 시장에서 구글과 페이스북의 점유율이 50퍼센트 아래로 떨어질 위험은 당분간 없어 보인다. 그리고 사실 코로나19 때문에 이런 구조적 경향이 더욱 '강화'된 듯하다.[13]

　　이런 상황은 독점 금지 등과 관련된 어려운 공공 정책 문제를 여러 가지 제기한다. 확실히 반경쟁적인 행동을 정의하고 단속하려면 해야 할 일이 많다. 이상한 일이지만, 유럽과 달리 미국의 독점 금지법에는 '지배적 지위 남용'에 대한 전면적인 금지가 포함되어 있지 않다. 그러나 이런 거대 기업들이 부동의 시장 지위를 확보한 것은 다른 이들이 할 수 있는 모든 일을 더 잘할 수 있는(적어도 효과적인 광고 전달과 관련해서는) 내재된 능력 덕분이라는 것을 고려하면, 나쁜 행동을 단속하는 것 외에 무엇을 해야 할지 알기 어렵다. 제안된 많은 해결책을 보면, 사실상 구글과 페이스북은 다른 기업들이 따라잡을 수 있도록 형편없는 제품을 제공하라고 요구하는 것이나 다름없다. 독점 금지법이 혁신을 장려하기 위한 것이라면, 그런 목적을 달성하기 위해 규제를 한다는 것은 이상한 방법처럼 보인다.

공공 정책 목표가 상충되고 적잖은 아이러니가 발생하는 부분 중 하나가 사생활이다. 우리는 구글과 페이스북의 지속적인 경쟁 우위의 중요한 원천이 그들이 보유한 거대한 사용자 기반에 대한 정보라는 사실에 주목했다. 이 기업들은 이른바 제1자 데이터(고객이 직접 제공하는 정보)의 거대한 저장소를 보유하고 있는데, 이는 매우 독점적이면서 매우 가치 있는 정보다. 그리고 이들은 외부로부터 데이터를 보호하기 위해 정교한 기술 스택을 개발했다. 그래서 고객 데이터와 관련해서는 이 기업들을 "벽으로 둘러싸인 정원"이라고 부르는 것이다.

확실하지 않거나 관련성이 낮은 사용자 정보를 보유한 기업들은 이른바 제3자 데이터를 보완해 광고 효과를 개선해야 한다. 제3자 데이터는 다른 웹사이트나 플랫폼 또는 그러한 데이터를 상업적으로 수집하는 업체에서 모으거나 구입한다. 또 웹사이트들은 제한된 제1자 데이터의 가치를 높이기 위해 이른바 제3자 쿠키라는 것을 설치해 사용자가 사이트를 떠난 후 어디에서 무엇을 하는지 추적할 수 있다.

대부분의 개인정보 보호 정책은 당연히 제3자 데이터 사용에 초점을 맞췄다. 그러나 이런 제한은 개인정보 보호에는 좋지만 자체적인 데이터의 상대적 강점 때문에 제3자 데이터에 대한 의존도가 적은 기업, 즉 불가침의 시장 지위 때문에 다른 공공 정책의 관심의 대상이 되는 인터넷 대기업들의 상대적인 경쟁 지위를 강화할 것이다. 2020년에 구글은 시장을 지배하는 자사의 크롬 브라우저에서 2022년까지 제3자 쿠키를 제거할 계획이라고 발표했다. 이것은 개인정보 보호에도 좋지만 구글의 사업에도 분

명히 좋은 소식이다.[14]

미국의 독점 금지법에는 개인정보 보호를 위한 고려 사항이 명시적으로 포함되어 있지 않다. 그래서 전통적인 시장 분석을 통해서는 우려할 만한 근거를 찾지 못한 구글의 핏비트 인수에 대한 정부의 검토가 상당히 복잡해졌다. 게다가 미국 법은 개인정보 보호 문제를 직접적으로 다루지 않는다. 미국 연방통상위원회는 소비자 보호에 대한 일반적인 권한에 근거해 개인정보 보호 문제를 검토한다. 이 얇고 단절된 규제 조각은 첨단 기술로 가능해진 거대 미디어의 출현으로 제기된 복잡하게 상호 연관된 정책 문제를 해결하는 데는 별로 적합하지 않은 듯하다. 가장 흥미로운 정책 제안은 이 기업들이 적어도 독점 데이터의 일부 측면을 공유하도록 하는 것과 관련이 있다.[15] 하지만 미국 정치 시스템이 경쟁적 이해관계를 합리적으로 균형 있게 조정해 서로 관련된 다양한 규제 공백을 채울 능력이 있는지는 매우 의문스럽다.

애드테크와 마테크, 불황

인터넷 2.0 시대에 닥친 모든 불황 중에서도 가장 극적이었던 것이 애드테크 불황이다. 그 후유증이 너무 컸던 탓에, 많은 벤처 펀드가 이 분야에 대한 미래 투자를 공식적으로 또는 비공식적으로 금지시켰다.[16] 초기 단계의 애드테크 사업은 2015년에 정점을 찍으면서 30억 달러 이상의 자금을 끌어모았다.[17] 2017년 1월에 유니언 스퀘어 벤처스의 프레드 윌슨Fred Wilson은 "투자자와 기업가들이 구글과 페이스북이 이기고 나머지는 모두

졌다는 것을 인정함에 따라 애드테크 시장은 검색, 소셜, 모바일 방식으로 갈 것이다"라고 예측했다.[18]

이 부문이 자본을 끌어들이는 과정에서 직면한 과제에는 구글과 페이스북, 그리고 아마존이 만들어낸 강력한 도구 그 이상이 반영되어 있다. 혁신적인 제품을 설계할 때 데이터 사용에 관해 부과하는 현재 또는 미래의 규제, 그리고 기존의 기술 대기업이 지배하는 생태계에서 기술 기반의 지속 가능한 이점을 개발하는 상황에 내재된 문제 때문에 투자자의 조심성은 커진다. 그리고 구글과 페이스북의 긴 그림자가 애드테크 투자에 어두운 그늘을 드리웠다면, 오라클·세일스포스Salesforce·어도비처럼 덜 위협적인 기업은 밀접하게 관련된 투자 카테고리인 마케팅 기술 스타트업으로의 자금 흐름에 비슷한 영향을 미쳤다.[19]

고도로 상호 연결된 시장에서는 애드테크와 마테크martech를 구별할 수 있다. 전자는 유료 캠페인을 제작해서 배포하고 관리하는 방식에 초점을 맞추는 반면, 후자는 이메일, 소셜 네트워크 및 다양한 개인화 기술을 통해 개인에게 직접 다가가도록 설계된 무료 캠페인을 포함한다. 구글을 상대할 때 키워드 입찰을 돕기 위해 고안된 검색 엔진 마케팅Search Engine Marketing, SEM 도구는 애드테크이고, 무료 검색 결과의 배치를 도와주는 검색 엔진 최적화Search Engine Optimization, SEO 도구는 마테크의 영역이다. 둘 중 어느 한쪽에 확실하게 속하는 제품이나 플랫폼도 많지만(광고 교환이나 네트워크는 애드테크이고, 고객 관계 관리Customer Relationship Management, CRM나 소셜 네트워크 관리 시스템은 마테크다), 기업들이 전반적인 고객 경험을 관리하려고 함에 따라 둘 사이의 구분이 흐릿해지고 도구가 점점 수렴되고 있다.

마테크 지출이 애드테크 지출보다 훨씬 많고, 자금 조달 감소도 별로 극적이지는 않았다. 예전에는 애드테크과 마테크의 차이를 광고대행사에서 도구를 사용했는지, 아니면 기업 사내 팀에서 사용했는지에 따라 정의하기도 했다. 거대 광고대행사만큼 광고 산업 환경의 변화에 영향을 받은 산업도 없다. 집단적인 실존 위기에 직면한 그들은 예상되는 애드테크-마테크 융합에 자신들의 미래를 걸기로 했다. 이것이 좋은 내기인지 나쁜 내기인지 판단하려면, 광고대행사가 쇠퇴하게 된 주요 원인을 고려해야 한다.

결국 광고는 창의적인 도박이다

2019년에 광고대행 산업을 멀리서 슬쩍 들여다본 사람은 이 부문 전체가 기본적으로 건강해 보인다고 생각했을 것이다. 업계를 장악하고 있는 상위 다섯 개 대행사의 지주회사들은 그해에 총 600억 달러가 넘는 매출을 올렸으며, 대부분 안정적이거나 개선된 수익을 보고했다. 예전처럼 성장세를 보이지는 않지만, 이 다섯 개의 충실한 기업들로 대표되는 전체적인 부문은 그 규모가 줄어들지도 않았다. 그리고 몇 년 전에 지주회사들이 디지털 분야의 수익이 사업 매출의 대부분을 차지한다고 보고하면서, 이들은 마침내 디지털 전환 과정의 중요한 이정표에 도달했다.[20]

그러나 표면의 고요함 아래에는 변화하는 고객 요구, 공격적인 새 경쟁자, 핵심 가치 제안 및 경제 모델의 본질과 관련된 근본적인 정체성 위기에 직면해서 혼란에 빠진 산업이 있었다. 이런 압력은 2020년 팬데믹 때문에 이 분야가 당면한 과제의 근간인 디지털 전환이 가속되기 훨씬 전에 나타났다.

예전의 상징적인 매드 맨mad men은 가장 큰 소비자 브랜드를 위해 창의적인 광고 캠페인을 디자인하는 능청스러운 이야기꾼들이었다. 그들은 대부분 캠페인과 관련된 광고를 게재하고 그에 대한 수수료를 받는 식으로 보상을 받았다. 하지만 대부분의 창의적인 사업이 다 그렇듯, 이들도 핵심 기능의 재무 레버리지가 제한되어 있었다. 하지만 다행스러운 점은 경기가 침체되었을 때도 대행사들이 지속적인 수익성을 관리할 수 있을 만큼 비용 구조가 유연했다는 것이다. 지주회사가 여러 대행사를 통합해서 확보한 이점은 주로 광고 배치 운영을 중앙 집중화하고 가장 광범위한 글로벌 고객에게 가장 광범위한 서비스를 제공할 수 있다는 것이다.

2000년대까지 광고대행사에 많은 변화가 있었다. 1990년대 후반에는 실비 정산을 기반으로 하는 보상 방식이 커미션을 추월했다. 기존 대행사들 사이에서 디지털 군비 경쟁을 위한 인수와 내부 투자가 진행되면서 디지털 오퍼링이 확장되었다.[21] 고객에게 새로운 제품과 서비스가 제공되었다. 그러나 창의적인 미디어 브랜드 캠페인의 설계와 실행을 중심으로 만들어진 광고대행사의 가치 제안의 핵심은 대부분 변하지 않았다.

그리고 오프라인에서 온라인으로 가는 미디어 이동 때문에 광고대행사의 필수 불가결성이 잠식되었다. 고객에게는 여전히 훌륭한 브랜딩 캠페인이 필요하다. 그러나 브랜딩 캠페인에는 "내가 광고에 쓰는 돈의 절반은 낭비된다. 문제는 어느 쪽 절반인지 모른다는 것이다"라는, 백화점 업계의 거물 존 워너메이커John Wanamaker의 유명한 말이 여전히 어느 정도 적용된다. 구글 CEO 에릭 슈미트는 이런 전통적인 마케팅에 대해 느끼는 똑같은 감정을 "미국 기업에서 이해할 수 없는 지출의 마지막 보루"라는

말로 새롭게(그리고 좀 더 자기 위주로) 표현했다.[22]

이와 달리 퍼포먼스 기반 광고는 고객이 쉽게 성공을 인정하고 프로젝트 투자 수익을 빨리 계산할 수 있다. 클릭률과 전환 비율을 계산하는 것이 어렵지 않기 때문이다. 그리고 우리가 보았듯이, 인터넷에서 탁월한 성과를 올릴 뿐 아니라 계속해서 발전하고 있는 것은 퍼포먼스 기반 광고 영역이다. 따라서 온라인의 상대적 성장은 퍼포먼스 캠페인보다 브랜딩 쪽으로 향하는 광고의 상대적 비중 감소를 주도하고 있다.

빅데이터는 브랜딩 캠페인의 성공을 보장하는 데 크게 도움이 되지는 않는다. 물론 데이터는 사람들에게 무엇이 중요하고, 그들의 성향이 어떤지 알아내는 데 도움이 될 수 있다. 그리고 우리는 어떤 것이 효과가 있는지 빨리 알아내는 데 훨씬 능숙해졌다. 그러나 결국 광고 캠페인은 창의적인 도박이다. 이것은 넷플릭스가 그 많은 사용자 데이터를 가지고 있고 〈하우스 오브 카드〉의 성공담이 자주 입에 오르내리는데도 불구하고, 본질적으로 정말 훌륭한 프로그램을 만들기에 더 좋은 위치를 차지하지 못하는 것과 같은 이유다. 광고회사 임원이 팀원들에게 디지털 시대에 입소문이 날 만한 광고를 만들라고 촉구하는 것은 "난 히트작을 원한다!"라고 외치던 그 옛날의 영화사 임원들보다 효과적인 방법이 되지 못한다.[23] 한쪽에서 넓은 범주의 광고에 대한 비용 효율은 지속적으로 개선되는 반면 다른 쪽은 상대적으로 정체되어 있기 때문에, 결과적으로 자원이 한쪽으로 이동할 것이라는 사실을 누구나 예측할 수 있게 되었다. 브랜드 광고의 모든 범주는 10년 넘게 전 세계 유료 미디어 지출에서 작은 몫을 차지해 왔으며, 그 비중은 계속 줄어들고 있다.

보다시피 브랜드 광고는 항상 온라인 미디어 지출의 작은 부분을 차지

글로벌 브랜드 지출의 중요성 감소(2010~2020년, 단위: 10억 달러)

	2010	2020E	2010~2020년 사이의 변화	연간 복합 성장률
브랜드 광고				
오프라인	381.3	401.1	5.1%	0.5%
온라인	10.0	83.5	835.0%	23.6%
총계	**391.3**	**484.6**	**23.8%**	**2.2%**
퍼포먼스 기반 광고				
오프라인	404.9	625.6	54.5%	4.4%
온라인	52.6	274.6	522.0%	18.0%
총계	**457.5**	**900.2**	**96.8%**	**7.0%**
총 미디어 지출	848.8	1384.8	63.1%	5.0%
미디어 지출의 브랜드 점유율	**46.1%**	**35.0%**	**(11.1%)**	

출처: Daniel Salmon et al., Digital Marketing Hub v4.1: Revisiting the TAM and Examining Market Shares, BMO Capital Markets, June 2019

해왔기 때문에, 광고대행사의 디지털 미디어 지출 비중이 오프라인 지출보다 적은 것은 놀라운 일이 아니다. 그러나 특히 우려해야 할 점은 오프라인 세계에서도 지출이 브랜드 구축에서 벗어나 좀 더 즉각적인 전략으로 옮겨갔다는 것이다. 전통적인 미디어 대기업에 비해 디지털 미디어 대기업에서는 대행사가 차지하는 매출 비중이 현저히 낮기 때문에 고객에게 유리한 조건을 확보할 수 있는 상대적인 영향력(대행사 지주회사 모델에서 강조하는 몇 안 되는 규모의 이점 중 하나)이 약해진다.

이와 관련된 여러 구조적 요소들이 광고 생태계에서 지주회사들의 연관성이 감소하는 이유를 자세히 설명한다. 첫째, 구글과 페이스북, 디지털 미디어는 일반적으로 광고의 가용성을 민주화했다. 예전에는 TV나 신문에 광고를 실을 금전적 여유가 없으면 선택지가 상당히 제한되었던 반면,

인터넷은 경쟁의 장을 급격하게 넓혔다. 따라서 광고 지주회사(소비자 포장용품 대기업이 여전히 매출의 4분의 1을 차지하고 있다)의 고객 목록을 장악하고 있는 포천 500대 기업은 이제 전체 광고에서 훨씬 적은 부분을 차지한다.

둘째, 본질적으로 투명한 디지털 미디어 구조와 상업적 메시지를 제작하는 데 드는 비용이 극적으로 감소한 덕에 진입 장벽이 낮아지자 주로 실비 정산 비즈니스 모델로 운영되던 대행사의 경제가 약화되었다. 이런 경쟁은 끝없이 등장하는 새로운 디지털 대행사뿐 아니라 지주회사의 핵심 고객 기반 자체에서 비롯된 것이기도 하다. 앞서 언급했듯이, 해당 고객 기반은 주로 이러한 디지털 기능을 사내에 도입하는 것을 정당화할 수 있는 규모의 회사들로 구성되어 있다. 브랜드 자체(최근에는 맥도날드, 나이키, 페이팔, 월마트 등)에서 애드테크와 마테크의 인수를 진행하는 사례가 늘고 있다.[24]

마지막으로, 마케팅 담당자와 온라인 타깃층 사이에 위치한 경쟁 플랫폼과 소프트웨어 솔루션의 혼잡하고 복잡한 망 때문에 광고대행사들이 과거와 같은 강점을 발휘하지 못한다. 물론 이들은 수요 측과 공급 측 플랫폼, SEO 및 SEM 플랫폼, 광고 서버, 거래소 같은 '플랫폼' 비즈니스인 경우가 많지만, 이 모든 부문은 일반적으로 수십 개의 경쟁사를 지원한다. 이는 기존의 거대 기업이 분명히 리더 자리를 지키고 있는(구글의 더블클릭이 광고거래소에 있는 것처럼) 몇 안 되는 사례에서도 사실이다. 이렇게 혼란스러운 기술적 불협화음은 광고대행사에서 파생된 컨설턴트라는 다른 종류의 사업을 활용할 수 있는 맞춤형 기회로 보인다. 2018년 이후 디지털 컨설팅 회사인 액센추어Accenture, PWC, 딜로이트Deloitte, 카그너전트Cognizant, IBM은 지주회사들의 뒤를 바짝 쫓으면서 이미 글로벌 10대 광고

대행사 반열에 올라 있다.[25] 더욱이 이들은 유기적으로나 공격적인 인수를 통해서나 기존 대행사보다 훨씬 빠르게 성장하고 있다.

한 평론가의 설명처럼, "잔혹한 진실은, 대행사는 스토리텔링을 가지고 있지만 컨설턴트는 문제 해결력을 가지고 있다는 것이다."[26] 지주회사 입장에서 더 불길한 징조는, 최근 컨설턴트의 비유기적 성장이 기술 구매뿐 아니라 창조적인 대행사 매입을 통해서도 이루어졌다는 것이다.[27] 결국 컨설턴트들도 스토리텔링을 하게 될 것이다.

어려운 상황이라도, 실행할 것

2015년부터 광고 지주회사 다섯 개 중 최소 세 개가 진행한 '베팅 컴퍼니' 거래가 정신없이 이어진 것을 보면, 업계 대부분이 컨설턴트가 스토리텔러가 되기 전에 문제 해결사가 되는 것이 최선의 전략이라고 판단한 듯하다. 인터퍼블릭Interpublic, 퍼블리시스Publicis, 덴쓰Dentsu는 데이터 기반 마케팅 솔루션 회사에 총 100억 달러를 지출했다(퍼블리시스는 그때까지 쓴 인수 금액을 다 합친 것과 거의 비슷한 금액을 지출했다).[28]

이런 거래에는 업계별 또는 기능별 기술 도구와 창의적인 기능뿐 아니라 다양한 제1자 데이터와 제3자 데이터, 분석, 컨설팅 등이 포함되었다. 취득한 자산은 다양한 타깃과 합쳐졌고, 수년간 다양한 성공 수준으로 통합되었다. 모든 거래의 공통점은 창의적인 광고 브랜드 관리자의 역할에서 벗어나 회사와 고객 사이의 중요한 관계를 관리하는 데 없어서는 안 될 파트너로 전환한다는 목표였다.

퍼블리시스의 사례는 특히 교육적이다. 2015년에 이 회사는 디지털 마케팅 컨설턴트인 사피엔트Sapient를 37억 달러에 인수했다. 당시 퍼블리시스는 이 합병을 통해 "마케팅, 커머스, 컨설팅, 기술 융합의 선두 주자"로 자리매김하면서 "미래의 대행사"가 될 것이라고 주장했다.[29] 하지만 바라던 이익이 실현되지 않았기 때문에 2년도 안 되어 15억 달러에 사피엔트를 다시 팔아야 했다.[30] 하지만 이런 실패를 겪고도 이 회사는 2019년에 엡실론Epsilon을 44억 달러에 구매하는 것을 단념하지 않았는데, 이번에는 인수 대상의 데이터 자산 가치를 강조했다.[31]

다른 두 거대 지주회사의 접근법은 이와는 전혀 달랐다. 옴니콤Omnicom은 대규모 인수를 피하고 파트너십과 소규모 인수 합병의 지원을 받아 내부적으로 데이터 중심 전략에 자금을 조달했다.[32] 세계 최대의 광고대행사인 WPP는 2018년에 논란이 많던 장기 재직 CEO 마틴 소럴Martin Sorrell이 퇴임한 뒤, 핵심적인 데이터 분석 자회사인 칸타Kantar의 경영권뿐 아니라 수십 년 동안 모아온 미디어 및 기술 회사의 소수 지분의 광범위한 매각을 공격적으로 추진했다. 신임 CEO는 "창의성에 대한 새로운 헌신"과 "독특한 기술 파트너십의 강점을 활용하는 것"의 중요성을 모두 아우르는 접근 방식의 "급진적 진화"를 선언했다.[33]

전반적인 마케팅 지출에 비해 브랜딩의 중요성이 줄어드는 것은 광고대행사들이 맞서야 하는 불행하지만 불가피한 구조적 현실이다. 그러나 효과적인 브랜드 관리의 필요성은 사라지지 않으며, 광고대행사의 핵심 강점인 창의적 역량이 인터넷 때문에 무력화되지도 않을 것이다. 갈수록 복잡해지는 기술과 미디어 환경을 반영하고 최적화하는 현대 광고대행사의 창의적 노력이 중요하다는 것에는 이견이 있을 수 없다. 그러나 대행사

고유의 창의적인 역량을 더욱 효과적으로 활용하는 데 초점을 맞추기보다 기술 컨설턴트들을 이기려고 경쟁하는 것은 손해 보는 제안처럼 느껴진다. 수조 달러 규모의 기업과 경쟁하기 위해 독점 기술과 데이터에 수십억 달러를 투자하는 것도 마찬가지다.

시간이 지나면 WPP가 선택한 길이 더 성공적일지, 아니면 퍼블리시스가 선택한 길이 더 성공적일지 밝혀질 것이다. 물론 성공 여부는 전략 못지않게 실행을 통해 판가름 날 것이다. 그러나 결함 있는 전략, 특히 동등하게 될 가능성조차 거의 없는 상태에서 지속 가능한 이점을 확보하는 데 초점을 맞춘 전략은 효과적인 실행을 더욱 어렵게 만든다.

앞으로 애드테크에 남은 것은 무엇인가

틈새 광고 업체들이 페이스북과 구글이라는 지배적인 업체들이 복점하고 있는 애드테크 시장에서 사업을 구축할 방법을 찾은 것처럼(아마존은 제품 검색 같은 틈새 중 일부는 규모가 상당히 크다는 것을 보여주었다), 마테크 분야에서는 많은 기업이 구조적 이점을 제공하는 기능이나 부문을 중심으로 방어 가능한 해자를 구축했다.

애드테크 분야에서는 가장 큰 수요 측 플랫폼Demand-Side Platform, DSP인 트레이드 데스크The Trade Desk, TTD가 벽으로 둘러싸인 두 개의 거대한 정원 밖에서 파편화된 인벤토리를 모을 수 있는, 규모가 큰 업체를 만들 기회를 실현했다. 전직 마이크로소프트 임원 두 명이 설립한 TTD는 광고 지주회사의 친구로 자리매김하는 방법으로 경쟁사를 앞지르고, 클라이언트에게 직접 다가감으로써 그들을 무력화하려는 시도를 피했다.34 이를 통해 TTD는 방대한 광고 수요를 통합하고 광고 자리를 제안하는 퍼블리싱 파트너를 유치함으로써 빠르게 상대적인 규모를 확보할 수 있었다. 향상된 소프트웨어 툴에 대한 지속적인 투자, 95퍼센트의 고객 유지율에서 드러나는 긴밀한 고객 관계 유지, 지속적인 개선을 위해 거래 데이터를 활용할 수 있는 확실한 기회 등 공급 측면에서의 규모의 이점 덕분에 네트워크 효과가 더욱 강화되었다.

10여 년 만에 TTD의 시장가치는 200억 달러를 넘어서 경쟁 관계에 있는 수십 개의 독립 DSP를 압도했다.35 그러나 이 모든 성공과 구조적 이점에도 불구하고, 2020년 TTD는 10억 달러에 훨씬 못 미치는 수익을 올렸다. 이 플랫폼이 2020년에 1500억 달러가 넘는 미국 광고 시장에 지출한 디지털 광고 금액은 40억 달러에 불과하다.36 이는 미개척 시장의 잠재력이 크다는 것을 시사하지만, 오늘날 애드테크 분야에서는 거대한 벽으로 둘러싸인 정원(자체적으로 거대한 경쟁 DSP를 보유하고 있는) 바깥의 기회가 얼마나 제한적인지를 강조한다.37 최근 애드테크 업계에서 작은 르네상스를 주도한 관련 분야 중 하나는 구글과 페이스북이 시장을 완전히 장악하고 있지 않은 커넥티드 TV의 폭발적인 증가다. 이로 인해 TTD 같은 독립 기업과 벤처 기업들의 거래 활동38과 새로운 투자가 갑자기 급증했다.39

마테크 분야에서는 이 용어에 포함된 별개의 기능 수가 단순히 미디어 지출을 최적화하는 것보다 훨씬 광범위하기 때문에 독립 기업들이 이용할 수 있는 잠재적인 기회가 더 많다. 집중된 전문 지식의 혜택을 받는 다양하고 차별화된 영역은 방어 가능한 틈새시장을 구축하는 데 도움이 된다. 웹사이트 최적화, 마케팅 자동화, 고객 추적, 분석 도구, 콘텐츠 관리,

고객 보상 프로그램, 이메일 및 SMS 마케팅 등이 가능하다. 잠재적인 전문 분야는 훨씬 많지만, 이는 설치 기반이 점진적인 마케팅 솔루션 제공에 필요한 중요한 발판을 제공하는 거대 소프트웨어 회사들도 마찬가지다.

한 가지 흥미로운 성공 사례는 액시엄Acxiom이 2018년에 자사의 마케팅 솔루션 사업을 거대 광고 업체 인터퍼블릭에 23억 달러에 매각한 뒤 남은 독립형 소프트웨어 사업이다. 당시 이 회사의 매출은 3억 달러 이하였다. 라이브램프LiveRamp로 이름을 바꾸고 2021년에 5억 달러 가까운 매출을 올린 이 회사는 브랜드, 에이전시, 퍼블리셔와 그 밖의 기술 파트너가 소비자의 신원을 확인할 수 있는 기여 데이터 플랫폼을 제공한다. 이를 통해 기업 고객은 마케팅 메시지가 이메일이나 TV 같은 디지털 채널과 기존 채널을 통해 의도된 대상 고객에게 도달하고 있는지 확인할 수 있으며, 개인 정보를 침해하지 않고 분산된 데이터 세트를 통합하고 연결할 수 있다. 라이브램프가 번창한 이유는 기업들이 이러한 종류의 산업 유틸리티를 생성하는 데 필요한 민감한 고객 정보를 다른 이해관계나 인센티브가 있을 수 있는 여러 당사자 또는 기업(예컨대 기술 업계의 거물)에 제공하는 것을 싫어하기 때문이다. 이런 공유된 신원 데이터 자원의 무결성을 관리하기 위해 존재하는 중립적이고 필수불가결한 파트너로 자리매김한 라이브램프의 가치는 액시엄이 23억 달러 규모의 마케팅 솔루션 부서를 매각하기 전의 모든 가치를 빠르게 초과했다.

라이브램프는 독립적이고 확장 가능한 마케팅 서비스 틈새를 지속적으로 구축할 수 있는 기회를 상징한다.**40** 수직 시장에 초점을 맞춰서 성공한 다른 공개 기업으로는 인바운드 마케팅 및 콘텐츠 관리 분야의 허브스팟HubSpot과 소셜 네트워크 관리 분야의 스프라우트 소셜Sprout Social이 있다. 대규모 마케팅 클라우드 공급 업체인 어도비, 오라클, 세일스포스가 원스톱 마케팅 플랫폼으로 추가 기능을 더할 수 있다는 사실은 성공적인 독립 기업을 구축하는 데 큰 걸림돌이 되고 있다. 특정한 사용 사례와 산업 구조 측면에서 볼 때 특화된 규모와 제품 포커스를 통해 전달되는 증분 가치가 매우 커서 통합 오퍼링의 효율성을 압도할 수 있어야 한다. 하지만 다음 장에서 살펴보겠지만, (인공지능을 대규모 데이터베이스에 적용할 수 있는 훨씬 큰 경쟁 업체에도 불구하고) 방어 가능한 소프트웨어 프랜차이즈 개발을 촉진할 수 있는 일관되고 입증된 전문화 능력은 마테크의 수준을 훨씬 뛰어넘는다.

우리가 이 장에서 배울 수 있는 것들

1. 미국에서만 1300억 달러의 가치가 있는 디지털 광고의 폭발적인 증가로 현상금을 나누려는 수천 개의 광고 관련 스타트업과 이를 관리하려는 기술 스타트업이 생겨났다.

2. 늘어난 지출 대부분을 페이스북과 구글이 흡수했기 때문에 초기의 행복감은 잘못된 것으로 판명되었다. 끝없이 나타나는 새로운 인벤토리와 기술 덕에 광고비가 하락하면서 마케터들이 놀라운 효율로 인터넷상의 어디에서나 목표 소비자들에게 도달할 수 있게 되자, 가장 매력적인 퍼블리셔들도 광고 지출을 늘리기 위해 고군분투하고 있다.

3. 페이스북과 구글의 광고 복점을 규제하기 위한 노력은 성공의 근본적인 원천인 데이터를 사용해서 광고의 효과를 지속적으로 개선할 수 있는 능력을 훼손하지 않도록 주의해야 한다.

4. 디지털 시대에는 브랜드 구축과 강화를 위한 효과적인 스토리텔링이라는 광고대행사의 핵심 가치 제안이 상대적으로 덜 중요해졌다. 이에 대응해서, 많은 대행사는 훨씬 규모가 큰 전문 기업들과 경쟁하면서 기술 기업이나 컨설팅 회사로 전환하려고 노력했다.

5. 구글과 페이스북이 지배하는 생태계에서 애드테크 기업이 설 기회는 희박하다. 더 넓은 마테크 세계에는 독립 기업이 성공적으로 전문화할 수 있는 기회가 훨씬 많지만, 여기에는 대규모 설치 기반에 새로운 솔루션을 제공하기 위해 경쟁하는 어도비, 오라클, 세일스포스 같은 거대 소프트웨어 회사들이 있다.

14짱

빅데이터와 AI가
중요하지 않은 경우

디지털 플랫폼과 관련 네트워크는 데이터를 생성한다. 그것도 꽤 많은 데이터를. 매장에서 익명의 현금 거래로 생성되는 정보의 양은 인터넷상이나 매장에서 직접 신용카드를 사용할 때와 같은 전자 거래로 생성되는 여러 개의 상호 연결된 알고리즘에 비하면 사소한 수준이다. 우리의 집합적인 디지털 활동 정보에서 생성된 수많은 데이터를 비즈니스 성과를 개선하는 실행 가능한 인텔리전스로 전환할 수 있다는 전망은 직관적으로 볼 때 확실히 매력적이다.

빅데이터를 금으로 바꾸기 위해 머신러닝이나 더욱 미래적인 AI 스마트 소프트웨어를 사용하는 것은 자금 조달을 원하는 기업가부터 더 높은 가치를 추구하는 기성(또는 야심 찬) 상장 기업에 이르기까지 모든 이들이 일상적으로 권장하는 일이다. FAANG 기업들은 이 분야의 기업을 인수하거나 자신들을 'AI 기업'으로 홍보하는 등 각자의 전략적 비전에 맞게 인공지능의 중요성을 홍보했다.

현재의 열광은 1950년대부터 연속적으로 발생한 AI 관련 열풍을 반영하는데, 이 모든 것은 한 가지 공통점을 가지고 있다. "계속 약속만 하고 실제 성과는 거의 없다"는 것이다.[1] 유명한 컴퓨터과학자 게리 마커스Gary Marcus와 어니스트 데이비스Ernest Davis는 《2029 기계가 멈추는 날Rebooting AI》에서 인공지능과 관련된 "야망과 현실 사이에" 지속적으로 존재하는 엄청난 격차를 "AI 캐즘AI Chasm"이라고 부른다.[2] 사업적인 맥락에서 이러한 한계는 "실제 기업의 실제 경영자들이 AI를 구현하기 어렵다는 사실을 깨닫고 있다"는 것을 보여주는 데이터를 부분적으로 설명한다.[3]

소프트웨어 애플리케이션은 새로운 것이 아니며, 인공지능으로 통하는 것의 기초가 되는 핵심 알고리즘 설계는 수십 년 전부터 시작되었다.[4] 컴퓨팅 성능, 인프라 대역폭, 데이터 세트의 가용성 증가가 이런 기술을 더욱 강화했다는 데에는 의심의 여지가 없다. 그러나 AI의 혁신적인 잠재적 영향이 가장 많이 과장되고 있는 건강관리[5]나 자율 주행 차량[6] 같은 상대적으로 표적화된 영역에서도 이 기능은 약속대로 전달되지 않았다.

과거와 최근에 느낀 실망은 이 분야를 가득 메우고 있는 미래학자들과 AI 치어리더들의 열정을 꺾거나 순위를 떨어뜨리는 데 큰 역할을 하지 못했다. 경영 전략의 영역에서는 하버드 경영대학원의 마르코 이안시티Marco Iansiti 교수와 카림 라크하니Karaim Lakhani 교수가 네트워크 효과와 AI의 강화된 이점이 발휘하는 힘과 편재성을 알리는 선도적인 전도사로 부상했다. 그리고 3장에서 언급했듯이, 수요 측 규모의 장점과 공급 측 학습 장점의 조합은 디지털 시대의 논리적 쌍을 나타낸다.

《온택트 경영학Competing in the Age of AI》에서 이안시티와 라크하니는 학계뿐 아니라 투자자, 일반 대중이 현재 품고 있는 통념과 그리 멀지 않은 새로운 시대의 비전을 제시한다. 그들은 디지털 환경에 의해 촉진된 네트워크 및 학습 효과의 "자체 강화 루프"[7]가 규모에 따라 수익을 가속하고, AI 경제의 "알고리즘 중심 운영 모델은 거의 무한히 확장할 수 있다"[8]고 주장한다. 그들은 이로 인한 경제적 영향은 산업혁명보다 "몇 배나 크고"[9] "승자 독식 세계"[10]로 이어질 것이라고 주장한다. 플랫폼 망상의 AI 버전인 이 다가오는 혁명에 믿음을 품고 있는 사람은 이안시티와 라크하니만이 아니다.

이런 아이디어의 열정적인 홍보와 그 기반이 되는 광범위한 구조적 관찰의 타당성을 고려할 때, '빅데이터'의 이점을 격찬하는 투자자 설명 자료가 어디에나 존재한다는 것은 별로 놀랍지 않다. 그러나 이런 특정한 파워포인트 슬라이드는 대부분 투자자 프레젠테이션의 마지막에 등장하며, 흔히 '성장 기회'라는 섹션에 포함된다. 일반적으로 설득력을 발휘하는 내용은 충분한 데이터가 수집되거나 데이터를 효과적으로 활용할 수 있는 알고리즘이 개발되면 수익화 또는 경쟁 우위를 강화할 수 있는 잠재력이 있다는 것이다. 그러나 네트워크 효과 사업의 주목할 만한 특징은 실제로 (잠재적인 것이 아니라) 강력한 공급 측면의 장점을 통해 이익을 얻는 경우가 거의 없다는 것이다.

이론적 잠재력과 실제 현실 사이의 차이는 많은 사용 사례의 맥락에서 데이터의 제한된 가치와 데이터를 수익성 있게 활용할 수 있는 여러 기술의 초기 상태를 통해 부분적으로 설명할 수 있다. 'AI'는 유행어일 수도 있고, 길게 줄을 선 투자자와 그들의 자금을 분리하는 데 있어 확실히 중심적인 역할을 해왔지만, 이것이 지속 가능한 경쟁 우위의 주요 원천으로 입증된 인터넷 비즈니스 모델은 눈에 띄게 부족하다.

수십억 달러 규모의 P2P 대출 시장의 출현을 예로 들어 보자. 2005년에 영국에서 처음 등장한 간단한 아이디어는 인터넷의 힘을 이용해 전통적인 은행의 간접비 없이 대출자와 대출 업체를 직접 연결할 수 있는 플랫폼을 구축하자는 것이었다. 플랫폼은 일반적으로 초기 매칭을 위한 융자 개시 수수료와 지속적인 관계 관리를 위한 서비스 수수료를 부과한다.

P2P 시장이 대출자와 대출 업체 모두에게 어떤 혜택을 주는지 알아보는 것은 어렵지 않다. 그런 대출의 다양한 포트폴리오는 당연히 저축 계좌보다 훨씬 나은 수익을 낼 것이다. 그리고 개인과 소기업들은 이제 전통적인 은행이(또는 심지어 친척들도) 어떤 조건으로도 제공할 수 없는 유동성에 접근하게 될 것이다. 경쟁 P2P 플랫폼이 더 낮은 수수료를 부과하는 것 외에 어떤 방법으로 수익성 있게 차별화할 수 있을지는 명확하지 않다. 대출자들은 아마도 가장 낮은 금리를 원하고, 대출 업체는 그 반대를 원할 것이다. 서로 다른 플랫폼이 비슷한 위험도의 대출자에게 유의미하게 다른 이자율을 산출한다면, 추정컨대 어느 한쪽 또는 다른 쪽의 거래가 지연될 것이다. 그 결과 상대적으로 유사한 금융 상품이 등장할 것이다.

여기에서 데이터가 등장할 수 있다. 대출을 제공한 경험이 많아서 비슷한 상황에 처한 대출자의 실제 위험 프로필에 대해 더 많은 정보를 보유한 플랫폼은 대출자의 위험을 평가하는 능력이 더 뛰어날 것이다. 별로 정교하지 않은 플랫폼은 위험성 평가보다 더 나은 조건을 제시해 대출자를 끌어들일 수 있지만, 그 결과 연체율이 높아지면 대출 업체들이 그 플랫폼에서 도망칠 것이다. 시간이 지나 상대적 우위가 명확해지고 상대적인 시장 점유율이 그 뒤를 따르면 이런 데이터 우위가 증가해야 한다.

2014년 12월에 최대 규모의(최초는 아니지만) P2P 마켓플레이스인 렌딩클럽의 IPO가 큰 성공을 거둔 것도 이런 상황 덕분이었다. 렌딩클럽은 약 10억 달러의 자금을 조달해 이해의 최대 기술 IPO로 기록되었으며, 거래 첫날 주가가 50퍼센트 이상 올랐다. 이 회사의 평가 가치는 몇 주 만에 100억 달러를 넘어서 최초의 대형주 핀테크 회사가 되었다. 대표 주관사인 골드만삭스가 이 회사에 대한 보도를 시작하면서 발행한 리서치 자료에서는 렌딩클럽이 "승자 다식 역학"을 주도하는 "다른 인터넷 시장 모델과 유사한 (…) 의미 있는 경쟁 우위를 보였다"고 설명했다.[11] 비록 IPO 당시 렌딩클럽의 조정된 EBITDA 마진은 10퍼센트 미만이었지만, 골드만삭스는 마켓플레이스의 구조적 특성상 장기적으로 "40퍼센트 이상"의 마진을 창출하게 될 것이라고 투자자들에게 장담했다.

골드만삭스의 자신감은 렌딩클럽이 더 많은 대출원에서 얻은 독점 데이터를 바탕으로 우수한 동적 신용 모델을 개발할 수 있다는 믿음에 기반을 두고 있다. 그 결과 "[대출 업체가 요구하는 낮은 리스크 프리미엄 때문에] 이자율이 낮아지자 더 많은 우량 대출자들이 렌딩클럽 플랫폼에 매료되었고, 결국 대출 실적 개선과 투자자 신뢰 증대라는 긍정적인 피드백 루프가 형성"되었다.[12]

골드만삭스의 예측에 따르는 문제는, 대부분의 대출자에게는 신용 점수처럼 쉽게 구할 수 있는 정보가 완벽하게 적절한 예측 능력을 제공한다는 것이다. 힘들게 개발한 독점 기술로 독점적인 대출자 데이터가 점점 늘어나더라도 중요한 증분 가치를 창출하지는 못한다.

새로운 마켓플레이스가 등장한 초창기에는, 얼리어답터 대출 업체나 대출자로부터 수요를 끌어모으는 능력을 통해 플랫폼을 차별화할 수 있었다. 그러나 P2P 대출이 확립됨에 따라 주요 기관투자자들이 참여하기 시작했고, 수요 규모가 확대되기 시작했는데, 두 가지 모두 P2P 대출 플랫폼이 자체적으로 많은 초과 가치를 보유할 수 있는 능력을 제한했다.

이 부문은 자신들이 전통적인 '다대다' 시장에서 참가자들을 연결하여 발생하는 네트워크 효과의 이점을 누릴 수 있는 매력적인 수단이라고 생각했다. 그러나 서로 다른 대출 업체와 대출자를 대신하는 렌딩클럽과 그 동료들은 자신들이 골드만삭스 같은 거대한 개인 자산 관리 기관과 렌딩트리LendingTree나 크레디트 카르마Credit Karma, 구글 같은 거대 소비자금융 포털 사이에 끼어 있다는 것을 알게 되었다. 메타 검색 여행사들도 익스피디아와 부킹에 수요를 의존하고 구글에 공급을 의존하는 탓에 제한이 많지만, 학습을 통한 상당한 공급 이점이 없다면 결코 바람직한 사업이 될 수 없다.

렌딩클럽의 주가 폭락은 매우 다양한 요인으로 발생했는데, 그중 일부는 이 회사 특유의 요인이다.[13] 그러나 미국 P2P 대출 부문의 선도 기업인 프로스퍼 마켓플레이스Prosper Marketplace를 비롯해 업계에서 가장 탄탄한 기업들도 골드만삭스가 약속한 40퍼센트 이상의 마진을 내기는커녕 그보다 훨씬 낮은 수익성조차 꾸준히 유지하는 데 실패하고, 수십 개의 신규 진입자들이 시장의 이 부문에서 활동할 방법을 찾은 것은 '빅데이터'와 AI가 만든다는 진입 장벽이 환상에 불과하다는 것을 알려준다.

흥미롭게도 시장의 한 부문에서는 단순한 신용 점수 외에도 데이터에서 의미 있는 증분 가치를 얻을 수 있는 것으로 보인다. 신용 점수가 낮은 대출자라면, 추가 데이터 분석을 통해 상환 가능성에 대한 상당한 통찰력을 얻을 수 있다. 하지만 아이러니하게도 렌딩클럽은 빅데이터가 주목할 만한 가치를 추가하지 않는 시장 부문(신용 점수가 640점 이상인 대출자)에서 독점적으로 사업을 운영하면서 차별화를 꾀했다.[14] 신용 점수가 낮은 대출자를 대상으로 틈새시장을 공략하는 수많은 사업체들(렌드업LendUp과 어플라이드 데이터 파이낸스Applied Data Finance 등)도 생겨났는데, 이들은 다양한 비즈니스 모델을 이용하지만 모두 데이터 분석의 역할을 강조한다. 이들도 나름의 도전에 직면해 있지만, 적어도 공급 측면의 이점을 발전시킬 수 있는 경우도 있다.

렌딩클럽이 실패했다고 해서 인터넷상의 독점 데이터와 기술을 활용해 학습곡선을 가속할 수 있는 기회가 있다는 것을 완전히 부정하는 것은 아니다. 우리가 앞서 강조한 앤세스트리닷컴과 질로는 각자 활동하는 틈새시장을 계속 지배하는 데 있어서 이런 현상이 부분적으로나마 영향을 미친 기업들 가운데 두 가지 예일 뿐이다. 그러나 이 보고서는 문제의 특정 사용 사례가 그러한 이점을 제공하는지 여부와 다른 기업들도 동일한 역학 관계를 이용해 빠르게 따라잡을 수 있는지 여부를 판단하는 일의 중요성을 강조한다. 데이터의 예측 관련성 또는 데이터를 제품 개선이나 고객 관리에 적용할 수 있는 가능성이 제한적이라면, 빅데이터의 존재만으로는 차별화가 불가능하다. 마찬가지로, 상대적으로 작은 데이터 세트에서 유용한 결론을 도출하는 기계 학습의 힘은 훨씬 큰 데이터 세트에서 유의미한 증분 지식을 얻을 수 있어야만 이점이 생긴다는 것을 의미한다.

렌딩클럽의 사례는 대규모의 주요 강화 이점을 주로 빅데이터에 의존하고자 하는 기업이 직면한 과제를 강조한다. 그러나 네트워크 효과와 인공지능의 결합으로 경쟁 우위를 극대화할 수 있는 잠재력은 이안시티 교수나 라크하니 교수 같은 인공지능 전도사들이 강조하는 산업 구조에 대한 유일한 영향도 아니고 가장 혁명적인 영향도 아니다. 그들은 수직적 전문화의 이점에 의존했던 산업혁명의 효율성과 오늘날 시대착오적인 조직의 사일로를 무너뜨리는 AI 시대를 대비한다. 이들의 말에 따르면, AI 기반 기업이 된다는 것은 조직 전체를 수평으로 가로지르는 "데이터 중심의 운영 아키텍처를 구축해서 회사의 핵심을 근본적으로 변화시키는 것"[15]이다. 그 결과 "경쟁 우위가 수직적인 기능에서 벗어나 데이터 소싱, 처리, 분석, 알고리즘 개발 같은 보편적인 기능으로 이동하고" 있으며, 그들의 관점은 "전통적인 전문화의 점진적인 종말"로 이어진다.[16]

《AI 시대의 경쟁》에서 제시된, 다가오는 수평적 세계 질서의 관점에 대한 증거 자료 A는 마이크로소프트의 CEO 사티아 나델라[Satya Nadella]가 설계한 놀라운 전환점이다. 이 회사는 1999년의 고점부터 2009년의 저점까지 주식 가치의 절반가량을 잃었다. 하지만 그 후 10년 동안 주가가 거의 10배 가까이 상승해서 2019년에는 (애플과 아마존에 이어) 시가총액이 1조 달러에 도달한 세 번째 회사가 되었다. 이안시티와 라크하니는 "AI 기업 되기"라는 제목의 장에서 마이크로소프트가 이 기간 동안 어떻게 방향을 바꾸고 다시 초점을 재조정했는지 보여준다.[17] 그 결과 개별적인 소프트웨어 CD 배송에 기반한 서로 단절된 비즈니스 라인으로 구성되었던 기업이 AI를 지원하는 클라우드 기반의 소프트웨어 강국으로 전환하는 데 성공했다.

2014년에 지휘봉을 잡은 나델라는 구조적으로 서로 대립하고 있던 두 개의 사업 부문을 물려받았다. 시장 선두 주자인 AWS와 경쟁하는 클라우드 기반의 인프라 사업부 애저[Azure]와 오픈 소스 및 다른 클라우드 기반 대안들과의 경쟁이 치열해지고 있는 전통적인 '온프레미스[on-premises]' 엔터프라이즈 애플리케이션 사업부였다. 이런 구조적 격차는 문화적 차이로 더 심해졌고, 애저는 호환되지 않는 자체 소프트웨어를 계속 개발했다. 게다가 마이크로소프트 엔터프라이즈 애플리케이션을 애저로 복사하는 것도 매우 어려웠다. 나델라는 기업을 위한 최고의 생산성 플랫폼이 되겠다는 단일화된 기업 사명을 명확히 밝히고 클라우드 컴퓨팅과 오픈 소스 기술을 이 비전의 중심으로 받아들임으로써 이러한 격차를 해소했다. 이러한 명확한 방향 변화와 일치하는 일련의 조직 변화, 자본 투자, 제품 이니셔티브, 인수는 성공적인 실행에 필요한 내부와 외부의 신뢰를 제공했다.

인프라와 애플리케이션 사이의 사일로를 무너뜨리고 조직 전체에 통합된 소프트웨어 설계를 구축한 마이크로소프트는 이전에는 상상할 수 없었던 다량의 고객, 프로젝트, 제품 정보에 접근할 수 있게 되었다. 이를 통해 기업이 공격적으로 추구하는 기계 학습과 인공지능의 마법을 적용할 수 있는 다양하고 유망한 사용 사례가 드러났다. 이안시티와 라크하니의 말처럼, 데이터 흐름은 "사용자의 지속적인 피드백을 기반으로" 개선을 촉진할 뿐 아니라 "모든 종류의 분석 기회를 열어주는 고객 친밀도"를 제공한다.[18] 새롭게 개선된 마이크로소프트는 그들이 생각하는 'AI 기업'의 전형이다. "이는 지속적인 변화를 가능하게 하는 민첩한 조직이 지원하는 데이터 중심의 운영 아키텍처를 구축함으로써 회사의 핵심을 근본적으로 변화시키는 것이다."[19]

마이크로소프트의 성과는 인상적이며, 데이터를 활용해 의사결정을 강화하기 위해 광범위한 주요 기능을 중앙에 집중시켰을 때 나타나는 잠재적인 긍정적 영향을 보여준다. 《AI 시대의 경쟁》에서는 이런 변화는 소프트웨어나 기술 사업에만 국한된 것이 아니며, "모든 산업 분야에서 동일한 변화가 빠르게 진행되고 있다"고 주장한다.[20] 실제로 이안시티와 라크하니는 구글이 자동차 산업에 진입한 것을 언급하면서, 전통적인 산업의 경계가 빠르게 사라지고 AI의 힘이 "규모, 범위, 학습"의 경쟁 우위를 지속적으로 증가시키고 상호 강화하는 거대 기업의 출현을 주도할 것이라고 말한다.[21] "유례없는 규모"를 자랑하는 이 새로운 세계에서 "전문화된 역량"은 필연적으로 "관련성과 경쟁력이 떨어지게" 될 것이다.[22]

이런 예측이 사실인지 확인하려면《AI 시대의 경쟁》에서 설명한 핵심 트렌드의 시작 지점인 SaaS 산업의 발전 양상을 살펴볼 필요가 있다. 소프트웨어 공급 업체가 클라이언트 사이트에 솔루션을 설치할 필요 없이 자체적으로 호스팅할 수 있는 능력은 엄청난 잠재적 이점을 제공하며, 이를 통해 레거시 소프트웨어 부문을 교란하는 방대한 산업이 탄생했다. 마이크로소프트의 전략적 재탄생을 이끈 클라우드 컴퓨팅 혁명은 전통적인 사내 솔루션에 비해 SaaS 모델의 중요성이 커지고 있다는 것을 반영한다. 전문화의 부적절성을 증가시킬 것으로 예상되는 요인에 이보다 더 민감하게 반응하는 부문은 상상하기 어려울 것이다. 그러나 이들의 역사와 현재의 현실은 전혀 다른 이야기를 하고 있다.

SaaS의 놀라운 성공과 명백한 거짓말

SaaS 혁명도 인터넷 혁명의 산물이기는 하지만, 첫 번째 인터넷 붐이 붕괴되고 불타버린 뒤에야 비로소 본격화되었다. 컴퓨팅 및 스토리지 용량의 극적인 개선과 광대역 통신망의 전국적인 확장이 결합되면서, 이 분야에 대한 초반의 설명처럼 '주문형 소프트웨어'가 폭발적으로 성장했다. 소프트웨어를 서비스 형태로 제공한다는 생각은 새로운 것이 아니었다. 중소기업을 대상으로 하는 서비스 부서는 이미 1960년대부터 중앙에서 호스팅하는 애플리케이션을 제공했다. 그리고 1990년대 후반에 이른바 '애플리케이션 서비스 제공자'라고 하는 다양한 업체가 등장해서 저렴한 월 사용료로 호스팅 소프트웨어를 제공했는데, 때로는 인터넷을 통해 제공하기도 했다.

하지만 이런 소프트웨어 구현은 일반적으로 한 번에 한 회사만 사용할 수 있는 '단일 임차인single tenant' 방식이었다. SaaS 모델에서 혁명적인 부분은 하나의 소프트웨어 인스턴스가 여러 클라이언트에게 동시에 서비스를 제공할 수 있는 이른바 복수 임차인 아키텍처라는 점이다. 그리고 시장 잠재력을 크게 확장한 것은 SaaS 애플리케이션에 대한 글로벌 다국적 기업의 수용도가 높아지고, 궁극적으로 선호도도 증가한 것이다.

새로운 SaaS 경쟁사들이 타깃으로 삼은 기업용 소프트웨어 시장은 강력한 비즈니스 모델을 가진 견고한 거대 기업들이 장악하고 있었다. 기존의 접근 방식에서는 소프트웨어가 클라이언트/서버 환경에서 '사내에' 배치된다. 고객은 사용자 수에 따라 사전에 영구 소프트웨어 라이선스 비용을 지급하지만 지속적인 유지 관리 및 업그레이드 비용도 청구된다. 초기 구현에 몇 개월 혹은 몇 년이 걸릴 수 있으며, 내부 및 외부 컨설턴트들이 대거 참여해야 하는 고도로 맞춤화된 악명 높은 고비용 작업인데, 컨설턴트 중 일부는 계속 머물러야 한다. 이 프로세스에는 광범위한 교육 및 지원, 전용 하드웨어 및 다양한 관련 미들웨어가 포함되므로 결국 소프트웨어 자체는 고객에게 부과되는 총비용의 일부를 차지한다.

새로 진입한 SaaS 기업이 이런 기존 기업을 공격할 때의 과제는 두 가지였다. 첫째, 잠재 고객이 SaaS 솔루션이 제공하는 유연성과 비용 절감에 흥미를 느끼더라도(고객에게는 사용자 수에 따라 다달이 구독료를 청구하고, 애플리케이션은 보통 제3자의 도움 없이 몇 주 내에 구현되는 경우가 많았다) 기존 엔터프라이즈 고객의 경우 전환 비용이 막대했다. 또 소프트웨어의 기능이 얼마나 중요한지에 따라 전환 과정을 잘못 실행할 때 그에 따르는 위험이 상당할 수 있다. 둘째, SaaS 제품의 모듈식 설계가 실제로 맞춤형 구현이나 다른 공급자와의 통합을 용이하게 한다는 주장에도 불구하고, 잠재 고객들은 분산형 소프트웨어의 단일 인스턴스가 복잡한 응용 프로그램에 필요한 정교함을 가질 수 있는지에 회의적이었다. 또한 특히 민감한 작업에서는, 많은 기업이 소프트웨어와 관련 데이터를 자기네 회사 내에서 직접 제어하지 못할 경우 보안에 미치는 영향에 대해 불안해했다. 그 결과 SaaS 제품의 초기 고객은 대체할 기성 프로그램이 없는 비교적 단순한 개별 애플리케이션을 채택한 신규 기업과 소규모 기업이었다.

초창기 SaaS 기업 중 하나가 세일스포스였다. 이 회사는 1999년에 오라클에서 일했던 입심 좋고 똑똑한 직원 마크 베니오프Marc Benioff가 설립했는데, 그는 아마존이 소비자 제품을 제공하는 것처럼 안전하고 안정적으로 비즈니스 소프트웨어를 제공하는 회사를 설립해야겠다는 영감을 받았다.[23] 처음에는 당시 100억 달러의 시장이 형성되어 있던 CRM(고객 관계 관리) 제품에만 전적으로 집중했다. 시장에서는 CRM을 자사 제품군에 통합한 3대 엔터프라이즈 소프트웨어 제공 업체들이 경쟁을 벌이고 있었다. 또 세일스포스는 다양한 전문 기업들과도 경쟁을 벌여야 했는데, 개중에는 시벨Siebel처럼 대형 고객에게 집중하는 회사도 있고 베스트Best처럼 중소기업을 대상으로 하는 회사도 있었다. 2004년에 세일스포스가 성공적으로 IPO를 진행했을 당시, 이 회사는 몇 안 되는 SaaS 상장 기업 중 하나였고, 매출액은 1억 달러 미만이었다.

당시에는 SaaS 산업의 규모가 크지 않았는데도, 기존 소프트웨어 리더들은 SaaS가 제기하는 위협에 대해 잘 알고 있었다. 세일스포스가 IPO를 진행하고 1년 뒤, 오라클이 시벨을 58억 달러에 인수하여 세계 최대 규모의 CRM 기업이 되었다. 오라클과 시벨은 주로 중소기업 시장을 겨냥한 '온디맨드on-demand' 제품을 개발했지만, 핵심 비즈니스 모델을 보호하면서도 하이브리드 방식을 계속 추구했다. 이 거래 발표와 관련해, 베니오프는 직원들에게 "공룡도 죽기 전에 몇 번 짝짓기를 한다"는 내용의 이메일을 보냈다. 그에 대해 세일스포스 초기 투자자이기도 한 오라클 CEO 겸 창업자 래리 엘리슨은 자기 지분 가치가 "0으로 줄어들었으면" 한다는 희망을 표명했다.[24]

엘리슨의 소원은 이루어지지 않았다. 2020년에 세일스포스의 지분 가치는 오라클을 추월해 2000억 달러에 육박했다.[25] 더 광범위한 SaaS 부문은 시가총액이 1조 달러를 훨씬 상회했다. 세일스포스보다 가치가 높은 순수 SaaS 기업은 어도비뿐인데, 마이크로소프트까지 능가한 레거시 소프트웨어 리더인 이 회사는 전략적으로 클라우드를 수용했을 뿐 아니라 실제로 전체 비즈니스를 엔터프라이즈 라이선스 모델에서 SaaS로 전환했다. 극적인 전환을 실행하는 어도비의 능력은 SaaS의 광범위한 수용을 반영한다. 매우 복잡하고 민감하고 다양한 애플리케이션에서 모델의 효율성이 입증되었기 때문이다.

2000년 이후 레거시 엔터프라이즈 소프트웨어에 대한 SaaS의 상대적 우위는 당당하게 혁명이라고 부를 수 있다. SaaS 모델의 놀라운 성공은 SaaS 비즈니스의 특성뿐 아니라 이것이 결국 세계를 지배하게 될 속도와 불가피성에 대한 많은 통념을 낳았다. 예로, 20년 뒤에는 SaaS가 소프트웨어 배포의 대다수를 차지하게 될 것이며, 적어도 모든 중요한 수직 부문에서 의미 있는 역할을 하게 될 것이라고 다들 가정한다. 이와 대조적으로 사내에 설치하는 엔터프라이즈 소프트웨어 기업은 클라우드로 전환하는 돌이킬 수 없는 일반적 추세에 직면하여 줄어들고 있는 것으로 추정된다. SaaS 아키텍처의 복수 임차인 특성은 수요 측 네트워크 효과의 가용성을 촉진하며, 이는 SaaS 비즈니스의 낮은 절대 고정비용 요건 때문에 공급 측 규모의 이점이 감소하는 것을 보상하는 것 이상의 효과를 발휘할 것이다. 그리고 이안시티와 라크하니의 말처럼, 초기 SaaS 애플리케이션은 전문화되었지만 산업이 발전함에 따라 수직적 사용 사례 전반의 중앙 집중식 기능에 AI를 적용하면서부터 수평적 애플리케이션의 우수성이 점점 명확해지고 있다.

플랫폼 망상 자체의 바탕이 되는 통념과 마찬가지로, SaaS 혁명과 관련된 뻔한 얘기들도 모두 명백한 거짓이다.

2010년경 이후로 증가한 소프트웨어 매출은 대부분 클라우드 기반이고, 이 비율은 계속 증가하고 있는 것이 사실이다. 2020년에는 새로운 소프트웨어 판매량의 약 62.6퍼센트가 SaaS 애플리케이션이었다. 그러나 이 같은 상대적 추세에도 불구하고 새로운 엔터프라이즈 라이선스 배포의 절대적 수준은 비록 미미하기는 해도 계속 증가하고 있다. 그 결과 2020년에는 SaaS 애플리케이션이 전체 애플리케이션 소프트웨어 지출의 4분의 1을 넘지 못했고, 빨라도 SaaS 혁명이 시작된 지 꼭 25년째인

2025년은 되어야 엔터프라이즈 라이선스와 지출액이 같아질 것으로 예상된다.

게다가 수십억 달러 규모의 여러 수직적 시장에서, SaaS 애플리케이션은 의미 있는 관심을 전혀 얻지 못했다. 이는 데이터 소유권과 통제에 대한 민감도가 우세한 부문에서만 그런 것이 아니다. 이런 사용 사례의 경우, SaaS 기업은 데이터가 말 그대로 고객이 소유한 서버에 남아 있도록 하는 구조화된 배포를 진행하는 경우가 많다. 예를 들어, 자동차 대리점의 경우 딜러 관리 시스템 시장은 2000년과 마찬가지로 오늘날에도 그때와 동일한 두 개의 전통적인 업계 리더(CDK, 레이놀즈 앤드 레이놀즈)가 계속 지배하고 있다.

여기에서 중요한 점은 규모의 이점과 결합할 경우 강력한 고객 구속력의 경쟁력이 상당히 큰데, 이것이 흔히 과소평가된다는 것이다. 또 하나 놀라운 것은 그 규모의 특성이다. 사내에 설치하는 엔터프라이즈 소프트웨어 사업의 절대 고정비용 요건은 SaaS의 요건을 훨씬 능가하는 경우가 많지만, 고정비용에 대한 상대적 의존도는 훨씬 낮다. 전통적인 소프트웨어 사업과 관련된 가변적인 컨설팅 및 유지 보수 비용은 SaaS 사업에 비해 전체 비용 구조에서 훨씬 큰 비중을 차지한다. 그 결과 SaaS 기업의 비용 구조가 훨씬 고정되어 있기 때문에 공급 측 규모의 이점이 실제로 더 크다.

그러나 공급 측면의 강력한 효과가 SaaS 비즈니스를 본질적으로 '더 나은' 것으로 만들어 줄까? 꼭 그렇다고 할 수는 없다. 많은 사례에서 절대 고정비용 요건이 낮으면 손익분기점 시장점유율도 상당히 낮아지기 때문에 생존 가능한 경쟁자들이 더 많이 생긴다. 더욱이 SaaS 아키텍처와 비

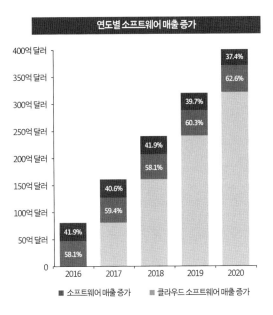

엔터프라이즈 애플리케이션의 성장을 주도하는 SaaS

연도별 소프트웨어 매출 증가

400억 달러	37.4% / 62.6% (2020)
350억 달러	
300억 달러	39.7% / 60.3% (2019)
250억 달러	
200억 달러	41.9% / 58.1% (2018)
150억 달러	40.6% / 59.4% (2017)
100억 달러	
50억 달러	41.9% / 58.1% (2016)
0	

■ 소프트웨어 매출 증가 ■ 클라우드 소프트웨어 매출 증가

출처: Christine Dover, research director, Enterprise Applications and Digital Commerce, IDC

즈니스 모델은 유연성이 매우 뛰어나서 처음부터 고객의 관심을 끌기 때문에 좀 더 설득력 있는 대안을 제시하면 나중에 고객들이 쉽게 떠날 수 있다. 그렇다고 이 사업의 고객 구속력이 크지 않다는 얘기는 아니지만, 기존 소프트웨어 사업보다는 작은 경우가 많다. 평균적으로 볼 때, 전통적인 소프트웨어 기업의 총이윤은 SaaS보다 낮지만 전체적인 이윤은 더 높다. 세일스포스가 CRM 부문에서 오라클과 경쟁을 벌여 승리하기는 했지만, 오라클은 성장을 거듭하면서 여전히 세일스포스보다 훨씬 많은 수익을 올리고 있다.

하지만 네트워크 효과와 AI의 시대는 어떨까?

SaaS 기업은 일반적으로 네트워크 효과가 없다. 이들은 구식 공급 측 규모의 사업이다. 복수 임차인 소프트웨어의 이점을 받아들인 고객이 가장 싫어하는 것은 다른 임차인, 특히 경쟁 업체가 자신들의 데이터를 사용하는 것이다. 하지만 이 규칙에는 몇 가지 예외가 있다. 턴잇인Turnitin이라는 SaaS 소프트웨어 회사는 전 세계 교육기관에 표절 방지 소프트웨어를 제공하는 선두 업체다. 교묘한 부정행위에는 보통 다른 학교 학생들끼리 논문을 공유하는 경우도 있기 때문에, 참여 기관들은 제출된 모든 자료를 공통의 독점적인 익명 데이터베이스에 제공하여 이익을 얻는다. 이 SaaS 애플리케이션은 공급 측과 수요 측 양쪽 모두에서 이점을 누리며, 이런 사실 때문에 기존 소프트웨어 애플리케이션보다 훨씬 높은 마진을 얻는다. 그러나 이렇게 강력한 경쟁 우위 조합에 적합한 SaaS 사용 사례는 이례적인 경우다.

이안시티와 라크하니가 강조한 AI와 학습의 예상 강점은 이들의 예측과 달리 수평적인 부분보다 수직적인 부분에서 더 많이 나타나는 것으로 보인다. SaaS 혁명은 수익성을 달성할 수 있는 적절한 규모의 수직 지향적인 애플리케이션을 수백 개 만들어냈으며, 모든 수직 분야는 여러 경쟁사를 지원할 수 있다. 현재 온디맨드 영역과 온프레미스 영역에서 모두 사업을 운영하는 기존의 3대 엔터프라이즈 소프트웨어 업체(마이크로소프트, 오라클, SAP)는 수직 영역에서 계속 활동하고 있다. 그러나 지속적으로 증가하는 순수 SaaS 기업들은 대부분 수직 부문에 집중해왔으며, 모든 통합은 대부분 수직적 또는 밀접한 상관관계를 가지고 이루어졌다. 현재 기업 공개를 한 SaaS 기업이 80개 이상 있는데, 그중 거의 70개는 최소 10억 달

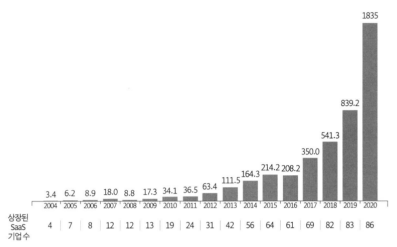

SaaS 소프트웨어 시가총액 증가(단위: 10억 달러)

연도	시가총액	상장된 SaaS 기업수
2004	3.4	4
2005	6.2	7
2006	8.9	8
2007	18.0	12
2008	8.8	12
2009	17.3	13
2010	34.1	19
2011	36.5	24
2012	63.4	31
2013	111.5	42
2014	164.3	56
2015	214.2	64
2016	208.2	61
2017	350.0	69
2018	541.3	82
2019	839.2	83
2020	1835	86

출처: S&P Capital IQ

러, 20개는 100억 달러 이상의 가치가 있다.

새로운 유형의 SaaS 기업 가운데 가장 규모가 크고 영향력이 강한 세일스포스는 대부분의 소규모 업체들과 달리 기업 인수에 박차를 가해서, 몇 년 동안은 탐욕스럽기로 악명 높은 오라클을 능가할 정도였다. 이들 중 일부는 수평적인 기능과 새로운 수직 부문에 점점 더 많이 추가되고 있으며, 헤로쿠Heroku 같은 앱 개발 툴을 이용해서 자체 개발한 포스닷컴Force. com 플랫폼을 강화하기도 했다. 그중에서도 가장 극적인 사례는 슬랙Slack 과 280억 달러의 대형 거래를 체결하여 2016년에 '엔터프라이즈 생산성' 카테고리[26]에서 인수한 훨씬 규모가 작은 큅Quip의 기능을 보완한 것이다. 인수한 기업들 대부분은 CRM 시장이나 밀접하게 관련된 디지털 마케팅 분야에서 직접적으로 회사 입지를 강화하는 데 도움이 되었다.

점점 더 세분화되고 수직적으로 조직되는 SaaS 분야는 전문화가 실제로 AI의 가치를 높일 수 있다는 것을 시사한다. 전문화된 데이터 세트는 기계 학습을 통해 가장 설득력 있는 통찰력을 얻을 수 있기 때문이다. 이는 아직까지는 AI를 성공적으로 활용하려면 대상 분야가 매우 협소해야 한다는 관측과 일치한다.[27] 그렇다면 클라우드의 출현은 전문화를 구식으로 만들기보다, 전통적인 엔터프라이즈 소프트웨어 환경을 지배해온, 규모가 가장 큰 통합된 교차 기능 소프트웨어 기업과는 대조적으로 수직 부문에 집중하는 소프트웨어 기업에 르네상스를 촉발할 수 있다. 이것이 사실인 이유를 이해하려면, 이 역동적인 생태계에서 번성한 80개의 상장 SaaS 기업 중 하나가 밟아온 경로를 따라가 볼 필요가 있다.

블랙라인BlackLine은 언뜻 보기에는 반란군 스타트업에 기회를 거의 제공하지 않는 것 같은 시장을 목표로 삼았다. 블랙라인은 2005년부터 독특한 요구를 가진 산업을 찾아내기보다 복잡한 회사의 모든 회계 활동에서 중심적인 업무를 수행하는 제품을 제공했다. 이 같은 전문화가 위험해 보이는 이유는 회계가 소프트웨어 산업을 지배했던 대규모 기업 자원 관리Enterprise Resource Planning, ERP 사업의 핵심 기능이기 때문이다. 그럼에도 블랙라인의 소프트웨어는 사업부 수준에서 시작해 통합된 회사 재무에 이르기까지 월별 재무 마감 프로세스를 자동화했다.

그때까지만 해도 ERP 판매 업체들은 월별 회사 재무만 입력받을 뿐 월간 장부 마감 프로세스를 자동화하지는 않았다. 블랙라인은 대부분 수동으로 수행되고 있는 기능과 예측 가능한 오류 발생 결과를 식별했다. 이는 엑셀 기반 프로세스의 비용이 많이 들고 노동 집약적인 특성 때문만이 아니라, 이런 재무 보고서를 작성하는 것과 관련된 규제 감시 증가로 인해 더 높은 수준의 투명성과 책임성이 요구되었기 때문에 기업의 애로 사항이 되었다. 그리고 이런 협소한 기능에 대한 시장 규모는 미국에서 10~20억 달러 정도였지만, 이와 인접한 회계 애플리케이션의 글로벌 시장 규모는 아마 그 금액의 10배 정도 되었을 것이다.

블랙라인이 2005년에 첫 제품을 출시했을 때, 상위 다섯 개의 ERP 회사들이 시장의 거의 4분의 3을 차지하고 있었다. SAP, 오라클, 마이크로소프트 외에 세이지Sage와 SSA 글로벌SSA Global(인포Infor에 인수된 이후)이 그룹을 완성했다.[28] 블랙라인 제품의 활용도는 초기 SaaS 애플리케이션의 주력 대상이던 중소기업보다는 이들 회사의 핵심 고객인 대규모 복합 조직에서 가장 컸다. 블랙라인이 2013년에 외부 투자자인 실버 레이크 수메르Silver Lake Sumeru에 회사 지분 과반수를 매각했을 때, 이 회사 매출은 2500만 달러가 조금 넘었고 여전히 수익성은 낮았지만 AT&T, AIG, 보잉, 유나이티드헬스United Health 등 충실한 블루칩 고객 목록을 보유하고 있었다. 2016년에 블랙라인이 상장될 무렵, 그해 매출이 1억 달러를 넘을 것으로 예상되었다. 2020년에 블랙라인은 3억 5000만 달러 이상의 매출을 올렸고, 견실한 수익을 냈다.

광범위한 ERP 회사들이 있는데도 불구하고 블랙라인은 어떻게 현재 시가총액이 거의 100억 달러에 달하는 회사로 발전할 수 있었을까? 그것을 막으려는 노력이 부족해서가 아니다. 오라클은 블랙라인 출신 직원을 고용해서 다양한 오라클 제품군을 구매하는 회사에 무료로 제공할 자체 제품을 개발했다. 전문적인 지식의 가치, 특히 재무 마감이나 그와 관련된 활동 같은 복잡한 프로세스에 관한 지식의 가치는 그것을 복제하기가 어렵기 때문에 생기는 것이다. 블랙라인의 설립자이자 임원인 세레스 터커

Therese Tucker에게 지속적인 성공의 비결을 묻자 "이 플랫폼은 15년간 이 분야에서 얻은 깊이 있는 지식을 통합해 회계 및 재무용으로 특별히 개발한 것"이라고 말했다.[29] 일반적인 수평 기능은 클라우드에서 생성된 데이터를 사용해 전문적인 제품을 지속적으로 개선하는 능력과 비교가 되지 않는다.

SaaS 솔루션의 전환 비용이 온프레미스 애플리케이션만큼 높지 않은 것은 사실이다. 그러나 상대적으로 저렴하지만 여전히 임무 수행에 필수적인 애플리케이션의 잠재적인 문제를 식별·수정할 뿐 아니라 예측하기 위해 AI와 기계 학습을 사용하면, 고객이 수평적으로 통합된 ERP 제공 업체의 좀 더 저렴한 오퍼링을 쓰겠다고 동의하기 전에 잠시 머뭇거릴 수 있다.

블랙라인은 진정한 AI 기술을 적용하는 초기 단계에 있다. 잠재적인 이점이 분명한 거래 매칭 같은 매우 협소한 특정 사용 사례에서 이런 작업을 수행하고 있다. 터커는 AI가 더 강력하고 편재화되어도 규모가 큰 수평적 소프트웨어 업체들이 상대적 이득을 얻게 될 것이라고 걱정하지 않는 이유를 두 가지 제시했다. 첫째, 그녀의 경험상 전문적인 업체들이 새로운 기술을 효과적으로 적용할 수 있는 가장 관련성 높은 질문을 계속 구성할 수 있을 것이라고 확신했다. 둘째, 규모가 큰 소프트웨어 회사들이 당연히 더 많은 절대적 양의 데이터에 접근할 수 있겠지만, 시장을 이끄는 전문 업체들은 여전히 관련 주제 영역 내에서 더 많은 관련 데이터를 보유할 것이다. 게다가 아마 이 분야에서 평판이 공격을 받고 있는 기술 대기업보다 전문 업체가 데이터를 사용할 수 있게 허용하려는 고객의 의지가 더 클 것이다.[30]

오라클은 계속해서 재무 마감 오퍼링을 자사의 회계 제품군과 함께 번들링하고 있지만, 수백 명의 오라클 고객은 더 저렴한 오라클 자체 개발 제품을 사용하지 않고 블랙라인의 '커넥터 포 오라클Connector for Oracle'을 사용해서 E-비즈니스 스위트E-Business Suite에 자동으로 통합되고 있다.[31] 선도적인 글로벌 ERP 공급 업체인 SAP는 2018년에 블랙라인의 리셀러 역할을 하기로 동의함으로써 이 분야에서 경쟁하려는 모든 시도를 사실상 포기했다고 발표했다.[32] 블랙라인은 지리적으로 확장하고 점점 더 많은 인접 기능으로 제품군을 확장하면서 빠르게 성장하고 있다.

블랙라인 사례는 AI 시대에도 전문화의 가치가 계속되거나 어쩌면 증가할 수 있을 뿐 아니라, 기계 학습 기술을 적용하는 것이 기업 자원을 올바르게 활용하는 것인지 아니면 비용이 많이 드는 가외 활동인지 판단할 때도 인간의 판단력이 필수적인 역할을 한다는 것을 강조한다. AI의 약속에 도취된 많은 경영진과 투자자들은 유용한 답을 이끌어낼 때는 올바른 질문을 신중하게 공식화하는 것이 중요하다는 것을 무시하게 되었다. 어려운 의사결정을 피하기 위해 데이터를 문제에 던져 넣는 기업의 경향이 증가하면서 빅데이터의 잠재력이 완전히 퇴보했다. AI 선구자인 주디아 펄Judea Pearl이 지적했듯이, "왜 어떤 사람들은 데이터 마이닝을 첫 번째 단계가 아니라 마무리 단계로 생각하는지 쉽게 이해할 수 있지만" 가장 중요한 질문이 우리가 항상 "세상이 작동되는 방식에 대한 실질적인 가정을 명확히 하고 분명하게 표현하는 작업"에 참여하게 만든다.[33] 이를 효과적으로 수행하면서, 목적이나 효과가 별로 없는 무수한 AI의 함정을 피하려면 여전히 전문 지식이 꼭 필요하다.

우리가 이 장에서 배울 수 있는 것들

1. 소프트웨어 애플리케이션은 새로운 것이 아니며, AI를 위한 많은 것들의 기초가 되는 핵심 알고리즘 설계는 수십 년 전부터 존재해왔다. 새로운 것은 이처럼 확립된 기술을 적용할 수 있는 급증한 디지털 플랫폼을 통해 흐르는 방대한 양의 데이터다.

2. 대규모 경쟁 우위를 실질적으로 강화하는 AI의 능력은 특정 사용 사례의 맥락에서 AI가 얻을 수 있는 고유한 통찰력의 잠재적 가치에 달려 있다. 데이터의 예측 관련성 또는 데이터를 제품 개선이나 고객 관리에 활용할 수 있는 가능성이 제한된 경우, 단순히 '빅' 데이터의 존재만으로는 차별화가 불가능하다. 마찬가지로, 상대적으로 작은 데이터 집합에서 유용한 결론을 도출하는 기계 학습의 힘은 훨씬 큰 데이터 집합에서도 유의미한 관련 지식을 얻을 수 있을 때만 이점이 생긴다는 것을 의미한다.

3. 중앙 집중화된 데이터 자원을 활용해서 조직 전체의 의사결정을 강화하는 AI 애플리케이션의 잠재적인 능력 때문에 전문화가 불필요하다는 의견도 나오고 있다. 그러나 보통 기계 학습은 전문화된 데이터 세트의 맥락에서 가장 설득력 있는 통찰력을 얻을 수 있다.

4. 클라우드 기반 솔루션의 폭발적 증가와 SaaS 기반 소프트웨어의 채택 증가로 소프트웨어 산업이 변화하고 이 부문에서 사용할 수 있는 실시간 데이터의 양이 증가했다. 수조 달러가 넘는 SaaS 소프트웨어 산업의 압도적으로 수직 집중된 특성은 AI 시대에도 전문화의 지속적인 가치를 더욱 강화한다.

시대를 정확히 보는 눈

아이디어의 기원을 정확하게 밝히기는 어렵다. 또 하나 어려운 것은 언제 새로운 개념이 통념으로 정착되는지를 정확하게 파악하는 것이다. 대부분 이런 현상은 여러 가지 단절된 원인들의 집합적인 결과다. 그러나 대개 아이디어 채택에 기득권을 가진 사람들(플랫폼 망상의 경우에는 거대 플랫폼과 이들의 재정적 후원자)이 비공식적인 합의를 확립하는 데 불균형적인 역할을 하는 예가 많다. 자신들의 평가 가치를 높이고 경쟁자들을 좌절시키려는 목표는 큰 거짓말을 조장하는 강력한 동기가 된다.

분명한 것은 플랫폼 망상이 막대한 가치 파괴를 초래했다는 점이다. 투자자들은 잘못된 사업 계획과 전략을 대대적으로 지지했다. 기성 기업들은 귀중한 자본을 잘못 할당하고 경영진의 관심을 비실용적인 계획과 달성 불가능한 목표를 추구하는 쪽으로 돌렸다. 그 원인은 네트워크 효과에 대한 집착이며, 더 작게는 경쟁 우위의 기본 원칙에 대한 깊은 이해나 평가 없이 플랫폼 망상을 키우기만 하는 '빅데이터'나 'AI' 같은 유행어 때문이기도 하다.

플랫폼 망상에 가장 몰두하는 이들은 몇 안 되는 무적의 플랫폼이 전 세계를 접수하는 불가피성에 대한 암울한 선언과 플랫폼에 투자하는 벤처 투자가들이 얻을 수 있는 부에 대한 황홀한 예측 사이에서 크게 흔들리는 경향이 있다. 그러나 경제가 갈수록 "생성된 가치의 크고 확대되는 몫"을 포착할 수 있는 "소수의 디지털 초강대국"에 의해 지배되고 있다는 생각과 "AI 시대는 인류 문명 역사상 가장 위대한 기업가적 기회를 창출했다"는 주장을 어떻게 조화시킬 수 있을까?[1] 내가 앞에서 보여주려고 했던 것은 이 분열적인 이데올로기의 양 극단 중 어느 쪽도 사실이 아니라는 것이다.

3부에서는 테크 타이탄의 시대에 성장해 자리를 잘 잡은 수십 개의 가치 있고 젊은 회사들을 소개했다. 그들의 성공은 결코 필연적인 것이 아니었고, 그들이 택할 수 있는 길은 다양했으며, 마침내 택한 길에는 성공을 염원하다가 길을 잃은 다른 이들의 시체가 널려 있었다. 그들은 광범위한 비즈니스 모델과 전략을 사용해 다양한 시장을 목표로 삼았지만, 이 집단을 기력이 다한 훨씬 더 큰 계층과 구별하는 중요한 공통점이 있다.

이 기업들의 가장 큰 공통점은 매우 구체적이고 긴급한 고객 문제점을 해결하는 데 극도로 집중한다는 것이다. 이런 방식을 통해 디지털 비즈니스 모델에서 가장 수명이 짧은 것으로 입증된 두 가지 특성인 고객 구속력과 상대적인 규모를 발전시킬 수 있었다. 그러나 클릭 한 번이면 다른 대안을 찾을 수 있고, 손익분기점 시장점유율이 그 어느 때보다 낮다는 현실이 모든 새로운 기술 기반 벤처에 먹구름을 드리우고 있다. 플랫폼이 되거나 네트워크 효과를 발휘하는 것은 이러한 실존적 위험을 완화하는 데 아무런 도움이 되지 않는다. 수요가 많은 협소한 시장을 공략하면 한편으로는 충성도를 높일 수 있고, 다른 한편으로는 해당 틈새시장 내에서 규모를 빠르게 구축할 수 있다.

엣시부터 에어비앤비에 이르기까지 여기에서 강조한 많은 신생 기업의 기반은 전환 비용과 검색 비용을 증가시키는 복잡성이나 신뢰 같은 제품과 서비스의 특성이다. 또 성공한 SaaS 기업 중 상당수는 고객의 일상생활과 제품 사용을 통합하는 능력을 발휘해서 고객의 마음을 더 깊이 사로잡는다.

전문화는 고객 구속력을 강화하고 상대적인 규모 달성을 앞당기며, 학습 능력을 키워서 AI와 빅데이터의 귀중한 사용 사례를 개발할 수 있는 가능성을 높인다. 비교적 평범한 온라인 가구 시장에서 웨이페어가 아마존의 그늘 밑에서도 번창할 수 있는 것은 '전문화 대 절대적 규모'의 가치를 반영한다. 때로는 트레이드 데스크처럼 대안적인 독립 소스를 구축하거나 라이브램프처럼 신뢰와 데이터 보안이 중요하다면, 테크 타이탄이 아니라는 사실이 오히려 이득이 될 수도 있다.

일부는 이런 접근법은 소규모 틈새시장에 국한되어 있고, 투자자들은 거대한 글로벌 기회에만 집착한다고 불평할 수 있다. 하지만 우리는 모두 갓난아기 상태에서 시작했다. 온라인과 오프라인 모두 가장 강하고, 크고, 나쁜 기업들은 틈새시장을 먼저 장악한 뒤 그 주변의 인접 지역을 연달아 집어삼키면서 가차없이 성장하기 시작했다. 네덜란드에서 시작해 유럽 대륙으로 진출한 부킹은 이제 전 세계의 독립 호텔들을 지배하고 있다. 블랙라인은 수십억 달러 규모의 다른 수직적 SaaS 소프트웨어 회사들과 마찬가지로 놀라울 정도로 협소한 사용 기반에서 시작했다. 그러나 제품의 불가결성과 효능을 신속하게 입증한 덕분에 이 회사는 지속적으로 TAM 을 확장할 수 있었다.

승자 다식의 역학에 도움을 주는 거대 시장은 몇 개 없는데, 특히 검색 시장이 그렇다. 심지어 페이스북 같은 형태의 소셜 네트워크도 구글과 동일한 구조적 장벽이 많으며 표적이 정해진 지리적·인구통계학적 및 제품 기반의 경쟁적 공격에 훨씬 취약한 것으로 나타났다. 글로벌 지배에 대한 두려움이 가장 당연해 보이는 지점이 기본적으로 이전에는 존재하지 않았던 제품 카테고리라는 사실은 주목할 만하다. 검색과 소셜은 완전히 새로운 산업이다. 이미 아날로그 방식의 기존 사업자가 있었던 분야에서는 새로운 디지털 단일 조직이 모든 것을 정복한 분야가 단 한 곳도 떠오르지 않는다. 마지막으로, 가장 지배적인 플랫폼 회사인 구글이 네트워크 효과 이외의 경쟁 우위에 주로 의존하고 있다는 사실은 플랫폼 망상의 가정을 약화한다.

진정으로 방대한 시장에서 승자 다식을 지향하는 구조적 경향은 두 가지 주목할 만한 특징을 보여주었다. 이는 드문 현상인데, 대규모 학습 및 기술을 통한 제한 없는 효율성 향상을 통해 실질적으로 추진된다. 이것은 발생하는 현상에 대한 적절한 규제 접근법에 영향을 미친다. 즉 규제 당국은 이런 강력한 규모 기반의 이점에서 많은 사람이 이용할 수 있는 편익을 손상시키지 않으면서 소수의 잠재적 남용 행위를 제한하기 위한 명확한 기준을 설정해야 한다.

스타트업에게는 무한한 기회가 있다는 집단적인 믿음이 정당화될 수는 없겠지만, 분명한 사실은 벤처 투자가들이 이러한 확신에 힘입어서

"문명 발생 이래" 그 어느 때보다 많은 자금을 조달하는 데 성공했다는 것이다. 가장 성공한 벤처 캐피털 기업들은 벤처 캐피털에 내재된 네트워크 효과를 이용해 놀랍도록 꾸준한 수익을 올리고 있다.[2] 이런 네트워크 효과는 초기 기업의 가치가 인력과 아이디어의 품질에 대폭적으로 반영되기 때문에 발생한다. 선도 기업들은 검증된 설립자들과 비할 데 없는 관계를 맺고 있으며, 친구와 제휴사 망을 통해 최고의 리소스와 전문 지식을 제공한다.

그러나 가장 상징적인 기업들의 가장 획기적인 자금은 기껏해야 수억 달러였다. 종잣돈이나 초기 라운드에 가장 성공적으로 유치한 금액이 1000만 달러를 넘는 경우는 거의 없었다.[3] 오늘날에는 이런 회사들이 10억 달러 이상의 자금을 조달하고 있다. 어떤 기업이 이 정도 규모의 펀드에 내포된 다양한 스타트업 투자를 효과적으로 운용할 수 있을지는 알 수 없다.

1972년에 설립된 세쿼이아 캐피털Sequoia Capital을 예로 들어보자. 설립자인 돈 발렌타인Don Valentine이 1978년 애플에 15만 달러를 투자한 것은 이제 전설이 되었다.[4] 이 회사는 더 근래인 2011년에 왓츠앱의 시리즈 A 라운드 금액인 800만 달러를 모두 인수한 것으로도 유명하다. 페이스북이 2014년에 왓츠앱을 220억 달러에 인수했을 때, 세쿼이아는 거의 30억 달러의 순이익을 올렸다. 그러나 이 회사가 최근 주력하고 있는 대표 펀드는 80억 달러짜리다. 이와 대조적으로, 역사상 가장 실적이 좋은 것으로 평가받는 벤처 펀드[5](2010년 우버, 인스타그램, 트위터에 투자한 840만 달러 규모의 시드 펀드인 로워케이스 벤처 펀드 I(Lowercase Ventures Fund I)를 만든 크리스 사카Chris Sacca는 완전히 다른 길을 따랐다. 2015년에 적당한 규모의 펀드 하

나를 추가로 조성한 뒤, 사카는 펀드를 폐쇄하고 기존 포트폴리오를 계속 지원할 것이라고 발표했다.[6]

공정하게 말하면, 성공적인 벤처 캐피털 펀드는 가장 유망한 투자에 대한 후속 조치를 통해 대부분의 돈을 벌고 대부분의 자본을 소비한다. 예로, 세쿼이아 캐피털은 왓츠앱에 초기 투자한 뒤 최종적으로 투자금을 회수하기 전에 5200만 달러를 추가 투입했다. 그리고 기술 회사들이 주식을 상장하기 전에 더 오랫동안 비공개 상태를 유지하게 됨에 따라, 후속 라운드 규모가 유의미하게 커졌다. 그러나 10억 달러 규모의 후기 라운드(개중 일부는 규모가 수십억 달러에 이른다)를 '스타트업' 투자라고 부르는 것은 부정직한 행동처럼 느껴진다. 실제로 이러한 라운드 중 상당수는 전통적인 사모펀드나 성장 투자자, 뮤추얼 펀드, 국부 펀드와 공유되고 있다. 이런 투자자들이 얻는 수익은 최고의 벤처 기업들과 달리 지속적인 특성이 없다. 2018년과 2019년 모두 벤처 투자액이 총 1300억 달러를 넘어섰고, 가장 규모가 큰 펀드가 이 분야를 지배하고 있다.[7] 이들이 다른 사업 부문으로 옮겨가면 수익률의 역사적 지속성이 계속 이어지는지는 두고 볼 일이다.

초기 투자의 상대적 매력을 잘못 판단하는 재정적 함정과는 완전히 별개의 문제지만, 창업 기회를 낭만화하는 것은 더 광범위한 문화적, 경제적, 심지어 규제적 우려를 불러일으킨다. 내가 1980년대 말에 MBA를 취득했을 때, 상위 프로그램 졸업생들 중 절반가량이 투자은행과 컨설팅 회사에 입사했다. 당시에는 그렇게 많은 인재가 협소한 서비스 직종 두 곳으로 향하는 것이 많은 면에서 난감하고 안타까워 보였다. 첫째, 가장 우수하고 똑똑한 인재들이 실제로 무언가를 생산하거나 세상을 개선하는 쪽에서 일한다면 틀림없이 사회가 더 나아질 것 같았다. 둘째, 맥킨지와 골드만의 일자리가 경영대학원에서 '성공'의 가장 큰 지표로 여겨지지 않았다면 애초에 그렇게 많은 졸업생이 이 일자리에 깊은 관심을 갖고 그런 선택을 했을 가능성은 매우 낮다.[8]

좋은 소식과 나쁜 소식은 MBA 졸업생들의 야망이 극적으로 바뀌었다는 것이다.

오늘날에는 하버드 경영대학원 졸업생 중 50퍼센트 이상이 규모가 작은 초기 단계 사업에 참여하며, 2020년에는 졸업생의 10퍼센트 이상이 스스로 무언가를 해보기로 결심했다. 스탠퍼드 MBA 중 거의 20퍼센트가 실제로 개인 사업을 시작했고, 이제 투자금융계에 진출하는 사람은 1퍼센트도 안 된다.[9] 중소기업이 성장의 원동력이라는 통념과 디지털 경제의 무한한 잠재력에 대한 전반적인 흥분을 감안할 때, 지난 30년간 이어진 이 창업 열풍이 마음에 들지 않을 이유가 뭐가 있겠는가?

사실 이유는 아주 많다.

첫째, 그렇게 높은 비율의 졸업생들이 비밀리에 사업가를 동경해왔을 가능성은 은행가나 컨설턴트로서의 삶을 꿈꿨을 가능성보다 크지 않다. 훨씬 가능성 있는 이유는, 현재 성공과 가장 관련성이 큰 것으로 인식되는 길을 따르고자 하는 깊은 열망이 자기가 실제로 좋아하는 일이 무엇인지 명확하게 고려하는 능력을 치명적으로 방해한다는 것이다. 그러나 적어도 은행업이나 컨설팅 분야에서는 이것이 자기 인생의 소명이 아니라는 피할 수 없는 깨달음을 얻게 되더라도, 그곳에서 전문적인 역할과 산업을 많이 접해보고 광범위하게 적용할 수 있는 기술도 많이 습득하게 될 것이다. 초기 단계의 벤처 기업에서도 비슷한 깨달음을 얻을 수 있고, 아니면 대부분의 벤처 기업이 그렇듯이 사업이 실패할 가능성도 크다. 그러나 그 시점에서 의미 있는 전문 지식을 개발했거나 스타트업의 거품 같은 삶 속에서 더 폭넓은 교훈을 얻었을 가능성은 상당히 낮다.

둘째, 중소기업이 혁신과 경제성장의 주요 동력이라는 통념에도 불구하고, 기성 기업의 자산 생산성을 향상해야 귀중한 인적 자원이 더 큰 영향을 미칠 수 있다는 확실한 증거가 있다. 한 연구에 따르면, "창업 10년 뒤에 창업자 외의 직원을 고용하고 있는 스타트업은 43개 중 1개에 불과하다"고 한다.[10] 심지어 새로운 기업이 전체적인 일자리 창출에서 중심적인 역할을 한다는 자주 보는 통계(이를 "중소기업의 일자리 창출 신화"라고 부르기도 한다[11])도 압도적으로 많은 중소기업이 파산하면서 발생하는 일자리 손실을 제한 뒤 순수 일자리 창출에만 초점을 맞춰 보면 의문의 여지가 있다.

직장 내 여성 혐오 및 인종차별 관련 이슈가 수면 위로 떠오르기 시작하면서 1986년에 대법원이 성희롱 범죄[12]를 대상으로 처음 확장하고 최근 LBGT 권리[13] 보호를 위해 확장한 1964년 민권법 제7장이 15인 미만 사업장에는 적용되지 않는다는 사실도 주목할 필요가 있다. 더 광범위하게 따지자면, 이 연구는 "임금, 생산성, 환경보호, 수출, 혁신, 고용 다양성, 성실 납세를 비롯해 사실상 모든 의미 있는 지표에서 대기업은 소규모 기업을 훨씬 능가한다"고 말한다.[14] 이는 새로운 사업을 시작하려는 열정이 넘치는 학생들도 그 소명을 추구해서는 안 된다는 애기가 아니라, 기업 형태로서의 스타트업의 본질적인 경제적·사회적 우월성에 대한 가정을 정당화할 수 없다는 애기다.

소수의 거대 디지털 기업이 세상을 장악하고 있다거나 수익성 높은 온라인 혁신 사업을 시작하는 것이 어느 때보다 쉬워졌다는 애기가 사실이 아니라면, 투자자들은 어디로 가야 할까? 그 답은 지속 가능한 장벽을 구축할 수 있는 새로운 방법을 제공하지만 기존에 누리던 이점을 유지하기는 어려워진 디지털 경제에서 찾을 수 있다. 생산자보다 사용자에게 유리한 급진적인 투명성이 특징인 환경의 순영향 때문에, 강력한 독점적 기업을 설립하거나 유지하기 위해서는 어느 때보다 많은 독창성이 필요하다.

하지만 그 희망은 이루어질 수 있고, 이미 이루어졌다. FAANG의 긴 그림자 속에서도 끊임없이 새로운 혁신 기업이 등장하고 있고, 오래된 기업들은 새로운 능력을 개발해 핵심 장점을 강화한다. 제품의 복잡성을 수용하는 다대다 시장, 고객 데이터를 이용해 지속적인 개선을 추진하는 수직적 SaaS 플랫폼, 구글의 편재성과 무자비함에도 불구하고 고유한 고객 가치를 창출하는 온라인 여행 업계의 필수적인 리더들, 참가자들에게 강력한 의사결정 도구를 제공하는 데이터 공유 플랫폼, 이 모든 것이 강력한 해자를 구축했지만 이를 유지하려면 계속해서 땅을 깊게 파야 한다.

이 모든 성공 사례의 공통점은 규모가 달성되고 나면 입지를 확고히 다지기 위해 추가적인 구조적 이점을 조합해야 한다는 것이다. 단 하나의 요소로 이들의 성공을 설명할 수는 없지만, 모두 경쟁이 치열한 디지털 생태계에서 최소한 일부 고객을 사로잡을 수 있는 도구를 찾았다. 이를 위해서는 일반적으로 훨씬 규모가 크고 광범위한 경쟁 업체들도 따라올 수 없는 가치 있는 제품 또는 서비스 속성을 지원하는 전문화 요소가 필요하다.

따라서 플랫폼 망상과 깊이 관련되어 있는 스타트업 정신의 경솔한 수용이나 FAANG에 대한 심한 두려움은 정당화될 수 없다. 네트워크 효과, AI, 스타트업에 집착하는 것은 일반적으로 디지털 붕괴 시대에 번창하는 데 필요한 경쟁 우위의 변치 않는 기본 원칙을 지속적으로 존중하는 데 방해가 된다. 투자자들이 이러한 원칙의 지속적인 관련성과 적용 가능성의 변화하는 특성을 이해하지 못하면 수익에 예측 가능한 영향을 미칠 것이다. 결론적으로 FAANG의 불굴성과 스타트업의 고유한 매력에 대한 단순한 가정을 부인하지 않는다면, 재정 및 인적 자원을 효과적으로 활용해 디지털 시대의 완전한 사회적·경제적 잠재력을 실현할 수 없을 것이다.

감사의 글

이 책은 내가 2015년부터 컬럼비아 경영대학원에서 가르치고 있는 '디지털 투자'라는 수업에서 직접적으로 파생되었다. 이 강좌의 목적은 한때 혁신적이었지만 지금은 자리를 잡은 다양한 업계의 디지털 리더의 경쟁 우위 원천을 조사해서, 동일한 부문을 목표로 하는 차세대 혁신자들에 대한 잠재적 투자 기회를 알리는 것이다. 이 수업에서는 디지털 기성 기업들이 누리는 예상 외로 다양한 이점과 디지털 저항 세력의 매력을 보여주었다. 그리고 《플랫폼 제국의 거인들》이 개선하고자 하는 디지털 비즈니스 모델의 전반적인 매력에 관한 통념이 부적절하다는 것을 부각했다. 이러한 관찰 결과를 종합하려는 초반의 시도는 편집자 테드 키니와 폴 미셸만의 격려에 힘입어 〈MIT 슬로언 매니지먼트 리뷰^{MIT Sloan Management Review}〉에 '모든 플랫폼은 동등하지 않다'라는 제목으로 등장했다.[1]

이러한 시작점 때문에, 특히 처음부터 나와 함께 디지털 투자 강의를 한 스파크 캐피털 그로스의 설립자 겸 총괄 파트너인 제러미 필립스와 이 노력을 지원해준 학생, 조교, 초청 연사들에게 많은 신세를 졌다. 강좌, 논문, 책은 컬럼비아 경영대학원의 재무 및 자산관리 명예교수이자 '디지털 투자' 수업의 초기 단골 강사였던 브루스 C. N. 그린왈드에게 막대한 지적 빚을 지고 있다. 디지털 산업 구조를 분석하는 데 사용한 프레임워크는 우리가 《거물의 저주》[2]에서 미디어 산업 구조를 분석하기 위해 사용했던 프레임워크와 동일하다. 《거물의 저주》와 《플랫폼 제국의 거인들》은 모두 경쟁 우위에 관한 그린왈드 교수의 초기 저작인 《경쟁 격화Competition Demystified》에 크게 의존한다.[3] 이 책은 현대 기업의 핵심인 전략적 분석과 재무 분석 사이의 근본적인 연관성을 보여준다.

특히 팬데믹 기간에는 지적·정서적 균형을 유지하기 위한 솔직한 피드백 없이는 책을 쓰는 것이 불가능했다. 그래서 내가 쓴 글을 출판사에 보내기 전에 반드시 브루클린대학교 학습센터에서 오랫동안 소장으로 일한 미라 코겐에게 검토를 받았다. 친구 이선 버먼, 대런 카터, 고든 크로비츠, 존 에드워드 머피, 캐머런 포에츠셔, 샤오잉 종도 원고를 전부 읽고 귀중한 의견을 들려주었다. 격려를 해주거나 원고 일부분에 관한 의견을 제시하거나 책의 논지에 관한 견해를 전해준 래니 베이커, 데이비드 아이젠버그, 베스 페레이라, 리드 헤이스팅스, 워런 엔센, 제프 조던, 데이비드 니, 래리 커처, 크헤일 매독스, 랜스 매로프, 존 마틴, 플립 마리츠, 제임스 밀른, 브라이언 머레이, 주디아 펄, 바르샤 라오, 안드레아 레이첸바흐, 클레어 레이힐, 데이비드 로젠블랫, 제이슨 셰임스, 리처드 시클로스, 셰일라 스펜스, 세레스 터커에게 감사를 표한다.

컬럼비아대학교에서는 경영대학원의 우터 데세인, 브루스 그린왈드,

마이클 모부신, 조나 로코프, 미클로스 사르바리, 로스쿨의 팀 우, 사회학과의 수디르 벤카테시, 언론대학원의 제임스 B. 스튜어트 등의 후한 조언으로 도움을 받았다. 컬럼비아대학교의 아지트 수닐 아콜은 특히 열정적이고 창의적인 연구조교 역할을 해주었다. 또 경영대학원의 미디어 및 기술 프로그램을 담당하는 홀리스 오로크와 제이미 챈들러는 내가 경로를 너무 많이 벗어나지 않도록 잡아주었다.

내가 선임 고문으로 있는 에버코어의 네이선 그라프와 제이슨 소볼은 사려 깊은 마음으로 이 책 전체를 비평해주었다. 나와 가장 가깝게 일하는 이 두 명의 동료 외에, 나는 뻔뻔스럽게도 금융과 주식 리서치 분야나 여기에서 다룬 대부분의 주제와 관련된 에버코어의 방대하고 심층적인 주제별 전문 지식을 이용했다. 존 벨튼, 마이클 콜드웰, 마티 시코, 비네이 케임스워런, 그레그 멜리치, 제프 라이젠버그, 제이슨 토머스, 데이비드 토굿 등이 나눠준 중요한 통찰에 많이 의지했다. 그리고 재능 있는 동료 마이클 리차가 이 책의 여러 부분을 뒷받침하는 연구와 분석을 진행했다. 또 에버코어에서 일하는 내 뛰어난 비서 로라 홀든도 연구 보조 역할을 했다.

나와 이 일을 함께 하면서 사려 깊은 조언을 해준 출판 대리인 짐 리바인에게 감사한다. 포트폴리오 출판사의 훌륭한 편집자들에게도 감사드린다. 처음부터 이 아이디어를 지지해주고 약속한 모든 것을 이행해준 아드리안 자크하임은 작가가 바랄 수 있는 최고의 편집자다. 메리 선은 이를 이어받아 훌륭한 프로젝트로 완성시켰다.

내게 도움이나 지원을 제공한 이들 중 누구도 내가 실제로 제작한 작품에 대해 책임을 지지 않으며, 내 결론에 동의했다고 대리 책임을 지게 해서는 안 된다.

주

한국어판 서문

1. Ari Levy, "Nasdaq poised to underperform S&P 500 for first time since 2016 as investors shun tech stocks," CNBC, December 28, 2021. https://www.cnbc.com/2021/12/28/nasdaq-is-poised-to-underperform-sp-500-for-first-time-since-2016.html.

2. Jonathan A. Knee, "Review: The Rise of the 'Matchmakers' of the Digital Economy," *New York Times Dealbook*, May 20, 2016. https://www.nytimes.com/2016/05/21/business/dealbook/review-the-rise-of-the-matchmakers-of-the-digital-economy.html.

3. Reeves Wiedeman, "Why Does Every Company Now Want to Be a Platform?," *New York Times*, September 15, 2021. https://www.nytimes.com/2021/09/15/books/review/jonathan-knee-platform-delusion.html.

4. Alison Beard, "Can Big Tech Be Disrupted?: A Conversation With Columbia Business School Professor Jonathan Knee," *Harvard Business Review*, Jan/Feb 2022. https://hbr.org/2022/01/can-big-tech-be-disrupted.

5. Rohan Goswami, "Tech's reality check: How the industry lost $7.4 trillion in one year," CNBC, November 25, 2022. https://www.cnbc.com/2022/11/25/techs-reality-check-how-the-industry-lost-7point4-trillion-in-one-year.html.

6. Berber Jin, "Instacart IPO Is an Expensive Lesson for Venture Firms," *Wall Street Journal*, September 16, 2023. https://www.wsj.com/finance/investing/instacart-ipo-is-an-expensive-lesson-for-venture-firms-af82064.

프롤로그

1. John Kennedy, "How Digital Disruption Changed 8 Industries Forever," Silicon Republic, November 25, 2015.

2. Karen Jacobs, "Circuit City Files for Bankruptcy," Reuters, November 11, 2008; Phil Wahba and Tom Hals, "Borders Files for Bankruptcy, to Close 200 Stores," Reuters, February 16, 2011.

3. Saul Hansell, "Toys 'R' Us Sues Amazon.com Over Exclusive Sales Agreement," *New York Times*, May 25, 2004.

4. Mary Pat Gallagher, "Breach of Online-Marketing Deal Will Cost Amazon $51M," Law.com, June 24, 2009.

5. Michael Corkery, "Toys 'R' Us Files for Bankruptcy, Crippled by Competition and Debt," *New York Times*, September 19, 2017.

6. Tim Arango, "Time Warner Views Netflix as a Fading Star," *New York Times*, December 12, 2010.

7. Cynthia Littleton, "HBO to Launch Standalone Over-the-Top Service in U.S. Next Year," *Variety*, October 15, 2014.

8. Edmund Lee & Cecilia Kang, "AT&T Closes Acquisition of Time Warner," *New York Times*, June 14, 2018. 854억 달러 규모의 거래가 성사될 당시, 넷플릭스는 거의 1000억 달러 정도 가치가 더 높았다.

9. 2020년에 나스닥은 43.6퍼센트 성장했는데, 이는 4.4퍼센트의 미미한 성장을 기록한 NYSE보다 거의 10배 정도 높은 수치다.

10. Stephanie Yang, "The Pandemic Turned My Parents into Day Traders," *Wall Street Journal*, October 23, 2020. 현재 소규모 투기 세력이 전체 거래량의 4분의 1을 차지하는 것으로 추정된다.

11. 실리콘밸리에서 생성된 다양하고 미심쩍은 개념을 "타당하고 불가피한 것처럼 보이게 만든" 데 대한 광범위한 비판은 다음을 참조하자. Adrian Daub, *What Tech Calls Thinking: An Inquiry into the Intellectual Bedrock of Silicon Valley* (New York: FSG Originals, 2020).

12. 이에 대한 한 가지 예외는, 승자 독식 사업이 모든 면에서 정말 예외적이라는 것이다. 디지털과 아날로그 영역 모두에서 놀라운 정도로 수익성이 높고 매우 희귀하다. 승자 독식은 실제로 존재하는 현상에 대한 설명이라기보다는 결코 실현될 수 없는 열망인 경우가 많다.

13. Jason Dean and Katherine Bindley, "One Word Defined Tech Companies' Growth. It is Now 'Exploding in Their Face,'" *Wall Street Journal*, December 27, 2019.

14. Paul Tough, *How Children Succeed: Grit, Curiosity, and the Hidden Power of Character*

(Boston: Houghton Mifflin Harcourt, 2012), 96–98.

15. 프레킨(Prequin)에 따르면 2000년에는 AUM(관리 중인 자산)이 6460억 달러였는데, 2020년 6월에는 이 수치가 5조 5000억 달러가 넘었다.

16. "내가 망하면 너도 망한다(I'll Be Gone, You'll Be Gone)"의 약자인 IBG YBG는 투자은행가들의 이기적인 단기 의사결정을 정당화하기 위해 사용한 말로, 이 분야의 정신을 대표하게 되었다. Jonathan A. Knee, *The Accidental Investment Banker: Inside the Decade That Transformed Wall Street* (New York: Oxford University Press, 2006), 156.

17. Marco Iansiti and Karim R. Lakhani, *Competing in the Age of AI: Strategy and Leadership When Algorithms and Networks Run the World* (Brighton, MA: Harvard Business Review Press, 2020), 207.

1부

1장

1. Michael A. Cusumano, Annabelle Gawker, and David Yoffie, *The Business of Platforms: Strategy in the Age of Digital Competition, Innovation, and Power* (New York: Harper Business, 2019), 13.

2. Burt Helm, "Can Any Company Be a Tech Company? Inside the Unlikely Journey of Cult Salad Brand Sweetgreen," *Inc.*, May 2019. 이사회에는 문영미 교수 외에도 주요 후원자인 스티브 케이스(Steve Case)가 포함되어 있는데, 그는 타임 워너에 AOL과 합병하는 것이 좋은 생각이라고 설득한 사람으로 기억될 것이다.

3. Sienna Kosman, "The History of Credit Cards," The Balance, August 8, 2019; Merrill Fabry, "Now You Know: What Was the First Credit Card," *Time*, October 19, 2016.

4. "40,000 Visitors See New Stores: Weather-Conditioned Shopping Center Opens," *New York Times*, October 9, 1956.

5. Jean-Charles Rochet and Jean Tirole, "Platform Competition in Two-Sided Markets," *Journal of the European Economic Association* (June 2003): 990-1029.

6. Rochet & Tirole, "Platform Competition," 990. 저자들은 옐로 페이지 산업에 대한 마크 리스먼(Marc Rysman)의 연구를 "양면적인 시장에서의 네트워크 효과를 추정한 최초의 경험적 논문"이라고 말했다. 리스먼의 논문은 2004년이 되어서야 발표되었다. "Competition Between Networks: A Study of the Market for Yellow Pages," *Review of Economic Studies* 71, 483-512. '중개인'에 관한 훨씬 예전 연구인 다음의 내용은 언급하지 않았다. Asher Wolinsky

and Ariel Rubenstein, "Middlemen," *Quarterly Journal of Economics* 102, no. 3 (August 1987): 581-594. 하지만 그 이후에 나온 중개인들 사이의 경쟁에 관한 몇몇 논문은 언급했다. Rochet & Tirole, 994, n.4.

7. Rochet and Tirole, "Platform Competition," 992.

8. Claire Cain Miller, "How Jean Tirole's Work Helps Explain the Internet Economy," *New York Times*, October 14, 2014.

9. Diane Labrien, "5 Common Reasons Why Ecommerce Companies Fail," Tech.co, October 24, 2016. 영국의 전자상거래 스타트업 1000개를 대상으로 진행한 중요한 연구에 따르면, 이들 가운데 90퍼센트가 설립 후 90일 이내에 실패했다고 한다. Paul Skeldon, "90% of E-commerce Start-ups End in Failure within the First 120 days," InternetRetailing, July 17, 2019.

10. 그보다 성공한 고급 쇼핑몰들은 계속해서 70퍼센트 이상의 영업 순익을 누려왔다. Brian Sozzi, "After Christmas Your Mall Might Vanish—But It May Also Be Reborn," *Yahoo Finance*, December 26, 2020.

11. Carol Ryan, "Online Retailers Can Head to the Mall," *Wall Street Journal*, October 8, 2019.

12. Lena Rao, "Why Flash Sales Are in Trouble," *Fortune*, December 16, 2015.

13. Alistair Barr and Clare Baldwin, "Groupon's IPO Biggest by US Web Company Since Google," Reuters, November 4, 2011.

14. Ciara Linnane, "Groupon and Blue Apron's Real Problem: Neither Business Model Works, Experts Say," MarketWatch, February 22, 2020.

15. Guadalupe Gonzalez, "Airbnb, GitLab, and 13 Other Unicorn Startups Potentially Going Public in 2020," *Inc.*, January 8, 2020.

16. Aaron Elstein, "Casper IPO Suffers from a Lack of FOMO," *Crain's New York Business*, January 14, 2020. ("캐스퍼의 첫 번째 문제점은 기업의 자본 환경 자체가 말이 안 된다는 것이다").

17. Kate Rooney, "Hedge Fund Manager Einhorn Likens Chewy to Dot-com Bubble Poster Child Pets.com," CNBC, July 26, 2019. 하지만 다음을 참고하라. Ryan Cohen, "Chewy Founder: We're No Pets.com," CNBC, July 26, 2019. 츄이의 주가가 극적으로 반등한 덕에 반려동물 위주의 다른 소매 업체들의 시장 진출이 불가피해졌다. Charity Scott, "BarkBox to Go Public in $1.6 Billion Deal," *Wall Street Journal*, December 16, 2020.

18. Claudia Assis, "Online Marketplace Poshmark Confidentially Files for IPO," MarketWatch, September 25, 2020; Elizabeth Segran, "Poshmark's Explosive IPO Bodes Well for the Resale Industry, But How Sustainable Is Secondhand?," *Fast Company*, January 19, 2021.

19. 전체 수익률로 따지면, 살펴본 77개 기업(IPO 규모가 1000만 달러 미만인 기업은 제외했다) 가운데 아마존이 기존 추세에서 가장 멀리 벗어나 있다. 1997년 5월에 아마존이 IPO를 진행할 당시 100달러를 투자했다면, 2020년 말에는 16만 6000달러 이상으로 불어났을 것이다. 이는 아마존 다음으로 큰 성공을 거둔 전자상거래 기업의 IPO에 비해 25배 이상 많은 금액이다. 그러나 5장에서 강조한 것처럼, 2020년에 아마존은 소비자 소매 부문이 아니라 B2B AWS 클라우드 서비스 사업부에서 압도적으로 많은 수익을 올렸다(그리고 이 추세는 앞으로 무기한 이어질 것이다). 77개 기업 가운데 아마존을 제외한 기업의 전체 수익률은 S&P500 기업의 절반도 안 된다.

20. David S. Evans and Richard Schmalensee, *Matchmakers: The New Economics of Multisided Platforms* (Brighton, MA: Harvard Business Review Press, 2016), 203 ("네트워크 효과는 모든 다면적인 플랫폼에 영향을 미친다").

21. Jonathan A. Knee, Bruce C. Greenwald, and Ava Seave, *The Curse of the Mogul: Whats Wrong with the World's Leading Media Companies* (New York: Portfolio, 2009), 176-180.

22. Andrei Hagiu and Julian Wright, "How Defensible Are Zoom's Network Effects?," *Platform Chronicles*, December 15, 2020.

23. Geoffrey Parker, Marshall W. Van Alstyne, and Sangeet Paul Choudary, *Platform Revolution: How Networked Markets Are Transforming the Economy and How to Make Them Work for You* (New York: Norton, 2016), 225.

24. Cusumano et al., *The Business of Platforms*, 16. 이 책의 저자들 역시 모든 플랫폼 사업은 네트워크 효과를 발휘한다는 생각에 동의하면서도 그 효과가 "강할지 약할지, 긍정적일지 부정적일지"는 알 수 없다는 사실을 인정한다.

25. Cusumano et al., *The Business of Platforms*, 24.

26. Cusumano et al., *The Business of Platforms*, 109.

27. 중국 정부가 통제하는 페트로차이나(PetroChina)는 상하이 증권거래소에 상장된 날 주가가 급등하면서 2007년에 처음으로 1조 달러 규모의 회사가 되었다. 하지만 그 후 가치가 80퍼센트나 하락했다. 이 회사가 이전에 높은 평가를 받은 것은 중국의 자본 통제와 투기가 결합된 덕분이라고 여기는 이들이 많다. Andrew Batsin & Shai Oster, "How Big Is PetroChina?," *The Wall Street Journal*, November 6, 2007.

28. Sinead Carew, "Microsoft Market Cap Touches $1 Trillion, Pulls above Apple," Reuters, April 25, 2019.

29. Amrith Ramkumar, "Alphabet Becomes Fourth US Company to Reach $1 Trillion Market Value," *Wall Street Journal*, January 16, 2020.

30. Jack Nicas, "Apple Reaches $2 Trillion, Punctuating Big Tech's Grip," *New York Times*, August 19, 2020.

31. 소프트웨어 기업들은 13장에서 따로 다루면서 인터넷과 광대역이 SaaS 산업 출현에 미친 영향을 살펴본다.

32. 대형 상장 기업의 정의는 시가총액이 100억 달러 이상인 기업이다. 순수 소프트웨어 기업은 제외된다.

33. Priyamvada Mathur, "Which US Companies Had the Biggest IPO Haircuts?," *PitchBook*, September 11, 2019.

34. Begum Erdogan et al., "Grow Fast or Die Slow: Why Unicorns Are Staying Private," McKinsey and Company, May 11, 2016; Eric Griffith and Mike Isaac, "With the Economy Uncertain, Tech 'Unicorns' Rush Toward I.P.O.," *New York Times*, December 9, 2018; John Divine, "IPO Delays: Why Unicorns Push Back Public Debuts," *U.S. News & World Report*, September 24, 2019.

35. Yves Smith, "Fake 'Unicorns' Are Running Roughshod over the Venture Capital Industry," *New York*, November 14, 2018. 이 기사는 Will Gornall and Ilya Strebulaev, "Squaring Venture Capital Valuations with Reality," *Journal of Financial Economics* 135, no. 1 (January 2020): 120–143에 제기된 주장에 대한 반응이 놀랍도록 적은 것에 대해 얘기한다.

36. Sam Shead, "Uber CEO Says He's Leaving It as Late as Humanly Possible to Go Public," *Business Insider*, June 9, 2016.

37. Karl Russell and Stephen Grocer, "Uber Is Going Public: How Today's I.P.O.s Differ From the Dot-Com Boom," *New York Times*, May 9, 2019.

38. *PitchBook*.

39. *PitchBook*.

40. Maureen Farrell, "Record IPO Surge Set to Roll On in 2021," *Wall Street Journal*, December 30, 2020.

41. Epistle 1, lines 70ff.

42. Michael Porter, *Competitive Strategy: Techniques for Analyzing Industries and Competitors* (New York: Free Press, 1980). 경쟁 우위에 관한 포터 교수의 저서는 그로부터 5년이 더 지나서야 나왔다. Michael Porter, *Competitive Advantage: Creating and Sustaining Superior Performance* (New York: Free Press, 1985).

43. 이 정의와 포터에 관한 관점은 모두 Bruce Greenwald and Judd Kahn, *Competition Demystified: A Radically Simplified Approach to Business Strategy* (New York: Portfolio,

2005), 4-6 에서 빌려온 것이다.

44. 사실 가치 평가 배수가 적용되는 기업의 수익성을 나타내는 지표는 다양하다. 가장 자주 인용되는 p/e, EBIT, EBITDA, OCF 등은 엄청나게 많고 일관성 없는 조정의 대상이 된다. 이런 이해하기 어려운 기준은 이론적으로 기업의 현금 창출 능력을 반영하기 위한 것이다(이런 측정 기준 중 일부는 실상을 반영하기보다 오히려 모호하게 하기 위해 설계되었다고 주장하는 이들도 있다). Ari Levy, "Why Charlie Munger's 'Bulls— t Earnings' Metric Is Used by So Many Tech Companies," CNBC.com, February 15, 2020.

45. Bruce Greenwald et al., *Value Investing: From Graham to Buffett and Beyond*, 2nd ed., (New York: Wiley: 2020).

46. Fred Wilson, "Negative Gross Margins," AVC.com, October 21, 2015.

2장

1. R. Preston McAfee and John McMillan, "Organizational Diseconomies of Scale," *Journal of Economics & Management Strategy* 4, no. 3 (September 1995): 399-426.

2. Michael Schrage, "Arthur Ochs Sultzberger Jr.," *Adweek*, June 1999.

3. James Currier, "The Network Effects Manual: 13 Different Network Effects (and Counting)," NfX.com, January 15, 2018.

4. Bharat Anand, *The Content Trap: A Strategist's Guide to Digital Change* (New York: Random House, 2016), 22-23.

5. 새롭게 부상하는 전체 시장의 규모를 놓고 벌어진 유명한 논쟁이 많은데, 그중에서도 가장 유명한 것은 벤처투자가 빌 걸리(Bill Gurley)와 애스워스 다모다란(Aswath Damodaran) 교수가 승차 공유 시장의 규모를 놓고 벌인 논쟁이다. Aswath Damodaran, "Uber Isn't Worth $17 Billion," FiveThirtyEight, June 18, 2014; Bill Gurley, "How to Miss by a Mile: An Alternative Look at Uber's Potential Market Size," *Above the Crowd* (blog), July 2014.

6. D'Arcy Coolican and Li Jin, "The Dynamics of Network Effects," Andreesen Horowitz (blog), December 13, 2018; https://a16z.com/2018/12/13/network-effects-dynamics-in-practice/. ["비교적 상품화된 목록이 있는 플랫폼은 (…) 기본적인 유동성 수준에 도달하면 네트워크 효과가 점근선으로 나타날 가능성이 더 크다"].

7. Verisk, "ISO Proposes Change to For-Profit; Part of Managed Evolution to Better Meet Customer Needs," press release, September 25, 1996. https://www.verisk.com/archived/1996/insurance-services-office-proposes-change-to-for-profit-part-of-managed-evolution/.

8. 얼리 워닝의 역사는 이 회사의 웹사이트를 참조하라. https://www.earlyarning.com/bout.

9. Ravi Kumar, "What Makes Marketplace Business Models (Many to Many) So Attractive Compared to Classic Businesses (One to Many)?," Medium.com, July 20, 2018 (summarizing talk by Andreesen Horowitz General Partner Jeff Jordan).

10. Erik Davis, "Databases of the Dead," *Wired*, July 1, 1999.

3장

1. 네트워크 효과 사업에서 다양한 결과가 나오도록 이끄는 몇 가지 요소를 강조하는 초기 기사는 다음을 참고하라. Andrei Hagiu and Simon Rothman, "Network Effects Aren't Enough," *Harvard Business Review*, April 2016.

2. Marshall W. Van Alstyne, Geoffrey G. Parker, and Sangeet Paul Choudary, "Pipelines, Platforms and the New Rules of Strategy," *Harvard Business Review*, April 2016.

3. Edmund Lee, "New York Times Hits 7 Million Subscribers as Digital Revenue Rises," *New York Times*, November 5, 2020.

4. 2002년 6월에 52.79달러로 최고치를 달성한 〈뉴욕 타임스〉 주가는 2020년 말까지 그 수준에 다시 도달하지 못했다. 그러다가 2021년 초에 잠깐 이전 최고 기록을 넘어섰다.

5. Thomas Yeh and Ben Swinburne, "Start Spreading the News—Initiate OW," Morgan Stanley Research, October 14, 2020.

6. 〈뉴욕 타임스〉는 예전에 텔레비전, 잡지, 지역 신문 그룹, 〈보스턴 글로브〉, About.com을 비롯해 다른 사업체를 많이 운영했는데, 지금은 전부 매각한 상태다. 이 회사를 운영하는 〈뉴욕 타임스〉 미디어 그룹은 2000년에 19억 2740만 달러의 수익을 올렸다.

7. amNewYork, "amNewYork and METRO Join Forces to Become New York City's Top Daily Paper," January 6, 2020; Kathy Roach, "Metro Is Manhattan's Highest Daily Circulation Paper," *Metro*, February 21, 2018.

8. David D. Kirkpatrick, "International Herald Tribune Now Run Solely by The Times," *New York Times*, January 2, 2003.

9. Keach Hagey, "New York Times to Rename International Herald Tribune," *Wall Street Journal*, February 25, 2013.

10. 2009년에 〈워싱턴 포스트〉는 25년 넘게 전국에서 발행하던 주간지를 없앴다. 한때는 이 주간지의 발행 부수가 15만 부나 됐지만, 폐간될 무렵에는 전국 발행 부수가 2만 부로까지 줄었다. Andy Alexander, "Post's National Weekly Edition to Close," *Washington Post*

Ombudsman (blog), August 10, 2009. 2000년에 〈워싱턴 포스트〉의 발행 부수는 5만 6000부였다. 〈로스앤젤레스 타임스〉는 1998년에 매일 네 섹션으로 구성된 전국판을 발행하면서 초기에 4만 부씩 발행하던 부수가 대폭 증가하기를 기대했다. Lisa Bannon and Wendy Bound, "Los Angeles Times Heats Up the National Newspaper Game," *Wall Street Journal*, November 5, 1998. 하지만 결국 6년 뒤에 발행을 중단했다. Frank Ahrens, "L.A. Times to End National Edition," *Washington Post*, December 3, 2004.

11. Stephen Nellis, "Apple's News Service Reaches 100 Million Users, App Store Sales Expand," Reuters, January 8, 2020.

12. Alex Sherman, "Apple News+ Has Struggled to Add Subscribers Since the First Week of Launch, Sources Say," CNBC.com, November 14, 2019.

13. Lucia Moses, "To Get to 10 Million Subscribers, the *New York Times* Is Focusing on Churn," Digiday, October 26, 2017.

14. John Belton et al., "(Not) the Failing *New York Times*: Initiating Coverage of NYT at Outperform," *Evercore* ISI, December 13, 2018. 특색 있는 목소리를 내는 양질의 실시간 뉴스 서비스는 최고의 엔터테인먼트 스트리밍 서비스보다 이탈률이 꾸준히 낮아야 한다고 주장할 수 있지만, 이용 가능한 다른 뉴스 서비스가 워낙 많기 때문에 달성하기가 힘들어 보인다.

15. 《플랫폼 비즈니스의 모든 것》에서 저자들은 "플랫폼 시장 역학의 네 가지 기본 동인"을 파악한다. 진입 장벽은 이 동인들 중 하나로 취급되는 반면, 멀티호밍과 네트워크 효과는 두 가지 별개의 동인으로 여긴다. 제안된 최종 범주는 "차별화와 틈새 경쟁에 미치는 영향"이다. Michael A. Cusumano, Annabelle Gawker, and David Yoffie, *The Business of Platforms: Strategy in the Age of Digital Competition, Innovation, and Power* (New York: Harper Business, 2019).

16. Jeremy Peters, "Some Newspapers, Tracking Readers Online, Shift Coverage," *New York Times*, September 5, 2010.

17. 디지털 운영 모델에 내재된 이런 레버리지는 구독 가격, 고객 이탈, 가입자 추가 같은 주요 지표가 비교적 완만하게 개선되기만 해도 2025년에는 기본 또는 순수 디지털 사례에서 2000년도 수준 이상의 이익을 창출할 수 있음을 시사한다.

18. 최근 개별 정부와 국가들이 자국 내에서 영업하는 FAANG 기업들에게 갈수록 많은 대가를 치르게 하려고 공격적으로 노력하는 모습은 이런 불만에 어느 정도 신빙성을 안겨준다. Tony Romm, "Silicon Valley-backed Groups Sue Maryland to Kill Country's First-ever Online Advertising Tax," *Washington Post*, February 18, 2021; Gerrit De Vynck, "Australia Wants Facebook and Google to Pay for News On Their Sites. Other Countries Think It's a Good Idea

Too," *Washington Post*, February 19, 2021.

19. Deborah D'Souza, "Tech Lobby: Internet Giants Spend Record Amounts, Electronics Firms Trim Budgets," Investopedia, June 25, 2019. 디지털 스타트업들도 혁신을 촉진하고 자체적인 규제 장벽을 구축하기 위해 규제 전략에 의지하는 경우가 늘고 있다. Bradley Tusk, *The Fixer: My Adventures Saving Startups from Death by Politics* (New York: Portfolio, 2018)를 보라.

20. 이 주제에 대해서는 아직 논란이 있다. Gordon Crovitz, "Who Really Invented the Internet?," *Wall Street Journal*, July 22, 2012. 그러나 Michael Moyer "Yes, Government Researchers Really Did Invent the Internet," *Scientific American*, July 23, 2012도 보라.

21. Lavonne Kuykendall, "Buffett Trims Moody's Stake, Could Sell More," *Wall Street Journal*, July 23, 2009. 버핏은 다음 해까지 무디스 지분을 계속 팔았다. Alex Crippen, "Warren Buffett Sells More Moody's after Stock Rebounds," CNBC.com, November 1, 2009; Alex Crippen, "Warren Buffett's Berkshire Hathaway Trims Moody's Stake Again," CNBC.com, December 22, 2009; Alex Crippen, "Warren Buffett Resumes Sales of Moody's after Stock Price Rebounds," CNBC.com, September 15, 2010. 그는 2013년에 다시 지분 매각을 재개했다. Phil Wahba, "Berkshire Sells Off More Moody's Shares, Stake Down to 11.1 Percent," Reuters, May 6, 2013.

22. Nick Kostov and Sam Schechner, "GDPR Has Been a Boon for Google and Facebook," *Wall Street Journal*, June 17, 2019.

23. Jonathan A. Knee, *Class Clowns: How the Smartest Investors Lost Billions in Education* (New York: Columbia University Press, 2017).

24. Chris Isidore, "Amazon to Start Collecting State Sales Taxes Everywhere," CNN Business, March 29, 2017.

25. Tim Wu, *The Curse of Bigness: Antitrust in the New Gilded Age* (New York: Columbia Global Reports, 2018), 123. 공정하게 말해, 우 교수는 구글이 진행한 214건의 인수 중 일부에는 조건이 붙었다는 사실을 인정한다.

26. 이 허점은 기술 산업계에서 공공연한 비밀이며, FAANG 이외에도 수많은 기업이 수십 년 동안 악용해왔다. Jeffrey Young, "Blackboard Buys Another Rival, to Customers' Dismay," *Chronicle of Higher Education*, May 15, 2009.

27. Tim Fernholz, "How Google Dodged Anti-trust Law to Buy Waze," Quartz, June 19, 2013.

28. Eric Savitz, "Trump's FTC Declares War on Amazon, Facebook, Other Tech Giants with a Probe of Ten Years of Deals," *Barron's*, February 11, 2020.

29. Brent Kendall, "Justice Department to Open Broad, New Antitrust Review of Big Tech

Companies," *Wall Street Journal*, July 23, 2019.

2부

1. Lee Brodie, "Cramer: Does Your Portfolio Have FANGs?," CNBC.com, February 5, 2013. 전체 동영상은 다음 링크에서 볼 수 있다. https://www.cnbc.com/id/100436754. 랭은 크레이머의 다양한 미디어 벤처 사업에 꾸준히 기여했고, 익스플로시브 옵션스(Explosive Option)라는 자체적인 온라인 서비스를 시작한 개인 트레이더 겸 대중 연설가다.

2. 24/7 Wall St., "BC Has 5 Red-Hot Stocks to Buy for 2016," MarketWatch, December 18, 2015.

3. Robert Boroujerdi et al., "Tactical Considerations: Is 'FANG' Mispriced?," Goldman Sachs Equity Research, June 9, 2017.

4. Abigail Stevenson, "James Cramer Renames FANG FAAA: Your Key to Long-term Growth," CNBC.com, February 27, 2016. 크레이머는 나중에 FAANG이란 명칭을 기꺼이 다시 받아들였다. James Cramer, "Who in a Million Years Would Ever Think That FAANG Would Be Value?," Real Money, March 4, 2019.

5. James Mackintosh, "The Agony of Hope Postponed, by a Value Investor," *Wall Street Journal*, July 14, 2019.

6. Tae Kim, "Warren Buffett Believes This Is 'the Most Important Thing' to Find in a Business," CNBC.com, May 7, 2018.

7. Brian Nowak et al., "Alphabet Inc.: Ready to Join the Big Tech Sum of the Parts Club?," Morgan Stanley Research, January 23, 2021.

8. Sigmund Freud, *The Future of an Illusion* (London: Hogarth Press, 1927), 52.

9. Charles Duhigg, "How Venture Capitalists Are Deforming Capitalism," *The New Yorker*, November 23, 2020. ("벤처 캐피털리스트는 그런 과대광고 전문가들과 공모하여 그들에게 수백만 달러를 건네면서 최악의 경향을 조장했다").

10. 다음 링크에서 확인할 수 있다. https://judiciary.house.gov/online-platforms-and-market-power/. 다음을 참조하라. Tim Wu, "What Years of Emails and Texts Reveal about Your Friendly Tech Companies, *The New York Times*, August 4, 2020.

11. 아마존은 R&D를 부문별로 나누지는 않지만, 재무 보고서 각주를 통해 2019년에 AWS를 운영하는 데 들어간 258억 달러의 자금 대부분을 이런 식으로 분류했다고 밝혔다. 258억 달러 중 130억 달러만 그렇게 분류했다고 하더라도, 아마존이 R&D(혹은 이 회사의 명칭대로 하자면 '기술 및 콘텐츠')에 투입한 전체 비용의 비율은 10퍼센트 미만이 된다.

12. Justin Fox, "Amazon's Great R& D Gift to the Nation," Bloomberg, April 5, 2018; Rani Molla, "Amazon Spent $23 Billion on R& D Last Year—More Than Any Other US Company," Recode, April 9, 2018.

13. Timothy Green, "How Much Does Amazon Spend on R& D? Less Than You Think," Motley Fool, June 13, 2018.

14. Sally French and Jessica Shaw, "The No. 1 Social Network by Country Isn't Always Facebook," MarketWatch, February 19, 2016.

15. Marty Swant, "Facebook Wants to Compete with LinkedIn by Adding a Job Application Feature," *AdWeek*, February 15, 2017.

16. Andrew Perrin and Monica Anderson, "Share of US Adults Using Social Media, Including Facebook, Is Mostly Unchanged Since 2018," Pew Research Center, April 10, 2019.

17. Chris Hughes, "It's Time to Break Up Facebook," *New York Times*, May 9, 2019.

18. Priit Kallas, "Top 10 Social Networking Sites by Market Share Statistics (2020)," DreamGrow Digital, January 2, 2020; Leo Sun, "Analysis: Are Social Media Users Abandoning Facebook and Instagram?," *USA Today*, September 12, 2019; Mera Jagannathan, "Why Did Facebook Lose an Estimated 15 Million Users in the Past Two Years?," MarketWatch, March 7, 2019.

4장

1. Niall Ferguson, *The Square and the Tower: Networks and Power from the Freemasons to Facebook* (New York: Penguin Press, 2018).

2. "더 열리고 연결된 세상을 만들자"라던 페이스북의 첫 번째 사명은 2017년에 "모든 사람에게 공동체를 형성하고 세상을 더 가깝게 만들 수 있는 힘을 주자"로 공식 변경되었다. Josh Constine, "Facebook Changes Mission Statement to 'Bring the World Closer Together,'" *TechCrunch*, June 22, 2017. 몇 년 전에 이 회사는 "빠르게 움직이면서 낡은 것을 파괴하라"라는 사내 신조를 공식적으로 폐기했다. Nick Statt, "Zuckerberg: 'Move Fast and Break Things' Isn't How Facebook Operates Anymore," CNET, April 30, 2014.

3. John Gramlich, "10 Facts About Americans and Facebook," Pew Research Center, May 16, 2019. 그러나 청소년들 사이에서 사용률은 이보다 더 낮고 계속 감소하는 추세다.

4. 측정 대상(사이트 방문, 활성 사용자, 소요 시간, 광고 수익)과 어떤 서비스를 소셜 서비스로 간주하느냐에 따라서 편차가 크다(유튜브가 소셜 네트워크인지에 대해서는 논란이 있다). 가장 높은 점유율(일반적으로 약 90퍼센트)은 광고 수익을 기준으로 한 것이고, 가장 낮은

401

수치는 사이트 방문 횟수(60퍼센트 미만)이며, 다른 측정 항목은 대부분 70퍼센트대를 맴돈다. 다음을 비교해보라. A. Guttmann, "Social Network Advertising Revenue in the United States in 2019, by Company," Statista/eMarketer, March 13, 2020; K. Clement, "U.S. Market Share of Leading Social Media Websites 2020," Statista, June 18, 2020. 페이스북 점유율에는 인스타그램도 포함된다.

5. Douglas MacMillan and John McKinnon, "Google to Accelerate Closure of Google+ Social Network after Finding New Software Bug," *Wall Street Journal*, December 10, 2018.

6. Charlie Osborne, "Facebook's Latest Privacy Scandals Open Regulator Floodgates," ZDNet, April 26, 2019.

7. Michael Arrington, "It's Official(ish): MySpace Is Biggest Site on the Internet," *TechCrunch*, December 12, 2006.

8. Herb Weisbaum, "Trust in Facebook Has Dropped by 66 Percent Since the Cambridge Analytica Scandal," NBC News, April 18, 2018; Evan Osnos, "How Much Trust Can Facebook Afford to Lose?," *New Yorker*, December 19, 2018.

9. Emerging Technology from the arXiv, "An Autopsy of a Dead Social Network," *MIT Technology Review*, February 27, 2013.

10. Joseph Gallivan, "Titans in Chat Wars—AOL and Microsoft Fight over Open Access," *New York Post*, July 27, 1999.

11. Michael Arrington, "Facebook Launches Facebook Platform: They Are the Anti-MySpace," *TechCrunch*, May 24, 2007.

12. Neil Vidyarthi, "A Brief History of Farmville," *AdWeek*, January 25, 2010; Allison Lips, "Farmville: The Craze That Changed Facebook Forever," *Social Media Week*, April 23, 2018.

13. Catherine Clifford, "How Mark Zuckerberg Keeps Facebook's 18,000+ Employees Innovating: 'Is This Going to Destroy the Company? If Not, Let Them Test It,'" CNBC, June 5, 2017.

14. Kristi Oloffson, "Why Is It So Hard to Delete Your Facebook Account?," *Time*, May 14, 2010.

15. Jason Cipriani, "How to Completely Delete Your Facebook Account, Loose Ends and All," CNET, June 5, 2020.

16. Aja Romano, "How Facebook Made It Impossible to Delete Facebook," *Vox*, December 20, 2018.

17. Minda Zetlin, "Facebook Doesn't Make It Easy to Delete Your Account. Here's How to Do It," *Inc.*, March 14, 2018.

18. Yongzheng Zhang and Marco Pennacchiotti, "Predicting Purchase Behaviors from Social

Media," In *Proceedings of the 22nd International Conference on World Wide Web (WWW)*, New York, NY: Association for Computing Machinery, 2013, 1521-1532.

19. Dan Gallagher, "Big Tech's Growth Comes with a Big Bill," *The Wall Street Journal*, July 17, 2018.

20. 이런 특징은 페이스북이 IPO를 진행할 당시 저커버그가 잠재 투자자들에게 보낸 편지에도 드러난다. "'해커 정신'은 지속적인 개선과 반복을 수반하는 구축 방식입니다. 해커들은 언제나 더 나은 것이 존재할 수 있고, 세상에 완전한 것은 없다고 생각합니다." *Wired* staff, "Mark Zuckerberg's Letter to Investors: The Hacker Way," *Wired*, February 1, 2012.

21. 12장에서 얘기한 것처럼, 광고를 효과적으로 타깃팅하는 능력은 계속 향상되고 있지만, 이는 네트워크 크기의 증가보다는 주로 개인의 사용량 증가에 의해 주도된다.

22. Diane Bartz et al., "Facebook Faces U.S. Lawsuits That Could Force Sale of Instagram, WhatsApp," Reuters, December 9, 2020.

23. Michelle Meyers, "How Instagram Became the Social Network for Tweens," CNET, September 8, 2012; Henry Blodget, "Everyone Who Thinks Facebook Is Stupid to Buy WhatsApp for $19 Billion Should Think Again," *Business Insider*, February 20, 2014.

24. House Committee on the Judiciary, "Online Platforms and Market Power: Examining the Dominance of Amazon, Apple, Facebook and Google," July 27, 2020. Documents available at https://judiciary.house.gov/online-platforms-and-market-power/.

25. Tim Wu, *The Curse of Bigness: Antitrust in the New Gilded Age* (New York: Columbia University Press, 2018), 123.

26. Daisuke Wakabayashi et al., "Justice Department Opens Antitrust Review of Big Tech Companies," *New York Times*, July 23, 2019.

27. Mike Isaac, "How Facebook Is Changing to Deal with Scrutiny of Its Power," *New York Times*, August 12, 2019.

28. Georgia Wells, Jeff Horwitz, and Aruna Viswanatha, "Facebook CEO Mark Zuckerberg Stoked Washington's Fears about TikTok," *Wall Street Journal*, August 23, 2020.

29. Mike Isaac and Cecilia Kang, "'It's Hard to Prove': Why Antitrust Suits against Facebook Face Hurdles," *New York Times*, December 10, 2020.

30. Jeff Horwitz and Deepa Seetharaman, "Break Up Facebook? It's Complicated, Tech Experts Say," *Wall Street Journal*, December 10, 2020.

31. Jeff Horwitz, "Zuckerberg's Deal Making for Facebook Is Central to Antitrust Cases," *Wall Street Journal*, December 10, 2020.

32. 중국의 "모든 것을 할 수 있는 앱"인 위챗의 성공이 가장 강력한 반론을 제기한다. Eveline Chao, "How Social Cash Made WeChat the App For Everything," *Fast Company*, January 2, 2017.

33. Lauren Feiner, "Zuckerberg Blasts Elizabeth Warren's Plan to Break Up Facebook and Says It's an 'Existential Threat,'" CNBC, October 1, 2019.

34. 페이스북은 2021년에 왓츠앱 사용자들에게 모선(母船)과 데이터를 공유하라고 요구하기 시작했다. Lily Hay Newman, "WhatsApp Has Shared Your Data With Facebook for Years, Actually," *Wired*, January 8, 2021; Arjun Kharpal, "WhatsApp Delays Privacy Update Over User 'Confusion' and Backlash About Facebook Data Sharing," CNBC, January 18, 2021.

35. 이런 손실을 감안하면 페이스북은 사업을 분사하기 전에 상당한 현금을 투자해야 할 것이다. 인스타그램을 강제로 분리하는 것은 반독점 관점에서는 강력한 조치이지만 분리 면에서는 문제가 더 복잡해진다.

36. Meera Jagannathan, "Why Did Facebook Lose an Estimated 15 Million Users in the Past Two Years?," MarketWatch, March 7, 2019.

37. Siraj Datoo, "Mark Zuckerberg Loses $7 Billion as Companies Drop Facebook Ads," Bloomberg, June 27, 2020.

38. Issie Lapowsky, "The 21 (and Counting) Biggest Facebook Scandals of 2018," *Wired*, December 20, 2018; Ryan Mac, "Literally Just a Big List of Facebook's 2018 Scandals," *BuzzFeed*, December 20, 2018.

39. Michelle Castillo, "Mark Zuckerberg's Personal Challenge for 2018: Fix Facebook," CNBC. com, January 4, 2018.

40. Salvador Rodriguez, "Facebook Apologizes after Employees Complain about Racist Company Culture," CNBC.com, November 8, 2019.

41. Sheera Frankel et al., "Facebook Employees Stage Virtual Walkout to Protest Trump Posts," *New York Times*, June 1, 2020.

42. Salvador Rodriguez, "Inside Facebook's 'Cult-like' Workplace, Where Dissent Is Discouraged and Employees Pretend to Be Happy All the Time," CNBC.com, January 8, 2019. 2016년 초에 퇴사한 익명의 전직 페이스북 직원 "10여 명"을 근거로 한 이 보도는 광범위한 보도와 논평의 기초가 되었다.

43. Squawk Alley, "Facebook Nears $100/ share," CNBC.com, July 21, 2015.

44. Rip Epson, "Ben Horowitz: 'Facebook Is the Best-run Company in Technology,'" *TechCrunch*, October 18, 2011.

45. Rachel Gillett, "Seven Reasons Facebook Is the Best Place to Work in America and No Company Can Compare," *Business Insider*, December 7, 2017.

46. Salvador Rodriguez, "Facebook Is No Longer the 'Best Place to Work,' According to New Glassdoor Survey," CNBC.com, December 5, 2018.

47. Salvador Rodriguez, "Facebook Is No Longer One of the 10 Best Places to Work, According to Glassdoor," CNBC.com, December 11, 2019.

48. Hunt Allcott, Matthew Gentzkow, and Chuan Yu, "Trends in the Diffusion of Misinformation on Social Media," Research & Politics (April–June 2019) 1-8.

49. Davey Alba, "On Facebook, Misinformation Is More Popular Now Than in 2016," *New York Times*, October 12, 2020.

50. 샘 레이미 감독의 '스파이더맨' 1편에서 주인공 피터 파커의 삼촌 벤이 피터에게 한 말이다. 벤 삼촌은 이 말을 남기고 곧 살해당했다.

5장

1. Brad Stone, *The Everything Store: Jeff Bezos and the Age of Amazon* (Boston: Little, Brown, 2013), 48.

2. 마켓플레이스에는 실패한 전임자들이 많다. 1999년 3월에 문을 연 아마존 옥션은 지숍 (zShops)이라는 이름으로 바뀌었다. 2000년에 미국에서 시작된 마켓플레이스는 처음에는 중고 서적만 거래하다가 나중에 다른 제품 카테고리와 지역으로 범위를 넓혀 나갔다. Business Wire, "Amazon Marketplace a Winner for Customers, Sellers and Industry," March 19, 2001을 참고하라.

3. 정확한 수수료율은 상품 카테고리, 가격, 그 밖의 요인에 따라 다르다. Meaghan Brophy, "Amazon Seller Fees: Cost of Selling on Amazon in 2020," *Fit Small Business*, September 1, 2020.

4. Alexandra Berzon, Shane Shifflett, and Justin Scheck, "Amazon Has Ceded Control of Its Site. The Result: Thousands of Banned, Unsafe, or Mislabeled Products," *Wall Street Journal*, August 23, 2019.

5. Stone, *The Everything Store*, 129-130.

6. Stone, *The Everything Store*, 187.

7. Colin Bryar and Bill Carr, *Working Backwards: Insights, Stories, and Secrets from Inside Amazon* (New York: St. Martin's, 2021), 190.

8. Jonathan A. Knee, "What's Amazon's Secret?," *New York Times*, February 13, 2021.

9. 코스트코는 1983년에 설립되었지만 (나중에 코스트코가 합병한) 경쟁사인 프라이스클럽(Price Club)은 1976년에 첫 번째 창고형 매장을 열었다. Adam Bryant, "Costco Set to Merge With Price," *New York Times*, June 17, 1993.

10. "Overstock Launches Online Discount Club—Club O," PR Newswire, March 11, 2004.

11. Bryar and Carr, *Working Backwards*, 188.

12. Bethany McLean, "Is Overstock the New Amazon?," *Fortune*, October 18, 2004.

13. Will Oremus, "Alexa Is Losing Her Edge," *Slate*, August 23, 2018.

14. Constance Grady, "The 2010s Were Supposed to Bring the eBook Revolution. It Never Quite Came," *Vox*, December 23, 2019.

15. 초기 플랫폼은 2002년에 구축되었지만, 오늘날 AWS가 판매하는 서비스의 기반이 되는 통합 제품군은 2006년에 재출시되었다.

16. "Can Amazon Keep Growing Like a Youthful Startup?," *Economist*, June 18, 2020.

17. Brandon Butler, "The Myth about How Amazon's Web Services Started Just Won't Die," Network World, March 2, 2015.

18. 그런가 하면, 《순서 파괴》의 저자들은 타사 개발자들이 아마존 제품 판매를 촉진하기 위한 프로그램을 만들 수 있었던 이전 제품을 AWS의 진정한 기원으로 본다. 하지만 다른 대형 기술 기업들도 타사 개발자들을 독려하기 위한 비슷한 프로그램이 있었지만 이를 바탕으로 대대적인 컴퓨팅 사업을 구축한 사람은 아무도 없기 때문에 이 설명도 믿을 수 없기는 마찬가지다. Colin Bryar and Bill Carr, *Working Backwards*, 250.

19. Stone, *The Everything Store*, 213-215.

20. 구글(App Engine)과 마이크로소프트(Azure)는 아마존보다 2년 늦은 2008년에 제품을 출시했지만, 둘 다 몇 년 동안은 제대로 작동하지 못했다. 이 사례에서는 아직 기술이 개발되는 중이기는 해도 선점자의 이점이 컸다. 클라우드 컴퓨팅은 새로운 형태의 IT 서비스였고 AWS는 초창기에 많은 문제가 있었지만, 넷플릭스 같은 초기 고객들에게는 잠재적인 이점도 있었기 때문에 이들은 문제 해결을 위해 아마존과 협력하게 되었다. 이런 초기 고객들은 플랫폼이 작동되도록 하기 위해 광범위한 '패치'나 맞춤형 해결책을 마련해야 했기 때문에, 경쟁사 제품의 성능이 비슷해진 뒤에도 상당히 높은 전환 비용이 발생했다.

21. Rani Molla, "Amazon Spent Nearly $23 Billion on R& D Last Year—More Than Any Other U.S. Company," Recode, 2018.

22. Nandita Bose, "Amazon Dismisses Idea Automation Will Eliminate All Its Warehouse Jobs Soon," Reuters, May 1, 2019.

23. Iansiti and Lakhani, *Competing in the Age of AI*, 41.

24. Jay Greene, "Amazon Now Employs More Than 1 Million People," *Washington Post*, October 19, 2020.

25. Iansiti and Lakhani, *Competing in the Age of AI*, 41. 또한 Nick Statt, "Amazon Says Fully Automated Shipping Warehouses Are at Least a Decade Away," *The Verge*, May 1, 2019를 보라.

26. Emma Cosgrove, "Amazon's Shipping Costs Continue to Climb with No End in Sight," Supply Chain Dive, January 30, 2020.

27. Sarah Perez, "Walmart Launches Free, 2-day Shipping without a Membership on Purchases of $35 or More," *TechCrunch*, January 30, 2017.

28. Nancy Messieh, "Not Just Amazon: 27 Online Shipping Sites with Free 2-day Shipping," makeuseof.com, December 18, 2018.

29. Lauren Feiner, "Amazon Starts to Roll Out Free One-day Delivery for Prime Members," CNBC.com, June 3, 2019.

30. 원클릭 주문은 1999년에 특허를 취득해 최근에서야 특허가 만료되었기 때문에, 라이선스 사용료를 내지 않으면 이 기능을 복제할 수 없었고 실제로 일부 기업은 사용료를 내고 썼다. "Why Amazon's '1-click' Ordering Was a Game Changer," Knowledge@Wharton, September 14, 2017.

31. Stone, *The Everything Store*, 187.

32. Aishwarya Venugopal, "Members Only: US Retailers Revamp Loyalty Schemes for Amazon Era," Reuters, May 14, 2019.

33. Kaya Yurieff, "Everything Amazon Has Added to Prime over the Years," CNN Money, April 28, 2018.

34. 아마존의 다른 계획이 회원들의 지출 증가에 어떤 영향을 미쳤는지 외부에서 확인하는 것은 불가능하다. Morgan Quinn, "12 Ways Amazon Gets You to Spend More," CBS News, June 20, 2016.

35. 2005년부터 2020년 사이에 프라임 가입비가 79달러에서 119달러로 올랐는데, 이는 연평균 증가율이 2퍼센트를 조금 넘는 수준이다. CPI는 같은 기간에 2퍼센트를 약간 밑도는 성장률을 기록했다. 게다가 프라임에 최근 추가된 제품들은 연간 옵션이 아닌 월간 옵션에 포함될 가능성이 훨씬 높은데, 이는 프라임의 핵심 시장에 새로운 잠재 고객이 고갈되고 있음을 시사한다. Don Reisinger, "Amazon Prime's Numbers (and Influence) Continue to Grow," *Fortune*, January 16, 2020.

36. Eugene Kim, "Bezos to Shareholders: Its 'Irresponsible' Not to Be Part of Amazon Prime," *Business Insider*, May 17, 2016.

37. Todd Spangler, "Amazon Spent $11 Billion on Prime Video and Music Content in 2020, Up 41% From Prior Year," *Variety*, April 15, 2021.

38. Brooks Barnes, Nicole Sperling, and Karen Weise, "James Bond, Meet Jeff Bezos: Amazon Makes $8.45 Billion Deal for MGM," *New York Times*, May 26, 2021.

39. Nathaniel Meyersohn, "It's Only $4.99. But Costco's Rotisserie Chicken Comes at a Huge Price," CNN Business, October 11, 2019.

40. Bryar and Carr, *Working Backwards*, 239.

41. Tony Romm et al., "Justice Department Announces Broad Antitrust Review of Big Tech," *Washington Post*, July 23, 2019; John McKinnon and Deepa Seetharaman, "FTC Expands Antitrust Investigation into Big Tech," *The Wall Street Journal*, February 11, 2020.

42. 팀 우를 비롯해 많은 이가 바로 이런 이유 때문에 독점 금지법을 근본적으로 재검토해야 한다고 주장한다. Tim Wu, *The Curse of Bigness: Antitrust in the New Gilded Age* (New York: Columbia University Press, 2018), 135. 현재 팀 우가 바이든 대통령의 기술 및 경쟁 정책 특별보좌관으로 임명되었을 뿐 아니라, 아마존을 공격적으로 비판하는 또 다른 인물도 FTC에 지명되었다. Lauren Feiner, "Biden Is Loading Up His Administration with Big Tech's Most Prominent Critics," CNBC, March 9, 2021. 컬럼비아대학교 로스쿨의 리나 칸 교수는 아마존을 반독점 조사 대상으로 지정하기 위한 새로운 방법을 주장한 로스쿨 문서를 통해 처음 두각을 나타냈다. Lina M. Khan, "Amazon's Antitrust Paradox," *Yale Law Journal* 126 (January 2017): 710.

43. Roger Blair and Christina DePasquale, "'Antitrust's Least Glorious Hour': The Robinson Patman Act," *Journal of Law and Economics* 57, no. S3 (February 2014): S201.

44. Michelle Castillo, "Amazon Is Number Three in Online Ads, Closing in on Google and Facebook," CNBC.com, September 19, 2018.

45. Nandita Bose, "Exclusive: Walmart to Make First Direct Pitch to Big Corporate Ad Buyers at New York Event," Reuters, May 21, 2019.

46. Stone, *The Everything Store*, 341.

47. Jason Del Rey, "Why Amazon's Explanation for Shutting Down Diapers.com and Quidsi Stunned Employees," *Vox*, April 2, 2017.

48. Jonathan Sheiber, "Walmart Is Buying Jet.com for $3 Billion," *TechCrunch*, August 6, 2016. 3년 후, 월마트는 제트닷컴(Jet.com)을 자사 웹사이트와 통합했다. Nandita Bose, "Jet.com

Falls by Wayside as Walmart Focuses on its Website, Online Grocery," Reuters, June 12, 2019.

49. Stone, *The Everything Store*, xvi.

50. Stone, *The Everything Store*, 88.

51. Bryar and Carr, *Working Backwards*, 26, 79.

52. Bryar and Carr, *Working Backwards*, 190.

53. Bryar and Carr, *Working Backwards*, 13.

54. Dana Mattioli and Sebastian Herrera, "Jeff Bezos Exits as CEO, but His Role at Amazon Will Likely Be Little Changed," *Wall Street Journal*, February 3, 2021.

55. Aaron Tilley, "Who is Andy Jassy? Jeff Bezos Acolyte Moves from Cloud to Amazon CEO," *Wall Street Journal*, February 2, 2021.

56. Jonathan A. Knee, Bruce C. Greenwald, and Ava Seave, *The Curse of the Mogul: Whats Wrong with the World's Leading Media Companies* (New York: Portfolio, 2009), 8.

57. Amazon, "Amazon.com Acquires Three Leading Internet Companies," press release, April 27, 1998.

58. Courtney Reagan, "What's Behind the Rush into the Low-Margin Grocery Business," CNBC.com, June 6, 2013.

59. Cecilia Fernandez, "Retail Trade in the U.S.," IBISWorld U.S. Industry (NAICS) Report, June 2020, 44-45.

60. Alison Griswold, "The UK Led the World in Online Grocery Delivery—Until Coronavirus Happened," Quartz, March 21, 2020.

61. Gina Acosta, "The Predictable Rise of Instacart," *Progressive Grocer*, October 9, 2020; Russell Redman, "Report: Instacart Planning $30 Billion IPO," *Supermarket News*, November 16, 2020.

62. Nathaniel Meyersohn, "Coronavirus Will Change the Grocery Industry Forever," CNN Business, March 19, 2020.

63. Bill Bostock, "How Ocado Went from Understated British Grocer to an $18.4 Billion Tech Giant, as the Coronavirus Pandemic Confirms the Future of Grocery Shopping Is Online," *Business Insider*, July 12, 2020.

64. Alana Semuels, "Why People Still Don't Buy Groceries Online," *Atlantic*, February 5, 2019.

65. Alexia Elejalde-Ruiz, "Peapod, Based in Chicago, Is Shutting Down Grocery Delivery in the Midwest and Cutting 500 Jobs," *Chicago Tribune*, February 12, 2020.

66. Emma Vickers, "Morrisons Learns from New York Home Delivery Success Story," *Guardian*,

February 18, 2013. 프레시다이렉트의 '성공' 비법을 배우기 위해 이 회사의 지분을 인수한 영국 슈퍼마켓 체인은 2년 동안 구매자를 찾다가 실패하자 결국 프레시다이렉트에 다시 지분을 매각했다. Sarah Butler, "Morrisons Sells Stake in US Grocer Delivery Service FreshDirect," *Guardian*, August 16, 2016.

67. Jennifer Smith, "FreshDirect Delivers Apologies as Grocery Shipments Stumble," *Wall Street Journal*, September 21, 2018.

68. Hayley Peterson, "The Grocery Wars Are Intensifying with Walmart and Kroger in the Lead and Amazon Poised to Cause Disruption,'" *Business Insider*, January 31, 2020.

69. Mounica Vennamaneni, "Whole Foods Market, Marketing Strategies and Programs Analysis," Medium, July 15, 2017.

70. James Del Rey, "Amazon Is Shutting Down Its Fresh Grocery Delivery Service in Parts of at Least Nine States," *Vox*, November 3, 2017; Russell Redman, "First Amazon Fresh Store Opens to Public," *Supermarket News*, September 17, 2020.

71. Monica Nickelsburg, "Zillow Shares Slump as Amazon Webpage Hints at Expansion into Real Estate Referrals," GeekWire, July 17, 2017.

72. Melody Hahm, "Why the Housing Industry Should Fear Amazon," Yahoo Finance, October 1, 2018.

73. Catey Hill, "Amazon Is Selling Entire Houses for Less than $20,000— with Free Shipping," MarketWatch, June 30, 2019.

74. Michael Tobin, "Cars.com Completes Strategic Review but Finds No Buyer," *Wall Street Journal*, August 5, 2019.

75. Bruce Greenwald and Judd Kahn, "All Strategy Is Local," *Harvard Business Review*, September 2005.

76. Mark Mahaney et al., "Amazon Inc: How 'The Five' Could Boost Amazon's Revenue Growth," RBC Capital Markets, August 5, 2019.

77. Jeffrey Dastin and Akanksha Rana, "Amazon Posts Biggest Profit Ever at Height of Pandemic In U.S.," Reuters, July 30, 2020.

78. "Amazon.com Announces Financial Results and CEO Transition," Business Wire, February 2, 2021.

79. Courtney Reagan, "Grocer Aldi Targets Nearby Rivals in Its Bid to Boost Its US Footprint," CNBC.com, August 9, 2018.

80. Julia Finch, "Tesco's American Dream Over as US Retreat Confirmed," *Guardian*, December

5, 2012.

81. Julia Kollewe, "Sainsbury-Asda Merger in Doubt over 'Extensive Competition Concerns,'" *Guardian*, February 20, 2019. 합병이 아직 완료되지 않았지만, 월마트의 아스다(Asda)가 세인스버리(Sainsbury)를 제치고 시장 2위로 올라섰다. "Asda Overtakes Sainsbury's to Become Second Largest Supermarket," BBC News, April 2, 2019.

82. Deirdre Hipwell, "Walmart's UK Retreat Leaves Asda With a New Owner, Old Problems," Bloomberg, October 2, 2020; Alistair Gray and Jonathan Eley, "How Walmart's UK Invasion Fizzled Out," *Financial Times*, October 5, 2020.

83. Don Davis, "Where in the World Will Amazon Go Next?," Digital Commerce 360, September 2, 2020.

84. Sarah Perez, "Amazon Prime Launches in China," *TechCrunch*, October 28, 2019.

85. "Amazon Plans to Shut Down China Marketplace in Rare Retreat," Bloomberg, April 19, 2019.

86. "India Poised to Become Third-largest Consumer Market: WEF," *Economic Times*, January 9, 2019.

87. Rajiv Rao, "What Amazon's Rare Defeat in China Could Mean for Its Tough Slog Ahead in India," ZDNet, April 24, 2019.

88. "Bezos Says Amazon to Up India Investment to $5 Billion," Reuters, June 7, 2016.

89. Jason Del Rey, "Amazon's Invincibility Showing Some Cracks—and a Big One in India," Recode, February 1, 2019.

90. Jon Russell, "Walmart Completes Its $16 Billion Acquisition of Flipkart," *TechCrunch*, August 20, 2018. 나중에 월마트는 인도 사업 운영권을 플립카트에 매각해서 두 회사의 사업을 합쳤다. Sarah Nassauer, "Walmart Sells Its Indian Stores to Flipkart," *Wall Street Journal*, July 23, 2020.

91. Isobel Hamilton, "Amazon Plans to Invest $1 Billion in India and CEO Jeff Bezos Said a US-India Alliance Will Be Most Important This Century," *Business Insider*, January 15, 2020.

92. Ananya Bhattacharya, "A Few Biggies' Failure Hasn't Ended the Clamour for Indian Food-tech. Ask Amazon," Quartz India, March 5, 2020.

93. Vindu Goel, "Welcome to India, Mr. Bezos. Here's an Antitrust Complaint," *New York Times*, January 13, 2020.

94. Manish Singh, "Amazon's Fresh $1B Investment Is Not a Big Favor, Says India Trade Minister," *TechCrunch*, January 16, 2020.

6장

1. 세 번째 공동 설립자인 론 웨인(Ron Wayne)은 처음에 성격이 매우 다른 잡스와 워즈니악 사이의 피할 수 없는 갈등을 해결하기 위한 순위 결정자 역할을 하기 위해 지분의 10퍼센트를 받았다. 하지만 이 일에 매여 있기에는 인생이 너무 짧다고 판단한 그는 자기 지분을 2300달러에 팔았는데, 이를 오늘날의 가치로 환산하면 1000억 달러에 달할 것이다. Walter Isaacson, *Steve Jobs* (New York: Simon & Schuster, 2011), 64-65.

2. Mathew Honan, "Apple Drops 'Computer' from Name," Macworld, January 9, 2007.

3. 잡스는 애플의 2012 회계연도가 시작되기 며칠 전인 2011년 10월 5일에 사망했다. 그해에 처음으로 아이폰 매출이 전체 매출의 50퍼센트를 넘었고, 2015년에는 전체 매출의 3분의 2를 차지했다. 2022년까지는 아이폰이 애플 매출의 최소 절반 이상을 차지할 것이라는 것이 일반적인 전망이다.

4. Isaacson, *Steve Jobs*, 332.

5. Louise Kehoe, "Why Technical Wizardry Needs a Hard Sell/ Launch of Latest Apple Computer Product," *Financial Times*, October 9, 1986.

6. https://www.carmax.com/articles/ranking-car-brands-most-and-least-loyal-owners.

7. Trent Gillies, "Car Owners Are Holding Their Vehicles for Longer, Which Is Both Good and Bad," CNBC, May 28, 2017. (Citing IHS Markit data).

8. Lauryn Chamberlain, "86% of Car Shoppers Conduct Research Online Before Visiting a Dealership," *GeoMarketing*, March 27, 2018.

9. IBM은 1981년 8월에 PC를 선보였다. 애플은 1981년 9월에 끝나는 회계연도에 12퍼센트의 영업마진을 달성했다. 그리고 2007 회계연도까지는 다시 10퍼센트 이상의 마진을 달성하지 못했다.

10. Isaacson, *Steve Jobs*, xix.

11. 애플의 창의적인 아이디어를 보호하기 위한 소송은 대부분 성공을 거두지 못했다. 이는 법원들이 대체로 이런 아이디어는 특허나 저작권 보호 대상이 아니라고 판결했기 때문인데, 특히 마이크로소프트를 상대로 한 소송이 유명하다. "Today in 1988: Apple Sues Microsoft for Copyright Infringement," *Thomson Reuters Legal* (blog), March 17, 2019.

12. 1997년에 복귀한 잡스는 그 직후 마이크로소프트와 제휴를 발표했다. 마이크로소프트는 이를 통해 애플에 투자하고 자사 핵심 소프트웨어의 맥 버전을 개발하기로 했다. 사실상 윈도우를 지원하기로 한 이 결정은 훨씬 근본적인 변화를 의미했다. Vikas Bajaj, "Apple Allows Windows on Its Machines," *New York Times*, April 5, 2006.

13. 흥미롭게도 잡스가 애플에서 처음 일하는 동안에는 리사, 매킨토시, 애플 II 같은 다양한

컴퓨터 제품의 운영체제가 모두 호환이 되지 않았다.

14. 재생 목록을 설정한 뒤 이를 아이튠즈 스토어에 게시하고 공유해서 잠재적인 네트워크 효과를 발휘할 수 있는 기능은 아이팟이 크게 히트하고 몇 년이 지난 뒤에야 가능해졌다. Christopher Breen, "iMixing It Up," Macworld, September 17, 2004. 나중에 음악 기반의 소셜 네트워크인 핑(Ping)을 만들려고 꾸준히 노력했지만 깨끗이 실패한 뒤 재빨리 서비스를 중단했다.

15. 애플은 자사 컴퓨터 운영체제와 다르게, HP와 모토로라 같은 다른 제조 업체에 결국 아이튠즈 사용을 허가했다.

16. Apple, "Apple Reinvents the Phone with iPhone," press release, January 9, 2007.

17. Walter Mossberg, "Newer, Faster, Cheaper iPhone 3G," *Wall Street Journal*, July 9, 2008.

18. Brian X. Chen, "June 29, 2007: iPhone, You Phone, We All Wanna iPhone," *Wired*, June 29, 2009.

19. Chaim Gartenberg, "10 Years Ago, the App Store Still Didn't Understand What It Meant to Be Mobile," *The Verge*, July 10, 2018.

20. Apple, "Apple Launches iPad," press release, January 27, 2010.

21. 안드로이드 폰에서 아이메시지를 사용할 수 있게 해주는 우회용 소프트웨어가 몇 개 개발되었지만 사용하기가 쉽지 않았다. Sam Costello, "iMessage for Android: How to Get It and Use It," Lifewire, September 9, 2019. 페이스타임에는 이런 해킹 방법을 사용할 수 없다.

22. Karen Turner, "Developers Consider Apple's App Store Restrictive and Anticompetitive, Report Shows," *Washington Post*, June 15, 2016. 또한 Kif Leswing, "Inside Apple's Team That Greenlights iPhone Apps for the App Store," CNBC.com, June 22, 2019도 보라.

23. 1997년 잡스가 애플로 돌아온 뒤에 내린 첫 번째 결정 중 하나는 그가 없는 동안 승인된 애플 복제품을 없애는 것이었다. 맥에서 사용할 수 있는 응용 프로그램의 범위를 넓히기 위해 마이크로소프트와 휴전을 선언하면서도 그랬다. Isaacson, *Steve Jobs*, 336.

24. Jeff Smykil, "Android Overtakes Apple in the US Smartphone Market," Ars Technica, May 10, 2010.

25. Ariel Michaeli, "App Stores Growth Accelerates in 2014," *Appfigures* (blog), January 13, 2015. https://blog.appfigures.com/app-stores-growth-accelerates-in-2014/.

26. Isaacson, *Steve Jobs*, 565.

27. 스티브 워즈니악도 이와 비슷한 생각을 했던 듯하다. "애플 II를 개선하기 위해 우리가 무얼 할 수 있었을지, IBM 시장에서 우리 제품을 제공하기 위해 얼마나 많은 일을 할 수 있었을지 생각해 보라." interview of Wozniak by Greg Williams and Rob Moore for *Byte* magazine, 1984.

28. Peter Burrows of BusinessWeek quoted in "Apple iPhone's Huge First Mover Advantage over Google's Android," MacDailyNews, September 25, 2008. 또한 Tom Kaneshige, "Why Apple Owns the High-End: First Mover Advantage," CIO, August 6, 2009를 보라.

29. John Markoff and Laura Holson, "Apple's Latest Opens a Developers' Playground," *New York Times*, July 10, 2008.

30. David Nield, "Some Notable Mobile Phone Firsts in History," Gizmodo, January 1, 2019. 애플과 직접 경쟁하기 위해 좀 더 전통적인 앱 스토어를 출시하려던 노키아의 노력은 때가 늦은 데다 잘못된 부분이 많았다. Priya Ganapati, "Nokia Ovi App Store Faces Turbulent Start," *Wired*, May 26, 2009.

31. Jenna Wortham, "App Makers Take Interest in Android," *New York Times*, October 24, 2010.

32. Joshua Topolsky, "Hello, Google Play: Google Launches Sweeping Revamp of App, Book, Music and Video Stores," *The Verge*, March 6, 2012.

33. 플러리 애널리틱스(Flurry Analytics) 2014년 모바일 앱 스토어 보고서.

34. https://appfigures.com/top-apps/google-play/united-states/top-overall와 https://appfigures.com/top-apps/ios-app-store/united-states/iphone/top-overall을 비교해보면 상위 100개(유료, 무료, 매출액 차트 각각에서)의 안드로이드 앱 가운데 애플 앱 스토어에 없는 것은 3.13퍼센트뿐이고, 마찬가지로 iOS 앱 상위 100개(유료, 무료, 매출액 차트 각각에서) 가운데 구글 플레이 스토어에 없는 것은 2.84퍼센트뿐이다.

35. Roberto Baldwin, "This Is How Apple's New iPhone Trade-in Program Works," *Wired*, August 30, 2013.

36. Lucas Mearian, "iOS vs. Android: When It Comes to Brand Loyalty, Android wins," *Computerworld*, March 9, 2018. (Consumer Intelligence Research Partners의 조사 인용. 충성도는 동일한 운영 체제를 사용할 때의 활성화 비율로 정의한다).

37. John Authers, "Value Investors See Tech Stocks Coming of Age," *Financial Times*, October 23, 2013; Michael Schrage, "The Myth of Commoditization," *MIT Sloan Management Review* (Winter 2007); Rob Walker, "Not Necessarily Toast," *New York Times Magazine*, April 8, 2007.

38. 최신 자료로는 Reed Hasting and Erin Meyer, *No Rules Rules: Netflix and the Culture of Reinvention* (New York: Penguin Press, 2020)를 보라.

39. Isaacson, *Steve Jobs*, 558.

40. Isaacson, *Steve Jobs*, 458.

41. Tripp Mickle, "John Ive Is Leaving Apple, but His Departure Started Long Ago," *Wall Street*

Journal, June 30, 2019.

42. Jack Nicas and Don Clark, "Apple Introduces New Macs with the First Apple Chips," *New York Times*, November 10, 2020; 또한 Matthew Buzzi, "Should You Skip the Apple M1 Chip?," *PC Magazine*, November 19, 2020을 보라.

43. Adam Levy, "The Biggest Sign Yet the Apple Watch Is Failing," *Motley Fool*, May 17, 2017; Daniel Kline, "Apple's Homepod Failure Is a Reflection of Its Bigger Problem," *Motley Fool*, April 11, 2019; Matthew Panzarino, "Apple Discontinues Original HomePod, Will Focus On Mini," *TechCrunch*, March 12, 2021.

44. Kif Leswing. "The Tech Industry Is Looking to Replace the Smartphone—And Everybody Is Waiting to See What Apple Comes Up With," CNBC, February 20, 2021.

45. Stephen Nellis et al., "Apple Targets Car Production By 2024 and Eyes 'Next Level' Battery Technology, Sources Say," Reuters, December 22, 2020. 이 글을 쓰는 시점에, 생산 파트너를 찾기 위한 애플의 노력은 실패했다. Charles Riley, "Who Could Make the iCar? Apple Is Running Short of Options," CNN Business, February 8, 2021.

46. Daisuke Wakabayashi, "Apple Targets Electric Car Shipping Date For 2019," *Wall Street Journal*, September 21, 2015; Lora Kolodny et al., "Apple Just Dismissed More Than 200 Employees from Project Titan, Its Autonomous Vehicle Group," CNBC, January 24, 2019.

47. Lizzy Gurdus, "Tim Cook: Apple's Greatest Contribution Will Be 'About Health,'" CNBC, January 8, 2019.

48. Jim Edwards, "Apple Will No Longer Report iPhone Numbers after Growth Went to 0%, and Analysts Are Now Worried iPhone Sales May Decline," *Business Insider*, November 2, 2018.

49. Evan Niu, "How Apple's Services Business Has Evolved over the Past Decade," *Motley Fool*, December 24, 2019.

50. Timothy B. Lee, "How Apple Became the World's Most Valuable Company," *Vox*, September 9, 2015.

51. Apple, "Apple Launches Mac," press release, July 17, 2002.

52. Adam Lashinsky, "Inside Apple," *Fortune*, May 23, 2011.

53. Philip Elmer-DeWitt, "Apple's MobileMe Is Dead—but You Can Still Retrieve Your Files," *Fortune*, July 1, 2012.

54. Ellis Hamburger, "Apple's Broken Promise: Why Doesn't iCloud 'Just Work?,'" *The Verge*, March 26, 2013.

55. Nick Statt, "Apple's Cloud Business Is Hugely Dependent on Amazon," *The Verge*, April 22,

2019.

56. Matthew Panzarino, "Apple Is Rebuilding Maps from the Ground Up," *TechCrunch*, June 29, 2018.

57. Rebecca Greenfield, "Why Nobody Will Miss iTunes Ping," *The Wire*, June 13, 2012.

58. Jeriel Ong and Ross Seymore, "iHold. Initiating Coverage with a $205 P/T," Deutsche Bank Research, June 19, 2019.

59. Tim Higgins, "Apple's Booming Services Business Could Be Hit in Google's Antitrust Battle," *Wall Street Journal*, October 25, 2020.

60. Higgins, "Apple's Booming Service Business".

61. Mike Murphy, "The Apple iPhone Violates All the Rules about the Price of Technology Coming Down over Time," Quartz, November 5, 2018.

62. 예를 들어 Mergen Reddy and Nic Terblanche, "How Not to Extend Your Luxury Brand," *Harvard Business Review*, December 2005를 보라.

63. Adam Levy, "Apple Music Tops 60 Million Subscribers, but Can It Catch Spotify?," *Motley Fool*, June 30, 2019.

7장

1. 구글은 구독 서비스를 몇 개 보유하고 있지만, 실제로 넷플릭스의 직접적인 경쟁자는 아니다. 유튜브 프리미엄은 이 회사의 핵심 제품인 유튜브와 유튜브 뮤직의 광고 없는 버전이다. 그에 비해 유튜브 TV는 기본적인 케이블 채널 패키지의 저렴한 대안으로 경쟁하기 위해 설계된, 별로 차별화되지 않은 수많은 OTT "스키니 번들" 중 하나다. 페이스북은 적어도 2016년부터는 자신들이 "동영상을 우선시하는" 회사라고 선언해 다. Jessica Guynn, "Mark Zuckerberg Talks Up Facebook's 'Video First' Strategy," *USA Today*, November 2, 2016. 대본이 있거나 없는 장편 영상 프로젝트에 자금을 대려는 간헐적인 노력도 진행되기는 했지만, 페이스북의 동영상 관련 사업은 대부분 동영상 광고, 라이브 스트리밍, 영상 통화, 그리고 최근 틱톡과 경쟁하고 있는 인스타그램 릴스 같은 콘텐츠를 통한 공유와 소통, 수익 창출에 주로 초점을 맞추고 있다.

2. 섬너 레드스톤이 언제 이 말을 처음 했는지는 분명하지 않지만, 그는 자기가 원저자라고 주장하는 권리를 누렸다. Sumner Redstone, interview by Kai Ryssdal, Marketplace Morning Report, American Public Media, May 15, 1996. 빌 게이츠가 1996년에 동명의 제목으로 짧은 에세이를 쓰기 전에 레드스톤이 먼저 이 말을 한 것은 맞지만, 사실 그들보다 덜 유명한

타임 워너의 거물 제럴드 레빈(Gerald Levin)이 두 사람보다 먼저 했던 말이다. https://www. craigbailey.net/content-is-king-by-bill-gates; Barry Layne, "Levin: No Seat for Seagram," *Hollywood Reporter*, January 26, 1994. 게다가 이 표현은 이런 거물들이 사용하기 훨씬 전에 등장한 말이다.

3. Sumner Redstone, *A Passion to Win* (New York: Simon & Schuster, 2001), 109.

4. Redstone, *A Passion to Win*, 109.

5. 오늘날에는 AMC, 리걸(Regal), 시네마크(Cinemark)가 미국 전체 영화관의 절반 이상을 차지하고 있다. Brett Lang and Matt Donnelly, "Inside Indie Movie Theatres' Battle to Survive," *Variety*, March 26, 2019.

6. Jonathan A. Knee, Bruce C. Greenwald, and Ava Seave, *The Curse of the Mogul: Whats Wrong with the World's Leading Media Companies* (New York: Portfolio, 2009), 177. 그들은 또 지역 기반의 고정된 마케팅 비용과 간접비용을 확산시킬 수 있는 능력을 통해 이익을 얻었다.

7. 넷플릭스의 첫 번째 오리지널 시리즈는 사실 그 이전 해인 2012년 2월 6일에 첫 선을 보인 〈릴리해머(Lilyhammer)〉였다.

8. Austin Carr, "Netflix Now Boasts More Subscribers than Showtime, Starz, HBO Next?," *Fast Company*, January 26, 2011.

9. Tom Petruno, "Netflix CEO Takes on 'Short Sellers,'" *Los Angeles Times*, December 20, 2010.

10. Daniel Strauss, "A Notorious Short-seller Pulls Back on Its Bet Against Netflix," Markets Insider, November 8, 2019.

11. Andrew Wallenstein, "Netflix Surpasses HBO in U.S. Subscribers," *Variety*, April 22, 2013.

12. NBC유니버설은 처음에 GE와 컴캐스트가 합작하여 만든 회사인데, 컴캐스트는 소유하고 있던 케이블 채널 여러 개를 초기 구매 가격의 일부로 제공했다.

13. John Belton et al., "The Song of the Summer: Initiating Coverage of WMG at Outperform," Evercore ISI Research, June 29, 2020.

14. Janko Roettgers, "Netflix Culture Document: Five Insights on the Way It Works," *Variety*, June 21, 2017. 또한 Patty McCord, "How Netflix Reinvented HR," *Harvard Business Review*, January/February 2014를 보라.

15. Hastings and Meyer, *No Rules Rules*.

16. Daniel Kline, "Customer Satisfaction with Cable, Internet Service Providers Drops Again," *USA Today*, May 24, 2018; www.theacsi.org.

17. Craig Moffett et al., "Web Video: Friend or Foe... and to Whom," Bernstein Research, October 7, 2009.

18. Todd Spangler, "Netflix Tops 200 Million Streaming Subscribers, Handily Beats Q4 Subscriber Forecast," *Variety*, January 19, 2021.

19. Todd Spangler, "Netflix Targeting 50% of Content to Be Original Programming, CFO Says," *Variety*, September 20, 2016.

20. Daniel Frankel, "Netflix Originals Spiked from 4% of Catalog to 11% from 2016–18," *Multichannel News*, March 21, 2019.

21. Jason Lynch, "495 Scripted Shows Aired in 2018 as Streaming's Output Surpassed Basic Cable and Broadcast," *AdWeek*, December 13, 2018.

22. Andrew Ross Sorkin et al., "Quibi's Quick End," *New York Times*, October 22, 2020.

23. "TV's Golden Age Is Real," *Economist*, November 24, 2018.

24. George Foster and Victoria Chavez, "FOX Sports and News Corp.'s Sports Empire," Stanford Graduate School of Business Case SPM-10, September 3, 2003; James Fallows, "The Age of Murdoch," *Atlantic*, September 2003.

25. 예를 들어 Elaine Low, "Bidding War for 'South Park' U.S. Rights Could Hit $500 Million," *Variety*, October 18, 2019를 보라.

26. Lucas Shaw, "The Hollywood Empire Strikes Back against Netflix," *Bloomberg Businessweek*, October 8, 2018; Brooks Barnes and John Koblin, "J. J. Abrams Said to Be Near $500 Million Deal with Warner Media," *New York Times*, June 17, 2019.

27. 사모펀드 회사인 프로비던스(Providence)도 원래 합작 파트너였으나 2012년에 지분을 매각했다.

28. Amy Chozick and Brian Stelter, "An Online TV Site Grows Up," *New York Times*, April 16, 2012.

29. "Amazon Prime Members Now Get Unlimited, Commercial-free, Instant Streaming of More Than 5000 Movies and TV Shows at No Additional Cost," *Business Wire*, February 22, 2011. 아마존은 2006년부터 언박스(Unbox)라는 별도의 동영상 서비스를 운영하고 있었지만, 이것이 큰 견인력을 발휘한 적은 없다. Pamela Statz, "Amazon Unbox Gets It All Wrong," *Wired*, September 8, 2006.

30. Todd Spangler, "Step Aside, Netflix: Amazon's Entering the Original Series Race," *Variety*, October 22, 2013.

31. Matt Brian, "Amazon Spins Out Prime Video and Launches It Globally," Engadget, December 14, 2016.

32. Todd Spangler, "Hulu Tops 25 Million Subscribers," *Variety*, January 8, 2018; Sara Salinas,

"Hulu Loses in the Neighborhood of $1.5 Billion a Year, and Disney Is Set to Double Its Stake," CNBC.com, August 11, 2018.

33. Georg Szalai, "Hulu Now Worth $25B, up from $15B, Analyst Says," *Hollywood Reporter*, May 23, 2016.

34. Todd Spangler, "Disney Assumes Full Control of Hulu in Deal with Comcast," *Variety*, May 14, 2019.

35. Todd Spangler, "Hulu Sale Called Off," *Variety*, July 12, 2013. 디즈니가 폭스가 보유하던 훌루 지분을 사들인 뒤, 당시 타임 워너 소유주였던 AT&T는 갖고 있던 훌루 지분을 150억 달러에 다시 이 회사에 매각했다. Todd Spangler, "Hulu Acquires AT& T's 10% Stake in Streaming Venture for $1.43 Billion," *Variety*, April 15, 2019.

36. Brad Stone, "What's in Amazon's Box? Instant Gratification," *Bloomberg Businessweek*, November 24, 2010.

37. Jeffrey Dastin, "Exclusive: Amazon's Internal Numbers on Prime Video, Revealed," Reuters, March 14, 2018.

38. Adam Levy, "Here's Exactly How Much Amazon Is Spending on Video and Music Content," *Motley Fool*, April 30, 2019.

39. Natalie Jarvey, "'Older, Broader, Edgier': What to Expect from Hulu Under Disney's Control," *Hollywood Reporter*, May 22, 2019.

40. 2021년 CBS 올 액세스를 파라마운트+로 새롭게 선보이자 넷플릭스는 이와 관련해 더 큰 압박을 받았다. Travis Clark, "New Data Shows How Much of Paramount Plus' TV and Movie Catalog Is Exclusive," *Business Insider*, March 22, 2021.

41. Claire Groden, "Netflix Announces Release Dates for Its First Original Movies," *Fortune*, July 7, 2015.

42. Michael Rukstad, David J. Collis, and Tyrell Levine, "Walt Disney Co.: The: Entertainment King," Harvard Business School Case 701-035, Exhibits 1 and 8, March 9, 2001.

43. Stephen Battaglio, "Netflix Acquires the Global Streaming Rights to 'Seinfeld,'" *Los Angeles Times*, September 16, 2019.

44. Scott Roxborough, "International Streamers Investing Millions to Take on Netflix Overseas," *Hollywood Reporter*, April 2, 2019.

45. 그러나 '오리지널' 콘텐츠 중 일부는 사실 글로벌 권리나 영구적 권리가 제공되지 않는다. 넷플릭스가 미디어 라이츠 캐피털(Media Rights Capital)에서 라이선스를 획득한 〈하우스 오브 카드〉의 경우에도 넷플릭스가 아직 사업을 진행하지 않는 여러 관할 구역에서는

다른 회사가 권리를 가지고 있는데 중국, 인도, 호주, 뉴질랜드 등이 여기 포함된다. Ashley Rodriguez, "Netflix Didn't Make Many of the 'Originals' That Made It Famous. That's Changing," Quartz, February 26, 2019.

46. "Where Netflix Sees Potential—and Risks," *Wall Street Journal*, October 30, 2016 (Reed Hastings interview with Dennis Berman).

47. R. T. Watson and Ben Fritz, "Netflix Splurges on Big-Budget Movies," *Wall Street Journal*, July 29, 2019.

48. Edmund Lee, "Netflix Appoints Ted Sarandos as Co-Chief Executive," *New York Times*, July 16, 2020.

49. Bryan Kraft and Clay Griffin, "Netflix: Upgrading to Buy," Deutsche Bank Research, April 15, 2019.

50. Geoffrey Parker, Marshall W. Van Alstyne, and Sangeet Paul Choudary, *Platform Revolution: How Networked Markets Are Transforming the Economy and How to Make Them Work for You* (New York: Norton, 2016), 225.

51. Kraft and Griffin, "Netflix: Upgrading to Buy".

52. Duncan Sheppard Gilchrist and Emily Glassberg Sands, "Something to Talk About: Social Spillovers in Movie Consumption," *Journal of Political Economy* 124, no. 5 (2016): 1339.

53. Duncan Gilchrist and Michael Luca, "How Netflix's Content Strategy Is Reshaping Movie Culture," *Harvard Business Review*, August 31, 2017.

54. Chris Yeh, "CS183C Session 16: Reed Hastings," Medium, November 12, 2015 (conversation between Reid Hoffman and Reed Hastings).

55. Todd Spangler, "Netflix Says It Never Accessed Facebook Users' Private Messages," *Variety*, December 19, 2018.

56. Daniel Terdiman, "What Are Good Friends For? Perhaps for Recommending DVD's," *New York Times*, December 30, 2004.

57. Jared Newman, "Netflix Quits Social Networking—Again," PCWorld, January 13, 2011.

58. Sarah Pavis, "Watch This, Friends: Netflix Already Built and Killed an Amazing Social Network," *The Verge*, March 15, 2013.

59. Spangler, "Netflix Says It Never Accessed Facebook Users' Private Messages".

60. Todd Spangler, "Netflix Has Deleted All User Reviews from Its Website," *Variety*, August 17, 2018.

61. Reed Hastings, interview with the author, May 28, 2020.

62. Quoting Joris Evers, Netflix director of global corporate communications in David Carr, "Giving Viewers What They Want," *New York Times*, February 24, 2013.

63. Steven Brown, "Netflix Tells SEC 'Churn Rate' Doesn't Matter," *San Francisco Business Times*, September 16, 2011.

64. Patrick Campbell, "What Is a Good SaaS Churn Rate and Average Churn Rate by Industry," ProfitWell, August 8, 2020.

65. 다양한 추정치는 다음에서 인용했다. Jamie Powell, "The Quality of Quantity at Netflix," *FT Alphaville*, October 19, 2018. Second Measure의 가장 최근 추정치는 34퍼센트다.

66. Kathryn Rieck, "Netflix Has Unparalleled Customer Retention. Can Disney or Apple Shake It?," Second Measure, September 18, 2019.

67. Cynthia Littleton, "CBS All Access, Showtime to Reach 16 Million Streaming Subscribers by Year's End," *Variety*, February 20, 2020.

68. Cynthia Littleton, "Paramount Plus to Launch March 4 in US and Latin America," *Variety*, January 19, 2021.

69. Tim Wu, "Netflix's Secret Special Algorithm Is a Human," *New Yorker*, January 27, 2015.

70. Paul Bond, "Netflix Outbids HBO for David Fincher and Kevin Spacey's 'House of Cards,'" *Hollywood Reporter*, March 15, 2011.

71. David Carr, "Giving Viewers What They Want," *New York Times*, February 24, 2013.

72. Emily Steel, "How to Build an Empire, the Netflix Way," *New York Times*, November 29, 2014.

73. Leslie Goldberg, "It's Official: Netflix Orders 'Marco Polo' to Series," *Hollywood Reporter*, January 14, 2014.

74. John Kobin, "Netflix, in Rare Cancellation, Is Ending 'Marco Polo,'" *New York Times*, December 13, 2016.

75. Todd Spangler, "Netflix Execs Defend Cancellations, Saying 93% of Series Have Been Renewed," *Variety*, July 17, 2017. 최근 분석에 따르면 넷플릭스에서 방영되는 시리즈의 평균 수명이 실제로 전통적인 텔레비전 시리즈보다 짧다고 한다. Travis Clark, "Your Favorite Netflix Shows Are More Likely to Be Canceled After 2–3 Seasons Than on Traditional TV," *Business Insider*, April 9, 2019.

76. Sahil Patel, "Nielsen Sets Timeline for Big Change in TV Ratings," *Wall Street Journal*, December 8, 2020.

77. Janko Roettgers, "How Netflix Wants to Rule the World: A Behind-the-Scenes Look at a

Global TV Network," *Variety*, March 18, 2017.

78. Thomas Simonet, *Regression Analysis of Prior Experiences of Key Production Personnel as Predictors of Revenue from High Grossing Motion Pictures in America* (New York: Arno Press, 1980).

79. 이러한 접근법에 관한 좀 더 상세한 논의를 보려면 Knee et al., *The Curse of the Mogul*, 107–111를 참고하라.

80. Tom Huddleston Jr., "A Computer Is Deciding What Movies You're Going to Watch Next," *Fortune*, April 21, 2017.

81. Tatiana Siegel, "Warner Bros. Signs Deal for AI-Driven Film Management System," *Hollywood Reporter*, January 8, 2020.

82. Brad Stone, *Amazon Unbound: Jeff Bezos and the Invention of a Global Empire* (New York: Simon & Schuster, 2021), 135-158.

83. 〈버드박스〉는 그해에 로튼 토마토가 집계한 평론가 점수 평균보다 약간 높았고(64퍼센트 vs. 평균점 57.8퍼센트) 메타크리틱에서는 평균보다 낮았다(51퍼센트 vs. 평균점 62.1퍼센트). 〈머더 미스터리〉는 두 사이트에서 모두 평론가들의 평균점(각각 43퍼센트와 38퍼센트)을 훨씬 밑돌았다. 로튼 토마토의 관객 점수는 평론가 점수보다 약간 나빴고, 메타크리틱에서는 약간 높았다.

84. 어떤 이들은 이런 영화가 블록버스터가 됐을 것이라고 주장하기 위해 이 영화를 클릭하는 구독자 수에 평균 티켓 가격을 곱하기도 한다. Mike Reyes, "Netflix's Murder Mystery Might Have Made a Ton of Money in Theaters," Cinema Blend, June 20, 2019. 우리가 비행기를 탈 때 보려고 미뤄둔 영화에 대해 얘기하는 것처럼, 넷플릭스에서 시청한 영화들 대부분을 넷플릭스가 없었다면 실제 극장에 가서 돈을 내고 봤을 것이라고 생각할 이유가 없다. Dan Reilly, "Netflix's 'Murder Mystery' Would've Killed with a $120 Million Opening Weekend— If the Adam Sandler Comedy Ran in Theaters," *Fortune*, June 19, 2019.

85. Ben Fritz, *The Big Picture: The Fight for the Future of Movies* (Boston: Houghton Mifflin Harcourt, 2018).

86. Dan Gallagher, "Netflix Movies Could Use More Thumbs Up," *Wall Street Journal*, October 21, 2019.

87. Hastings and Meyer, *No Rules Rules*, 147.

88. Hastings and Meyer, *No Rules Rules*, 233.

89. Todd Spangler, "Netflix Licensed Content Generates 80% of U.S. Viewing, Study Finds," *Variety*, April 12, 2018.

90. Jon Swartz, "Netflix Has Biggest Quarter with Nearly 16 Million Subscribers Signing On," MarketWatch, April 22, 2020.

91. Sarah Perez, "Pandemic Accelerated Cord Cutting, Making 2020 the Worst-Ever Year for Pay TV," *TechCrunch*, September 21, 2020.

92. 여기서 특이점을 보이는 회사가 디즈니 영화 스튜디오인데, 이들은 기본적으로 오리지널 영화 제작 사업에서 손을 떼고 자사 브랜드를 거의 전방위적으로 활용하고 있다. 이들은 가치가 입증된 지적 재산을 잘 팔리는 영화로 바꾸는 작업을 멋지게 해냈지만, 이를 통해 브랜드 라이센싱과 비슷한 마진을 얻는 것은 별로 놀라운 일이 아니다. 그러나 지금 활용 중인 기본적인 브랜드는 싼값으로 손에 넣은 게 아니다. 체계적인 작업을 통해 실사판으로 리메이크되고 있는 애니메이션 히트작처럼 디즈니가 원래 소유한 다양한 브랜드 외에도 마블(그리고 마블이 다른 곳에 라이선스한 판권 재구매), 루카스필름(Lucasfilm), 픽사, 머펫(Muppets), 곰돌이 푸(Winnie-the-Pooh) 등을 사들이는 데 200억 달러 정도가 들었다.

93. Marc Graser, "Epic Fail: How Blockbuster Could Have Owned Netflix," *Variety*, November 12, 2013.

94. 예를 들어 Edmund Lee, "Digital Media: What Went Wrong," *New York Times*, February 1, 2019를 보라.

95. Chris O'Brien, "The Disruptor Disrupted: Why Monster Had to Sell Itself to Randstad for $429 million," VentureBeat, August 6, 2019. 한때 공공 시장과 민간 시장에서 매우 높은 상승세를 보였던 자동차 광고 부문도 비슷한 압박과 경쟁을 겪었다. Michael Tobin, "Cars.com Completes Strategic Review But Finds No Buyer," *Wall Street Journal*, August 5, 2019를 보라.

8장

1. 이 장은 다음에 나오는 구글의 경쟁 우위 원천에 대한 설명을 차용했다. Jonathan A. Knee, Bruce C. Greenwald, and Ava Seave, *The Curse of the Mogul: Whats Wrong with the World's Leading Media Companies* (New York: Portfolio, 2009), 98-102.

2. Nina Zipkin, "8 of the Coolest Projects to Come Out of X, Google's Moonshot Factory," *Entrepreneur*, January 23, 2019.

3. Hal Varian, "Our Secret Sauce," Official Google Blog, February 25, 2008.

4. 검색 점유율을 추적하는 서비스가 여러 개 있는데, 모든 서비스에서 구글의 전 세계 점유율이 90퍼센트를 약간 넘거나 밑도는 양상을 보인다. 특히 유용한 국가별 분석 중 하나는 다음과

같다. Matthew Capala, "Global Search Engine Market Share in the Top 15 GDP Nations," Alphametic, March 19, 2020.

5. Rob Copeland and Keach Hagey, "Why Google Is Facing Antitrust Lawsuits from All Sides," *Wall Street Journal*, December 17, 2020.

6. Steve Lohr, "This Deal Helped Turn Google into an Ad Powerhouse. Is That a Problem?," *New York Times*, September 21, 2020.

7. Erin Black, "How Google Came to Dominate Maps," CNBC, December 5, 2020. Video available at https://www.cnbc.com/2020/12/05/how-google-maps-came-to-dominate-navigation-.html.

8. 구글은 유튜브를 인수한 직후에 틈새시장을 겨냥한 수많은 오리지널 콘텐츠 채널에 자금과 마케팅을 지원했다. Claire Miller, "YouTube to Serve Niche Tastes by Adding Channels," *New York Times*, October 7, 2012. 최근에는 사용자 제작 콘텐츠, 음악 서비스, 일부 오리지널 콘텐츠와 광고 없는 액세스를 혼합한 구독 제품을 출시했다. Conor Dougherty and Emily Steel, "YouTube Introduces YouTube Red, a Subscription Service," *New York Times*, October 21, 2015. 이름을 바꾼 뒤에는 전략도 바꿔서 오리지널 콘텐츠를 대폭 축소했다. Alex Moazed, "YouTube Decides It Doesn't Want to Be Netflix," *Inc.*, March 28, 2019. 넷플릭스와 아마존, 그리고 이제 애플까지 콘텐츠 제작에 수십억 달러를 투자하고 있는 것과 달리, 구글의 콘텐츠 프로젝트 중에는 수억 달러를 넘는 것이 없다. 페이스북도 구글처럼 지금까지 오리지널 콘텐츠에 자금을 지원하는 것을 대부분 피해왔다. 워치 비디오(Watch Video)의 프로그램 예산은 현재 10억 달러를 넘었지만, 콘텐츠는 대부분 TV 네트워크와 스포츠 리그에서 라이선스한 것이다. Tom Dotan and Jessica Toonkel, "Facebook Cuts Back on Original Programming for Watch Video," The Information, January 29, 2020.

9. Steve Lohr, "Google, the New Master of Network Effects," *New York Times*, July 7, 2008.

10. 한국과 일본에서는 네이버와 야후가 여전히 인기가 많다고 주장할 수도 있겠지만, 시장점유율이 10퍼센트대에 머물러 있기 때문에 구글에 비하면 점유율이 매우 낮은 편이다. (2023년 9월 현재 한국에서 구글의 검색엔진 점유율은 33퍼센트 정도이고 네이버는 56퍼센트가 넘어 아직 상당한 격차를 유지하고 있다-옮긴이).

11. Rory Carroll, "Google's Worst-kept Secret: Floating Data Centers Off US Coasts," *Guardian*, October 30, 2013.

12. 아이러니하게도, 구글이 뛰어난 검색 결과를 수익화할 수 있게 해준 기술(광고주들이 소비자의 눈에 띄는 자리를 확보하기 위해 키워드에 입찰하는 구글 애드워즈 프로그램에서 확인 가능한)은 구글이 개발한 게 아니다. 이 회사는 결국 클릭당 지불 광고를 개발한 회사 소유주와의 합의를 위해 수억 달러를 줘야 했다. Will Oremus, "Google's Big Break," *Slate*, October 13, 2013.

13. Keach Hagey and Rob Copeland, "Justice Department Ramps Up Google Probe, with Heavy Focus on Ad Tools," *Wall Street Journal*, February 5, 2020. 텍사스는 구글과 페이스북의 광고 사업에 초점을 맞춰서 그들이 이 분야를 독점하려는 음모를 꾸미고 있다고 주장하면서 반독점 소송을 주도했다. Lauren Feiner, "Texas and Nine Other States File New Antitrust Suit Against Google—Here Is the Full Complaint," CNBC, December 16, 2020.

14. Paresh Dave and Sheila Dang, "Explainer: Advertising Executives Point to Five Ways Google Stifles Business," Reuters, September 11, 2019.

15. Chris Gaither, "The One Bit of Info Google Withholds: How It Works," *Los Angeles Times*, May 22, 2006; Chris Ayres, "Shrouded in Secrecy: An Awe-Inspiring Fount of Information," *The Times* (London), June 15, 2006.

16. Adam Lashinsky, "Who's the Boss?," *Fortune*, October 2, 2006.

17. "The 70 Percent Solution: Google CEO Eric Schmidt Gives Us His Golden Rules for Managing Innovation," *Business 2.0*, November 28, 2005. 이 공식의 원 출처는 기술과는 아무런 상관도 없는 1996년에 발간된 책이다. 실제로 그 책에 나온 수치 분할은 이와 동일하지만 원래 적용하려던 분야는 완전히 달라서 70퍼센트는 현장 경험, 20퍼센트는 피드백, 그리고 10퍼센트는 강좌와 독서였다. Michael Lombardo and Robert Eichinger, *The Career Architect Development Planner* (Minneapolis, MN: Lominger, 1996).

18. Nathaniel Popper and Conor Dougherty, "Google Hires Finance Chief Ruth Porat from Morgan Stanley," *New York Times*, March 24, 2015.

19. Alistair Barr, "Google Lab Puts a Time Limit on Innovations," *Wall Street Journal*, March 31, 2015.

20. Conor Dougherty, "Google to Reorganize as Alphabet to Keep Its Lead as an Innovator," *New York Times*, August 10, 2015.

21. Scott Austin, "About Eric Schmidt's 'Adult Supervision' Comment," *Wall Street Journal*, January 20, 2011.

22. Eric Schmidt and Jonathan Rosenberg, "How Alphabet Works," in *How Google Works* (New York: Grand Central, 2017), xxiv.

23. Richard Waters, "Google Sets Out Plan for the Long Term," *Financial Times*, August 11, 2015.

24. Larry Page, "G Is for Google," Google Official Blog, August 10, 2015.

25. John Cassidy, "Can Google Become a Normal Business?," *New Yorker*, August 11, 2015.

26. Eric J. Savitz, "Google Parent Has a New CEO. Why That's Good for the Stock," *Barron's*, December 4, 2019.

27. Richard Waters, "Alphabet Chief Lifts the Covers on Earnings," *Financial Times*, February 4, 2020.

28. "Google Grows Up," *Economist*, July 30, 2020.

29. John Battelle, *The Search: How Google and Its Rivals Rewrote the Rules of Business and Transformed Our Culture* (New York: Portfolio, 2005), 148.

30. Brent Thill et al., "Mega Cloud Update: Still in the First Inning," Jefferies Equity Research, May 18, 2020.

31. 구글의 한 직원은 상당한 영향을 발휘한 '루프샷 선언문'을 발표했다. "우리가 지붕에 올라가기로 결정한 이유는 지붕이 화려해서가 아니라 지붕이 바로 거기에 있기 때문이다." *How Google Works*, xxviii.

32. Brent Kendall, "U.S. Appeals Court Rejects Justice Department Antitrust Challenge to AT&T–Time Warner Deal," *Wall Street Journal*, February 26, 2019.

33. Tim Wu, "Google, You Can't Buy Your Way Out of This," *New York Times*, October 22, 2020.

34. Max Cherney, "Google Is Getting Closer to Buying Fitbit. Here's What It Means for Competitors," *Barron's*, September 29, 2020; Dan Sebastian, "Google Proceeds with Fitbit Deal, but Government Review Continues," *Wall Street Journal*, January 14, 2021.

35. Andrew Bary, "Alphabet Stock Is Worth 35% More Based on a Sum of Its Parts, Analyst Says," *Barron's*, July 28, 2020.

3부

1. World Travel & Tourism Council, Travel and Tourism: Global Economic Impact & Trends 2020, June 2020.

2. Rosie Spinks and Dan Kopf, "Is Tourism Really the World's Largest Industry?," Quartz, October 11, 2018.

9장

1. Sara Salinas, "Greycroft's Patricof Says Amazon Could Be Helping to Destroy 'the Fabric of America,'" CNBC.com, April 6, 2018.

2. Karl Russell and Ashwin Seshagiri, "Amazon Is Trying to Do (and Sell) Everything," *New York Times*, June 16, 2017.

3. Joshua Quittner, "An Eye on the Future," *Time*, December 27, 1999. 35세의 베조스는 〈타임〉이 선정한 1999년 올해의 인물 인터뷰에서 "동물과 무기"는 예외라고 말했다.

4. Wayne Duggan, "Latest E-Commerce Market Share Numbers Highlight Amazon's Dominance," Yahoo! Finance, February 4, 2020.

5. 2020년 12월 31일, 웨이페어와 츄이의 시가총액은 각각 250억 달러와 390억 달러다.

6. David Gewirtz, "15 Companies You Might Not Know Are Owned By Amazon (and One That Got Dumped for a Huge Loss)," ZDNet, July 31, 2017.

7. Fareeha Ali, "Online Marketplaces: A Global Phenomenon," *Internet Retailer*, July 11, 2017.

8. 2020 Internet Retailer's Online Marketplaces Report, 5th edition, https://www.digitalcommerce360.com/article/infographic-top-online-marketplaces.

9. Marvin Fong, "Digital Marketplace: The Business Model of the Digital Age," BTIG, November 2018.

10. Fong, "Digital Marketplace," 16.

11. Fong, "Digital Marketplace," 15.

12. Fong, "Digital Marketplace," 17.

13. Dana Mattioli, "Amazon Scooped Up Data from Its Own Sellers to Launch Competing Products," *Wall Street Journal*, April 23, 2020. 아마존은 또 자신들이 투자한 회사에서 수집한 정보도 비슷하게 사용했다는 비난을 받아왔다. Dana Mattioli and Cara Lombardo, "Amazon Met with Startups about Investing, Then Launched Competing Products," *Wall Street Journal*, July 23, 2020.

14. 1stdibs.com, Inc., Form S-1 Registration Statement, May 17, 2021.

15. Elizabeth Wayland Barber, "Etsy's Industrial Revolution," *New York Times*, November 11, 2013.

16. Anne VanderMey, "Etsy Rallies Its Artisinal Troops: 'Start Making Face Masks,'" Bloomberg, April 7, 2020.

17. Sissi Cao, "The E-Commerce of the World's Most Beautiful Things: 5 Questions with 1stDibs CEO," *Observer*, March 22, 2019.

18. 베스 페레이라(Beth Ferreira, 2007년부터 2012년까지 엣시에서 재무와 운영 담당)는 2020년 9월 17일에 저자와 인터뷰를 했다.

19. Rob Walker, "Handmade 2.0," *New York Times Magazine*, December 16, 2007. ("이 사이트의 행운 또는 천재성은 칼린과 다른 창업자들이 DIY/공예 분야에서 이미 소셜 미디어와 커뮤니티 중심으로 서로에게 힘을 실어주면서 인터넷을 적극 활용하는 모습을 목격했다는

것이다").

20. Etsy, Inc., Form S-1, March 4, 2015.

21. Ken Bensinger and Nick Wingfield, "Amazon, Sotheby's to Shut Joint Web Site as Online Art Industry Retrenches," *Wall Street Journal*, October 11, 2000.

22. Brooks Barnes and Nick Wingfield, "With Online Art Auctions a Bust, Sotheby's Logs Out of eBay Deal," *Wall Street Journal*, February 5, 2003.

23. "1stDibs Names David Rosenblatt as CEO; Benchmark Invests," PR Newswire, November 3, 2011.

24. 이베이는 파워 셀러라는 개념을 정립했고, 엣시는 이와 유사한 '슈퍼 셀러' 프로그램을 테스트하고 있다. Ina Steiner, "Etsy Tests Super Seller Badge Not Unlike eBay PowerSellers," eCommerce BYTES, October 26, 2018.

25. Fareeha Ali, "Sales Spike 146% on Etsy's Marketplaces in Q2," Digital Commerce 360, August 7, 2020.

26. Steven Kurutz, "Antique Dealers Protest New 1stDibs Rules," *New York Times*, March 11, 2016.

27. Aisha Al-Muslim, "Etsy Raises Fees, Angering Sellers but Sending Stock Soaring," *Wall Street Journal*, June 14, 2018.

28. Kaitlyn Tiffany, "Was Etsy Too Good to Be True?," *Vox*, September 4, 2019. ("엣시는 누군가를 화나게 하지 않는 결정을 내린 적이 거의 없지만, 반복되는 예측에도 불구하고 실제로 상당수의 판매자가 떠나갈 정도로 그들을 소외시킨 적은 없다").

29. 2019 Etsy Seller Census, "Celebrating Creative Entrepreneurship around the Globe," Spring 2019. 판매자의 80퍼센트는 1인 사업체이고, 97퍼센트는 재택 사업을 운영한다. https://extfiles.etsy.com/advocacy/Etsy_GlobalSellerCensus_4.2019.pdf.

30. Sara Castellanos, "Etsy Accelerates AI Experimentation Thanks to Cloud," *Wall Street Journal*, February 19, 2020. 2012년에 자금 조달 라운드를 진행하면서 퍼스트딥스가 영입한 최고기술책임자는 이전에 록히드 마틴(Lockheed Martin)의 AI 연구소에서 일했던 사람이다. Nick Summers, "1stDibs Raises $42m from Index Ventures, Spark Capital and Benchmark to Boost Global Expansion," thenextweb.com Insider, December 3, 2012.

31. Ingrid Lunden, "Etsy Buys Blackbird Technologies to Bring AI to Its Search," *TechCrunch*, September 19, 2016.

32. Greg Bensinger, "Amazon's Next Move: Fine Art," *Wall Street Journal*, June 28, 2013. 이 프로젝트는 큰 주목을 받지 못했다. Sarah Cascone, "Amazon Art Struggles to Lure Collectors

Online, as Expected (Right?)," Artnet News, March 27, 2014. 이 사이트는 또한 걷잡을 수 없이 많은 저작권 침해 혐의에 시달렸다. Nicole Nguyen, "Stolen Artwork Is All over Amazon—and Creators Want the Company to Do Something about It," *BuzzFeed*, January 23, 2019.

33. James Vincent, "Amazon Launches Luxury Stores to Separate the Hoi Polloi From the Haute Couture," *The Verge*, September 15, 2020.

34. "eBay Launches Live Auctions for Premium Art and Collectibles," Business Wire, October 6, 2014.

35. "Launch of eBay Authenticate Boosts Shopper Confidence for Luxury Handbag Purchases," PR Newswire, October 16, 2017.

36. Amir Ismael, "eBay Launches an Authentication Program That Makes It Safer to Buy and Sell Big-Ticket Items like Watches, Designer Handbags, and Collectibles on the Site—Here's How it Works," *Business Insider*, November 21, 2019.

37. April Berthene, "Wayfair.com Dominates Online Furniture Sales," Digital Commerce 360, February 13, 2020.

38. Phil Wahba, "How Tiffany Plans to Sell a Lot More Jewelry," *Fortune*, April 12, 2016.

39. Stuart Lauchlan, "Tiffany Sees e-commerce as a Small, but Valuable Gem," diginomica, March 20, 2017.

40. Aishwarya Venugopal and Melissa Fares, "Tiffany Sticks to 2019 Targets, Helped by e-commerce," Reuters, March 22, 2019.

41. 소더비가 상장 폐지되기 전 마지막 해인 2018년에 이 회사의 순수 온라인 매출액은 7200만 달러에 불과했는데, 이는 진정한 온라인 마켓플레이스 매출과 와인 및 가정 용품 전자상거래 웹사이트의 거래액을 합친 것이다. Sotheby's 2018 Annual Report.

42. Fang Block, "Sotheby's Launches a New Digital Sales Channel," *Barron's*, April 28, 2020. 그 이전에 진행한 사업은 온라인 위탁 마켓플레이스인 소더비스 홈(Sotheby's Home)이었다. "Sotheby's Launches Sotheby's Home: Luxury Design Marketplace," PR Newswire, October 10, 2018.

43. Eileen Kinsella, "Sotheby's and Christie's Place Hundreds of Workers on Furlough and Cut Executive Pay as Art Business Feels the Impact of Coronavirus Postponements," *Art News*, April 2, 2020.

44. Chris Dieterich, "Etsy Shares Clobbered by Amazon's Latest Crafts-selling Effort," *Wall Street Journal*, October 23, 2017.

45. Sarah Perez, "Amazon Brings Its Handmade Items to Prime Now Through the Holidays,"

TechCrunch, December 5, 2017.

46. Daniel Sparks, "Etsy Earnings: Growth Accelerates Yet Again," *Motley Fool*, August 8, 2018.

47. Roni Jacobson, "How Etsy Dodged Destruction at the Hands of Amazon," *Wired*, October 7, 2016; Sarah Kessler, "How Amazon Lures 'Artisanal' Sellers and Hangs Them Out to Dry," oneZero, July 13, 2020.

48. Matt Phillips and Gillian Friedman, "Etsy Was a Twee Culture Punchline. Now It's a Wall Street Darling," *New York Times*, December 8, 2020.

49. Phil Wahba, "Target's New Kids Collection Isn't for Boys or Girls," *Fortune*, February 8, 2016; Corinne Ruff, "Target Debuts 'Eclectic' Home Brand Opalhouse," *Retail Dive*, February 21, 2018.

50. 순전히 지리적인 틈새시장 외에도 다양한 틈새시장이 등장했지만, 그중 핸드메이드 시장에 큰 영향을 미친 곳은 없었다. Sig Ueland, "13 Marketplaces for Handmade Goods," *Practical Ecommerce* (blog), February 24, 2020.

51. Hedges & Company, "Automotive Data Questions Answered: ACES and PIES Data, Is There an Auto Parts Fitment Database, Automotive Part Numbers," September 1, 2012, https://hedgescompany.com/blog/2012/09/total-automotive-part-numbers.

52. eBay company website, "Our History," retrieved at https://www.ebayinc.com/company/our-history/.

53. Mark Hughes, "DIY Car Repairs on the Rise but Drivers End up Paying 170 Pounds to Fix Their Mistakes, Study Says," Garage Wire, March 19, 2019; Bengt Halvorson, "Five Car Problems You Shouldn't Fix Yourself," *Washington Post*, June 20, 2012.

54. Ben Fox Rubin, "Amazon Offers Up Car Advice with Amazon Vehicles," CNET, August 25, 2016.

55. Alex Kwanten, "Amazon Partners with Aftermarket on Sales and Repair," *Automotive News*, August 18, 2019.

56. Alex Kwanten, "Mobile Mechanics Blaze Trail for Amazon in Service at Customer Homes, Offices," *Automotive News*, August 18, 2019.

57. Oliver Wintermantel, Greg Melich, and Michael Montani, *Retail Broadlines and Hardlines Web Traffic Tracker* (New York: Evercore ISI, 2020), 11.

58. Meagan Nichols, "FedEx Launches New e-commerce Service—and One of Its First Customers Is AutoZone," *Memphis Business Journal*, December 17, 2018.

59. "Autozone Inc. to Buy Alldata Corp for $56.75M in Stock," Dow Jones Newswires, February

6, 1996.

60. Ryan Sigdahl and Matt Wegner, "U.S. Auto Parts Network, Inc.—Buy," Craig-Hallum Capital Group, January 8, 2020 (Exhibit 8).

61. Michael Doyle et al., "E-Commerce Revs Its Engine in the Automotive Aftermarket," William Blair Research, April 2019.

62. 예를 들어 Derek Thompson, "Why Did eBay Sell Skype?," *Atlantic*, September 1, 2009; Helen Wang, "How eBay Failed in China," *Forbes*, September 12, 2010를 보라.

63. Julia La Roche, "Carl Icahn Shreds the eBay Board, and Demands that eBay and PayPal Split," *Business Insider*, February 24, 2014.

64. Daisuke Wakabayashi, "Google Takes Aim at Amazon. Again," *New York Times*, July 23, 2020.

10장

1. Amazon.com Inc (AMZN.NASD)— Financial and Strategic SWOT Analysis, GlobalData, August 20, 2020.

2. Darrell Etherington, "Amazon Home Services Gets Its Official Launch," *TechCrunch*, March 30, 2015.

3. Lydia DePillis, "Amazon Can Sell You Stuff. But Can It Clean Your House?," CNN, October 24, 2018; Julie Bort, "Homeadvisor CEO Explains the Secret to Besting Amazon," *Business Insider*, July 8, 2018.

4. Christina Farr, "Tech Giants Have Big Ambitions in Health, but Do Best When They Stick to What They Know," CNBC, December 31, 2019. 아마존이 최근 진행한 것 가운데 가장 규모가 큰 이니셔티브는 아마존 파머시(Amazon Pharmacy)인데, 전통 약국들의 주가에 예측 가능한 영향을 미쳤다. Christina Farr, "Amazon Jumps into the Pharmacy Business with Online Prescription Fulfillment, Free Delivery for Prime Members," CNBC, November 17, 2020. 아마존이 자신들의 핵심 소매 사업과 매우 유사한 서비스를 제공하는 이 분야에서도 결국 성공을 거둘 수 있을지 매우 의문이다. Vitaliy Katsenelson, "These Drug Distribution Stocks Have a Built-in Defense against Amazon Pharmacy," MarketWatch, November 19, 2020.

5. Emily Flitter and Karen Weise, "Amazon, Berkshire and JP Morgan Will End Joint Health Care Venture," *New York Times*, January 4, 2021.

6. Erika Owen, "Amazon Launches Curated Travel Booking," *Travel and Leisure*, April 27, 2015.

7. Eugene Kim, "Amazon Just Shut Down a Travel Site It Launched 6 Months Ago," *Business Insider*, October 14, 2015. 아마존은 예전에 일일 거래 사이트인 아마존 로컬(Amazon Local)에서 호텔 할인을 제공하다가 중단했고, 결국 아마존 로컬 사업도 완전히 중단되었다. Sarah Perez, "Amazon to Exit Daily Deals with Closure of Amazon Local," *TechCrunch*, October 30, 2015.

8. Olivia Carville, "New Tech Unicorn TripActions Aims to Bring AI to Business Travel," Bloomberg, November 8, 2018.

9. Rafat Ali, "The Unicorns: These Are the 15 Most Valuable Private Companies in Travel," Skift, October 29, 2015.

10. Jamie Biesiada, "How Many Travel Agents in the U.S.? Depends on Whom You're Asking," Travel Weekly, February 6, 2018; Richard D'Ambrosio, Travel Agent Popularity on the Rise Yet Again," *Travel Market Report*, August 9, 2019.

11. Adam Levine-Weinberg, "7 Ways Warren Buffett Blasted the Airline Industry before Investing Billions in It," *Business Insider*, March 8, 2017.

12. Mark DeCambre, "Buffett Says He Dumped Entire Stake in Airline-sector Stocks: 'The World Has Changed for Airlines' Amid Coronavirus," MarketWatch, May 3, 2020.

13. Sabre company website, "The Sabre Story," retrieved at https://www.sabre.com/files/Sabre-History.pdf.

14. 2015년에 세이버는 훨씬 작은 규모의 거래를 완료했다. 1998년에 아시아 항공사 11개로 구성된 지역 컨소시엄과 함께 설립해서 이미 지분의 35퍼센트를 보유하고 있는 아바쿠스 인터내셔널(Abacus International)이라는 합작 벤처를 4억 1100만 달러에 인수한 것이다. PR Newswire, "Sabre to Acquire Abacus International," May 14, 2015.

15. Amadeus, "Powering Better Journeys through Travel Technology, presentation, January 2021, page 15. https://corporate.amadeus.com/documents/en/investors/all-years/financial-information-and-presentations/2017-amadeus-introductory-presentation.pdf.

16. John King and Kash Rangan, "Global Distribution System (GDS) Primer," BofA Merrill Lynch Global Research, September 26, 2014.

17. Barbara Peterson, "The Death of the Airline Ticket Office," *Conde Nast Traveler*, September 29, 2017. 주요 항공사들은 10여 년 전에 이미 미국의 일부 매표소만 제외하고 전부 문을 닫았다. 예를 들어 "Delta to Close All Area Ticket Offices," AviationPros.com, December 3, 2007을 보라.

18. American Airlines company website, "Ticket Sales Centers," retrieved at www.aa.com/i18n/

customer-service/contact-american/ticket-sales-centers.jsp.

19. 최초의 OTA는 1995년에 설립된 인터넷 트래블 네트워크(Internet Travel Network)인데, 나중에 겟데어(GetThere)라는 이름의 B2B 서비스로 전환했고, 결국 2000년에 Sabre가 7억 5700만 달러에 인수했다. Jay Campbell, "Sabre to Get GetThere," *Business Travel News*, September 4, 2000.

20. 최초의 메타 검색 엔진은 최초의 OTA와 거의 동시에 개발되었지만, 이 기술이 여행 분야에 제대로 적용되기까지는 몇 년이 걸렸다. 1990년대 후반에는 사이드스텝(Sidestep), 페어체이스(FareChase), 퀵소(Qixo) 같은 다양한 회사가 설립되었지만 그 기능과 효용성은 여전히 제한적이었다. Craig Stoltz, "Faring Better—and Worse," *Washington Post*, November 5, 2000. (초기 메타 검색 서비스 성능이 불일치했다는 점에 주목하라). 그러나 시간이 지남에 따라 메타 검색이 여행 검색에서 점점 더 큰 비중을 차지하게 되었다.

21. 아마데우스는 2011년에 오포도를 이드림스(eDreams)에 4억 5000만 유로에 매각했고, 트래블로시티와 오르비츠는 2015년에 익스피디아에 각각 2억 8000만 달러와 13억 달러에 매각되었다.

22. ITA 소프트웨어는 소비자를 대상으로 메타 검색 사업을 운영하는 것 외에도 실제로 다른 많은 메타 검색 기업들이 의존하는 기술에 대한 라이선스를 취득했다. 법무부는 인수를 승인하면서, ITA가 제품을 계속 개발해 경쟁사에 제공할 것을 요구했다. Claire Cain Miller, "U.S. Clears Google Acquisition of Travel Software," *New York Times*, April 8, 2011.

23. David Togut et al., "Upgrading Amadeus to Outperform; Downgrading Sabre & Travelport to Underperform," Evercore ISI Research, January 4, 2018, 9.

24. Christopher Tkaczyk, "Millennials Are Relying on Travel Agents in Record Numbers," *Travel and Leisure*, August 29, 2017.

25. Travel Weekly, "2019 Power List," June 24, 2019.

26. Germán Bou and Fernando Pujadas, "Rocky Amadeus. Coverage Initiated with Neutral, JB Capital Markets," September 9, 2019, 10. 가장 큰 점유율 손실은 항공사 직접 예약 때문에 발생했는데, 그것 하나만으로도 미국 예약의 절반 정도를 차지한다. 게다가 러시아와 중국 등 규모가 크고 빠르게 성장 중인 몇몇 국내 여행 시장에는 자체적인 전용 GDS가 있다. 마지막으로, 아래에서 얘기한 것처럼 IATA가 업계 전체에 걸쳐 새로운 XML 기반의 통신 표준을 정한 덕분에 항공사들이 특정 여행사와의 직접 연결을 선택적으로 설정할 수 있게 되었다. Thomas Poutieux, "Soft Landing," Kepler Cheuvreux Equity Research, November 20, 2018, 61.

27. 예를 들어 Michael Baker, "At Long Last, Southwest to Enable GDS Bookings," Travel

Weekly, August 5, 2019를 보라.

28. Johanna Jainchill, "Lufthansa's GDS Fee, Designed to Cut Costs, Will Penalize Agents," Travel Weekly, June 7, 2015.

29. 이 NDC(New Distribution Capability)는 290개 항공사와 전체 항공 교통량의 80퍼센트 이상을 대표하는 국제항공운송협회가 개발했다. http://www.iata.org/en/programs/airline-distribution/ndc.

30. Ben Ireland, "Lufthansa and Corporate Travel Agents Agree First Direct Connect Deals," Travolution, April 27, 2017.

31. Julian Serafini and Paul Krantz, "Amadeus: Gaining Altitude—Initiating at Buy," Jeffries Equity Research, July 22, 2019.

32. Robert Silk, "Private-channel Airline Distribution Deals Spark Concern," Travel Weekly, November 17, 2017. 더 근래의 자료를 보고 싶다면 Sean O'Neill, "New Wholesale Model Could Shake Up Airline Distribution Thanks to American Airlines Test with Sabre," Skift, April 17, 2020를 보라.

33. Linda Fox, "Lufthansa Group Airlines to be Removed from Sabre as Pair Fail to Reach Distribution Agreement," PhocusWire, May 14, 2020.

34. Foo Yun Chee, "Travel Agents Seek EU Antitrust Probe into Lufthansa Pricing," Reuters, December 19, 2018.

35. Serafini and Krantz, "Amadeus: Gaining Altitude".

36. Altexsoft Team, "New Disribution Capability (NDC) in Air Travel: Airlines, GDS and the Impact on the Industry," Travel Daily Media, March 3, 2019.

37. John Kosman, "Why Private Equity Firms like Bain Capital Really Are the Worst of Capitalism," *Rolling Stone*, May 23, 2012.

38. Daphne Howland, "PayPal, Visa Declare Truce, Sign Digital Payments Partnership," *Retail Dive*, July 22, 2016.

39. 그동안 침체했던 페이팔의 주가는 비자와의 거래가 발표된 후 장기 상승을 시작해서, 그 후 4년 동안 가치가 3배 이상 증가했다. 2020년에 이 회사는 비자와의 제휴를 연장하고 범위도 대폭 확대했다. Eric Volkman, "Visa and PayPal Partnership Deal Extension Promises More Instant Pay Options for Users," *Motley Fool*, September 13, 2020.

40. 2020년 말 기준 비자카드와 마스터카드의 시장가치를 합치면 7500억 달러다. 2020년 말 기준으로 시장가치가 2500억 달러를 넘은 페이팔은 단연 가장 큰 공개 온라인 결제 회사다.

41. Brent Kendall et al., "Visa Abandons Planned Acquisition of Plaid After DOJ Challenge," *Wall*

Street Journal, January 12, 2021.

11장

1. Hans Christian Anderson, *The Fairy Tale of My Life: An Autobiography* (Lanham, MD: Cooper Square Press, 2000), 414.

2. Peter Elkind, "The Hype Is Big, Really Big, at Priceline," *Fortune*, September 6, 1999.

3. Priceline.com Incorporated, Amendment No. 1 to Form S-1, Securities and Exchange Commission, February 16, 1999.

4. Priceline.com Incorporated, Amendment No. 1 to Form S-1.

5. Elkind, "The Hype Is Big".

6. "California Synapse Magazine Auto Renewal Class Action Settlement," Top Class Actions, March 21, 2019.

7. Carrie Lee, "Priceline Is Expected to Soar, but Turbulence May Emerge," *Wall Street Journal*, February 19, 1999.

8. Business Wire, "Priceline.com Anticipates 3rd Quarter Revenues to Be Below Expectations," September 27, 2000.

9. Chris Woodyard and Matt Krantz, "Priceline Hits a Sour Cord as Connecticut Opens Consumer Fraud Investigation, Web Site Struggles to Please Investors, Customers," *USA Today*, September 29, 2000.

10. Saul Hansell, "Pricelines's WebHouse Club Abandoned as Investors Balk," *New York Times*, October 6, 2000; Julie Angwin and Nick Wingfield, "Priceline Offshoot Ate Millions in Costs to Subsidize Customers," *Wall Street Journal*, October 16, 2000.

11. Dana Canedy, "What's Your Bid on Peanut Butter? Groceries Join Big Items on a Name-Your-Price Web Site," *New York Times*, September 22, 1999.

12. Tribune News Services, "Priceline.com Hit by Charge as Think Tank Restructures," *Chicago Tribune*, November 23, 2000. 대부분의 기초 소송은 기술적인 이유로 결국 기각되었지만, 프라이스라인이 자신들이 실제로 역경매(NYOP) 방식을 개발했다고 허위 주장한 혐의에 대한 소송은 그대로 진행되었다. "Judge Throws Out Most of Marketel's Case against Priceline.com," Dow Jones Business News, December 7, 2000.

13. Joseph Gallivan, "Priceline's Founder Jay Walker Quits," *New York Post*, December 29, 2000.

14. Cassell Bryan-Low, "Priceline Founder Jay Walker Sells Stocks at a Bargain Price," *Wall Street*

Journal, August 22, 2001.

15. Jeff Opdyke and Jennifer Renwick, "For Priceline's Big Investors, the Stock Price Isn't Right," *Wall Street Journal*, September 29, 2000.

16. John Letzing, "Founder of Priceline Spoiling for a Fight over Tech Patents," *Wall Street Journal*, August 22, 2011.

17. *Forbes*, "An Edison for a New Age?," May 16, 1999.

18. Nitasha Tiku, "Priceline Founder Jay Walker Sure Has Filed a Lot of Lawsuits for Someone Who's Not a Patent Troll," *New York Observer*, August 22, 2011.

19. Business Wire, "Priceline.com Declares 1-For-6 Reverse Stock Split," June 16, 2003.

20. Dennis Schaal, "The Oral History of Travel's Greatest Acquisition," Skift, July 8, 2019.

21. Dennis Schaal, "Priceline Overtakes Expedia in Market Capitalization," PhocusWire, November 17, 2009.

22. Dennis Schaal, "Priceline Overtakes Expedia in Gross Bookings for the First Time," Skift, November 8, 2013.

23. 이 회사는 추후 실적이 저조한 사업부에 대해 소규모 인수 작업을 진행했다. Business Wire, "Booking Holdings Agrees to Acquire Venga," May 2, 2019.

24. 프라이스라인의 'Express Deals' 메뉴에 들어가 보면 일부 제품에 대한 역경매가 여전히 진행 중이다. Dennis Schaal, "The Death of Priceline's Name Your Own Price Is Likely Drawing Near," Skift, March 26, 2018.

25. *Economist*, "The Priceline Party: The World's Largest Online-travel Company," July 29, 2017.

26. *Economist*, "The Priceline Party".

27. Scott Keyes, "The Complete Guide to Online Travel Agencies," Scott's Cheap Flights, November 14, 2019.

28. 로이터와 블룸버그의 더 폭넓은 비교는 다음을 보라. Jonathan A. Knee, Bruce C. Greenwald, and Ava Seave, *The Curse of the Mogul: Whats Wrong with the World's Leading Media Companies* (New York: Portfolio, 2009), 148-159.

29. Thomas Pallini, "The Past 2 Decades Saw the Number of U.S. Airlines Cut in Half," *Business Insider*, March 21, 2000.

30. Natasha Frost, "European Airlines Are Confronting the Same Grim Reality Faced by their US Counterparts Decades Ago," Quartz, November 6, 2019.

31. Julie Weed, "Independent Hotels Are Disappearing as Chains Grow," *The New York Times*, October 21, 2019.

32. 머독은 이 벤처를 설립한 직후에 여행 사업 전체를 현재의 RELX에 매각했다. Geraldine Fabricant, "Murdoch Sells Travel Business," *New York Times*, May 6, 1989.

33. John F. Davis, "The Formation of THISCO," Hospitality.net, June 25, 2002.

34. Sean O'Neill, "RateGain Buys DHISCO to Expand Its Hospitality Distribution," Skift, August 2, 2018.

35. 예를 들어 "Age of Experience and Two New Distribution Disruptors," Reuters, November 27, 2019를 보라.

36. Bill Carroll and Judy Siguaw, "The Evolution of Electronic Distribution: Effects on Hotels and Intermediaries," *Cornell Hotel and Restaurant Administration Quarterly* 44, no. 4 (August 2003): 38-50.

37. Thomas Allen et al., "Hotel Brands vs. OTAs: Who Will Win the War?," Morgan Stanley Lodging and Internet Research, May 18, 2016.

38. Allen et al., "Hotel Brands vs. OTAs".

39. Hotel Business, "Hotels Rally around Travelweb.com Venture," November 7, 2002. 이에 앞서 아코르(Accor), 포르테(Forte), 힐튼(Hilton)이 참여한 유럽 합작회사와 북닷컴(book.com)도 눈물로 막을 내렸다. Lee Winter, "Accor, Forte and Hilton Name Web Site Venture," Travel Weekly, November 9, 2000.

40. Jerry Limone, "Priceline to Acquire 100% of Travelweb," Travel Weekly, May 4, 2004.

41. Kevin May, "Hotel Giants Come Together to Launch Room Key Search Site," PhocusWire, January 11, 2012.

42. Dennis Schaal, "New Website RoomKey.com Competes with Online Travel Agencies," *USA Today*, May 30, 2012.

43. Deanna Ting, "The Disappointing Life of Hotel Booking Site Room Key," Skift, July 11, 2016.

44. Chekitan S. Dev and Peter O'Connor, "Case Study: Should a Hotelier Invest in a New Kind of Online Travel Agency?," *Harvard Business Review*, December 2015.

45. Danny King and Kate Rice, "With Orbitz Buy, Expedia to Become World's Largest OTA," Travel Weekly, February 12, 2015.

46. 부킹, 익스피디아, S&P의 10년간 연평균 성장률은 각각 25.1퍼센트, 7.7퍼센트, 11.2퍼센트다.

47. 2018년에 부킹의 대체 숙박 시설 매출은 익스피디아의 2배 이상이었다. Jamie Biesiada, "In Homesharing, Booking Holdings Right up There with Airbnb," Travel Weekly, March 21, 2019.

48. Peng Liao, Fei Ye, and Xiaoli Wu, "A Comparison of the Merchant and Agency Models in the Hotel Industry," International Transactions in Operational Research, February 2017.

49. Schaal, "Oral History".

50. 앞서 언급한 많은 기술 인수는 B2B 플랫폼인 부킹스위트(BookingSuite)와 다양한 내부 개발 제품에 통합되었다. Linda Fox, "Booking.com Tests Marketplace Offering Third Party Technology," PhocusWire, July 19, 2018.

51. 독립적인 도매 채널의 영향력이 커지자 부킹과 익스피디아는 이 모델도 자사 오퍼링에 통합했다. César López, "Booking.com Is Now Offering Third-party Inventory with Booking. Basic," Mirai, September 7, 2018.

52. Allen et al., "Hotel Brands vs. OTAs".

53. 중국에서는 시트립 하나가 부킹과 익스피디아의 전 세계 점유율을 합친 것에 가까운 점유율을 차지하고 있다. Rashma Kapadia, "China's Largest Online Travel Agency Is Going Global," Barron's, November 1, 2019.

54. Steven Lerner, "Expedia Group, Booking Holdings Spent More than $11B on Marketing (Mostly to Google) in 2019," PhocusWire, March 6, 2020.

55. Christina Jelski, "Google's Travel Incursion Gradual, but a Threat to OTAs," Travel Weekly, September 3, 2018.

56. Luis Sanchez, "Why Expedia Blamed Google for Its Earnings Debacle," Motley Fool, December 1, 2019.

57. Pablo Delgado, "How Metasearch Became the Most Important Marketing Channel in Travel," PhocusWire, July 10, 2019. 한때 인기를 끌었지만 인수되거나 상장된 후에 몰락한 메타 검색 기업이 꽤 많다. Greg Kumparak, "Four Years after Being Acquired, Hipmunk Is Shutting Down," TechCrunch, January 14, 2020.

58. "Partnerships Key to Online Travel Search Survival," Reuters, November 24, 2005.

59. Linda Kinstler, "How TripAdvisor Changed Travel," Guardian, August 17, 2018.

60. Vikram Singh, "How Google Reviews Is Crushing TripAdvisor," HospitalityNet, April 10, 2019.

61. Dennis Schaal, "TripAdvisor Is on a Collision Course with Its Two Biggest Customers," Skift, March 24, 2015.

62. Tricia Duryee, "TripAdvisor Dips Lower on First Day of Trading," AllThingsD, December 21, 2011.

63. Reuters, "Hotel Booking Platform Trivago Jumps 10.7 Percent in IPO Debut," December 16,

2016.

64. Katrin Terpitz, "Just a Year After Its IPO, Trivago Caught in a Storm," *Handelsblatt*, December 18, 2017.

65. 트립어드바이저와 트리바고 모두 처음에는 익스피디아가 매입했다(각각 2005년과 2012년에). 익스피디아는 결국 트립어드바이저를 분사하고, 트리바고는 상장했다(경영권은 유지하면서). OTA가 메타 검색에 매료된 모습은 OTA에 대한 GDS와 항공사의 초기 투자를 연상시킨다. 두 경우 모두 상상했던 시너지 효과가 나타나지 않았고, 투자금은 나중에 기업 내에서 매각·분할·희석되거나 그냥 무시되었다.

66. Ian Cumming and Kevin O'Shaughnessy, "50 Travel Startups to Watch in 2020," Travel Massive, December 11, 2019.

67. Matthew Parsons, "TripActions Wants to Find Ways to Unite Dispersed Employees With $155 Million in New Funding," Skift, January 21, 2021.

68. Alice Hancock, "The Start-ups Trying to Shake Up Corporate Travel," *Financial Times*, July 2, 2019.

69. Dow Jones Newswires, "Expedia Bulks Up European Corporate Travel," September 7, 2004.

12장

1. Richard Waters, "Airbnb and DoorDash IPOs Leave Gig Economy Issues Unresolved," *Financial Times*, December 10, 2020.

2. 이 용어는 1968년에 한 신문에서 윌리엄 포스터 로이드(William Forster Lloyd)의 1833년 공유 방목지 관리 문제를 언급하면서 대중화했다. Garrett Hardin, "The Tragedy of the Commons," *Science* 162, no. 3859 (December 1968): 1243.

3. Giana Eckhardt and Fleura Bardhi, "The Sharing Economy Isn't about Sharing at All," *Harvard Business Review*, January 28, 2015.

4. Katie Benner, "Airbnb Raises $1 Billion More In a Funding Round," *New York Times*, March 9, 2017.

5. Joshua Franklin, "Airbnb New $1 Billion Investment Comes at Lower Valuation: Sources," Reuters, April 7, 2020.

6. Steve Kovach, "Airbnb Seeks Valuation of Up To $35 Billion in Its IPO," CNBC, December 1, 2020.

7. Noor Zainab Hussain and Joshua Franklin, "Airbnb Valuation Surges Past $100 Billion in

Biggest IPO of 2020," Reuters, December 10, 2020.

8. Paul Yong, "The Rise of Home-Sharing Platforms," DBS, August 2019. (에어비앤비의 글로벌 점유율을 27퍼센트로 추정). 각종 승차 공유 업체들이 공개적으로 밝히거나 보도된 매출을 토대로 볼 때, 우버 역시 20퍼센트대일 가능성이 높다.

9. 리프트뿐 아니라 얀덱스, 겟, 그랩 같은 회사도 모두 10억 달러가 넘는 매출을 올리고 있다. 에어비앤비와 부킹 이외의 대체 숙박 업체의 경우에는 익스피디아만 10억 달러 이상의 수익을 올리고 있다. 게다가 현지 시장에서 경쟁 환경을 평가할 때도 전통적인 기존 대안(우버의 경우 택시와 자동차 서비스, 에어비앤비의 경우 호텔, 단기 임대, B&B 등)과의 경쟁 범위를 고려해야 한다. Dan Cook, "Taxi and Limousine Services in the US," IBISWorld, July 2020를 보라.

10. SharesPost Company Report, "Airbnb: Unlocking Travel's Final Frontier," https:// sharespost. com, 26. ("기본 데이터에서 흥미로운 추세를 확인했다. 에어비앤비가 특정 도시에 등록된 숙소를 늘릴수록 숙소당 손님 수도 증가했다").

11. Jake Holmes, "Ride-sharing Apps: Taxis for the 21st Century," CNET, September 6, 2019.

12. Sergio Held, "How Didi Is Going Places in Latin America," *China Daily*, March 3, 2020.

13. Clayton Guse, "Ride-hailing App Juno Shuts Down in NYC, Blames New Regulations," *Daily News*, November 18, 2019.

14. Preetika Rana, "Uber, DoorDash Gig-Workers Victory in California Sets Tone for Other Fights," *Wall Street Journal*, November 4, 2020.

15. Ryan Browne, "Uber Rivals Mobilize as the Company's Future in London Becomes Uncertain," CNBC, November 27, 2019.

16. Dennis Schaal, "Booking Claims It Beats Airbnb with 5 Million Alternative Accommodations Listings," Skift, April 10, 2018.

17. Jingjing Jiang, "More Americans Are Using Ride-hailing Apps," Pew Research Center, January 4, 2019. 온라인 여행사들의 조사 결과에 따르면, 팬데믹은 공간 공유 도입을 가속화했다. Taylor Soper, "Expedia's Vrbo Vacation Rental Business Sees Significant Growth as Travel Giant Aims to Cut Costs," GeekWire, July 6, 2020.

18. Harry Campbell, "Lyft and Uber Driver Survey 2019: Uber Driver Satisfaction Takes a Big Hit," Ride Share Guy, October 1, 2020. 모든 설문 조사 결과는 https://therideshareguy.com/ uber-driver-survey에서 확인할 수 있다. 2017년, 2018년, 2019년 조사에서 두 가지 이상의 서비스를 이용하는 운전자 비율은 각각 67.7퍼센트, 78.5퍼센트, 83.5퍼센트였다. 같은 기간에 우버에서만 일하는 운전자 비율은 75퍼센트에서 50.8퍼센트로 떨어졌다.

19. Kate Gessner, "Uber vs. Lyft: Who's Tops in the Battle of U.S. Rideshare Companies," Second Measure, May 19 2020, https://secondmeasure.com/datapoints/rideshare-industry-overview. 최근 이용자들이 하나의 화면을 통해 여러 개의 승차 공유 서비스를 이용할 수 있는 앱이 등장하면서 이런 추세가 가속될 것으로 보인다. David Gutman, "New App Connects You to Multiple On-demand Ride Services Through One Screen," *Seattle Times*, August 31, 2017.

20. Rani Molla, "Lyft Has Eaten into Uber's Market Share, New Data Suggests," *Vox*, December 12, 2018; Leslie Hook, "Uber Loses Ground in the U.S. as Rival Lyft Accelerates," *Financial Times*, June 18, 2017.

21. 우버는 최근에 포스트메이츠(Postmates)를 인수하여 이 부문 사업에 더 전념하고 있다. Alex Sherman, "Uber Agrees to Buy Food-Delivery Service Postmates for $2.65 Billion in Stock," CNBC, July 7, 2020.

22. Josh Rivera, "Uber Expands Its Subscription Services Across the U.S., Now at $25 a Month," *USA Today*, August 19, 2020.

23. Frank DiPietro, "Why Data Is Powering Growth at Zillow Group Inc.," *Motley Fool*, Jan. 13, 2017.

24. James Cook, "Uber's Internal Charts Show How Its Driver-Rating System Actually Works," *Business Insider*, February 11, 2015.

25. Lisa Qian, "How Well Does NPS Predict Rebooking?," Medium, Dec. 10, 2015.

26. Katie Warren, "While You Were Still Using Airbnb to Spend a Weekend in a Stranger's Home, the Company Was Quietly Expanding into Boutique Hotels and Entire Airbnb-branded Buildings," *Business Insider*, December 9, 2019.

27. Schaal, "Booking Claims It Beats Airbnb".

28. Salvador Rodriguez, "Short Term Rental Market Faces Consolidation as Start-ups and Small Landlords Offload Properties," CNBC, May 30, 2020.

29. Jill Menze, "Booking Holdings Feels 'Full Impact' of Coronavirus as Gross Bookings Plunge 91% in Q2 2020," PhocusWire, August 6, 2020. 또한 Deirdre Bosa, "Airbnb Is Poised for a Comeback after a Brutal Spring," CNBC, June 16, 2020을 보라.

13장

1. Scott Kirsner, "Zucker Offers Insight to NBC's Future," *Variety*, February 27, 2008.

2. Variety Staff, "Rejoice! Your Digital Pennies Are Now Dimes!" *Variety*, March 19, 2009.

3. 다음에 이 현상이 흥미롭고 자세하게 설명되어 있다. Michael Wolff, *Television Is the New Television: The Unexpected Triumph of Old Media in the Digital Age* (New York: Portfolio, 2015).

4. Kara Swisher and Peter Kafka, "NBCUniversal Poised to Make Big Investments in *BuzzFeed* and Vox Media," Recode, June 30, 2015; Keach Hagey, "Disney Invests Another $200 Million in Vice Media," December 8, 2015; Todd Spangler, "Turner Leads $15 Million Round in Mashable," *Variety*, March 11, 2016.

5. Peter Kafka, "Disney Put More Than $400 Million into Vice Media. Now It Says That Investment Is Worthless," Recode, May 8, 2019.

6. PwC, "Internet Advertising Revenue Report," IAB, May 2020.

7. Kurt Wagner, "Digital Advertising in the US Is Finally Bigger Than Print and Television," Recode, February 20, 2019.

8. Peter Kafka, "Google and Facebook Are Booming. Is the Rest of the Digital Ad Business Sinking?," Recode, November 2, 2016.

9. Ashley Rodriguez, "Netflix Gave a Detailed Presentation of Why It Won't Sell Advertising. But It's Still Working with Brands In Other Ways," *Business Insider*, January 22, 2020. 하지만 넷플릭스는 재정적으로나 전략적으로나 설득력이 있으면 신속하게 방향을 바꾸겠다는 일관된 의지를 보여왔다. Kelsey Sutton, "Media Buyers to Netflix: Take Our Money!," *Adweek*, February 4, 2020을 보라.

10. Aaron Holmes, "This Is How Facebook Learns What You Buy at Physical Stores in Order to Show You Relevant Ads—and How to Opt Out," *Business Insider*, December 11, 2019.

11. Jasmine Enberg, "Global Digital Ad Spending 2019," eMarketer, March 28, 2019.

12. Megan Graham, "The Google-Facebook Ad Duopoly Is Facing a Bigger Challenge from the Trio of Snap, Pinterest, and Amazon," CNBC, November 2, 2019.

13. Keach Hagey and Suzanne Vranica, "How Covid-19 Supercharged the Advertising 'Triopoly' of Google, Facebook, and Amazon," *Wall Street Journal*, March 19, 2021.

14. Sara Morrison and Rani Molla, "Google Chrome's Cookie Ban Is Good News for Google—and Maybe Your Privacy," Recode, January 16, 2020.

15. "Big Tech Will Have to Share Data Under EU Proposals," *Financial Times*, February 19, 2020.

16. Jason Rowley, "Advertising Giants Leave Little Room for Adtech Startups, and VCs Are Noticing," *TechCrunch*, June 13, 2017.

17. Clare Ballentine, "Google-Facebook Dominance Hurts Ad Tech Firms, Speeding

Consolidation," *New York Times*, August 12, 2018; Madhumita Murgia, "Adtech Funding Drops in Face of Facebook-Google Duopoly," *Financial Times*, January 3, 2017 (both citing CB Insights research).

18. Fred Wilson, "What Is Going to Happen in 2017?," AVC.com, January 1, 2017.

19. 애드테크 분야의 자금 조달액은 5년 동안 연평균 마이너스 10퍼센트씩 하락한 반면, 마테크 분야의 감소율은 3.5퍼센트에 그쳤다. Arman Tabatabai, "Where Top VCs Are Investing in Adtech and Martech," *TechCrunch*, January 22, 2020.

20. Bradley Johnson, "State of the Agency World: Digital Rules, Growth Slows, Consultancies Surge," *Ad Age*, April 30, 2018.

21. Eric Pfanner, "WPP Acquires AKQA to Beef Up Digital Marketing," *New York Times*, June 20, 2012.

22. John Battelle, *The Search*, 167.

23. Duncan Watts, *Everything Is Obvious: How Common Sense Fails Us* (New York: Crown, 2011), 54-107, 118-122. 성공적인 바이럴 캠페인은 사후에는 '명백한' 것처럼 보이지만 미리 예측하기가 불가능할 뿐 아니라 그 원인도 '인과 오류'의 전형인 경우가 많다.

24. Jennifer Small, "Adtech M& A Deals Surge in 2019 but Holding Companies Hit the Brakes," *Campaign*, January 15, 2020.

25. *Ad Age*, Agency Report 2018.

26. David Gutting, "How to Rearm Creative Industry to Keep Consultants at Bay," *Fast Company*, September 17, 2019.

27. Megan Graham, "Accenture Just Bought an Indie Ad Agency, as Boardrooms Get Serious about Creative Marketing," CNBC, April 5, 2019.

28. Patience Haggin, "Big Ad Agencies Hope to Gain Edge by Buying Data Companies," *Wall Street Journal*, June 17, 2019.

29. 이 거래는 퍼블리시스와 옴니콤 합병이 실패한 뒤에 이루어졌는데, WWP의 CEO는 이를 가리켜 "버림받은 연인의 행동"이라고 했다. Lara O'Reilly, "Publicis Groupe is Acquiring Sapient for $3.7 billion," *Business Insider*, November 3, 2014. 그러나 퍼블리시스는 2010년 이전에도 디지타스(Digitas)와 레이저피시(Razorfish)라는 디지털 에이전시를 인수하기 위해 거의 20억 달러를 썼기 때문에 완전히 새로운 전략적 추진은 아니다. Brian Morrisey, "Publicis to Acquire Razorfish," *Adweek*, August 10, 2009.

30. Nick Kostov, "Publicis Books Heavy Write Down Sending Shares Lower," *Wall Street Journal*, February 9, 2017.

31. Megan Graham, "Publicis $4.4 Billion Acquisition Leaves Analysts Skeptical," CNBC, April 15, 2019.

32. Alexandra Bruell, "Amid Ad-Industry M&A, Omnicom Says It Isn't Looking for Big Deals," *Wall Street Journal*, April 16, 2019.

33. WPP, "WPP Presents Strategy for Growth," press release, December 11, 2018. 또한 WPP Analyst Presentation, "WPP Accelerating Growth Capital Markets Day," December 17, 2020, https://www.wpp.com/investors/calendar-and-events/investor-events-2020/accelerating-growth-investors-and-analysts-presentation를 보라.

34. Ronan Shields, "How Long Can the Trade Desk Ride Its Current Wave of Success?," *Adweek*, August 15, 2018.

35. 구글 마케팅 플랫폼(옛 더블클릭을 포함한) 외에 또 다른 주요 비독립 DSP는 아마존 광고 플랫폼이다. Erica Sweeney, "Amazon's DSP Jumps Ahead of Google's as Most Used by Advertisers, Study Says," *Marketing Dive*, November 6, 2018.

36. Daniel Salmon, "Digital Marketing Hub v4.1," Exhibit 55, BMO Capital Markets, June 2019.

37. 구글과 아마존은 직접적으로 경쟁하는 DSP를 보유하고 있지만, 페이스북의 애드 매니저는 자사 인벤토리만 판매한다. Isua Botman, "Is Facebook's Ad Manager a DSP?," The Drum, April 18, 2017.

38. Megan Graham, "AdTech Company Magnite Is Buying SpotX In Play to Deepen Its Strength in Streaming Ads," CNBC, February 5, 2021.

39. Megan Graham, "The Pandemic-fueled Boom in TV Streaming Has Paid Off in a Big Way for Ad Tech Firm The Trade Desk," CNBC, July 17, 2020.

40. 구글과 다른 거대 플랫폼들이 라이브램프나 TTD 같은 독립 기업들을 방해할 수 있는 능력은 여전히 남아 있다. Kate Kaye, "'They Won't Enable Our Identifier': Identity Tech Providers Try to Make Sense of Google's Plan Not to Support Alternate Identifiers," *Digiday*, March 4, 2021. 그리고 광고대행사들은 독립 기업의 노력을 계속 지원하는 것이 자신들에게 이익이 된다고 여긴다. Alexandra Bruell, "Publicis Groupe Signs On to Use Trade Desk's Alternative to Cookies," *Wall Street Journal*, April 8, 2021.

14장

1. Gary Marcus and Ernest Davis, *Rebooting AI: Building Artificial Intelligence We Can Trust* (New York: Pantheon Books, 2019), 3.

2. Marcus and Davis, *Rebooting AI*, 18-25.

3. Tim Cross, "An Understanding of AI's Limitations Is Starting to Sink In" *The Economist Technology Quarterly*, June 13, 2020.

4. Judea Pearl and Dana MacKenzie, *The Book of Why: The New Science of Cause and Effect* (New York: Basic Books, 2018).

5. Christopher J. Kelly et al., "Key Challenges For Delivering Clinical Impact With Artificial Intelligence," *BMC Med* 17, no. 195 (2019). 최근 건강 분야에서 AI의 한계에 대해 기업이 인정한 사례는 IBM이 한때 자랑스러워 했던 왓슨 헬스 이니셔티브 매각을 모색하기로 결정한 일이다. "모든 것을 건" 노력을 뒷받침하기 위해 기업 인수에만 최소 40억 달러를 퍼부었지만, 이 사업은 실질적인 추진력을 얻지 못했고 계속해서 주요 경영진과 돈만 잃었다. Daniel Hernandez and Asa Fitch, "IBM's Retreat from Watson Highlights Broader AI Struggles in Health," *Wall Street Journal*, February 20, 2021.

6. Neal Boudette, "Despite High Hopes, Self-Driving Cars Are 'Way in the Future,'" *New York Times*, July 17, 2019.

7. Iansiti and Lakhani, *Competing in the Age of AI*, 161.

8. Iansiti and Lakhani, *Competing in the Age of AI*, 96.

9. Iansiti and Lakhani, *Competing in the Age of AI*, 206.

10. Iansiti and Lakhani *Competing in the Age of AI*, 174.

11. Heath Terry, Debra Schwartz, Perry Gold, and Tina Sun, "Initiation: LendingClub Corp., Premium Marketplace with Premium Valuation," Goldman Sachs Equity Research, January 20, 2015.

12. Terry et al., "Initiation: LendingClub Corp".

13. Peter Rudegeair, "LendingClub CEO Fired Over Faulty Loans," *Wall Street Journal*, May 9, 2016.

14. Peter Tufano, Howell Jackson, and Andrea Ryan, "Lending Club," Harvard Business School Case 9-210-052, December 17, 2010. 그전 경쟁 업체인 프로스퍼의 FICO 컷오프는 300이었다.

15. Iansiti and Lakhani, *Competing in the Age of AI*, 101.

16. Iansiti and Lakhani, *Competing in the Age of AI*, 207.

17. Iansiti and Lakhani, *Competing in the Age of AI*, 99-123.

18. Iansiti and Lakhani, *Competing in the Age of AI*, 104.

19. Iansiti and Lakhani, *Competing in the Age of AI*, 101. 지난 10년간 마이크로소프트의 상황이

호전된 것이 애저의 성장과 관련이 있다는 점에서, 이것이 데이터와 AI에 의해 추진된 것인지 아니면 오픈소스 기술을 수용하기 위한 피벗에 의한 것인지에 대해 정당한 의문이 제기되고 있다. 애저가 시작되었을 때는 모든 것이 윈도 중심이었지만, 당시에도 퍼블릭 클라우드의 지배적인 OS는 리눅스였다. 나델라가 윈도의 우선순위를 낮추기로 결정한 뒤에야 비로소 애저가 도약했고 마이크로소프트의 재탄생이 시작되었다.

20. Iansiti and Lakhani, *Competing in the Age of AI*, 205.

21. Iansiti and Lakhani, *Competing in the Age of AI*, 204-211.

22. Iansiti and Lakhani, *Competing in the Age of AI*, 206.

23. *The Economist*, "Software's Jolly Iconoclast," June 5, 2003.

24. David Yoffie and Alison Wagonfeld, "Oracle vs. Salesforce.com," Harvard Business School Case 9-705-440, September 21, 2006.

25. Jordan Novet, "Marc Benioff's Salesforce Has Eclipsed Larry Ellison's Oracle in Market Cap," CNBC, July 10, 2020.

26. Ari Levy, "Salesforce Acquires Slack for Over $27 Billion, Marking Cloud Software Vendor's Largest Deal Ever," CNBC, December 1, 2020.

27. Marcus and Davis, *Rebooting AI*, 13-18.

28. Ann Bednarz, "SAP to Maintain ERP Dominance in 2005, AMR Says," *Network World*, June 15, 2005.

29. Theresa Tucker, interview with the author, August 20, 2020.

30. Natasha Lomas, "Oracle and Salesforce Hit with GDPR Class Action Lawsuits Over Cookie Tracking Consent," *TechCrunch*, August 14, 2020.

31. PR Newswire, "BlackLine Releases Oracle ERP Connector," October 30, 2018.

32. PR Newswire, "BlackLine Announces Reseller Agreement with SAP," November 1, 2018.

33. Pearl and MacKenzie, *The Book of Why*, 352.

에필로그

1. Iansiti and Lakhani, *Competing in the Age of AI*, 219.

2. Ramana Nanda, Sampsa Samila, and Olav Sorenson, "The Persistence Effect of Initial Success: Evidence from Venture Capital," *Journal of Financial Economics* 13, no. 1 (July 2020): 231.

3. CB Insights, "The Top 5 VC Bets of All Time," Medium, March 21, 2018.

4. 세쿼이아의 웹사이트에 따르면, 이것은 이 회사의 두 번째 투자였다. 첫 번째 투자 대상은

아타리였다. https://www.sequoiacap.com/companies/apple.

5. Dan Primack, "Exclusive: Is This the Best-performing VC Fund Ever?," *Fortune*, January 8, 2015.

6. Todd Haselton, "Chris Sacca Is Retiring from Venture Capital and 'Shark Tank,'" CNBC, April 26, 2017.

7. "US Venture Capital Investment Surpasses $130 Billion in 2019 for Second Consecutive Year," PR Newswire, January 14, 2020 (announcing publication of PitchBook–NVCA Venture Monitor).

8. Jonathan A. Knee, "Must I Bank?," *Wall Street Journal*, April 23, 2008.

9. Stanford Graduate School of Business 2020 MBA Employment Report. 또한 Harvard Business School Recruiting, Entrepreneurship, Data and Statistics at https://www.hbs.edu/recruiting/data/Pages/entrepreneurship.aspx를 보라.

10. Robert D. Atkinson and Michael Lind, *Big Is Beautiful: Debunking the Myth of Small Business* (Cambridge, MA: MIT Press, 2018), 88, citing research in Scott A. Shane, *The Illusions of Entrepreneurship: The Costly Myths That Entrepreneurs, Investors, and Policy Makers Live By* (New Haven, CT: Yale University Press, 2010).

11. Atkinson and Lind, *Big Is Beautiful*, 81.

12. Meritor Savings Bank v. Vinson, 477 US 57 (1986).

13. Bostock v. Clayton County, 590 US TK (2020).

14. Atkinson and Lind, *Big Is Beautiful*, 15.

감사의 글

1. Jonathan A. Knee, "All Platforms Are Not Equal: Why Airbnb Will Always Be a Better Business Than Uber," *MIT Sloan Management Review* 54, no. 2 (winter 2018). 12장에서 자세히 설명한다.

2. Jonathan A. Knee, Bruce C. Greenwald, and Ava Seave, *The Curse of the Mogul: What's Wrong with the World's Leading Media Companies* (New York: Portfolio, 2009).

3. Bruce Greenwald and Judd Kahn, *Competition Demystified: A Radically Simplified Approach to Business Strategy* (New York: Portfolio, 2005).

어떤 위기에도 살아남는 테크 타이탄의 제1원칙을 찾아서

플랫폼 제국의 거인들

1판 1쇄 인쇄 2023년 10월 25일
1판 1쇄 발행 2023년 11월 1일

지은이 조너선 A. 니
옮긴이 박선령
펴낸이 고병욱

기획편집실장 윤현주 **책임편집** 유나경 **기획편집** 조은서
마케팅 이일권 함석영 복다은 임지현 **디자인** 공희 진미나 백은주
제작 김기창 **관리** 주동은 **총무** 노재경 송민진

펴낸곳 청림출판(주)
등록 제1989-000026호

본사 06048 서울시 강남구 도산대로 38길 11 청림출판(주) (논현동 63)
제2사옥 10881 경기도 파주시 회동길 173 청림아트스페이스 (문발동 518-6)
전화 02-546-4341 **팩스** 02-546-8053
홈페이지 www.chungrim.com
이메일 cr1@chungrim.com
블로그 blog.naver.com/chungrimpub
페이스북 www.facebook.com/chungrimpub

ISBN 978-89-352-1440-2 (03320)